项目资助

2017年国家社会科学基金项目"精准帮扶视野下西北民族地区农村小规模学校发展研究"（项目号：17BSH069）

宁夏大学西部一流教育学科系列丛书

王安全 / 主编

精准帮扶视域下农村小规模学校发展研究

马晓凤 ◎ 著

中国社会科学出版社

图书在版编目（CIP）数据

精准帮扶视域下农村小规模学校发展研究 / 马晓凤著. -- 北京：中国社会科学出版社，2024. 12. -- （宁夏大学西部一流教育学科系列丛书 / 王安全主编）.
ISBN 978-7-5227-3917-5

Ⅰ. G725

中国国家版本馆 CIP 数据核字第 2024V3X400 号

出 版 人	赵剑英
责任编辑	赵　丽
责任校对	刘　娟
责任印制	郝美娜

出　　版	中国社会科学出版社
社　　址	北京鼓楼西大街甲 158 号
邮　　编	100720
网　　址	http://www.csspw.cn
发 行 部	010-84083685
门 市 部	010-84029450
经　　销	新华书店及其他书店
印　　刷	北京明恒达印务有限公司
装　　订	廊坊市广阳区广增装订厂
版　　次	2024 年 12 月第 1 版
印　　次	2024 年 12 月第 1 次印刷
开　　本	710×1000　1/16
印　　张	25.25
插　　页	2
字　　数	352 千字
定　　价	148.00 元

凡购买中国社会科学出版社图书，如有质量问题请与本社营销中心联系调换
电话：010-84083683
版权所有　侵权必究

宁夏大学西部一流教育学科系列丛书
编委会

学术顾问（按姓氏笔画为序）

    石中英 卢晓中 刘铁芳 张斌贤
    范国睿 郝文武 涂艳国 戚万学
    阎凤桥

主　任 王安全 拜发奎

副主任 周福盛 王淑莲 李晓春

主　编 王安全

副主编 丁凤琴 焦岩岩 谢延龙

编　委（按姓氏笔画为序）

    丁凤琴 马　娥 马晓凤 马笑岩 马晓玲
    王安全 王惠惠 田养邑 关　荐 李英慧
    何晓丽 陈　琼 陈淑娟 郝振君 顾玉军
    贾　巍 曹二磊 谢延龙 焦岩岩

丛书总序

党的十九大报告明确提出，要加快一流大学和一流学科建设，实现高等教育内涵式发展。党的二十大报告强调指出，坚持以人民为中心发展教育，加快建设高质量教育体系，发展素质教育，促进教育公平。在国家"双一流"建设背景下，西部地区各省区的许多地方院校结合自身实际，分别提出了建设国家或者西部一流大学、西部一流学科的战略构想。宁夏回族自治区党委和政府也结合实际，提出了"集中建设一批优势特色学科和重点专业，把宁夏大学办成西部一流大学"的总体要求。宁夏大学根据自治区一流大学和一流学科建设精神，提出分A、B两个层次，分别建设国内和西部一流学科的要求。教育学是宁夏大学西部一流学科建设的任务之一，因此，学校对其提出了明确要求：提升教师教育人才培养和研究能力，引领自治区基础教育快速发展。

为扎实有效地推进宁夏大学西部一流教育学科建设，孕育和推出一批高质量、有影响力的学术研究成果，宁夏大学教育学院、教师教育学院从2017年开始，组织教师教育理论、教师教育课程教学理论、教师教育心理学理论和教师教育信息化方向的科研团队积极开展相关研究。2018—2020年，在科学出版社推送出7本有分量的系列研究成果，汇集为丛书出版。在"双一流"二期建设期间，宁夏大学教师教育学院科研人员又与中国社会科学出版社联系，计划出版9本系列丛书，它们分别为：

1. 王安全：《西部乡村振兴中的教师教育供给制度研究》。本书以宁夏西吉、海原、固原、隆德等地、甘肃庄浪、陕西定边、新疆南疆英吉沙县、四川老林、贵州花溪、凯里六省（区）有关地区为主、辅之以青海、内蒙、云南、四川、重庆、广西等地；抽取十省（区）不同县域及其具有代表性的学校（共计57所），以本地区教育行政人员、乡村学校管理人员、师生、居民作为主要研究对象，以尊重教育情境为原则，首先通过文献分析方法、政策学政策文本分析法、社会学实地调查和访谈研究方法、民族学人种学研究方法、民俗学方法，最后运用比较研究方法，对西部乡村教师教育供给制度的历史与现状、西部乡村教师教育供给制度问题及原因、乡村振兴战略中的西部乡村教师教育供给制度内涵、西部乡村教师教育制度取向及变革方式等进行了系统研究，对提升西部乡村不同类型和层次贫困地区的教师教育制度科学化程度有重要参考价值。

2. 曹二磊：《预科生数学核心概念理解水平及教学策略研究》。通过自编测试题目、专家对测试题目理解水平认证等环节，对预科生导数理解水平进行了全面系统测查。在此基础上，结合课堂观察与课后访谈，深入挖掘了影响预科学生导数理解的隐性因素。并针对学生理解水平的测查结果，提出了有针对性的促进其导数理解水平提升的教学策略。最后通过微型教学实验，验证了教学策略的有效性。本书不仅从整体上分析了预科学生对导数的理解水平，而且深入预科生内部，从导数理解的四个维度对不同专业、性别、定向高校的预科学生的具体理解水平进行了全面细致的考查，对存在的问题及困难做了具体分析与整体掌握，较以往的研究更全面和有针对性。本书没有局限在理论层面以评价学生概念理解水平为导向进行的质化理解水平研究问题的讨论，而是通过本土化的实证研究，探讨了预科生导数理解的量化结果，这种探索在教育结果评价领域具有创新性。

3. 关荐：《民族地区文化共同体建设的心理学路径研究》。依托心理学实证研究方法，着眼于文化认同与共同群体认同模型建构、文化与心理学间关系梳理，以及文化认同如何促进文化共同体的建立开展研究。从群际接触、群际共情、群体动力三个方面重点探讨文化共同体建立的有效途径，从行为、眼动、神经生理等多视角为铸牢中华文化共同体提供了证据，为增强中华民族文化认同、建设中华民族共同的精神家园、弘扬中华民族优秀文化、夯实国家认同基础提供了科学依据。

4. 马晓凤：《精准帮扶视域下农村小规模学校发展研究》。西北农村小规模学校普遍分布在自然环境不利的贫困地区。受区域经济发展水平不均衡等因素制约，小规模学校的资源配置普遍不均，师资配置严重匮乏。本书以西北三省（区）农村为范围，以陕西、甘肃、宁夏三省（区）17所小规模学校为重点研究对象（它们均来自贫困地区各个县区的中心小学、完全小学或非完全小学乃至教学点，具有典型性），以教育公平理论、市场缝隙理论、教育生态理论为理论基础，基于精准帮扶的研究视角，综合运用多种研究方法，通过理论建构与实践探寻两个层面揭示西北地区小规模学校发展的基本现状及其发展困境，从总体上探究西北地区农村小规模学校发展特征及未来走向，对于贫困地区农村小规模学校的发展具有重要意义和参考价值。

5. 马晓玲：《西北地区农村教学点信息化演进研究》。乡村教学点一直是农村偏远地区适龄儿童就近入学的重要途径，因此，国家出台了系列政策措施，保障那些确需保留的教学点的生存与发展。本书认为，解决教学点生存与发展的路径很多，其中借助信息化赋能教育教学，是破解教学点发展难题的重要思路，也是国家长期以来的重要战略决策部署。为此，本书采取历史与现实相统一的思想以及质性研究范式，结合少量数据量化分析，梳理了西北地区农村教学点信息化演进的过程、路径、逻辑及问题等，以期丰富教学点信息化的相关研究，为教育管理部门的相关决策提供科学参考，为教学点信息化发展提供启示和借鉴。

6. 田养邑：《教育精准扶贫机制的人类学图志》。将教育扶贫作为农家子弟生命史书写与创造的时空境遇，使用民族志、扎根理论、大样本问卷调查方法，生动呈现了乡村境遇贫困产生的原因以及反贫困案例。同时，采用科学与人文结合的综合研究范式，全景式扫描全面打赢脱贫攻坚战之前宁夏特困地区教育精准扶贫介入机制，探索了这种介入机制的普遍骨架,并将教育扶贫的结构化演进和再生产机制作为农家子弟教育反贫困的经典机制,拓展性地延伸到了后脱贫时代。

7. 马笑岩:《小学教育专业教学质量评价标准研究》。本书梳理了国内外有关教学质量评价标准的文献资料,厘清了以学习为中心的小学教育专业教学质量评价标准的内涵。以分析中国本科小学教育专业教学质量评价的历史、现状及问题为切入点,在对现状进行实然考察的基础上,突破以"教师的教为核心"的评价维度,探索了"以学习为中心"的小学教育专业教学质量评价标准的指标框架,构建了以学习为中心的小学教育专业教学质量评价标准。同时,本书以学习中心教学理论、有效教学理论、第四代教育评价理论和人的全面发展理论等为指导,在理性反思的基础上,提出了以学习为中心的小学教育专业教学质量评价标准的保障机制和实施策略。

8. 李英慧:《梁漱溟青年教育观研究》。本书以梁漱溟先生的经典作品《朝话》为文本,本着"小心求证"的原则,采用"求同比较"与"求异比较"的比较研究法,全面系统梳理了梁漱溟先生青年教育观的主要内容,以及各部分内容之间的联系和区别。比较了梁漱溟青年教育观主要内容所遵循的共同原则与规律,及其青年教育观与他的其他思想观点之间的异同与联系,重点归纳分析了梁漱溟青年教育观的理论特征及实现路径,初步探索了梁漱溟《朝话》体现的青年教育观的当代价值。考察梁漱溟的青年教育观,虽然看似"题小",但是却能赋予其新的研究价值与研究意义。

9. 陈琼:《西北地区小学中华优秀传统文化传承的典型案例研究》。在对几所小学中华优秀传统文化传承实践总结的基础上,首先对文化育人理想和现实、文化自信与经济自卑、创造转化和迎合兴趣之间的关系进行了深入思考。从目的、过程与路径、结果三个方面对小学阶段中华优秀传统文化传承教育的基本方式进行了建构,继而在借鉴案例研究学校积极经验、反思其传承不足和传承困境的基础上,从学校微观、辅之以宏观层面提出了西北地区小学中华优秀传统文化传承教育的建议。本书认为，文化自觉意识和自主发展行动是促进当下西北地区乃至全国小学进行中华优秀传统文化传承教育的关键。清晰确立本校文化传承教育的理念目标、积极探索"一体两翼"的文化传承思路、充分利用所处地域的地方文化特色资源、有效形成中宏观层面合力支撑的良好局面，是西北地区小学中华优秀传统文化传承教育发展的必由之路。

本套系列丛书是宁夏大学教师教育学院多位学术骨干根据自己的专业经历和研究专长多年思考和研究的结果，具有较高的理论水平和实践意义。它们既是宁夏大学教育科研究水平和学科特色的一次集中展示，对推动中国教育科学研究水平提升和实践探索深化也具有重要意义。教育学是一门学科，也是一个研究领域。作为学科，教育学尚需在概念体系、知识体系、理论体系和方法论体系等方面不断完善；作为研究领域，教育研究则需要更好地回应教育改革与发展的理论和实践诉求。学科发展需要和教育实践诉求共同推动教育学科的发展，教育研究工作者使命光荣，任重道远。

我期待这些成果能在教育理论研究与区域教育改革实践中发挥应有的作用；我希望读者对丛书提出宝贵意见和建议，以帮助他们进一步修订和完善相关研究内容，这也是各位作者的真诚愿望；我相信，通过宁夏大学各位作者以及同人的共同努力，一定能为提高宁夏大学乃至中国西部地区的教育研究水平做出更大的贡献。

是为序。

钟秉林

国家教育咨询委员会委员，国务院教育督导委员会总督学顾问
北京师范大学原校长、中国教育学会原会长
2023 年 12 月

目　录

绪　论 ……………………………………………………………（1）

第一章　精准帮扶视域下农村小规模学校发展价值阐释 …………（69）
　第一节　农村小规模学校发展的价值与前瞻 ………………（70）
　第二节　精准帮扶西北地区农村小规模学校发展 …………（80）

第二章　西北地区农村小规模学校调查设计 ………………………（96）
　第一节　研究过程与方法 ……………………………………（97）
　第二节　数据来源 ……………………………………………（102）
　第三节　样本特征 ……………………………………………（106）

第三章　西北地区农村小规模学校发展困境及原因探析 …………（134）
　第一节　西北地区农村小规模学校发展现状 ………………（135）
　第二节　西北地区农村小规模学校发展困境 ………………（162）
　第三节　西北地区农村小规模学校发展困境的原因探析 ……（216）

第四章　西北地区农村小规模学校发展需求与精准帮扶 …………（234）
　第一节　西北地区小规模学校发展需求与精准帮扶 ………（235）
　第二节　西北地区小规模学校教师发展需求与精准帮扶 ……（244）

第五章　西北地区农村小规模学校发展精准优化策略 …………（297）
　　第一节　西北地区农村小规模学校发展宏观策略导向 ………（297）
　　第二节　西北地区农村小规模学校发展师资配置精准优化 …（317）

第六章　西北地区农村小规模学校精准实践探索 …………（334）
　　第一节　三省（区）农村小规模学校精准实践模式 …………（335）
　　第二节　三省（区）农村小规模学校精准实践的前瞻
　　　　　　与镜鉴 …………………………………………………（360）

结　语 …………………………………………………………（369）

参考文献 ………………………………………………………（373）

附录一　农村小规模学校教师发展调查问卷 ……………………（377）
附录二　农村小规模学校学生发展状况调查问卷 ………………（386）
附录三　陕、甘、宁三省（区）农村小规模学校资源
　　　　设施状况调查表 …………………………………………（391）

绪　论

迈入新时代，人民日益增长的美好生活需要与不平衡不充分的发展之间的矛盾已成为中国新时代社会发展的主要矛盾。在教育领域，这一矛盾突出表现为城乡教育发展的不均衡和农村教育发展的不充分。城乡教育发展的相对差距，既为农村减贫脱贫工作带来阻力，也为农村脱贫长效机制构建制造了壁垒。"让贫困地区的孩子们接受良好教育，是扶贫开发的重要任务，也是阻断贫困代际传递的重要途径"。① 农村小规模学校是中国农村教育的基本构成要素，是农村学校的重要组成部分。在全面推进城乡教育均衡发展过程中，农村小规模学校面临责任重大、使命突出的艰巨任务，地处自然状况不利的贫困地区、受区域经济水平落后制约、学校资源配置不均、师资配置严重匮乏、生源减少并不断萎缩的农村基层承担着乡村学生培养、文化传承、社区公共服务等社会历史责任。伴随农村学校布局调整政策的实施，农村小规模学校经历了"撤并""附属""保留""恢复""重建"等不同阶段的发展历程，成为学校布局调整过程中的"重灾区"，现已成为中国农村地区和农村教育系统中最为薄弱的教育组织，其发展困境与建设难题已引起多方关注与深入研究。

一　研究背景与问题

党的二十大报告指出"全面建设社会主义现代化国家，最艰巨最繁

---

① 习近平：《习近平总书记给"国培计划（2014）"北京师范大学贵州研修班参训教师的回信》（http://www.moe.gov.cn/jyb_xwfb/moe_176/201509/t20150909_206921.html）。

重的任务仍然在农村",要全面推进乡村振兴,最基础、最关键的领域则在教育,难点、堵点也在教育。在中国,小学共有 157979 所,其中,乡村小学 86085 所,另还有乡村教学点 79193 个。① 农村小规模学校作为中国教育体系的"神经末梢",是城乡教育质量不均等的"重灾区",是中国教育现代化的"最短板",其发展不仅关乎建设高质量教育体系目标的实现,更直接影响到乡村振兴战略的实施、全面建设社会主义现代化国家宏伟蓝图的实现。农村小规模学校是中国农村教育改革和学校建设的重要组成部分,作为农村学校教育的一种组织形式,小规模学校客观、真实、广泛、大量地存在于西北地区的广大农村基层与乡土社会,有效地服务于本地区学生就学、乡土文化传承、乡村社区合力共建、乡村经济的快速发展。

(一) 促进农村小规模学校发展是推动城乡教育公平的必然要求

随着城乡义务教育一体化发展,新时期农村义务教育发展的重要任务就是"优质均衡",农村学校全面"改薄"与农村教育现代化发展是城乡教育公平、均衡、一体化发展的关键所在。近年来,国家先后发布《教育部 国家发展改革委 财政部关于全面改善贫困地区义务教育薄弱学校基本办学条件的意见》等政策文件,大力实施农村教育振兴战略,但缺乏充足的教育要素投入、缺失有效的分类指导方案、缺少扎根基层的农村教育研究、缺欠农村教育工作者和广大农民的变革活力,农村学校的全面"改薄"、农村教育的现代化发展以及城乡教育的一体化推进仍面临重重阻力。其中,农村小规模学校的现实问题尤为突出,农村小规模学校是农村学校的重要组成部分,是针对农村地区精准扶贫实施的重要依托,肩负着农村教育现代化的重要使命。教育在精准扶贫工作中具有"功在当下"又"利于长远"的双重效应,全面振兴农村小规模学校,就要形成稳定、可持续的长远发展战略,通过提高教育质量

---

① 中华人民共和国教育部:《2021 年教育统计数据》(http://www.moe.gov.cn/jyb_sjzl/moe_560/2021/)。

重振人心,用多样化方法办出特色,以城乡统筹与资源共享推进城乡教育公平发展。因此,精准扶贫视域下推进城乡教育公平发展,推动农村小规模学校"小而强""小而优"持续高质量发展,是发挥教育功能、构建减贫脱贫长效机制的必然要求。

(二) 国家对农村薄弱学校的扶持政策必须落地生根

农村小规模学校多为较薄弱学校,需要优质发展。它既是农村地区文化的集散地与交流中心,也是乡村教化和乡村文明建设的主要社会组织,并着力保障、满足农村地区适龄学生接受教育的权利和需要。当前,农村小规模学校的发展现状不容乐观,一些根深蒂固的问题与潜在隐患无不制约着农村小规模学校的质量提升和长远发展,成为全面"改薄"、优质农村学校教育的瓶颈。总的来看,农村小规模学校正面临着教师队伍的结构性缺编与专业水平偏低、学校经费总量不足且规模效益低下、学校办学条件难达标且更新困难、学校课程开设不足且小科开设难等多重困境。[①] 这些问题严重制约农村小规模学校的质量提升与优质发展,而且对于农村当地学生享有平等的受教育权、获得公平而有质量的教育构成了直接限制,进一步加剧了国家、政府、社会对农村薄弱学校的精准帮扶的阻力。

办好农村小规模学校,基于教育精准帮扶政策促进农村小规模学校的高质量发展,让每一位农村学生接受良好教育,让农村学生"因学致贫"转变成为"因学脱贫"是党和国家的工作重点。西北地区社会经济发展相对落后,区域间发展极不平衡、基础差、底子薄、欠账多。农村教育发展必须根据实际,兼顾农村人口学特征、就近入学政策与服务农村处境不利群体发展,保留一些必要的小规模学校,这决定了小规模学校在农村地区必然大量存在。农村小规模学校客观、真实、广泛、大量地存在于西北地区的广大农村基层与乡土社会,这些自然条件不利、

---

① 秦玉友:《农村小规模学校教育质量困境与破解思路》,《中国教育学刊》2010年第3期。

交通欠缺便利、数量庞大、分布较广的小规模学校均有别于城镇地区的中小学校，它们所存在的问题有待客观正视并着力解决。党和国家农村教育政策的出台是对农村小规模学校发展的有力支撑与保障。党和国家确立的农村教育的发展理念和策略，必须要经过各个地方政府的具体政策与措施才能真正实现。2021年2月发布的《中共中央国务院关于全面推进乡村振兴加快农业农村现代化的意见》以及中共中央办公厅、国务院办公厅于2023年6月印发的《关于构建优质均衡的基本公共教育服务体系的意见》都再次强调要"办好必要的乡村小规模学校"，西北地区农村小规模学校作为农村教育改革和学校建设的重要组成部分，在利用好国家政策和外部资源的基础上，助力农村学校高质量发展落地生根，充分利用其本地现有资源，以提高教育质量为中心，增强小规模学校自身发展驱动力，注重西北地区薄弱学校内生性多元化发展，认识到民族教育特色发展与学校质量提升的关联，才是真正检视精准帮扶政策的有力佐证。

（三）办好家门口学校，建设"小而美"的农村小规模学校已成社会共识

随着城乡义务教育一体化发展，新时期农村义务教育发展的重要任务是"优质均衡"，布局在偏僻、自然环境较为恶劣的农村小规模学校则为优质均衡发展中最突出的短板问题。农村小规模学校是确保偏远地区儿童公平接受优质教育、助力乡村教育振兴的重要载体。2023年5月29日，习近平总书记主持中央政治局第五次集体学习并发表重要讲话，强调"坚持以人民为中心发展教育，主动超前布局、有力应对变局、奋力开拓新局，加快推进教育现代化，以教育之强夯实国家富强之基"。[①] 在教育强国背景下，实施乡村振兴战略，推动城乡义务教育一体化发展，农村义务教育高质量发展，努力让每个孩子都能享有公平而

---

① 新华社：《以教育之强夯实国家富强之基——习近平总书记在中共中央政治局第五次集体学习时的重要讲话指明教育强国建设方向》（https://www.gov.cn/yaowen/liebiao/202305/content_6883868.htm）。

有质量的教育是重中之重。2018年《国务院办公厅关于全面加强乡村小规模学校和乡镇寄宿制学校建设的指导意见》（国办发〔2018〕27号）明确提出："优先发展农村教育是乡村振兴战略实施的重要内容，要推动建立以城带乡、整体推进、城乡一体、均衡发展的义务教育发展机制；推进乡镇中心学校和同乡镇的小规模学校一体化办学、协同式发展。"可见，促进小规模学校教育质量提升是当前义务教育优质均衡发展的关键，尤其面对西北地区农村处境不利儿童，提供方便的入学机会，全面实施教育精准扶贫，才能有效阻断贫困的代际传递。

（四）西北地区农村小规模学校"大量存在且质量不高"现实不容忽视

现阶段，西北农村地区小规模学校数量较多、分布较广，是基础教育最薄弱的环节，且农村处境不利群体子女大多就读于此。在义务教育均衡优质背景下，理应精准分析西北农村小规模学校发展面临的现实困境，坚持底部攻坚，寻找提升教育教学质量的相应对策。宁夏是少数民族聚居地的地区，其中回族人口占比36.31%，其他少数民族占比0.85%，[①] 是地处群山怀抱、地广人稀、经济发展落后的内陆西北黄土高原地区，以宁夏南部山区最为典型，属于集中连片特困地区。以宁夏为例，截至2018年年底，全区不足100人的小规模学校有1131个，其中：空壳学校有334个，1—10人有287个，11—50人有316个，51—99人有194个。小规模学校集中在山区市、县（区），其中，吴忠市有134个（空壳学校有31个，1—10人有34个，11—50人有40个，51—99人有29个）。固原市有652个（空壳学校有184个，1—10人有161个，11—50人有186个，51—99人有121个）。中卫市有310个（空壳学校有99个，1—10人有91个，11—50人有86个，51—99人有34个）。这些小规模学校由于学生少，基础设施及教学仪器设备配置相对薄弱，教育成本普遍增大，教育教学质量提高困难，其学校生存条件恶

---

① 宁夏回族自治区统计局、国家统计局宁夏调查总队：《宁夏统计年鉴—2018》（https://nxdata.com.cn/files_nx_pub/html/tjnj/2018/indexfiles/indexch.htm?1=1）。

劣，教师难引进，新教师留任少，师生比差异大，生源流失，设备更新不足等问题凸显。① 宁夏南部山区农村小规模学校发展困局与问题是整个西北地区农村小规模学校发展的现实样态，而研究揭示陕西、甘肃、宁夏三省（区）小规模学校的发展现实及问题，正是西北地区农村小规模学校的现实样态与写照，以陕、甘、宁三省（区）为样本展开研究，深化和总结西北地区的精准帮扶实践，旨在缩小区域内发展差距，增强西北地区人民群众的信心。解决好小规模学校发展质量不高的现实问题，实现该地区农村薄弱学校教育的多层次、高质量、特色化发展是刻不容缓的重要民生问题。

二 研究目的与意义

（一）研究目的

教育是民生之基，也是新时代社会主要矛盾的重要聚焦点，满足人民群众对更加公平、更高质量教育的期盼成为中国教育建设与发展的出发点。"发展为了人民、发展依靠人民、发展成果由人民共享"。② 农村小规模学校要高质量发展。办好农村小规模学校，立足教育精准帮扶政策保障农村小规模学校的发展，让每一位农村学生接受良好教育，让农村学生"因学致贫"转变成为"因学脱贫"是党和国家的工作重点。西北地域辽阔，人口稀少，历来都是各个少数民族"你来我往、互相交融"的发展舞台，聚居了回族、藏族、维吾尔族、哈萨克族、蒙古族等少数民族。西北地区农村小规模学校的发展不仅关涉每一位学生的发展，更对办好家门口学校、辐射带动其他学校发展具有重要价值。

本书以西北地区农村小规模学校作为典型样本，基于精准帮扶的研究视角，以教育公平理论、市场缝隙理论、教育生态等相关理论作为基础，将陕西、甘肃、宁夏三省（区）小规模学校作为重点研究个案，

---

① 徐进：《宁夏农村小规模学校发展的现状 问题与对策研究——以宁南山区农村小规模学校为例》，《宁夏教育》2019年第3期。

② 习近平：《习近平谈治国理政》（第二卷），外文出版社2017年版，第200页。

综合运用多种研究方法，通过理论建构与实践探寻两个层面进行综合研究。力图揭示西北地区农村小规模学校发展现状及其困境，总体上探寻三省（区）农村小规模学校发展特征及主体需要，从不同层面深入分析制约小规模学校发展的因素。同时，结合西北地区的本土实践，从教育经费投入、学校建设责任主体、师资配置、特色化发展等层面探索小规模学校精准帮扶的有效策略，进一步提升农村小规模学校教育质量，真正实现西北地区小规模学校"小而强""小而优"的发展目标。

（二）研究理论意义

（1）本书基于教育公平理论、教育生态理论、市场缝隙理论作为研究理论基础，将现实问题上升到理论层面加以审视和思考，在实地研究中对事实的描述和阐释进行理论填充，进一步增加"农村小规模学校发展"命题的研究深度。

（2）本书通过陕、甘、宁三省（区）实地调查，厘清西北地区农村小规模学校的总体发展样态及其基本特征；揭示西北地区农村小规模学校发展现状及其现实困境，并深入探寻小规模学校发展面临困境及其影响因素，意在弥补现有研究只注重对小规模学校发展困境的外在因素考虑，探求三省（区）小规模学校现实发展需求，并就西北地区小规模学校精准帮扶提出相应解决方案，从真正意义上改善西北地区小规模学校的发展困境。

（3）西北地区小规模学校、教师发展层面的主体需求亟待探明，本书对其进行深度揭示与呈现，为后续精准帮扶奠定扎实理论与实践基础。

（4）本书以西北地区特有的自然、经济、文化背景为切入点，对农村小规模学校创新发展、本土发展进行了相应研究，进一步丰富了西北地区基础教育的特色发展理论。

（三）研究实践意义

（1）本书有利于全面揭示西北地区基础教育发展现状与农村小规

模学校发展现状与困境。

（2）西北地区小规模学校发展、教师发展的主体需求亟待厘清与探明，研究对其进行深度揭示与呈现，为后续精准帮扶奠定扎实理论与实践基础。

（3）本书研究为西北地区农村小规模学校发展提供卓有成效地解决方案，对今后小规模学校尤其是西北地区小规模学校恢复、建设及未来发展起到一定参考价值和借鉴意义，可为当地教育部门整体精准帮扶战略的实施提供理论支撑与鲜活实践支撑。

（4）本书有利于稳固农村地区义务教育发展的既得成果。农村小规模学校的良好发展，可以有效地保证农村偏远地区学龄儿童平等享受教育资源。

三　国内外研究综述

乡村小规模学校的生存和发展是全球性的话题，即便是在欧美、日本等发达地区和国家，也存在大量的小规模学校，而在亚洲、南美等发展中国家，小规模学校更为普遍，面临问题更多样化。

（一）国外乡村小规模学校发展的相关研究

1. 各国乡村小规模学校发展政策研究

当代各国纷纷出台发展乡村小规模学校的政策。美国的乡村小规模学校的发展历程与中国极为相似，也走过了合并、消除再到适当保留和积极扶持之路。20世纪初，美国"一师一室"式的乡村小学占全美公立学校70.8%。到了2003年年底，仍有8.7%的美国学生就读于乡村小规模学校。20世纪90年代，美国兴起了小规模学校运动，兴起的原因主要有两个：一是长期以来农村学校合并所导致的负面影响不断加大，促使政府重新审视农村小规模学校的生存问题；二是关于小规模学校优势的各种研究不断增多，为农村小规模学校运动提供了理论支持。小规模学校运动的兴起促使美国政府意识到了小规模学校存在的价值，并在政策层面给予持续支持。例如：2000年，克林顿签署了"农村教育成就项目"。2002年，布什又为REAP项目增加了两个子项目：农村小规模学校成就项目和农村低收入学校项目。其中，SRSA旨在帮助那些地处偏远的农村小规模学校，给予更大的资金使用自主权。RLIS则向人口贫困指数在20%及以上的贫困农村学区提供附加资金，用于该地区教师专业发展、使用新教育技术等。① 2016年，奥巴马政府提出《每一个学生都成功法》，法案高度重视乡村教育，法案提到乡村教育多达54次，对REAP政策做了修正，促使乡村小规模学校既可以申请SRSA项目，也可以申请RLIS项目，另外对乡村学校做了更加细致的规定，以使更多学校可以受惠于REAP项目。② 在英国农村地区，100人以下的小规模学校占1/3以上。③ 20世纪80年代，英国教育界发起了宜人教育运动，其核心理念是"小即是美"，以克服大规模学校尤其是中等学校难以给每个孩子提供适应社会的知识和技能、消磨孩子个性、体制僵化、教师工作量大难以因材施教等弊端，缓和社会民众对大规模学校的不满情绪。宜人教育倡导者认为，小规模学校在三大指标——看重人际关系、尊重每个个体、形成团队精神方面的表现都优于大规模学校。在实施过程中，通过建立"校中校"策略，将大规模学校"化大为小"，以此改善人际关系，提高教育质量。④ 在广大农村地区，政府出台政策鼓励小规模乡村学校共同成立一个管理机构，任命一名校长管理几所学校（可称为"集群模式"），以减轻学校的管理负担，实现共享员工、共同管理、共同治理。⑤ 在英国威尔士地区，政府遵循科学民主的原

---

① 付卫东、董世华：《当前美国支持小规模学校的重要举措及对我国的启示》，《外国中小学教育》2011年第7期。

② Brenner D., "Rural Educator Policy Brief: Rural Education And The Every Student Succeeds Act", *The Rural Educator*, Vol. 37, No. 2, November 2018.

③ 吴丽萍、陈时见：《英国农村小规模学校合作发展的有益经验》，《外国中小学教育》2012年第10期。

④ 方彤、王东杰：《英国宜人教育的学校规模观及其实践——兼谈对我国小规模学校合并的启示》，《外国中小学教育》2013年第7期。

⑤ 吴丽萍、陈时见：《英国农村小规模学校合作发展的有益经验》，《外国中小学教育》2012年第10期。

则，积极进行学校布局调整，对小规模学校采取联盟学校和区域学校制度，提升了学校教育质量。①

除英美外，其他国家也出台了各自的乡村小规模学校发展政策。在地广人稀的澳大利亚，100人以下的小规模学校占全国学校总数的34%。为了改变乡村小规模学校资金投入、课程设置、师资短缺等问题，1998年，澳大利亚政府推出了《人权与机会均等法案》，其中教育机会公平是其核心内容之一，包括对乡村小规模学校采取增加教育资源的有效供给、降低学生的私人教育成本、多项措施提高教育质量以及争取社区力量的支持等措施。② 在昆士兰州，政府出台"住校生补贴计划"，让偏远地区的学生和残疾学生可以申请学费、交通费等补贴。③ 日本政府通过实施《偏远地区教育振兴法》，对偏远地区教职工发放特殊津贴，提高偏远地区教师的待遇。④ 在改善办学条件上，印度政府于1987年推进"黑板计划"，致力于为乡村小规模学校提供必要的教学用具和教材，向在乡村连续任教两年以上的教师支付额外的薪金。⑤ 2009年，印度政府开始实施免费的义务教育法案，这一法案给印度教育改革和转型带来深远的影响，包括教学资源、教室面积、教师专业化等方面的标准，然而乡村小规模学校师资流失、师生比失衡、教学资源匮乏已成为义务教育推进的障碍。为筹集经费，印度政府呼吁非政府组织投资参与政府的义务教育，双方形成伙伴关系，双方的合作项目简称PPP项目。⑥ 法国政府出台《乡村小规模幼儿园及小学校舍建设通用参照标

---

① 王建梁、帅晓静：《威尔士农村小规模学校布局调整的创新及启示》，《外国中小学教育》2012年第3期。
② 赵丹、范先佐：《促进教育机会均等：澳大利亚农村小规模学校发展策略及启示》，《现代教育管理》2014年第3期。
③ Queensland State Government, "Living Away From Home Allowances Scheme", https://www.qld.gov.au/enduction/school/financial/ruralremote/pages/lathas.
④ 孙艳霞：《国外小规模学校创新发展特征与启示》，《当代教育科学》2017年第1期。
⑤ Caroline Dyer, "Operation Blackboard: Policy Implementation in Indian Elementary Education", Annexe Thesis Digitisation Project 2016 Block 7, 1993.
⑥ Byker E. J., "The One Laptop School Equipping Rural Elementary Schools in South India Through Public Private Partner-Ships", Global Education Review, Vol. 2, No. 4, October 2015.

准》，对小规模学校的办学条件进行了相应的规定①。韩国在少子化及城镇化进程中，同样面临乡村学校规模越来越小的问题。韩国政府从1982年开始采取合并政策加以解决，合并标准从刚开始的180人以下学校需要合并到1993年改为100人，再到2005年改为60人，并要求一个乡（镇）至少保证有一所学校。② 在韩国乡村学校的合并大潮中，质疑声不断，学生上学成本变高，教师因为学校合并而在职称、职称晋升更加困难，民众认为应当出台农村教育特别法案而不是仅仅推行合并政策。③

有关小规模学校政策影响及效果分析的研究。关于各国乡村小规模学校发展政策的实施效果，Famet等对美国466所农村小规模学校项目学校和48所村项目（RIS）学校进行了调研，发现在执行联邦政府要求的"每年适度进步"学业评估上，④ 有近80%的SRSA执行了AYP学业评估，而20%学校未进行AYP评估或数据丢失在RIIS学校中，65%学校实施了AYP评估，另外35%学校未执行或数据缺失。为此，Eamer等认为SRSA和RLIS政策有效推动了AYP评估在农村学校中的执行，但仍然有相当部分的学校在学业评估中表现失败。为了更好地提升乡村孩子的学业成绩，Farmer等指出，要充分认识农村小规模学校的多样性需求，并针对学校所面临的问题设计更有效的项目；在政策制定时，对那些偏远的、贫困的、学生学业失败率特别高的地区，要设计有效的干预政策，并优先执行。⑤ Jimerson认为，美国政府NCLB计划忽视了乡村学校的独特性，因此并不一定会给乡村教育带来成功，甚至有点不道

---

① 任一菲：《法国乡村小规模学校建设情况研究》，《世界教育信息》2017年第3期。
② 崔东植、邬志辉：《韩国农村小规模学校合并政策评析》，《教育发展研究》2010年第10期。
③ 韩春花、孙启林：《韩国农村小规模学校合并政策实施效果及对策研究》，《外国教育研究》2010年第11期。
④ AYP是美国政府自2001年实施《不让一个孩子掉队》（No Child Left BehindAct, NCLB）以来，旨在推动测试学生的语言和数学水平的学业评估。
⑤ Farmer T. W., Leung M. C., Banks J. B., et al. "Adequate Yearly Progress in Small Rural Schools And Rural Low-Income Schools", *The Rural Educator*, Vol. 27, No. 3, June 2006.

德和具有一定危害性,她列举了 NCLB 法案在乡村学校实施的六大挑战。一是要防止把乡村小学校定义为失败的学校。二是要防止以"需要改进学校"项目的名义进行帮助。三是要做好学生测评成绩的保密工作。① 四是要让"高素质师资"标准更灵活。因为乡村小规模学校位置偏远、待遇差、吸引力不高,师资标准需要更加灵活。五是经费吃紧。NCLB 要求建立学生数字系统,因此需要软件和硬件配套,评价测试也需要技术支持,使得一些州政府和地方教育局经费出现赤字。六是"制裁"政策或将面临失效。NCLB 规定,两年都没有达到 AYP 测试标准的学校,将面临问责,地方教育局要为学生安排其他的学校,这样的制裁显然忽视了农村地区的特殊情况,学生和家长的上学成本将由此增加。② Brenner 对美国 ESSA 法案中的农村教育政策进行了评论,认为农村教育越来越受到联邦政府的重视,法案使学业成绩不佳的农村小规模学校可以灵活地选择 AYP 标准,以适应多样性的农村学校。同时,他认为法案也使 REAP 项目能更加公平地把补助拨给有需要的乡村学校。③ Byker 对印度政府的 PPP 项目进行了检视,他根据 PPP 的"一个学校一台笔记本"计划,对一所名叫金卡的乡村小规模学校进行了研究,发现学生通过笔记本电脑,不仅掌握了电脑技术,也学习了英语,增强了自信,比以前有了更多的机会拥有"更好的生活④"。总之,各国乡村小规模学校的发展政策及其影响是研究重心之一。

2. 各国乡村小规模学校师资管理研究

(1) 乡村小规模学校师资招聘政策研究。乡村小规模学校师资短缺是各国普遍面临的难题,研究者对招募乡村教师进行了较多的研究。

---

① NCLB 要求每个学校都公布学生测评成绩。

② Jimerson L.,"Special Challenges of The 'No Child Left Behind' Act for Rural Schools And Districts", *The Rural Educator*, Vol. 26, No. 3, December 2018.

③ Brenner D.,"The Rural Educator Policy Brief: Rural Education And The Every Student Succeeds Act", *The Rural Educator*, Vol. 37, No. 2, November 2018.

④ Byker, Erik Jon, "The One Laptop School: Equipping Rural Elementary Schools in South India Through Public Private Partner-Ships", *Global Education Review*, Vol. 2, No. 4, October 2015.

绪 论

Lowe针对乡村小规模学校师资短缺的情况，建议引入教师招聘责任机制，优先社区建设，为新教师提供有效的指导，资助优秀教师专业发展，做好教师招聘预算和规划，制定教师激励政策，加强教师招聘宣传，做好学校和社区新教师的入职计划，形成合作共同体，吸引本地区教师等。[①] Monk认为，乡村小规模学校一般地处经济贫困区，教师更迭频繁，不能指望用一揽子政策解决所有的乡村小学教师招聘问题，要聚焦一些具体的问题，出台相应的解决方案。比如，分析所谓的"教师难聘学校"的类型有哪些，有针对性地解决学校教师资格证拥有率低，教师缺乏必要的培训、招聘困难、流失率高，以及教师多元化程度低等问题。当然，刺激本地区经济增长是大有裨益的。[②] Saiti对希腊当前乡村小规模学校教师招聘制度进行了批判。在希腊，39.8%的儿童就读于乡村小规模学校，因此小规模学校的师资质量十分重要。但希腊实行中央高度集权的教育体制，教师招聘在城乡之间无多大区别，缺乏系统化的招考程序，对于教师紧缺的贫困地区，一般由中央强制分配加以满足。在经费上，中央经费占80%以上，地方占10%，另外10%来自社会的捐赠。在薪酬上，乡村教师地区略高于城区，但几乎无多大区别，从而造成贫困地区师资招募艰难。为此，她认为要重新检讨希腊教师的招聘制度，设计一套适合乡村师资紧缺地区的教师招聘制度，同时还要加强教师的职前培训。[③] 总之，研究者认为要提高教师待遇、加强入职培训、完善招聘政策，以缓解乡村小规模学校教师招聘难的问题。

（2）乡村小规模学校师资留住率与工作满意度研究。研究者还对乡村小规模学校教师的工作动机、满意度及留住率等心理层面展开了研究。Hitka等对2151名城乡教师的入职动机因素进行了研究，发现城乡

---

① Lowe J. M., "Rural Education: Attracting And Retaining Teachers in Small Schools", *Rural Educator*, Vol. 27, No. 2, January 2006.

② Monk D. H., "Recruiting And Retaining High-Quality Teachers in Rural Areas", *The Future of children*, Vol. 17, No. 1, March 2007.

③ Saiti A., "The Staffing of Small Rural Primary Schools in Greece", *Management in Education*, Vol. 19, No. 4, September 2005.

教师之间并无显著差异，其中工作安全感是最重要的动机，其次是互相信任的人际关系。他们认为，小规模学校要加强交流与沟通，建立良好的人际信任，同时要不断更新教师激励机制。① Rottier 对 348 名乡村教师的工作满意度进行了研究，发现相当一部分教师对工作在乡村小学感到不满意。大致来看，男性的不满意率要高于女性，而 41—50 岁的教师工作不满意率最为显著。② Huysman 对乡村小规模学校教师的信仰、态度如何影响其工作满意度进行了研究。调查发现，乡村教师最沮丧的事是不被领导赏识和器重，如果感觉自己的同事或者一些小团体在学校中拥有不正当的权力和影响力时，其会产生挫败感。其次，本地教师与外来教师间的矛盾也会让教师产生不愉快。教师表示，在学校教师集体讨论工作的过程中，这种感觉会加深，外来教师觉得自己没有被尊重，并且形成了本地教师与外来教师之间"不健康的竞争"。再次，在社区的社会角色与自己的专业角色之间的期望互相矛盾时，教师们也会感到焦虑。他提出，乡村教育管理者应更加积极地提高教师的留住率，提升教师素质和学生学业成绩，并积极建设和谐的校园文化。③ 总之，研究者认为要关注乡村教师心理、协调同事关系、提高工作满意度，从而留住乡村教师。

（3）学业成绩与学校规模，即各国乡村小规模学校经济效益研究。学校规模对学生学业成绩的影响，是国外学者较为关注的一个领域。国外研究的主流观点认为，学校规模小有利于提高低年级学生和来自底层家庭学生的学习成绩。④ 一项有关学校规模对教师态度以及学生学业成

---

① Hitka M. A., Stachová K. B., Bálažová Z. A., "Differences in Employee Motivation at Slovak Primary Schools in Rural And Urban Areas", *International Education Studies*, Vol. 8, No. 5, April 2015.

② Rottier J., "Teacher Burnout Small And Rural School Style", *Education*, Vol. 104, No. 1, 2001.

③ Huysman J. T., "Rural Teacher Satisfaction: An Analysis of Beliefs and Attitudes of rural teachers' job satisfaction", *The Rural Educator*, No. 4, 2008.

④ 李祥云、张聪聪：《国外中小学规模作用研究述评》，《外国教育研究》2012 年第 11 期。

绩的影响的研究，提出三个问题：小规模学校中教师是否对学生学业成绩和学生社会发展更加负责？他们的同事也如此吗？学校规模对学生成绩的影响是否独立而不受教师的集体授课的影响？研究结果表明，这三个问题的答案都是"是"。小规模学校确实表现出更好的结果，在那些学生数在400人以下的学校中，教师对于学生的学习更加负责。学校规模直接影响着学生的学习成绩，而且还间接影响着教师对学生学习成绩所应承担的责任。在小规模学校，学生和教师的关系更加亲密，这种亲密的师生关系也许对学生的学习起了决定性作用。[1] Coldarci 对缅因州215名八年级学生进行调查，发现来自低收入家庭的学生，数学成绩在小规模学校中的表现优于大规模学校，然而在阅读成绩上，小规模学校并没有表现出优势。[2] 至于学校规模与经济效率之间的关系，国外多数研究比较赞同学校规模与经济效率并不是一种简单的线性关系，而是呈U形曲线关系，即随着学校规模增加，生均总成本下降，但当达到一定的规模后，继续扩大规模会因管理成本和学生的交通成本增加而出现规模不经济。[3] Cooley 等对美国得克萨斯州乡村小规模学校的合并对学生学业及经济效率的影响进行了研究，结果发现：学生的生均成本与未合并地区的学生成本并没有多少差别，合并学校所在地的生均成本增加了，被合并地区的生均成本略微减了一点。这些发现支持了以往研究的结果，尽管合并被证明可能提高成本效益，但没有确凿的证据表明合并是一种划算的选择。在学生学业成绩方面，合并校的学生成绩与未合并校的学生成绩并无多大区别，但学生成绩在合并前后产生了不同，总的来说学生成绩在合并后有所下降。[4] 总之，国外的研究

---

[1] Bracey G. W., "Research-Small Schools, Great Strides", *Phi Delta Kappan*, Vol. 82, No. 5, January 2001.

[2] Coldarci T., "Do Smaller Schools Really Reduce The 'Power Rating' of Poverty?" *The Rural Educator*, Vol. 28, No. 1, January 2006.

[3] 李祥云、张聪聪：《国外中小学规模作用研究述评》，《外国教育研究》2012年第11期。

[4] Cooley D., Floyd K., "Small School District Consolidation in Texas: An Analysis of Its Impact on Costs And Student Achievement", *Administrative Issues Journal*, Vol. 2, No. 3, October 2012.

并没有令人信服的证据表明在乡村小规模学校所接受的教育要比大规模学校低效。

（4）独特优势与潜在威胁，即各国乡村小规模学校的反撤并研究，该部分研究基于两个方面展开。

第一，乡村小规模学校的自身优势研究。研究者对乡村小规模学校的自身优势进行了深入的研究。Galletti 认为，小规模学校在增强学生的归属感、增加学生参与活动的机会、提高学生学业成功率、增进师生情谊以及减少学校官僚作风等方面有其突出的优势。[①] Jimerson 认为，小规模学校具有多种优势：①小规模学校更安全，因为学校氛围塑造了更为紧密的师生关系和生生关系；②小规模学校对学生成绩有持续而实质性的正面影响，尤其是对低年龄段的学生，影响更大；③小规模学校更富活力，诸如灵活的课表、合作学习、体验式学习等教学实践；④小规模学校教师满意度较高，较少缺勤，更乐意与同事合作，对学生的学习更负责；⑤小规模学校文化更具包容性，比如复式教学班对有色人种学生、男生以及低收入人群学生有更加积极的影响；⑥小规模学校更能形成良好的人际关系，反映了小社区中人们共同分享、互相关心的亲密的关系。为此，她认为持续发生的小规模学校撤并运动是不必要也不明智的，在给乡村孩子提供学习和社会资源方面，小规模学校具有天然的优势。[②] Halsey 从未来发展的角度展开分析，凸显乡村小规模学校的作用。他认为，未来人口激增和对食物以及再生能源的需求，要求人类减少人口聚集对环境带来的影响。因此，一个可持续发展的、充满活力和生产力的澳大利亚乡村就非常重要，而这离不开乡村小规模学校的复兴。为此，他认为，政府和政策制定者应当重新认识小规模学校的价值，并且予以积极扶持。[③] Raggl 研究发现，很多教师觉得乡村小学校

---

① Galletti S., "School Size Counts", *Education Digest*, Vol. 64, No. 19, 1999.
② Jimerson L., "The Hobbit Effect: Why Small Works in Public Schools", *Rural School and Community Trust*, No. 8, August 2006.
③ Halsey R. J., "Small Schools, Big Future", *Australian Journal of Education*, Vol. 55, No. 1, August 2011.

绪 论

为自己的教学提供了相对自主的环境，也有一些校长和教师特意来乡村从教，主要是看中了乡村小规模学校所能给予的自由氛围，这便于他们更好地践行自己的教育理念。①

第二，乡村小规模学校潜在威胁、挑战及其反撤并研究。研究者对乡村小规模学校潜在威胁、面临的挑战进行了分析，对反对撤并进行据理力争。不难发现，乡村小规模学校面临的最大威胁自然是被关闭或被合并。Karlberg Gunilla 认为，教师在这样随时面临关闭的学校中工作，在某种程度上变成了弱势群体。在芬兰，每年有超过 100 个"一师学校"被关闭。教师只有坚定自己的职业道德，才能应对外部的社会变迁，尽管就眼前利益而言这样的学校没有经济效益，但是从学生长远发展的视角来看，教师努力工作是极其值得的。② Morton 等认为，美国乡村小规模学校当前最大的五个挑战为：生源持续减少；办学经费短缺；联邦政府不切实际的期望；学生学习动机不高；复式教学普遍存在。③ Raggl 在对奥地利和瑞士两国在阿尔卑斯山偏远地区的乡村小规模学校进行调研后认为，主要问题是复式教学普遍存在教学资源以及教材的缺乏、师资培养缺乏对复式教学的准备，许多教师在面对复式教学班级时，觉得无所适从，复式班级的备课成了极大的挑战。④ Tinkham 通过调研提出：第一，学校恢复复式教学将是学校生存的必然选择，要加强复式教学师资的职前职后培养；第二，20 世纪五六十年代"婴儿潮"时期所留下的校舍，随着乡村社区人口的减少、生源的减少而变得太大、太旧，需要翻新或重建，学校需更加灵活，以适应学生人数的增长

---

① Raggl A., "Teaching And Learning in Small Rural Primary Schools in Austria And Switzerland: Opportunities And Challenges from Teachers' And Students' Perspectives", *International Journal of Educational Research*, Vol. 74, No. 3, October 2015.

② Karlberg-Granlund G., "Coping With The Threat of Closure in A Small Finish Village Schools", *Australian Journal of Education*, Vol. 55, No. 1, August 2011.

③ Morton, C., Harmon, H. L., "Challenges And Sustainability Practices of Frontier Schools in Montana", *The Rural Educator*, Vol. 33, No. 1, November 2011.

④ Raggl A., "Teaching And Learning in Small Rural Primary Schools in Austria And Switzerland: Opportunities And Challenges from Teachers' And Students' Perspectives", *International Journal of Educational Research*, Vol. 74, No. 3, October 2015.

或减少，还要提供多种服务，以便于成为社区的学习中心；第三，教师需要专业化发展，信息技术的革新为应对这一挑战创造了条件；第四，在学校的留存上，要让社区的意见充分参与进来。①

关于学校撤并，民众和研究者进行了抗争。20世纪90年代，英国出现反对关闭学校的运动，这场运动影响甚广，最后政府不得不出台"推定反对关闭"政策，全国基本上保持现有的学校数量，除非学校所在的社区成员主动要求关闭。② 在美国一个名叫艾奥尼的袖珍小镇，家长们甚至发起了反对关闭学校的示威活动，他们高价聘请律师和说客，最终州立法院站在了家长这一边。③ 另外，Corbett认为，乡村小规模学校通常都有着古老的建筑，这些建筑对于当地来说都是财富而不是负债，它们不仅是伴随孩子成长的建筑物，还是见证社区发展的纪念碑。关闭一所学校从某种意义上代表州政府放弃了这一地区未来的发展，因此，基于教育公平价值，关闭学校必须谨慎为之，要统筹考虑城乡活力和发展前景。④ 这些抗争行动提醒政府，撤并乡村小规模学校不能草率为之，而应多方考量。

（5）社区互动与家长参与，即各国乡村小规模学校与外部环境关系研究。国外对于乡村小规模学校与社区互动的关系研究，也是比较独特的视角。小规模学校对农村社区非常重要，英国政府在《农村白皮书》中指出，学校是所在农村社区的心脏，村庄共用的音乐、体育及各种公共设施往往安置在学校里，学校的教师及校长往往是教会组织、地方政府里的社区代表。⑤ Clarke等认为，在乡村小规模学校改进过程中，

---

① Tinkham J., "We're Small Enough to Close But Big Enough to Divide: The Complexities of The Nova Scotia School Review Process", *Alberta Journal of Educational Research*, Vol. 60, No. 4, January 2014.

② Corbett M., "What We Know And Don't Know about Small Schools", *Our Schools*, No. 1, 2013.

③ Buchanan B., "What Mandated Consolidation Could Mean for Your District", *American School Board Journal*, No. 7, 2004.

④ Corbett M., "What We Know And Don't Know about Small Schools", *Our Schools*, No. 1, 2013.

⑤ 张雪艳：《农村小规模学校发展政策研究》，博士学位论文，华中师范大学，2012年。

社区对于学校改革起了关键促进作用。在西澳大利亚州，很多社区意识到在学校改进过程中支持校长工作的重要性，提出要对偏远地区校长提供职前培训。[①] Cuervo 不认同以往研究中对乡村学校、学生和社区之间关系的描述——简单、普遍、自然而且中立，认为这种关系实际上还是反映着社会主流价值观和文化霸权。这种同质、普遍的学校与社区之间的关系，合法化了对少数族群学生的不公平和边缘化待遇。为此，他认为要更深入地反映乡村学校与社区间的关系。他用跨学科的视角——青年社会学、教育学、农村问题研究和政治学等来重新审视学校与社区的关系，以期避免对少数族群学生的排斥和边缘化。他的研究强调了学校与社区关系对学生影响的多样性和复杂性。[②]

在家长参与方面，一般认为家长参与是学校建设和学生学习的重要支持力量，国外研究高度强调了学校与家庭、社区间的良好关系可以促进学校的包容和多元，然而家长的社会经济地位、教育水平和经历也影响到家长在学校中的参与程度，导致拥有较多文化资本的家长在学校价值与家庭文化之间转换得游刃有余，而使一部分来自文化资本较少家庭的学生处于不利的境地。家长参与在偏远小规模学校比较困难。为此，Vigo 等采用民族志的方法对西班牙的两所乡村小规模学校在创新教育实践中的家长参与进行了研究，结果显示，这两所学校采用鼓励表达与沟通的方式，促进了家长的参与。在这一过程中，家庭的流动性和分散性以及社会文化地位等因素影响了参与行为。[③] 可以说，家长参与是一种教育资源，但也有加剧不同阶层学生之间差距的风险。

（二）国内乡村小规模学校发展研究

1. 乡村小规模学校师资招聘政策研究

2016 年，《教育部对十二届全国人大四次会议第 4658 号建议的答

---

① Clarke S., Stevens E., "Sustainable Leadership in Small Rural Schools: Selected Australian Vignettes", *Journal of Educational Change*, No. 4, 2009.

② Cuervo H., "Problematizing The Relationship Between Rural Small Schools And Communities: Implications for Youthlives", *Alberta Journal of Educational Research*, No. 4, 2014.

③ Vigo A. B., Soriano B. J., "Family Involvement in Creative Teaching Practices for All in Small Rural Schools", *Ethnography & Education*, No. 3, 2015.

复》中曾强调县级教育行政部门在核定的教职工编制总额和岗位总量内,要按照班额、生源等情况,充分考虑乡村小规模学校、寄宿制学校和城镇学校的实际需要,统筹分配各校教职工编制和岗位数量,在实施城乡学校帮扶工作,通过开展城乡对口帮扶和一体化办学、加强校长教师轮岗交流和乡村校长教师培训、利用信息技术共享优质资源、将优质高中招生分配指标向乡村初中倾斜等方式,办好乡村小规模学校,补齐乡村教育短板。[1]

2018年《国务院办公厅关于全面加强乡村小规模学校和乡镇寄宿制学校建设的指导意见》中强调坚持从实际出发合理布局,加大艰苦边远地区乡村教师周转宿舍建设力度,保障教师基本工作和生活条件;地处偏远、交通不便的乡村小规模学校应配建教师周转宿舍,加大对乡村学校校长、教师特别是小规模学校教师的培训力度,增强乡村教师培训的针对性与实效性,全面提升两类学校教师教书育人能力与水平。强化教研队伍建设,充分发挥县级教研机构作用,着力帮助提升乡村小规模学校教育质量。要切实落实对乡村小规模学校按100人拨付公用经费和对乡镇寄宿制学校按寄宿生年生均200元标准增加公用经费补助政策,中央财政继续给予支持。鼓励各地结合实际进一步提高两类学校生均公用经费水平,确保两类学校正常运转,严禁乡镇中心学校挤占小规模学校经费。完善经费管理制度,各地要完善小规模学校经费使用管理办法,保障资金规范使用。[2]

2020年,《教育部等六部门关于加强新时代乡村教师队伍建设的意见》中强调要创新乡村教师编制配备。充分考虑新型城镇化、全面二孩政策、新课程改革、教育扶贫等情况,落实城乡统一的中小学教职工编

---

[1] 中华人民共和国教育部:《教育部对十二届全国人大四次会议第4658号建议的答复(2016)》(http://www.moe.gov.cn/jyb_xxgk/xxgk_jyta/jyta_zgs/201610/t20161018_285421.html)。

[2] 中华人民共和国中央人民政府:《国务院办公厅印发〈关于全面加强乡村小规模学校和乡镇寄宿制学校建设的指导意见〉(2018)》(https://www.gov.cn/xinwen/2018-05/02/content_5287481.htm)。

制标准，科学合理核定教职工编制，向乡村小规模学校适当倾斜，按照班师比与生师比相结合的方式核定。对西北地区、寄宿制、承担较多教学点管理任务等的乡村学校，按一定比例核增编制。各地要结合实际制定小规模学校和寄宿制学校教职工编制的具体核定标准和实施办法。鼓励地方在符合现行编制管理规定的前提下，探索建立教职工编制"周转池"制度，妥善解决中小学教职工编制需要。鼓励有条件的地区制定公办幼儿园教职工编制标准，在配备时向乡村倾斜。①

2022年教育部等八部门关于印发《新时代基础教育强师计划》的通知中指出各地绩效工资核定要向乡村小规模学校、艰苦边远地区学校等倾斜，要完善中小学教师绩效考核办法，绩效工资分配向班主任、教育教学效果突出的一线教师、从事特殊教育随班就读工作的教师倾斜。各地要继续落实好乡村教师生活补助政策，着力提高乡村教师地位待遇，形成"学校越边远、条件越艰苦、从教时间越长、教师待遇越高"的格局。②

综上，乡村小规模学校教师的供给与补充问题已切实得到关注，涉及教师补充渠道、生活待遇、周转房建设、编制等方面，但中国乡村小规模学校教师"下不去、留不住、教不好"的问题仍旧严峻，还需各方共同努力，探索更多措施，以期促进教师能更好地于乡村小规模学校任教。

（1）农村小规模学校师资补充及招聘政策的相关研究。针对乡村小规模学校师资招聘困难、供给不足问题，国内学者进行了专门研究，提出相应策略补充农村小规模学校师资。郝文武教授指出，应通过设立分层分类菜单，为地方政府政策实施提供清晰的标准依据；改革师资调

---

① 中华人民共和国教育部等六部门：《教育部等六部门关于加强新时代乡村教师队伍建设的意见（2020）》（http://www.moe.gov.cn/srcsite/A10/s3735/202009/t20200903_484941.html）。

② 中华人民共和国教育部等八部门：《教育部等八部门关于印发〈新时代基础教育强师计划〉的通知（2022）》（http://www.moe.gov.cn/srcsite/A10/s7034/202204/t20220413_616644.html）。

配体制；加强教师流动改善职业环境，吸引更多优秀人才投身乡村教育事业等来补充农村小规模学校师资力量。① 也有学者认为，应该基于区域内教师工作量相等原则核算小规模学校教师编制、注重小规模学校多学科教师培养和利用、建立高专业性学科教师小规模学校"走教制度"、构建农村小规模学校教师岗位补偿机制、创新农村小规模学校优质师资补充机制等系统化的政策设计解决农村小规模学校师资建设问题。② 有研究指出，改革区域教师初次配置制度，优化农村小规模学校教师素质结构。近年来高等学校为农村小规模学校选拔优质师资准备了人力资源，"以县为主"的教育管理体制为提高农村小规模学校教师素质提供了政策空间，地方政府可以通过积极的政策引导，为提高农村小规模学校教师整体素质精准发力。为了农村小规模学校吸引留住教师，相关部门除加大补助力度外，要创新乡村教师定向培养制度，在地方师范高校中定向招收初中、高中优秀毕业生。如湖南省通过四类计划，改进区域教师初次配置，吸引留住优质师资，改变农村小规模学校教师素质结构。③ 也有学者认为，一方面，扩大农村教师"特岗计划"实施规模，重点支持中西部"老、少、边、穷、岛"等贫困地区补充乡村教师。如2018年全国计划招聘特岗教师9万名，招聘的工作重点是切实加强乡村学校教师补充，优先满足三区三州等深度贫困地区县村小、教学点的教师补充需求，而县城学校不再补充新特岗教师。另一方面，创新小规模学校教师培养模式，鼓励地方政府和师范院校根据实际需求加强本土化培养，定向培养"一专多能"的小规模学校教师。以此，拓展乡村小规模学校教师补充渠道。④ 也有学者指出，补充小学科教师数量和提升教师多学科教学专业能力，是缓解农村小规模学校师资匮乏和

---

① 郝文武：《重建乡村小规模学校的战略和策略》，《中国教育科学（中英文）》2021年第2期。
② 赵忠平、秦玉友：《农村小规模学校的师资建设困境与治理思路》，《教师教育研究》2015年第6期。
③ 秦玉友：《农村小规模学校发展的基本判断与治理思路》，《教育研究》2018年第12期。
④ 叶庆娜：《农村小规模学校与大规模学校建设：举措、成效与经验》，《教育与经济》2018年第5期。

提升教学质量的重要途径。因此各级政府应定向培养、培训能够承担多学科教学任务的教师。根据本地农村教育实际需求，地方政府和师范院校应加大合作力度，联合推动农村小规模学校教师的本土化培养工作；加大教师多学科教学业务能力的培训力度，培养培训一批"一专多能"的乡村教师。政府也要继续提高农村教师工资待遇，增强农村教师岗位吸引力，保障教师工作生活条件，确保"本土化"教师能够"留得住、教得好"。① 也有研究者提出了编制调整、"双科多能"、"联合培养"等对策，以期突破农村小规模学校师资匮乏的发展瓶颈。②

（2）西北地区农村小规模学校教师招聘及补充研究。有研究者对西北地区农村小规模学校进行深入研究，认为优秀的师资队伍是小规模学校发展的根本保障，应多渠道补充教师；通过班师比与师生比相结合的方式，灵活教师编制配置，着力培养多科教师、完善教师培训经费投入保障机制、加强师资队伍建设，从而促进小规模学校健康发展，为西北地区农村儿童提供公平的教育机会。③ 有研究者认为，实行弹性的教师编制标准、积极开展校际联盟、提升教师培训的实效性、增强教师职业认同感，是全面突破农村小规模学校教师专业发展困境的有效途径。④ 有研究者主张，以乡村教师队伍优先发展为指导理念，建立覆盖各学科的教师资源库与协议框架，制定以学科需求为导向且"科—师"协调的教师补充标准，实行"动态入编"的教师编制调整模式，建立"准入退出—培训深造—工作生活"于一体的教师保障体系，从而构建起体系完整、切实有效的小规模学校教师精准补充机制。⑤ 有研究者认为，应该基于农村小规模学校特质，在不无序扩张教师编制和盘活现有

---

① 赵忠平、秦玉友：《农村小规模学校的师资建设困境与治理思路》，《教师教育研究》2015年第6期。

② 余小红：《以全科教师培养突破农村小规模学校"超编缺岗"困境》，《教育发展研究》2017年第24期。

③ 林云：《民族地区农村小规模学校教师队伍建设：问题与对策》，《教育与经济》2016年第5期。

④ 安晓敏、殷丽：《农村小规模学校教师专业发展调查研究》，《上海教育科研》2017年第7期。

⑤ 张学敏、赖昀：《乡村振兴战略背景下小规模学校教师精准补充机制研究》，《湖南师范大学教育科学学报》2019年第6期。

师资的基础上，反思临时替代师资对于维持农村小规模学校正常运营的重要性，检讨完全清退代课教师政策的偏差，通过建构农村学校联合体、临时替代师资"池"、临时替代师资"申审招培"机制，来填补农村小规模学校的临时或短期师资空缺，确保农村社会处境不利学生人群的基本教育权益。① 还有研究者基于大规模和小规模学校对比研究指出县级教育行政部门应加强教师交流调配机制，推进校际合作，推广校际间走教、强弱捆绑、跨校竞聘、对口支援等方式与途径，补充农村小规模学校教师数量。②

研究者针对农村小规模学校老年教师难调配、青年教师流失重的现象提出合理规范教师的调配，在尊重多方利益诉求下寻求地区间、校际间、教师群体间的利益平衡，四川宜宾的"区管校用"以及安徽开展的"县管校用"是优化教师调配的有效途径。③ 赵丹指出，要创新教师供给形式，从宏观、中观、微观，即国家，县域和学校，社区提供给农村小规模学校教师花样化的补充形式。④ 也有研究者认为，中国目前中小学教师公开招考已经成为中国基础教育教师队伍补充的重要途径之一，然而它所导致的一系列教育不均衡、不平等的问题也成为当前急需解决的难题，应当从教育供给侧改革角度健全和完善当前的农村中小学教师公开招聘考试制度，包括严格教师资质、优化考试内容、规范录取办法和健全考试管理，从而遴选出更具专业水准的、符合当地学校实际需求的合格教师，为中国农村基础教育的发展提供优质的师资保障。⑤ 也有学者指出甘肃省秦安县的"陇城模式"为西部农村地区

---

① 孙来勤、张永秋：《农村小规模学校临时或短期师资缺口问题研究——基于政府购买教育服务的视角》，《中国教育发展与减贫研究》2018年第2期。
② 赵丹：《教育均衡视角下农村教师资源配置的现实困境及改革对策——小规模和大规模学校的对比研究》，《华中师范大学学报》（人文社会科学版）2016年第5期。
③ 张旭：《农村小规模学校师资队伍建设的成效与困境——基于全国1032名农村小规模学校教师的调查》，《苏州大学学报》（教育科学版）2015年第2期。
④ 赵丹：《教育均衡视角下农村教师资源配置的现实困境及改革对策——小规模和大规模学校的对比研究》，《华中师范大学学报》（人文社会科学版）2016年第5期。
⑤ 刘婉桐：《基于供给侧结构性改革视角下农村教师聘任的困境与出路》，2017年农村教育国际学术研讨会教育促进农村转型会议论文集，吉林，2017年11月，第336—343页。

办学提供了一条有效途径。县域内通过统筹资源，实现城乡教育一体化，以集中与分散相结合的方式，因地制宜地解决"走教"还是"走学"问题，是解决农村小规模学校办学体制困境的有效途径，甘肃教育精准扶贫方面积极探索，形成了较为典型的经验。① 武芳和刘善槐提出，应该为乡村小规模学校教师发展出台专项法令规约、基于工作量均等原则核定乡村小规模学校教师编制、提升教师的综合待遇水平设立乡村小规模学校优先发展区，形成教师发展共同体等措施来保证乡村小规模学校师资稳定。②

2. 乡村小规模学校师资留住率与工作满意度研究

（1）乡村教师小规模学校教师留任率研究现状。乡村学校教师留任现状对于研究乡村学校、薄弱学校和农村小规模学校教师队伍建设具有重要的意义与价值。发展优质均衡的教育，农村教育是薄弱环节，农村教师是关键。虽然农村小规模学校教学基本设施得到升级，但是与城市学校相比仍有很大差距。最关键的是，农村小规模学校教师队伍不稳定是当前最严重的问题。目前，农村地区特别是西部偏远的农村小规模学校基础设施不完善，教师衣食住行问题难以得到满足，丰富的业余生活更是遥不可及。尽管国家通过"教师特岗计划""免费师范生"等政策引导更多年轻教师去中西部地区任教，但实际情况是"农小校"出现了教师严重流失现象。③ 农村小规模学校的教师流动性非常大，师资队伍建设不够稳定。首先，离家远的教师想逃离；其次，青年教师流动性强；最后，优秀教师"层层截留"或"被挖走"。④ 大量乡村教师，尤其是乡村青年教师要么已离开，要么有离开农村学校的倾向，即农村教师存在单向流动、离职、转岗的现象，他们处于时刻在为离开农村学

---

① 王鉴：《西部农村小规模学校发展思路研究》，《教育发展研究》2019年第20期。
② 武芳、刘善槐：《乡村小规模学校如何突破教师队伍建设难题？——基于大国型、先发型、文化同源型国家的比较研究》，《教育学术月刊》2020年第2期。
③ 易洪湖：《农村小规模学校教师队伍建设探新》，《教学与管理》2019年第33期。
④ 周静：《农村小规模学校师资问题研究》，《教学与管理》2020年第22期。

校而做准备的状态,一旦有其他可以选择的机会,他们就会抓住并试图'逃离'农村学校。① 这些青年教师具有极强的流动特性,通常以三年为期,而且都是从农村到城市的单向流动,即青年教师在"农小校"完成向成熟型教师的蜕变后,便会立即离开,学校则会再度陷入师资短缺的困局。② 除此之外,优秀教师特别是经验丰富而又年富力强的高水平中青年教师不愿到农村学校任教,农村学校及农村的生活环境和各种待遇无法满足这些教师较高的职业与生活预期。③

(2)乡村教师小规模学校教师留任率影响因素的相关研究。有一种现象在农村小规模学校中较为普遍地存在着,那就是因为办学条件差、待遇低,许多教师都不愿去这些学校工作,已经去了的都在想方设法离开。④ 研究结果显示,教师保留率与地理区位密切相关,不同地理区位间的教师保留率并不一致,其中乡村学校系统所面对的教师保留压力通常相比于城镇地区更大。⑤ 换言之,对于贫困程度较高或相对更偏远的乡村地区来说,教师供需张力愈为加剧,致使其在吸引和保留教师方面处于极为弱势地位。⑥ 农村小规模学校教师的生存环境主要指周边的自然环境、社区环境、学校环境和媒体环境,四者的合围共同构成了教师生存的微型生态圈,而生态圈运行的良性与否直接关系到教师或留或去的心理情意。⑦ 因为生活环境恶劣、工作条件简陋、社会融入困

---

① 白亮、郭二梅:《农村教师单向流动的原因及应对策略——基于社会认同动机理论视角》,《教师发展研究》2018年第1期。

② 王欢:《农村小规模学校发展困境与对策研究——以陕西省W市X镇三所农村小规模学校为例》,硕士学位论文,河南科技学院,2021年。

③ 段兆兵:《农村小规模学校全面振兴:攻坚难点与路径选择》,《教育科学研究》2021年第9期。

④ 王鉴:《西部农村小规模学校发展思路研究》,《教育发展研究》2019年第20期。

⑤ Constantine J., Mcconnell S., Chiang H., "Addressing Teacher Shortages in Disadvantaged Schools: Lessons from Two Institute of Education Sciences Studies", *National Center for Education Evaluation & Regional Assistance*, 2013.

⑥ Dee T. S., Goldhaber D., "Understanding And Addressing Teacher Shortages in The United States", *Policy Brief Series (Hamilton Project)*, No. 5, April 2017.

⑦ 张晓娟、吕立杰:《整体性缺失与个体性阻抗——农村小规模学校师资建设困境研究》,《教育理论与实践》2019年第28期。

绪 论

难、人际交往匮乏、工资待遇不高、交通不便等缺乏足够了解，特岗教师适应较差，流失率较高。① 教师的工作动机在很大程度上会影响教师的留任。与外在的动机相比，内在动机可以更好地促进教师留任，对社会的贡献感和学生的成就感可以带来工作满意度和对学生的承诺，使一些教师能继续在恶劣的条件下工作。② 与工作动机类似，教学效能感意指教师对自身在教学中促进学生学习进步和发展的能力的一种判断，③也是一种内在动机。教学效能感越高的教师工作满意度越高，越不可能离开教师职业。④ 积极的工作心态也是教师留任的前提。⑤ 除此之外，乡村学校管理人员对教师的支持程度也影响着乡村教师的留任。⑥ 有效教师专业发展活动是一种结构化的专业学习，能够支持教师专业知识、技能和能力的发展，促进教师行为的变化和学生学习成果的改善。⑦ 乡村教师感知合作交流氛围、有效专业发展和教学效能感也在一定程度上影响着乡村教师的留任。⑧ 年龄、年工资、社会地位、学校内部工作环境、学校周边环境对乡村青年教师留任意愿有显著正向影响；工作量、

---

① 曾新、高臻一：《赋权与赋能：乡村振兴背景下农村小规模学校教师队伍建设之路——基于中西部6省12县〈乡村教师支持计划〉实施情况的调查》，《华中师范大学学报》（人文社会科学版）2018年第1期。

② Green Aimee M., Marco A. Muñoz, "Predictors of New Teacher Satisfaction in Urban Schools: Effects of Personal Characteristics, General Job Facets, And Teacher-Specific Job Facets", *Journal of School Leadership*, Vol. 26, No. 1, January 2016.

③ Tschannen-Moran M., Woolfolk H. A., "Teacher Efficacy: Capturing An Elusive Construct", *Teaching And Teacher Education*, Vol. 17, No. 7, October 2001.

④ Skaalvik E. M., Skaalvik S., "Teacher Job Satisfaction And Motivation to Leave The Teaching Profession: Relations with School Context, Feeling of Belonging, And Emotional Exhaustion", *Teaching and Teacher Education*, vol. 27, No. 6, 2011.

⑤ 代蕊华、郭志慜：《什么样的学校教师流失率更高?》，《教师教育研究》2020年第5期。

⑥ 殷赵云、王斌：《乡村教师政策后设评价的实施构想：目标和策略》，《教师教育学报》2019年第6期。

⑦ Linda Darling-Hammond, Hyler M. E., Gardner M., *Effective Teacher Professional Development*, Learning Policy institute, 2017.

⑧ 李琼、何柯薇、周敬天：《从政策留人到发展留人：合作交流的专业发展氛围可以留住乡村教师吗》，《教育学报》2022年第2期。

学校距县城距离、工作压力、教学效能、职业倦怠对其有显著负向影响；① 因为学校各方面条件都太差，省招县聘大学毕业生基本不愿意去小规模学校，一般去小规模学校特岗教师相对较多。② 影响特岗教师留任意愿因素包括：考核的科学与公正性、学校文化认同度、主观幸福感、地域融入对其留任意愿有显著的正向影响；是否为应届生、周围特岗教师离职的多少、工作量、期望与实际收入的差距、职业倦怠对之有显著的负向影响。③ 与此同时，年龄和地缘变量是影响教师留任的关键因素，中央"特岗计划"在有效引导地方财政配套的同时，变相加剧了地方财政负担；乡村教师不仅教学负担重，而且承担了过多教学之外的工作；物质条件匮乏、基础设施不健全仍然是阻碍乡村教师留任的重要原因。④ 也有学者指出，对乡村教师离职意向强度影响最大的因素是生活满意度。⑤ 除了外部因素，家庭是影响乡村教师去留的重要因素。⑥ 影响农村小规模学校教师流动意愿的因素复杂多样，而"付出与报酬不对等"的自我评估会降低农村小规模学校教师的留教意愿。尽管近年来农村小规模学校教师薪资不断提升，但整体待遇水平仍较低。⑦ 社会地位也是影响农村小规模学校教师流动意愿的主要原因。由于工资水平低、工作强度大，付出与回报不成比例，农村小规模学校教师普遍认为

---

① 付昌奎、曾文婧：《乡村青年教师何以留任——基于全国18省35县调查数据的回归分析》，《教师教育研究》2019年第3期。

② 曾新、高臻一：《赋权与赋能：乡村振兴背景下农村小规模学校教师队伍建设之路——基于中西部6省12县〈乡村教师支持计划〉实施情况的调查》，《华中师范大学学报》（人文社会科学版）2018年第1期。

③ 王恒、闫予沨、姚岩：《特岗教师留任意愿的影响因素研究——基于全国特岗教师抽样调查数据的logistic回归分析》，《教师教育研究》2018年第1期。

④ 樊香兰、蔚佼秧：《付出—回报失衡对特岗教师留任意愿的影响研究——工作满意度的中介作用》，《教育理论与实践》2021年第34期。

⑤ 李志辉、王纬虹：《乡村教师离职意向影响因素实证研究——基于重庆市2505名乡村教师调查数据的分析》，《教师教育研究》2018年第6期。

⑥ 孙彩霞、周依：《农村小规模学校教师专业发展的现状、困境与对策——基于浙江省6个地区9个县（市）的调查》，《教师教育学报》2021年第4期。

⑦ 刘善槐、王爽、武芳：《我国农村小规模学校教师队伍建设研究》，《教育研究》2017年第9期。

其社会地位处于较低水平。① 工作的压力要求导致的主观消极情绪也是影响教师留岗意愿的关键因素。②

（3）提升乡村小规模学校教师留任对策的相关研究。为了提高乡村小规模学校教师留任率，教育管理部门和学校需创新管理模式和督查模式，进一步优化乡村教师的补贴政策和激励政策。③ 改变传统的师资供给模式，推进师资的供给侧改革：基于农村小规模学校的实际需求补充教师；运用政策杠杆作用调节小规模学校教师岗位在教师人才市场竞争中的不利地位，提高吸引力；创设吻合小规模学校教师特点的外部环境和成长平台，激发教师的发展动力，让小规模学校不仅能够"吸引教师""留住教师"，也能够"成就教师"。④ 拓宽教师补充渠道，增加乡村教师数量；坚持设岗定向招聘，强化职业理想教育。提高生活待遇，增强岗位吸引力；开展"走教送教"活动，解决师资结构性短缺难题；关怀教师，提高教师幸福指数；创造培训和评优选先条件，增强教师的获得感和荣誉感。⑤ 从编制改革的角度解决师资数量短缺困境；从引导性政策设计的角度缓解师资质量较低困境；从多学科教师培养及高专业性学科教师走教等解决师资专业的结构性困境。⑥ 还应该完善招聘与培养培训制度，能够提高乡村教师的留任率。⑦ 多渠道补充教师，灵活管理教师编制，着力培养小学多科教师，大幅度提高教师待遇，完善教师教

---

① 刘善槐、王爽、武芳：《我国农村小规模学校教师队伍建设研究》，《教育研究》2017年第9期。

② 徐继存、张丽：《乡村小规模学校教师留岗意愿及影响因素研究——基于工作特征模型》，《山西大学学报》（哲学社会科学版）2020年第6期。

③ 孙彩霞、周依：《农村小规模学校教师专业发展的现状、困境与对策——基于浙江省6个地区9个县（市）的调查》，《教师教育学报》2021年第4期。

④ 刘善槐、王爽、武芳：《我国农村小规模学校教师队伍建设研究》，《教育研究》2017年第9期。

⑤ 牛武军：《乡村小规模学校师资存在的问题与对策》，《甘肃教育》2020年第17期。

⑥ 赵忠平、秦玉友：《农村小规模学校的师资建设困境与治理思路》，《教师教育研究》2015年第6期。

⑦ 于海英、付海帆、马茜：《乡村教师留任的环境因素及其改进措施——基于环境匹配视角》，《教师教育学报》2022年第2期。

育与培训经费投入保障机制。[1] 针对城乡教师留任意愿的巨大差异，城乡地区应该采取差异化的教师补充方式，县城及以上地区在公开招考教师之余，通过"定向培养"和"代课教师转正"方式扩大高质量教师供给，缓解县城学校大班额现象；乡镇和村屯要以公开招考为主，将招聘符合教师质量要求的代课教师作为重要的补充方式；学校要运用多样的保留策略，增加教师职业发展机会、决策参与程度和行政支持力度，减轻教师工作压力或稳步提高教师薪酬；学校管理者需重点关注新任职、高学历和高职称教师的发展，提高教师留任意愿。[2] 除此之外，给予政策倾斜，平衡教师职称评定结构；提高"农小校"教师职业吸引力，真正留住乡村教师等也是留住教师的有效手段。[3] 在数字化时代，应该充分发挥地方高校和数字教育资源的作用，提供和保障农村小规模学校教师充足和有针对性的在职培训；建立学校联合体，实行教师校际交流和共享制度。[4] 提高教师待遇，改善教师生活条件；多途径创新和完善农村教师补充机制；探索形式多样、适应性强的教师培训。积极推进教师流动；改革农村教师人事制度，解决结构性缺编问题。完善教师评价制度。[5] 同时，建立农村小规模学校教师工资保障机制、切实有效地开展教师培训、强化教师评价和管理成为必然选择。[6] 除了学校，教师自身也需要改变对乡村教师身份的认知，激发学习动力，促进专业成长。[7] 促进农村小规模

---

[1] 林云：《民族地区农村小规模学校教师队伍建设：问题与对策》，《教育与经济》2016年第5期。

[2] 张莹、陆莎、李廷洲：《选拔方式、学校保留策略对城乡教师留任意愿的影响——基于我国中西部5省16787位中小学教师的问卷调查》，《湖南师范大学教育科学学报》2021年第2期。

[3] 易洪湖：《农村小规模学校教师队伍建设探新》，《教学与管理》2019年第33期。

[4] 曾新、付卫东：《内生发展视域下农村小规模学校教师队伍建设》，《教育发展研究》2014年第6期。

[5] 朱青：《农村小规模学校教师队伍建设问题与对策》，《教学与管理》（理论版）2017年第18期。

[6] 张旭：《农村小规模学校师资队伍建设的成效与困境——基于全国1032名农村小规模学校教师的调查》，《苏州大学学报》（教育科学版）2015年第2期。

[7] 孙彩霞、周依：《农村小规模学校教师专业发展的现状、困境与对策——基于浙江省6个地区9个县（市）的调查》，《教师教育学报》2021年第4期。

学校教师队伍建设，必须改变依附型发展、城市化、标准化发展的思路和做法，以赋权和赋能的理念转变为突破口，实施一系列符合农村小规模学校实际的、围绕农村小规模学校及其教师发展需求的制度变革，建立以需求为导向的农村小规模学校教师队伍建设之路，让农村小规模学校教师队伍成为一支扎根农村、胜任农村小规模学校教育教学、引领并推动农村义务教育内涵式发展的高素质能力的专业化队伍。①

（4）乡村小规模学校教师工作满意度现状的相关研究。教师工作满意度是指教师对工作或教学角色的情感反应。② 乡村教师队伍是推进乡村振兴的重要力量，提高乡村教师工作满意度是办好乡村教育的关键。乡村教师面临的最大问题是"下不去、留不住、教不好"，这些问题与教师工作满意度密切相关。提高乡村教师工作满意度，可增强教师职业吸引力、降低流失率、提高教育教学水平。③

乡村教师工作满意度已成为一个重要的政策问题，是乡村教师"下得去、留得住、教得好"的关键。然而，乡村教师整体满意度并不高。有研究表明，乡村教师工作满意度明显低于城市教师。④ 研究发现，近1/3 中西部地区农村中学教师处于对工作极不满意的状态。⑤ 在开放劳动力市场背景下，无论是农村小规模学校所在社区经济社会环境特征，还是农村小规模学校的环境特征和农村小规模学校教师的岗位特征，都对教师缺乏吸引力，农村地区容易出现教师向城性流动。⑥ 乡村教师工

---

① 曾新、高臻一：《赋权与赋能：乡村振兴背景下农村小规模学校教师队伍建设之路——基于中西部6省12县〈乡村教师支持计划〉实施情况的调查》，《华中师范大学学报》（人文社会科学版）2018年第1期。

② Skaalvik E. M., Skaalvik S., "Teacher Job Satisfaction And Motivation to Leave The Teaching Profession: Relations with School Context, Feeling of Belonging, And Emotional Exhaustion", *Teaching and Teacher Education*, Vol. 27, No. 6, 2011.

③ 武向荣：《哪些关键因素影响了乡村教师工作满意度》，《教育与经济》2022年第2期。

④ 武向荣：《义务教育教师工作满意度影响因素的实证研究》，《教育研究》2019年第1期。

⑤ 关桓达、赵正洲：《中西部地区农村中学教师工作满意度实证研究——基于对586名农村中学教师的调查》，《农业技术经济》2010年第6期。

⑥ 秦玉友：《农村小规模学校发展的基本判断与治理思路》，《教育研究》2018年第12期。

作待遇满意度较低;乡村教师工作任务重,教学工作量满意度较差;乡村教师专业发展满意度不高,乡村教师专业成长受限;乡村教师配置学校环境满意度较低,乡村学校环境条件水平有待提升。① 农村小规模学校教师同时承担了多重生活压力:入不敷出的经济压力、社会横向比较的攀比压力、社会融入困难的交往压力、家庭期望落空的情感压力。② 调查研究表明,农村小规模学校教师专业发展正陷入多重危机:多重社会生活压力恶化教师职业价值感;繁重的教学与管理任务加剧教师职业倦怠;教育环境的复杂趋势降低教师的教育效能感。③ 无论是现有编制制度还是经费拨付制度,维系大量规模日渐缩小、生源持续流失的乡村学校,无疑让本就捉襟见肘的地方教育经费不堪重负。特别是对于一些袖珍学校、麻雀学校,保障其师资、经费、设施等充裕供给、优质运行,更是困难重重。小规模学校主要服务于乡村处境不利群体,使小规模学校更加缺乏竞争力和认可度,这又强化了教师"跳槽"的意愿与行为。④ 农村小规模学校教师的生存状态可以在很大程度上反映教师的工作满意度。通过研究发现,农村小规模学校教师存在物质方面、身体健康方面、精神状态方面以及专业发展方面的生存困境。⑤ 《计划》实施为农村小规模学校教师队伍建设起到积极作用,尤其是提升乡村教师生活补助和社会保障举措的实施,提高了农村小规模学校教师的工作积极性。农村小规模学校教师进城教书的意愿降低,尤其是 35 岁以上的农村教师,大多安心在农村学校从事教育工作,⑥ 可见教师的工作满意

---

① 龙冠丞:《乡村教师资源配置优化策略研究——以 R 县为例》,硕士学位论文,南宁师范大学,2021 年。
② 符太胜、王培芳、丘苑:《中西部农村小规模学校教师专业发展危机与发展路径》,《当代教育科学》2020 年第 1 期。
③ 符太胜、王培芳、丘苑:《中西部农村小规模学校教师专业发展危机与发展路径》,《当代教育科学》2020 年第 1 期。
④ 满忠坤、李慧慧:《新时代乡村小规模学校问题研究的逻辑进路与方法论原则》,《中国教育学刊》2022 年第 2 期。
⑤ 桑荣:《农村小规模学校教师生存状态研究——以 F 县为例》,硕士学位论文,山西大学,2020 年。
⑥ 曾新、高臻一:《赋权与赋能:乡村振兴背景下农村小规模学校教师队伍建设之路——基于中西部 6 省 12 县〈乡村教师支持计划〉实施情况的调查》,《华中师范大学学报》(人文社会科学版)2018 年第 1 期。

度处于中等水平。教师良好的人际关系能够提升教师的工作满意度，目前在农村小规模学校的教师人际关系较为和谐，与其他教师、校长和家长关系较好。① 在泰国小规模学校教师数量严重不足，教师的工作任务重，再加上小规模学校教师的工资福利待遇和工作绩效都低于其他规模的中小学校，这使得大多数教师在艰苦的小规模学校工作中逐渐失去热情，不愿意在小规模学校工作。② 通过对小型农村学校工作的校长与教师调研发现：11%的教师在问卷调查中表示他们完全满意，60%的教师表示他们对自己的工作基本满意。③

乡村小规模学校教师工作满意度影响因素的相关研究。影响农村小规模学校教师工作满意度的因素有很多。农村小规模学校往往地处偏僻乡村，由于交通、通信、生活条件等的限制，除了少量乡村学校面貌一新、教师水平较高、办学条件良好、教育质量上乘以外，大多数农村小规模学校无论是教师队伍结构与教育能力水平，还是学校的硬件和软件条件、生源质量等，与城区学校都存在较大差距，导致农村小规模学校成为全国学校中教育教学设施条件最差、师资队伍质量最低、教育质量最低、全面振兴最难的学校，是学校系统的"短板"。④ 与城市相比，城乡同构的教育体系削弱了小规模学校教师的话语权；"文字上移"致使小规模学校衰落、教师失语；新课程改革加速了小规模学校教师的边缘化。⑤ 学校自身在生存条件、生源状况、受重视程度等方面的多重劣势，难以满足教师的心理期待，⑥ 加之小规模学

---

① 尚丽楠：《农村小规模学校教师生存状态研究——基于S小学的实地调查》，硕士学位论文，山西大学，2018年。

② 张清玲：《泰国小规模学校的现状、困境与改进策略》，《比较教育学报》2022年第2期。

③ Raggl A., "Teaching And Learning in Small Rural Primary Schools in Austria And Switzerland: Opportunities And Challenges from Teachers' And Students' Perspectives", *International Journal of Educational Research*, Vol. 74, No. 3, October 2015.

④ 段兆兵：《农村小规模学校全面振兴：攻坚难点与路径选择》，《教育科学研究》2021年第9期。

⑤ 李介：《小规模学校教师话语权的缺失及构建》，《当代教育科学》2016年第8期。

⑥ 张晓娟、吕立杰：《整体性缺失与个体性阻抗——农村小规模学校师资建设困境研究》，《教育理论与实践》2019年第28期。

校的校长更换频率过高,①学校生源的不断流失,教师群体对自己的学校失去信心,②认为反正只有几个学生,付出再多也不会产生高的职业回报,自己的工作也很难得到应有的承认,不仅对自己失望、对学校失望,还对学生失望。学校氛围与生活条件都会对教师的工作满意度产生影响。③农小校自身"结构不良"使很多教师情感受到创伤,降低了广大教师工作的积极性、创造力。④受工资、待遇、福利、编制等多种因素的影响,小规模学校的师资补充难以得到保证。⑤教师经济激励以及荣誉制度和职称评聘政策实施不力,影响了工作动机。⑥村小学生的家长外出务工,隔代监护人的教育理念与方法落后陈旧,教之无方、教之无力、教之无责,加大了农村小规模学校工作的难度。⑦

（5）提升乡村小规模学校教师工作满意度对策的相关研究。为了提升乡村小规模学校教师的工作满意度,应该多途径创新和完善农村教师补充机制、探索适应性强的教师培训、积极推进教师流动、改革农村教师人事制度、完善教师评价制度。⑧应不断提高乡村教师待遇,在培训、先进评选、职称晋升等方面向乡村教师倾斜,保障教师各项权利,吸引青年教师充实乡村教育第一线,建立乡村教师公租房、医保、体检等各项政策,为乡村教师解除后顾之忧,调动其工作积极性。应探索乡村教师发展规律,发挥多种政策的累积效应,继续贯彻行之有效的农村

---

① 张清玲:《泰国小规模学校的现状、困境与改进策略》,《比较教育学报》2022年第2期。
② 段兆兵:《农村小规模学校全面振兴:攻坚难点与路径选择》,《教育科学研究》2021年第9期。
③ 赵玥:《学校因素对农村小学教师工作满意度的影响研究》,硕士学位论文,东北师范大学,2019年。
④ 魏宝宝、孟凡丽:《农村小规模学校内生力缺失的表现、原因与激活——"W"县农村小规模学校的实地研究》,《当代教育论坛》2020年第3期。
⑤ 朱青:《农村小规模学校教师队伍建设问题与对策》,《教学与管理》2017年第18期。
⑥ 赵丹、陈遇春:《乡村小规模学校教师资源优化配置研究——基于美国的经验和启示》,《中国教育学刊》2019年第7期。
⑦ 段乔雨:《新生代农村留守儿童家庭教育的困境及其突围》,《现代教育科学》2017年第12期。
⑧ 朱青:《农村小规模学校教师队伍建设问题与对策》,《教学与管理》2017年第18期。

教师发展相关政策，并不断完善。① 有学者基于全国 1032 名农村小规模学校教师的调查，提出建立农村小规模学校教师工资保障机制。其中，优化教师收入构成，做到教师收入向一线教师倾斜，坚持教师多劳多得，同时变更教师工资投入方式，按照薪酬 6∶4 比例明确教师基本薪酬和补贴，并将教师日常工作表现如实反馈到相关部门，以更真实和公平的原则保障教师薪酬。② 完善农村教师工资制度，吸引优秀教师到小规模学校任教，还要提高财政资金的利用率，全力改善小规模学校的办学条件，包括配置同等标准的教学设备、改善寄宿教职工的居住环境以及提高学校食堂的饭菜供应标准等，为教师提供良好的工作环境，提高教师职业满意度，从客观上增强小规模学校对教师的吸引力。③ 除此之外，建立农村教师工资稳定增长的长效机制，改善农村小学办学条件，鼓励教师参与学校事务管理，建立公平的教师评价、晋升机制，提供更多进修培训机会，以提高农村小学教师工作满意度。④ 还可以通过各项政策倾斜，提高农村教师地位；提升小规模学校吸引力，解决师资匮乏问题；加强针对性培训，提高教师驾驭小规模学校的能力。⑤ 农村小规模学校的师资建设必须依托可见与可行的"全方位组合拳"：站位"人学基础"立场，采用"全面薪酬制度"，消弭政策的灰色空间，着力改善教师的生存环境，全面复归对教师应有的尊重，真正搭建起一支能够"下得去、留得住、教得好、有发展"的农村小规模学校教师队伍。⑥ 除此之外，关注教师身心健康；提高教师自身主观能动性也能够提升教

---

① 段兆兵：《农村小规模学校全面振兴：攻坚难点与路径选择》，《教育科学研究》2021年第 9 期。
② 张旭：《农村小规模学校师资队伍建设的成效与困境——基于全国 1032 名农村小规模学校教师的调查》，《苏州大学学报》（教育科学版）2015 年第 2 期。
③ 赵丹、闫晓静：《农村小规模学校教师资源的现实困境与均衡配置策略——基于河南西部山区两所小学的个案研究》，《教育学术月刊》2015 年第 3 期。
④ 段晓芳：《农村小学教师工作满意度调查与分析》，《教学与管理》2016 年第 30 期。
⑤ 周静：《农村小规模学校师资问题研究》，《教学与管理》2020 年第 22 期。
⑥ 张晓娟、吕立杰：《整体性缺失与个体性阻抗——农村小规模学校师资建设困境研究》，《教育理论与实践》2019 年第 28 期。

师的工作满意度。① 还应加大对教师岗位津贴的支持力度，增加对教师的生活补助。②

（6）乡村小规模学校教师留任率与工作满意度关系的相关研究。"付出—回报"失衡模型最初是1996年德国生物医学家赛格里斯特提出的。他认为，个体在工作中的"付出—回报"是一个社会交换过程，当两者失去平衡时，就会导致一系列工作压力反应的产生。已有研究表明，"付出—回报"失衡容易使人们产生工作压力和离职意向。③ 对许多高校毕业生而言，较高的教育投入往往会推高就业预期，农村小规模学校教师岗位与其就业预期不符是影响其流动的主要原因。④ 教师工作满意度很大程度上与教师工作压力有关，乡村教师教学和额外工作负担重、压力大，专业发展得不到保障，乡村学校物质条件匮乏，基础设施不健全等，这种付出与回报的不平衡，阻碍了特岗教师的留任。⑤ 农村教师工作满意度是影响其离职意向的重要因素，提高教师工作满意度是维系教师队伍稳定性的必要条件。⑥ 工作满意度越低，乡村小规模学校教师留任率越低。小规模学校教师获得的唯一津贴补贴为山区补助，这些补贴不仅无法满足山区教师需求，而且还远低于县镇学校教师工资，教师对山区补贴的满意度很低。因此，较低的工资待遇导致小规模学校一方面招不进新教师，另一方面大量优秀教师流失。⑦ 根据34个国家

---

① 桑荣：《农村小规模学校教师生存状态研究——以F县为例》，硕士学位论文，山西师范大学，2020年。

② 王路芳、张旭：《"后撤点并校"时代农村小规模学校教师队伍建设研究——基于对46个国家级贫困县的调查》，《上海教育科研》2015年第7期。

③ 樊香兰、蔚佼秧：《付出—回报失衡对特岗教师留任意愿的影响研究——工作满意度的中介作用》，《教育理论与实践》2021年第34期。

④ 刘善槐、王爽、武芳：《我国农村小规模学校教师队伍建设研究》，《教育研究》2017年第9期。

⑤ 唐一鹏、王恒：《何以留住乡村教师——基于G省特岗教师调研数据的实证研究》，《教育研究》2019年第4期。

⑥ 李志辉、王纬虹：《乡村教师离职意向影响因素实证研究——基于重庆市2505名乡村教师调查数据的分析》，《教师教育研究》2018年第6期。

⑦ 赵丹、闫晓静：《农村小规模学校教师资源的现实困境与均衡配置策略——基于河南西部山区两所小学的个案研究》，《教育学术月刊》2015年第3期。

50000多名教师的数据分析表明，教师工作满意度能够提高教师留任率。① 傅福英、周晓倩调查了江西省农村小学英语教师的职业认同、工作满意度与离职意向的总体水平，发现教师工作满意度与离职意向之间呈显著负相关。② 研究表明，教师间的专业合作，特别是新教师和经验丰富教师之间的持续互动有助于提升教师满意度，与教师留任有密切相关关系；孤立的工作会降低教师满意度，从而导致教师离职。③ 应将提升满意度作为现实抓手，关键在于办好乡村教育、提高乡村教师的职业身份吸引力，让农村小规模学校教师获得让人羡慕的劳动回报、拥有让人羡慕的社会身份、成为让人羡慕的专业人员。④

3. 关于学校规模与学业成绩关系研究

2001年开始，中国对农村中小学进行布局调整（也被称为"撤点并校"），旨在解决农村中小学规模小，数量多且又分散等问题，从而切实提高农村教育质量。故学校布局调整之后，学生学业成绩与学校规模之间的关系备受社会各界关注。

（1）学校规模与学业成绩呈正相关的相关研究。刘善槐、史宁中通过对西南某县小、中、大规模学校学生的语文数学成绩调查研究，发现中国农村小规模学校的学生学业成绩显著偏低，且学科发展不均衡，学生数学成绩最弱；虽然语文相比数学好，但通过对语文测试目标进一步剖析发现，在知识、理解和应用的测试中，应用能力在总体成绩中处于较低发展层次。⑤ 孙冬梅和姬鹏桦通过对11个省507所明德小学学生

---

① Sam S., "TALIS 2013: Working Conditions, Teacher Job Satisfaction And Retention", London: Department for Education in UK, November 2017.

② 傅福英、周晓倩：《农村小学英语教师职业认同、工作满意度与离职意向的现状及其关系》，《赣南师范大学学报》2019年第5期。

③ Kardos S. M., "Supporting And Sustaining New Teachers in Schools: The Importance of Professional Culture And Mentoring", Boston: Harvard University, May 2004.

④ 徐好好：《农村小规模学校教师的乡村教育信心研究——基于甘肃省三县（区）的实证分析》，硕士学位论文，西北师范大学，2020年。

⑤ 刘善槐、史宁中：《农村小规模学校学生学业成绩问题研究——以西南某县为例》，《中国教育学刊》2011年第4期。

优秀率和及格率作为因变量进行调查研究，以建立回归方程的方式得出：学校规模与学生及格率、优秀率存在着正相关关系，学校学生人数每增加一人，成绩将增加 0.275 分，即学校规模的增加较利于学生学业成绩的提高，而其他因素对学生成绩均无显著预测作用。① 郝懿等人对北京市 223 所小学近两万名五年级学生学业成绩进行抽样调查研究，发现学校规模与学生成绩合格率、学校增值分数均呈正线性关系。② 有学者应用比较法对西南某县城镇小学和村小两类学校比较发现，三年级村小学生语文和数学成绩与城镇小学存在显著性差异，远低于城镇小学平均成绩 20 分，且村小学生数学成绩未达到课程标准基本要求，五年级村小学生数学成绩高于城镇学生，城镇小学数学平均学业成绩比村小学生平均落后一分。③ 还有学者以小规模学校语数英三门主科课程为例，对学校规模与学生学业成绩相关性研究发现，除三年级英语科目外，小规模学校学生平均学业成绩显著低于大规模学校，此外从县域总体排名来看，小规模学校学生排名集中在中下等，大规模学校学生排名集中在中上等。④ 秦玉友也提出农村小规模学校的教学质量存在众多问题，而这都与学校的"小"有很大关联。⑤ 贾勇宏基于全国九省（自治区）样本考察，采用百分制绝对评分方式获得 3—6 年级学生最近一次语、数、英三门科目成绩，并将成绩转换成具有可比性的 T 分数，经分析发现农村小学撤点并校后学校规模超标的学生成绩高于学校规模达标

---

① 孙冬梅、姬鹏桦：《小学规模对学生学业成绩的影响研究——以明德品牌建设工程项目为例》，《宁波大学学报》（教育科学版）2018 年第 4 期。
② 郝懿、李美娟、田一：《学校规模对学生学业成绩影响的实证研究》，《教育科学研究》2015 年第 10 期。
③ 张亚丽：《提高西南贫困山区小学生学业成绩的研究》，《教学与管理》2016 年第 21 期。
④ 赵丹、陈遇春、赵阔：《优质均衡视角下乡村小规模学校教育质量困境与对策》，《华中师范大学学报》（人文社会科学版）2019 年第 2 期。
⑤ 秦玉友：《农村小规模学校教育质量困境与破解思路》，《中国教育学刊》2010 年第 3 期。

的学生成绩。① 还有一线教师提出自己教学感受，他们也认为农村小规模学校教学质量低下，教学效果差。② 此外，杨海燕指出在学校内部，与小规模学校相比，大规模学校更有助于学生学业成绩提高，原因是大规模学校教师质量、软硬件设施、教师培训和晋升课程设置等都相对有质量、丰富合理。③

（2）学校规模与学业成绩呈负相关的相关研究。国内学者关于学校规模与学生学业成绩的相关性也做了大量的调查研究。东梅等人运用倍差法，基于陕西省农村小学布局调整为背景，对学生学习成绩进行实证分析，发现学校合并后班级规模变大，但学生成绩随着年级的上升而下降，学生整体成绩都有所下滑，表明班级规模与学生学业成绩呈负相关。同时研究者通过回归分析发现，学校合并对学生成绩上升并不显著，是因为受一些儿童特征、父母及家庭特征，还有学校特征的中间变量影响。④ 还有学者提到相比于大规模学校，小规模学校更能促进学生成长，提高学生成绩，尤其是小规模学校中少数民族和社会经济地位较低且努力学习的学生，因为小规模学校的小班化教学教师更容易及时发现学生学习不足之处并进行个别辅导，做到尖子冒尖、中下生上一个台阶，同时也更容易对学生投入更多感情，如此环境下学校氛围更加融洽，老师也更易形成教学团体，通过变换不同的教学方式来帮助学生提高学业成绩，而这些对大规模班级、学校来说是可望而不可即的。⑤ 有学者用多层线性模型剖析西部农村中小学校布局调整后学校规模对学生学业成绩的影响，将学生所在家庭社会经济地位作为调节变量，通过对不同阶段学校规模学生学业成绩方差多重比较发现，学校规模每增加一

---

① 贾勇宏：《农村中小学布局调整对学生学业成绩的影响——基于全国九省（自治区）样本的考察》，《教育与经济》2014年第2期。

② 王玺花：《农村小规模学校有效作业设计的策略研究》，《作文成功之路（下）》2017年第11期。

③ 杨海燕：《超大规模学校的现实困境与理性选择》，《教育发展研究》2007年第17期。

④ 东梅、常芳、白媛媛：《农村小学布局调整对学生成绩影响的实证分析——以陕西为例》，《南方经济》2008年第9期。

⑤ 胡文龙：《西方学校文化研究进展及其启示》，《比较教育研究》2014年第1期。

个台阶,小学生学业成绩就降低一个台阶,但是比起大规模学校,小规模学校更利于提高家庭社会经济地位不利学生的学业成绩。① 还有学者针对农村小规模学校教学优势提出,农村小规模学校学生数量不多、核心课程少、任务明确、任务负担相对较少,即使学生学习进度不一样,教师也容易改善学困生成绩。② 还有学者以个案分析提出农村小规模学校小班额教学有助于学生学业成绩提高,尤其语、数学科成绩在全县是名列前茅,但音、体、美等课程因无专任教师,教学效果较差。③

4. 西北地区学生学业成绩相关研究

中国疆域辽阔民族众多,许多学者也以当前西北地区教育现状为背景,聚焦该地区学生学业成就,探究了西北地区学生学业成就问题,丰富了中华民族教育理论与实践研究。在云南孟波镇中学田野调查的研究发现,教师对汉族学生期望最高,对哈尼族学生期望最弱,相对的是哈尼族学生失学率最高,学业成绩也明显低于汉族学生,而在哈尼族当中一名学生的学业成绩尤为突出,高于其他民族学生。通过个案研究发现,教师对这位学生的民族文化认同提升了学生的民族自尊、自豪感,教师的多元文化意识进而提高了其学业成绩。④ 马文婷等以海西蒙古族藏族自治州民族中学作为研究对象,通过田野调查,探究西北民族地区低学业成就与学生反学校文化关系,发现民族认同与学生学业成绩之间为相反关系,学生对学校教育特别是汉语的认同度低,学业成绩较差,故反学校文化是影响其学业成就低的重要因素。⑤ 还有学者从地理位置研究分析认为,少数民族多数处于边远境地,这就决定了少数民族在教

---

① 赵欣欣:《农村中小学学校规模对学生学业成绩的影响——基于西部地区的实证研究》,硕士学位论文,西安理工大学,2018年。
② 魏兴存:《农村小规模学校教学的优势与弊端研究》,《名师在线》2020年第13期。
③ 郝振君、夏锋:《宁夏农村小规模学校发展现状个案研究》,《基础教育研究》2020年第3期。
④ 欧群慧、滕星、王金星:《教师促进少数民族学生学业成绩的一项个案研究》,《民族教育研究》2010年第6期。
⑤ 马文婷、袁同凯:《少数民族学校教育低学业成就与学生反学校文化关系研究——以青海省乌兰县蒙古族学校为例》,《西北民族研究》2016年第2期。

育等方面也处于主体社会边缘，从而使得少数民族学生学业成就受到更多复杂因素影响，且各因素相互作用对少数民族学生学业成就产生更为深刻的影响。① 宋乃庆的研究也表明，西北地区由于当地生活习俗、民族语言、数学思维等原因，致使当地民族理科教育，尤其是数学教育相对滞后，学生学业成绩落后于全国平均水平。② 有学者将苗族彝族乡新寨小学学业成绩与中心校横向比较发现学生整体成就水平仍然较低，这也说明了该少数民族乡村小学教育水平两极分化的严重性，但是随着学校软硬件设施配置完善，即便学生在学习过程中承担着家庭生活和自然环境等方面压力，纵向比较发现其成绩仍逐年提高，学业成就进步显著。③ 卢国良等研究发现，西北地区留守儿童学业成就整体低于非留守儿童学业成就，学业成绩呈现两极分化，且在成为留守儿童后学业成绩呈下降趋势。此外湘西苗族地区学生的辍学率增加，尤其是女童。④

5. 西北地区农村小规模学校研究

西北地区小规模学校在自然、政治、经济和文化环境方面的特殊性，决定了深化西北地区小规模学校要具有因地制宜的意识，要充分利用民族村寨特色文化资源丰富的优势，贯通校内资源和校外资源，同时从民族村寨的传统教育形态中寻求启示。有研究者认为，农村"小微学校"存在"身份弱势、师资薄弱、教学质量低"等问题，大多数农村"小微学校"仍然处于生存维持阶段，与城镇学校教育质量的差距在进一步扩大。⑤ 也有研究者以教育均衡视角，发现西北地区"小微学校"存在规模效应缺失，教育质量低；教师队伍流失严重；学生学习基础薄

---

① 吴爱华：《影响少数民族学生学业成就的社会因素分析》，《黑龙江民族丛刊》2011年第2期。
② 宋乃庆：《尽快促进我国少数民族数学教育的研究和发展》，《民族教育研究》2011年第6期。
③ 詹涵涵：《西部民族地区民族学校学生学业成就影响因素研究——以纳雍县猪场苗族彝族乡相关小学为例》，硕士学位论文，贵州民族大学，2019年。
④ 卢国良、肖雄、姚慧：《湖南民族地区留守儿童学业成就现状研究》，《当代教育论坛》2013年第6期。
⑤ 曾水兵、万文涛：《农村"小微学校"面临的困境与出路》，《教育发展研究》2015年第24期。

弱，且存在厌学、辍学等问题。① "小规模学校"由于规模小、交通不便，较少受到社会关注，因此一般面临较多困难和问题。大多数农村"小微学校"仍然处于生存维持阶段，与城镇学校教育质量的差距在进一步扩大。②

西北地区突出特点是少数民族众多、生态文化多样、山川地形复杂，主要以农村和牧区为主，人口相对稀少、居住比较分散、经济发展落后。③ 由于西北地区先天自然环境制约，使得本地区小规模学校发展先天束缚较多。因为农村地区撤点并校，使得这些学校成为该地区教育系统中最薄弱环节：硬件设施很不理想。一是很多学校条件不好，基本没有硬化的操场，也缺乏文体运动设施，尤其缺乏具有地方特色和民族特色的运动设施与器材；二是很多学校没有功能室，普遍缺乏音乐室、美术室和计算机教室等，也缺乏图书室、实验室；三是不少学校教学设施老化，通过研究参观发现一些学校中部分教室陈设简陋、光线暗淡，缺乏舒适的学习环境。④ 西北地区小规模学校发展关键在于提升教育教学质量，教学质量的高低与教师队伍建设紧密相关。已有研究从教师角度探寻西北地区小规模学校问题，发现一些学校存在双语教师短缺问题，大规模、大范围学校合并，使得很多地方把小学集中于乡镇，产生大量寄宿教育，如贵州省丹寨县在2009—2011年建成8所农村寄宿制小学，小学寄宿生达到5184人，小学寄宿率由2008年的11.76%提高到35.58%。⑤ 同时，由于教学内容"向城性"，教师上课使用普通话或

---

① 杨建朝：《教育均衡发展视域中民族地区小微学校：问题与应对》，《红河学院学报》2018年第5期。
② 曾水兵、万文涛：《农村"小微学校"面临的困境与出路》，《教育发展研究》2015年第24期。
③ 袁梅、罗正鹏：《建好新型"小微学校"推进偏远民族地区义务教育均衡发展》，《民族教育研究》2018年第4期。
④ 袁梅、罗正鹏：《建好新型"小微学校"推进偏远民族地区义务教育均衡发展》，《民族教育研究》2018年第4期。
⑤ 杨兰、张业强：《"后撤点并校"时代小规模学校的复兴》，《教育发展研究》2014年第6期。

当地汉语方言，造成学生因听不懂内容而囫囵吞枣，影响学生学业质量。由于寄宿上学，不同民族、不同地方的儿童过早聚在一起，加之学校大多采取封闭式管理，给学生带来很多不利影响。①研究发现，西北地区小规模学校存在安全管理风险加大等问题。学生上学与教师走教需要交通工具，一定程度上带来交通安全问题。②还有研究通过对贵州部分农村小规模学校调查发现，小规模学校教师身兼数职，教师精力被非教学任务消耗，甚至部分偏远地区的老师还要挨个将学生送回家；此外，教师工作压力大，教师抱怨学生基础差，留守儿童太多，隔代教育情况普遍存在，家校合作几乎不存在，教学效果难以保证；还有部分教师抱怨收入较低、离家太远等；一些教师工作在乡村、家住在城镇，两头儿跑现象严重，长期往返，疲于应付。③焦中明指出，农村教师投入教学时间比较长，工作量大；农村教学点教师参加培训机会少；农村教师工作环境和条件不尽如人意，工作压力大等。④在专业发展方面，有研究认为乡村小规模学校教师专业发展面临基础薄弱、动力不足、渠道过窄、条件缺乏的困境。⑤阚正明研究发现，教师事业心和责任心强；师德高尚无私，但工资福利待遇不尽人意；教学工作负担较重，身心健康不良；个人发展空间有限，职业认同感不强，专业发展不太理想。⑥乡村小规模学校教师队伍建设方面的问题还有师德师风引领、优秀教师流失、编外教师权益保障缺失。如王湘成、赵江伟指出，乡村教师的师

---

① 袁梅、罗正鹏：《建好新型"小微学校"推进偏远民族地区义务教育均衡发展》，《民族教育研究》2018年第4期。

② 窦永红、袁生俊、海小荣：《西部少数民族地区小规模学校资源整合的实践与思考》，《新课程》（上）2019年第1期。

③ 杨孝斌、胡晓平、罗焕江等：《贵州农村小规模学校调研报告——以麻江、从江、台江、黄平四个县为例》，《凯里学院学报》2017年第4期。

④ 焦中明：《城镇化背景下农村中小学教师生存状态分析——基于江西省农村中小学教师调查数据的分析》，《赣南师范大学学报》2016年第5期。

⑤ 安晓敏、殷丽：《农村小规模学校教师专业发展调查研究》，《上海教育科研》2017年第7期。

⑥ 阚正明：《乡村教育振兴战略下农村小规模学校教师生存状况调查研究——以x县为例》，硕士学位论文，黄冈师范学院，2019年。

德师风主要存在信仰缺失、育人意识淡薄、功利主义思想的问题。① 陈群娣提出，编外教师不仅在待遇方面同工不同酬，而且在晋升、培训方面存在劣势。②

西北地区乡村小规模学校提升路径相关研究。有研究提出，改变农村小微学校"弱质"地位，一方面应契合城镇化进程中城乡公共服务体系的建设趋势，动态调整学校布局，优化资源配置；另一方面应立足农村实际，创新机制体制，做强、做优必须保留的农村小微学校，发挥其在乡村政治、经济文化建设中的独特功能，合理调整学校布局，允许部分地方进行试点，扩大学生公用经费使用范围加大乡镇中心小学的建设力度，打破当前生均资源配置方式，制定符合实际的投入标准，理顺管理体制，确立小微学校的独立办学身份；纠正农村学校办学的城市化取向，发挥其自身优势。③ 有研究者提出，应积极推进"小微学校"建设，并积极赋予新任务、确保更多自主权、办学形式多样化、保证良好的条件将制约民族教育发展"短板"的村小、教学点变成推进义务教育均衡发展的重要推动力量；可因地制宜开展形式多样的课程生活化活动，促进学生学习兴趣的提升；同时保障优良师资队伍，减少对其的各种硬性考评，给予小微学校充分的自由权，确立小微学校的独立办学身份。④ 还有研究指出，由于偏远西北地区具有特殊的情况，新常态下需要更新观念、转换思路，加大投入，积极稳妥地推进新型"小微学校"建设，合理定位学校功能、努力确保办学条件、充分保障良好的师资、采取灵活的办学形式。⑤

---

① 王湘成、赵江伟：《乡村学校加强师德师风建设的探索与思考》，《教师》2018年第13期。

② 陈群娣：《湛江市中小学编外教师权益保障的研究》，硕士学位论文，江西财经大学，2017年。

③ 曾水兵、万文涛：《农村"小微学校"面临的困境与出路》，《教育发展研究》2015年第24期。

④ 杨建朝：《教育均衡发展视域中民族地区小微学校：问题与应对》，《红河学院学报》2018年第5期。

⑤ 袁梅、罗正鹏：《建好新型"小微学校"推进偏远民族地区义务教育均衡发展》，《民族教育研究》2018年第4期。

6. 精准帮扶与乡村小规模学校发展研究

精准扶贫与薄弱学校改进相关研究。薄弱学校作为精准扶贫的重中之重，其研究价值也不断凸显。学者詹春青以广东省粤东、粤西和粤北经济欠发达地区的校长和教师为对象，开展"互联网+教育"精准扶贫研究。研究结果表明，教育精准扶贫规划不完备、"互联网+教育"优势凸显不足、信息化资源匹配模糊、信息化教学能力欠缺是广东省义务教育精准扶贫的现实困境。该研究针对现状，围绕规划设计、协同共育、资源配置、智力流转四个方面提出"互联网+"义务教育精准扶贫的"四步走、四环扣"渐进式发展路径，为义务教育精准扶贫提供方向指引和实践参考。[1] 研究者朱伯东等针对薄弱学校普遍存在教师育人能力较低、现代化条件不足、校际发展不平衡的问题，创建了技术赋能帮扶薄弱学校发展的"多维协同"模式。此模式通过信息技术的跨域传播特点，聚焦教师维度、学校维度、校际协同机制维度，促进薄弱学校和教师专业的发展。并且通过实践与效果分析表明，技术赋能的"多维协同"帮扶模式能够有效促进薄弱学校及教师的发展，促进基础教育优质均衡发展。[2] 研究者程龙等研究发现，精准帮扶时代背景下，尤其要重视薄弱学校的教学改进。研究探析薄弱学校教学改进的主要原因有：教学方式落后是薄弱学校的真实写照、教学改进是薄弱学校改善的根本"抓手"、教学改进是改善薄弱学校"生存性薄弱"的关键。研究为了实现薄弱学校的教学改进，指出需要发挥教师的主体性，提升教师的教学能力；营造良好的教学氛围，完善教研组织机构；明确课堂教学评价标准，促进师生深度参与的教学等改进策略。[3]

精准扶贫与农村小规模学校发展研究。农村小规模学校作为可以扩

---

[1] 詹春青、黎佳：《"互联网+教育"精准扶贫的现实困境与发展路径——基于广东省薄弱学校的调查》，《教育评论》2021年第11期。

[2] 朱伯东、黄琼珍：《技术赋能下帮扶薄弱学校发展的"多维协同"模式研究》，《中国电化教育》2022年第5期。

[3] 程龙、李久军、黄松：《精准帮扶视域下的薄弱学校教学改进》，《教育科学论坛》2021年第14期。

大农村学生受教育的机会、保障农村弱势群体受教育权、实现城乡教育公平的重要途径,其重要位置显而易见。但目前农村小规模学校的教育质量不容乐观,已成为学校系统中的薄弱环节,需要政府大力且精准的帮扶。研究者李介指出精准扶贫下目前农村小规模学校存在以下问题:"乡村终结论"使人们对农村小规模学校丧失信心、办学条件阻碍了小规模学校的发展、教师队伍制约了小规模学校的发展、生源的特殊性对小规模学校发展提出了新挑战。基于以上问题,树立乡村教育自信,振兴农村小规模学校;增加教育经费,改善农村小规模学校的办学条件;加强教师队伍建设,提升农村小规模学校教师的整体水平;关爱特殊群体学生,促进教育公平与社会和谐是目前解决农村小规模学校的有效路径。① 有研究指出精准扶贫思想的提出适时地为乡村小规模学校的发展提供了方法论的指导,研究在精准摸底的基础上进行分类施策,妥善推进乡村小规模学校的保留、撤并、新增与恢复。有研究者提出,提出通过综合施治,例如从"坐落在村庄的学校"转变为"扎根村庄的学校"、从量的增减转变到质的提升来强化乡村小规模学校的吸引力。② 研究者董思、柯勇提出在乡村小规模学校精准施教"开齐开足体育课",建立试点探索,保障乡村小规模学校"精准扶教"有序的推动机制;拓展资源渠道,保障乡村小规模学校"精准扶教"充足的项目资金;完善监测机制,保障乡村小规模学校"精准扶教"实施的顺利开展等,为夯实乡村青少年体质健康基础提供可行路径。③ 研究者李刚指出,农村小规模学校对维护教育公平、促进农村发展具有重要意义,但是其在教师队伍、办学经费与办学条件等方面处于贫困状态。其研究发现,随着国家加大对小规模学校的扶贫力度,其贫困状况基本有所改善,但是在下一步的扶贫工作中还需要坚持精准识别、精准管理与精准

---

① 李介:《精准扶贫背景下农村小规模学校发展研究》,《现代教育科学》2019年第9期。
② 莫丽娟:《精准扶贫视角下乡村小规模学校改革研究》,《现代教育管理》2017年第10期。
③ 董思、柯勇:《精准扶教:乡村小规模学校"开齐开足体育课"保障机制研究》,《广州体育学院学报》2021年第3期。

帮扶的基本取向，明确小规模学校的发展标准，利用小规模学校优势改善软环境，重拳破解小规模学校教师队伍之困。①

（三）研究述评

农村小规模学校发展的国际轨迹表明，小规模学校自然兴起在人口密度较小地区；由于能提供便利的入学机会，政府在普及义务教育时大量开设小规模学校；当教育发展目标更强调优质的教育质量时，相对集中地办学、撤并小规模学校成为较为普遍的做法；随着人口出生率下降，城市化进程中人口流动加速，政府和民众对资源利用效率的关注，以及重城市轻农村的政策导向，都会引发小规模学校被关闭。国外小规模学校发展面临着教师数量短缺、办学条件落后、财政资金短缺等困境。② Mark Bray 认为小规模学校缺乏具备专业资质教师，主要原因是教育行政人员在师资配置和管理中无法给予小规模学校公平对待，教育管理机构通常无法为小规模学校提供充足支持，但可通过特殊措施来提高支持力度。③ 澳大利亚学者 R. John Halsey 提出，政府对未来农村小规模学校的发展应采取积极态度，为教师和学生提供一个安全有保障的环境；同时，要为经验丰富的学校领导者创造一个有吸引力的职业升迁途径，从而保证小规模学校得到科学式的管理、创新式的发展。④

农村小规模学校产生与农村自然环境、经济结构、政策调整等密切相关。从自然环境看，农村教学点大多分布在自然条件相对较差的中西部"老、少、边、穷"地区，这些地区地广人稀，山大沟深，交通不便；从经济背景看，中国长期以来二元经济结构下的巨大差异决定了教育发展的二元特征，教育投入长期不足导致教学点办学条件落后；从社

---

① 李刚：《农村小规模学校的精准扶贫研究》，《中国教育学刊》2017 年第 9 期。

② Miller B. A., *The Multigrade Classroom: A Resource Handbook for Small, Rural Schools*, Portland: NWREL Document Reproduction Service, Northwest Regional Educational Laboratory, 1989.

③ Mark Bray, *Are Small Schools The Answer? Cost Effective Strategies for Rural School Provision*, Commonwealth Secretariat, 1987.

④ Halsey R. J., "Small Schools, Big Future", *Australian Journal of Education*, Vol. 55, No. 1, August 2011.

会背景看，计划生育政策、城镇化进程加快及社会流动促使了农村适龄学生数量的减少，直接影响到教学点的类型和生存状态。农村小规模学校与农村学校布局中的高密度设置有直接关系，这是"普九"阶段国家为了平衡基础教育供求关系而出台政策的干预结果。在普及义务教育的过程中，中国农村城镇化在逐步深入，计划生育政策在农村地区也取得了一定成效，这使农村在校学生数量不断减少，农村出现了一定数量的小规模学校。目前小规模学校教师数量不足、骨干教师缺乏，教师工作负担重，学习工作和生活条件极端简陋，教师老龄化、结构性缺编问题突出问题。[①] 有研究者提出，根据小规模学校的重要性和独特性对其在学校布局中进行科学定位，并分类对待；资源配置策略采取需求导向，以本土化师资、倾斜性经费保障等满足小规模学校需求；学校要通过组织革新实现自主发展，并建构优质的外部公共关系。[②] 由此，国内学者对于农村小规模学校的发展与未来趋势深度关注，主张分类型进行因地制宜的相应规划与差别化对待。

西北地区农村教育的特殊地域环境需要灵活的教育形式。由于西北地区适龄学生在接受教育的过程中面临着更多的困难，小规模学校对于克服和消除西北农村地区学生入学困难、保障办学多样性的生态价值毋庸置疑。西北地区小规模学校情况非常复杂，绝对不能"一刀切"，不能用一个口号取代实际的工作。陕西、甘肃、宁夏三省（区）地处西北，自然环境较恶劣，多处欠发达贫困地区，经济发展相对落后，山区与牧区"生存型"小规模学校（特点：教学质量差、社区认同度低、生源锐减等）保障基本需求，改善教学设施等是其发展重心；而平原地区"发展型"小规模学校（特点：教育质量高、社区认同度高、方便就近入学），重点在于提高教育质量，因而不同民族地域各小规模学校发展需求与目标要求并不一样，对于改善西北地区农村小规模学校来

---

① 孙来勤、秦玉友：《"后普九"时代农村小学教学点边缘化境遇和发展思路》，《当代教育科学》2010年第8期。
② 张雪艳：《农村小规模学校发展政策研究》，博士学位论文，华中师范大学，2012年。

说，必须"因地制宜"。① 有研究者以新疆克孜勒苏柯尔克孜自治州为例，阐述实施集中办学（撤销全州边远牧区所有教学点）、民汉合校和"双语"教育的扶贫模式让边远牧区少数民族孩子平等接受教育，缓解了少数西北地区贫困状况。② 完善教育资源城乡一体化配置政策，合理配置教师资源，城乡教师、校长合理流动和选派城市优秀教师到贫困地区支教等政策重点向贫困地区乡村小规模学校倾斜。西北地区农村小规模学校发展基础薄弱，精准识别与帮扶不同类型小规模学校具有"底部攻坚"价值。

从研究内容取向看，已有研究从管理、师资、办学条件等多维度对农村小规模学校问题进行研究，揭示其发展困境，为进一步推进小规模学校发展提供了极具价值的研究。然而从小规模学校发展与其所处地域关系看，已有研究多从抽象的文化价值和"国家标志"角度阐释小规模学校对西北地区农村教育发展的重要意义，缺乏根据西北地区内部特征进行分类，疏于小规模学校群体内差异研究。此外，西北地区农村小规模学校发展与其所处地理环境、经济类型、民族地域、社会文化等有着"千丝万缕"的联系，如何精准识别小规模学校、因校制宜地制定帮扶措施、促其从规模拓展的外延式发展转向质量高效的内涵式提升的研究相对较少。

从研究方法看，已有研究大多进行静态描述，缺乏深层次的动态性、结构性解读，本书以西北三省（区）典型个案进行实证研究，基于三省（区）不同地域环境尝试比较分析不同小规模学校类型与特征，纵深呈现西北地区小规模学校发展特征及其主体需求，使其具有普遍意义，并获得令人信服的研究结论。

从研究个案空间分布看，现有研究多泛指农村贫困地区，对西北地区农村小规模学校研究关注度不够，西北地区农村教育基础相对薄弱，

---

① 杨东平：《农村小规模学校的价值和建设》，《中国教师》2016年第3期。
② 周丽莎：《基于阿玛蒂亚·森理论下的少数民族地区教育扶贫模式研究——以新疆克孜勒苏柯尔克孜自治州为例》，《民族教育研究》2011年第2期。

教育高质量发展需要多方施策。本书以陕、甘、宁为重点研究个案，对于西北地区农村小规模学校精准帮扶问题的研究具有代表性，研究具有一定前瞻性。

四、研究理论基础

(一) 核心概念

1. 西北地区

西北地区又称少数民族聚居地区。中国共有 56 个民族，除汉族外的其余 55 个民族均为少数民族。西北地区是指有一个或者多个少数民族居住的地方，是包括汉族和其他民族共同生活的区域或者是以少数民族为主聚集生活的区域。目前，中国少数民族自治地方共有 155 个，包括内蒙古自治区、广西壮族自治区、西藏自治区、宁夏回族自治区和新疆维吾尔自治区等 5 个自治区，30 个自治州和 120 个自治县（旗）。从省级行政单位划分来说，内蒙古、广西、西藏、宁夏、新疆、云南、贵州、青海等八个省区被划分为西北地区。各民族呈现大杂居、小聚居的分布特点。少数民族主要分布在西部、内陆、边疆地区。西北地区是中国少数民族主要的聚居地之一，包括甘肃省、青海省、陕西省、宁夏回族自治区、新疆维吾尔自治区，共有 45 个少数民族，西北地区的少数民族人口约占全国少数民族人口的 1/3。本书中的西北地区即指甘肃省、青海省、陕西省、宁夏回族自治区、新疆维吾尔自治区这五个少数民族聚居地区。

2. 农村小规模学校

小规模学校，目前人们对于小规模学校还未完全形成共识。教育部基础司有关文件中使用"小规模学校"较多，而教师司同期文件中仍旧使用"村小""教学点"。村小、教学点既有规模的含义，也有学校性质的含义。由此，小规模学校、村小、教学点不仅彼此有交叉，而且绝大部分存在重叠。

绪 论

在国外，关于小规模学校的界定多从学校所处地理位置、班级数量、学生数量、教室数量、教师数量等方面进行。从地理位置上，劳伦斯和诺尔玛对斯里兰卡、越南、印度等小规模学校研究认为，一半坐落在农村或小型村落的学校即为小规模学校。从学校内部要素看，美国对于小规模学校的定义有相应变化，20世纪前半期，其认为1间教室、1个教师并且学生人数少于50人的学校界定为小规模学校。美国教育家柯南特于1959年提出，小规模学校是毕业班人数不及100人的学校；现在，其小规模学校的标准是"学校注册人数少于300人"。马克伦德从学生人数和年龄两个层面对小规模学校进行界定，即学生人数少于50人，学生年龄介于6—13岁的小型学校。印度从教室、教师与学生三个方面进行界定，分别是教室不到2间，教师少于3人，学生少于3人；麦卡伊对加拿大小规模学校的研究发现，多数小规模学校的学生人数都不及100人，有些学校的学生甚至只有10—20人。① 俄罗斯农村小规模学校大部分位于农村，还有部分在居民点内，学校没有平行班，不同年龄、不同年级的学生在一个班采用复式教学。② 加拿大农村小规模学校具体是指在校生仅有10—20名学生的学校。瑞典农村小规模学校是指学校位于微小的村落之中并且学生人数在50人以下，学生年龄在6—13岁的学校。③

以上研究表明，各国对小规模学校界定有差异，总体上对小规模学校的界定有三个特点：地理位置偏远，多处于人烟稀少、交通不便、人员不集中的地域；学生人数少；不完全建制学校。在日本，复式小学就是小规模学校，这类学校学生人数少，均含复式班。韩国将学校适龄学生数量过少而把2—3个年级编制成一个班级进行复式教学的学校称为

---

① 转引自赵丹、范先佐：《国外农村小规模学校研究综述》，《外国教育研究》2012年第2期。

② 韩雪云：《俄罗斯农村小规模学校发展策略研究》，博士学位论文，东北师范大学，2018年。

③ 转引自赵丹、范先佐：《国外农村小规模学校研究综述》，《外国教育研究》2012年第2期。

小规模学校。①

"小规模学校"在国内并未形成一个通用概念，教育部不同司局亦使用不同概念。从现有文献看，国内第一次使用"小规模学校"的概念在2008年，浙江省衢州市教育局局长姚宏昌在其文章《农村小规模学校路在何方》指出："小规模学校存在于中国乡村地区，它们普遍存在地理位置分散、办学条件差、师资水平不高、教学质量差等问题，这类学校班级数量通常在六个以下。"② 此后，国内学者纷纷对小规模学校进行研究并进行概念界定，雷万鹏等基于义务教育布局调整的实践，指出"少于或等于100人的乡村学校就是小规模学校"③。姜振栋等认为，"农村小规模学校就是农村小学的学生规模不多于240人的学校"④。21世纪教育研究院在其研究中明确指出，农村小规模学校是乡镇以下，学生数少于200人，或班级数在6个及以下的学校（含村小和教学点）。⑤ 从政策看，中央文件第一次出现"乡村小规模学校"的概念是在2015年10月发布的《国务院关于进一步完善城乡义务教育经费保障机制的通知》。该文件强调，要慎重撤并乡村学校，积极探索乡村小规模学校的办学机制与管理办法，保障附近孩子的就近接受教育。教学点和村小是中国小规模学校最常见的形式。范先佐教授认为，"乡村教学点是中国的小规模不完全学校，它们地处偏远的、贫穷的、人烟稀少的、交通闭塞的乡村地区，采用复式教学法进行教学"⑥。还有研究者认为，小规模学校就是"农小校""麻雀学校""小微学校"，它是集合了"小而少"的最显著特征，即学校教师少、学生少、校舍少、资源少、占地面积小等。结合国内学者的界定以及小规模学校的相关研

---

① 张雪艳：《农村小规模学校发展政策研究》，博士学位论文，华中师范大学，2012年。
② 姚宏昌：《农村小规模学校路在何方》，《中国教育报》2008年8月5日第5版。
③ 雷万鹏、张雪艳：《论农村小规模学校的分类发展政策》，《教育研究与实验》2011年第6期。
④ 姜振栋、张旭：《底部攻坚：实现农村小规模学校的振兴》，《学术论坛》2015年第10期。
⑤ 李萍：《底部攻坚：农村小规模学校突围》，《中国教育报》2016年1月6日第5版。
⑥ 范先佐、郭清扬、赵丹：《义务教育均衡发展与农村教学点的建设》，《教育研究》2011年第9期。

究，我们梳理发现，小规模学校具有以下特征：第一，地理位置偏远，小规模学校通常位于交通不便、人口分散的偏远的贫困地区的乡村地区；第二，基于学校内部要素考虑，小规模学校的学生人数不及100人。上述两个特征满足的学校均被称为小规模学校，在本书中，小规模学校也都符合这两点特征，故教学点与不完全建制的村小都属于小规模学校的范畴。

本书中农村小规模学校指在每个乡镇辖下的，学生人数在100人以下，学生年龄在6—13岁，包括村小、教学点以及"一师一校"的复式教学在内的完全小学或者不完全建制小学。

3. 教育精准扶贫

教育扶贫作为实现可持续减贫、永续脱贫的根本之策，能够激发内生动力，有效阻断贫困的代际传递，成为后扶贫时期突破扶贫困境的重要扶贫方式。教育扶贫在助推中国文盲大国、教育大国、教育强国的历史跨越中，先后历经了"新中国扶贫教育、新时期教育扶贫和新时代教育精准扶贫"的时代演变过程。[①] 2013年，习近平同志在湖南考察湘西贫困地区时首次提出了"精准扶贫"的概念。自此，重点帮助贫困人口子女接受教育，阻断贫困代际传递，以教育作为精准脱贫的重要手段和实施路径，促进教育公平和社会公平，成为十八大以来以习近平同志为核心的党中央采取的重大举措。教育精准扶贫方略及其在中国的政策实践创造了教育公平发展道路的新模式[②]，其方略成为指导中国教育扶贫事业的重要遵循，成为适合中国国情和实际、适应中国反贫困事业、促进中国社会结构稳定的重要机制，指引着中国开辟了崭新的教育公平之路。

教育精准扶贫是一种针对贫困人口人力资本增值、思想观念塑造、生产技能提升的综合性教育治贫活动，属于教育活动和教育固有功能在

[①] 魏有兴：《中国教育扶贫70年：历程、经验和走向》，《深圳大学学报》（人文社会科学版）2019年第5期。
[②] 谭敏：《教育精准扶贫推进教育公平的中国经验与未来走向》，《教育与经济》2023年第3期。

扶贫领域的延伸与拓展。教育精准扶贫将"精准"二字贯穿教育扶贫的始终,是习近平总书记精准扶贫理念的延伸和拓展,是对教育扶贫概念和内涵的提炼和升华,有着双重内涵,即"精准扶教育之贫"和"依靠教育精准扶贫"。① 教育精准扶贫是阻断贫困代际传递、变"输血"式扶贫为"造血"式扶贫的核心举措,是实现稳步脱贫、拔除"穷根"的关键手段,更是实现全面建成小康社会的重要保障。②

精准扶贫必须认真严格区分贫困根源与实情,准确找到精准扶贫的关键和抓手,优先充分扶持有志而智贫者,积极持续扶持有智而志贫者,精心诊断、综合治理和持续扶持志智均贫者,持续不断正本清源、根除病根。③ 要做到精准扶贫精准脱贫,一方面,对象要精准,真正使贫困家庭的孩子享受扶持政策,各种优惠政策、扶持政策做到精准到户、精准到人;另一方面,措施要精准,真正针对贫困家庭子女的困难和需要,并区分不同学段的不同需要。要构建覆盖学前教育、义务教育、普通高中教育、职业教育、高等教育、民族教育、教师队伍、学生资助、考试招生等全方位的教育精准扶贫精准脱贫体系。④ 对于教育精准扶贫,可以理解为:第一,明确教育扶贫的对象为贫困家庭应接受教育的适龄子女以及正在接受教育的子女,从这一方向出发做到教育扶贫对象的识别精准;第二,对教育扶贫对象贫困现状和致贫原因等进行精准分析,安排有针对性、差异化的教育扶贫项目,做到项目措施精准;第三,为保证扶贫成效,使人尽其力、物尽其用,须对扶贫项目、扶贫对象、扶贫资源等进展变化进行追踪评估,做到资源配置精准;第四,明确教育扶贫工作中各部门的权责边界,确保扶贫各环节公开透明,做

---

① 仲敏:《民族地区教育精准扶贫:内在逻辑、现实困境与路径建构》,《民族教育研究》2019年第6期。

② 徐曼:《教育精准扶贫:阻断贫困代际传递的核心举措》,《人民论坛》2018年第21期。

③ 蒙泽察、郝文武、洪松松等:《教育对精准扶贫的重要作用——西北连片特困地区农村经济与教育发展关系的实证分析》,《华东师范大学学报》(教育科学版)2020年第12期。

④ 王嘉毅、封清云、张金:《教育与精准扶贫精准脱贫》,《教育研究》2016年第7期。

到扶贫过程的监管精准;第五,精准安排贫困地区教师队伍,提升贫困地区教师专业能力,为教育精准扶贫提供师资保障,做到教师队伍建设精准;第六,对扶贫对象的学业状况、就业情况、生活状况等进行追踪、监测、评估,及时调整扶贫政策、扶贫项目和扶贫资金,做到教育扶贫效果精准。①

本书中教育精准扶贫,一是"扶教育之贫",把教育作为精准扶贫的重点领域之一,扶贫的任务和目标是实现教育扶贫,促进教育均衡发展;二是"依靠教育扶贫",把教育作为扶贫的工具和手段,通过教育的发展促进贫困地区的发展,根据各地区特点定制教育计划,从根本上提高他们的知识水平。知识就是力量,有了知识做武装,他们将有能力通过自身努力摆脱贫困,克服贫困的代际传递。② 即针对不同贫困地区的教育发展现状和不同贫困人口的教育需求,运用有针对性的帮扶措施,提高贫困人口的基本文化素质和劳动者技术技能,以促进贫困人口掌握脱贫致富本领,实现可持续脱贫的目标。

(二) 理论基础

1. 教育公平理论

教育公平理论的核心问题是教育公平的内涵,国内外学者从不同理论视角对教育公平的实质内涵进行了界定。瑞典教育家胡森将教育公平理解为教育机会均等,"均等"包括教育起点的均等、教育过程的均等以及教育目标的均等。美国教育家科尔曼也认为教育公平的实质是教育机会的均等,但是他同时也认为教育的机会均等"只可能是一种接近,而永远不可能实现"。国内研究者大多以"公平"或与公平相关的"公正""平等""合理"等范畴来解释或界定教育公平问题。③ 有研究者

---

① 任友群、郑旭东、冯仰存:《教育信息化:推进贫困县域教育精准扶贫的一种有效途径》,《中国远程教育》2017年第5期。
② 谢治菊:《大数据驱动下的教育精准扶贫——以长顺县智慧教育扶贫项目为例》,《湖南师范大学教育科学学报》2019年第1期。
③ 张人杰:《国外教育社会学基本文选》,华东师范大学出版社1989年版,第212—219页。

认为教育公平是"社会公平价值在教育领域的延伸和体现,包括教育权利平等和教育机会均等两个基本方面"①。钱志亮认为教育公平是"公民能够自由平等分享当时、当地公共教育资源的状态"②。郭元祥教授认为教育公平是"教育活动中对待每个教育对象评价的公平或教育对待现象和评价对象的合情合理"③。

在对教育公平理论的研究中,美国哲学家约翰·罗尔斯的正义观对中国学者的影响较大。在他的正义观里,所有的社会价值——自由和机会、收入和财富,以及自尊的基础——都应该平等地分配,除非所有这些价值或其中任何一种价值的不平等分配有利于每一个人。④罗杰斯并不否认人类社会从来都充满了不平等,但不平等不一定代表不公平。正义往往意味着差别的对待,正如两千多年前亚里士多德所说:"对相同者采取均等的对待和对不相同者采取不均等的对待都是正义的。"⑤那么在社会分配中,如何解决人们的利益冲突呢?为此罗尔斯构建出了著名的两大正义原则:第一个原则,每个人对与其他人所拥有的最广泛的平等基本自由体系相容的类似自由体系都应有一种平等的权利(平等的自由原则);第二个原则,社会和经济的不平等应这样安排,使它们所依系的地位和职务向所有人开放(公平的机会均等原则),并且被合理地期望适合于每一个人的利益(差别原则)。⑥

基于罗尔斯的正义原则,其教育公平的内涵分为三个层次:(1)保障每个学生的基本受教育权;(2)为每一位学生提供均等的受教育的机会与条件;(3)对教育中的弱势群体提供差异化的补偿,从

---

① 杨东平:《对我国教育公平问题的认识和思考》,《教育发展研究》2000年第8期。
② 钱志亮:《社会转型时期的教育公平问题——中国教育学会中青年教育理论工作者专业委员会第十次年会综述》,《教育理论与实践》2001年第2期。
③ 郭元祥:《对教育公平问题的理论思考》,《教育研究》2000年第3期。
④ [美]约翰·罗尔斯:《正义论》,何怀宏等译,中国社会科学出版社2001年版,第55—67页。
⑤ 钟景迅、曾荣光:《从分配正义到关系正义——西方教育公平探讨的新视角》,《清华大学教育研究》2009年第5期。
⑥ [美]约翰·罗尔斯:《正义论》,何怀宏等译,中国社会科学出版社2001年版,第69—73页。

而保障教育效果的相对均等——概括为起点公平、过程公平和结果公平三种，教育公平理论为本研究提供了重要的理论支撑。农村小规模学校发展问题是中国城乡教育公平问题的一个缩影。从教育公平的视角出发，本书基于西北地区农村小规模学校发展的三个关键问题进行探讨，第一，现阶段小规模学校发展问题与困境究竟凸显在哪些方面。西北地区经济发展水平相对滞后，农村小规模学校发展质量总体不高，西北地区农村小规模学校及其教师主体需求有哪些，小规模学校对于本地区儿童发展保障究竟如何，均需要深入实地探寻。第二，西北地区区域内经济发展极不平衡，三省（区）不同小规模学校有不同方面及层次的薄弱问题，不同学校在教育资源分配中多处于不利地位，需要根据其自身显现出来的特点而采取不同的方法或策略加以解决。国家教育精准帮扶政策的实施，对于小规模学校实效性究竟如何，需要运用教育公平理论进一步深入分析，基于差别原则检视深究。

2. 市场缝隙理论

市场缝隙理论是经济学领域的一个概念，由日本经济学家长岛总一郎于20世纪90年代提出。他在对日本几百家中小企业进行诊断后认为，现代市场并非铁板一块，总是会存在市场的缝隙，而这些缝隙就成为中小规模企业的生存机会。小规模企业应当以"寻找市场缝隙"而展开，并以开发能填补市场缝隙的产品为核心。[1] 从本质上讲，市场缝隙战略是小规模企业开发市场的一种战略。现代经济管理学家认为，有三种因素导致了市场结构中缝隙的存在：首先，在产业集中度较高的行业中，小规模企业与大型企业相比具有进入优势；其次，现存大规模企业为提升整合能力或将放弃细分市场，这就为战略灵活、适应能力强的小规模企业提供了更多的行业进入机会；最后，市场产品的高度差异化为小规模企业提供了各种特色产品选择的空间，在提供各种特色化、差异化的产品时，小规模企业不必与大规模企业展开面对面的直接竞争，

---

[1] 刘琳：《缝隙理论下的纸媒比较优势重塑》，《新闻战线》2014年第3期。

从而增加了市场存活率。因此，小规模企业完全不必担心因为规模小而失去市场竞争力，相反，只要充分发挥自己行动快捷、机制灵活、适应性强的特点，灵敏地捕捉到市场缝隙，并全力以赴开发差异性强的产品，填补市场，就能存活和发展。当前，由于技术革新以及"互联网+"等新兴经济业态越来越多，形成的市场新的缝隙也越来越多，结果大企业的规模越来越大，但小规模企业也越来越多。① 在细分的市场中，大规模企业和小规模企业都能找到各自的定位，错位发展，和谐共存。从市场缝隙理论来看，可以获得如下启示。

小规模企业要获得生存和发展，必须突破原有的思维窠臼，跳出思维定式。企业进入产品市场总是存在着先行者和后行者，在市场的分化和演进过程中，总是有一些缝隙被产品开发的先行者给忽略，这是因为先行者的思维定式并没有因为时空的转化而有所调整，反倒是一些后起之秀，往往因为能跳出思维定式，而发现市场中的缝隙，并开发出相应的差异性产品，进而渐渐发展壮大。因此，市场缝隙理论的核心价值在于鼓励后行者跳出思维定式，从而把握市场机会。

小规模企业在推崇市场缝隙理论者眼中，具有比较优势，要想在竞争中生存，就一定要善于发挥自身的优势。首先，小规模企业机制灵活，反应灵敏，在觅到市场"缝隙"后，可避免大规模企业科层制管理所带来的烦琐的决策流程，可以迅速、果断地做出决定。其次，小规模企业包袱较轻，试错成本较低。小规模企业一般没有明星企业的"偶像包袱"。在尝试开发和推广多样化产品的过程中，更能应对市场对产品的要求，试错成本相对低一些，亦可迅速做出调整。最后，小规模企业更能实现个人价值，挖掘个人潜能。创办小规模企业是很多草根创业者的梦想，是他们发挥自己的潜能和管理能力、践行自己的创业理念的平台，同时，也更有利于发现并发挥员工的聪明才智，使企业充满创新动力。因此，市场缝隙理论的价值还在于让小规模企业认清和了解自身

---

① 蔡翔、宋瑞敏、蒋志兵：《微型企业的内涵及其理论基础》，《当代财经》2005年第12期。

的优势,发挥自己的特长。

(1) 乡村小规模学校比较优势的重塑。乡村小规模学校本身所具有的优势与独特价值应当被正视且得以高质量发展。小规模学校在个别化辅导、联系乡村社区和乡土文化、加强师生情感交流、提高低段学生的成绩、增强学生安全感以及学校扁平化管理等方面,具有大规模学校所不具备的优势。精准帮扶视域下应尽可能地强化小规模学校的这些特点,重塑小规模学校的比较优势,重新找回乡村小学在基础教育领域中应有的价值。

(2) 西北地区小规模学校发展应体现多样价值。西北地区小规模学校囿于自身的地理位置以及资源占有方面的劣势,自然不可能与城市大规模学校或重点名校相比,若以学科竞赛成绩或学业成绩排名等传统指标来硬碰硬地比较,无疑是拿己之短比人之长。因此,小规模学校的发展要做到扬长避短、错位发展。根据市场缝隙理论,乡村小规模学校要善于寻找义务教育阶段学校多样化发展的缝隙,在便利乡村儿童就近上学的同时,提供不同于城市学校或与之相近的同质化的教育产品。因此,乡村小规模学校要找到适合自己发展的原动力,努力找到"人无我有"的发展特色。从本质上讲,乡村小规模学校内涵式发展应侧重因势利导,积极探索适合本地区的文化和资源;充分发挥学校师生尤其是校长的主观能动性,调动他们的办学积极性,找到当前学校发展中的缝隙,而这些正是未来学生尤其是乡村孩子所需要的能力和素质,进而体现他们独特的价值。

3. 教育生态理论

教育生态学是教育学和生态学相互渗透的结果。生态学是"研究有机体同周围环境之间相互关系的科学"[1]。其核心概念是生态系统和生态平衡。生态系统是指一定地域(或空间)内生存的所有生物与环境

---

[1] Hawley A. H., *Human Ecology: A Theory of Community Structure*, New York: Ronald Press, 1950.

相互作用的具有能量转换、物质循环代谢和信息传递功能的统一体。生态平衡是指一定时间内生态系统中的生物与环境之间、生物各个种群之间，通过能量流动、物质循环和信息传递所达到的高度适应、协调和统一的状态。生态系统要达到生态平衡，必须强调系统中各生态因子之间的相互联系、相互作用和功能上的统一。另外，我们要注意到这种统一是一种动态的平衡，生态系统正是在"平衡—不平衡—平衡"的不断演化中得以发挥更高效的功能和取得更好的生态效益。

受生态学的系统观、全面观、联系观和动态观的影响，教育学家开始将注意力从学生个人经历和学习成就转移到构成学生发展的教育环境的一系列因素上。在此背景下，1976年美国教育家Cremin在《公共教育》一书中最早提出"教育生态学"这一术语，并指出以生态学理论指导教育政策必须具备三种思考方式：全面地思考、有联系地思考、公开地思考。[①] 国内对教育生态学的研究起步较晚，其中比较著名的两本著作分别是吴鼎福出版的《教育生态学》和范国睿出版的《教育生态学》。吴鼎福对教育生态学的定义是："研究教育与其周围生态环境（包括自然的、社会的、规范的、生理的、心理的）之间相互作用的规律和机理。"[②] 范国睿进一步指出教育生态学研究的两个层次："教育生态学在宏观上要研究教育与各种自然生态环境、社会生态环境以及规范生态环境要素之间的相互影响、相互作用的关系；在微观上要探讨教育生态系统内部影响教育教学活动开展和学生身心发展的各种生态要素。"[③]

从教育生态学的相关理论视角探寻当前小规模学校发展的困境，可以发现正是由于我们片面地凸显了某些资源要素的作用，"头痛医头，脚痛医脚"，忽视了农村教育生态的整体效应，让学校"戴着镣铐舞蹈"，也未能考虑不同相关主体的利益需求，简单地以"城市复制农

---

① Cremin L. A., *Public Education*, New York: Basic books, 1976.
② 吴鼎福、诸文蔚：《教育生态学》，江苏教育出版社1990年版，第56—57页。
③ 范国睿：《教育生态学》，人民教育出版社2000年版，第113—119页。

村"，种种做法让小规模学校发展陷入生态失衡的尴尬境地。教育生态学理论为本书提供了可供借鉴的理论分析框架。小规模学校发展的现状、问题、对策可以从内外两个层次进行研究。小规模学校处在复杂的自然环境、社会环境中，与中心学校、农村社区及其他第三方社会机构相互联系。同时，西北地区小规模学校精准发展则同时被硬件设施、课程资源、师资结构、管理机制等各种内部生态因子交互影响。在外部生态系统中，我们需要研究外部生态环境给予小规模学校发展足够的资源保障和发展空间；内部生态系统中，需要研究各种资源要素的相互作用机理和优化配置策略。

五、研究内容与方法

（一）研究对象

作为历史民族区域，陕西、甘肃、宁夏是中国民族最为复杂的区域之一，大量小规模学校的存在为西北地区教育质量的提升、发挥规模办学效益带来了较大困难，深入探究精准帮扶西北地区小规模学校升级提质的机制，不仅必要，更显迫切。本书以宁夏固原市、甘肃静宁市、陕西省周至县三省（区）农村小规模学校作为研究对象，以尊重教育情境为原则，充分考虑到自然环境、经济发展、交通人口、民族文化等因素，采取"目的性抽样"的方式，抽取三省（区）不同地域具有代表性的小规模学校（共计17所），清晰明确揭示西北地区农村小规模学校发展总体情况。

（二）研究内容

农村小规模学校要高质量发展，本书以较具代表性的西北地区小规模学校发展作为典型样本，基于精准帮扶的研究视角，将教育公平理论、市场缝隙理论、教育生态等相关理论作为基础，以陕西、甘肃、宁夏三省（区）小规模学校作为重点研究个案，综合运用多种研究方法，通过理论建构与实践探寻两个层面进行综合研究，力图揭示西北地区小规模学校发展现状及其困境，总体上探寻三省（区）农村小规模学校发展特征及主体需要，从不同层面深入分析制约小规模学校发展的因素。同时，结合西北地区的本土实践，从教育经费投入、学校建设责任主体、小规模学校标准化建设、师资配置、特色化发展等层面探索小规模学校精准帮扶的有效策略，进一步提升农村小规模学校教育质量，真正实现西北地区小规模学校"小而强""小而优"的发展目标。

（1）揭示西北地区小规模学校发展基本现状及存在问题是本书的基本目标。通过大规模实证调查与访谈研究，从总体上探寻陕西、甘肃、宁夏三省（区）农村小规模学校发展特征及主体需求，从不同层面深入分析制约小规模学校发展的因素。

（2）明晰西北地区农村小规模学校建设、师资配置、学校管理以及特色化发展等层面精准化帮扶是本书的核心目标，研究力图从上述几方面尝试提出提升小规模学校发展的相应策略。

（3）遵循并依据西北地区农村教育发展现实，破解西北地区小规模学校发展困境为本书的最终目标。

本书以陕、甘、宁三省（区）较具代表性的西北地区小规模学校发展作为典型个案，精准帮扶研究成果必将辐射三省（区）周边小规模学校良性发展，可为当地教育部门整体精准帮扶战略的实施提供理论与实践支撑。

（三）研究方法

1. 文献法

收集整理国内外及发达国家小规模学校发展及改造的相关文献，了解发达国家小规模学校的研究进展、成就及良性运行机制，以及存在的普遍问题及其原因。同时收集甘肃省静宁市、陕西省周至县、宁夏固原市三省（区）近五年来小学布局调整工作以及推进城乡义务教育均衡发展的各项文件，了解该地区经济状况、人口规模、地理环境、民族分布、基础教育发展等基本信息。

2. 问卷调查法

研究遵循差异原则，根据经济发展水平、地理条件、人口密度、教育发展差异等在每个样本省（区）的分布原则，选取三省（区）进行调查。问卷包含：第一，校长问卷，含学校基本情况、学校基本数据和近三年学校收支状况，如学校布局调整经历及预期、学校办学条件、经费收支信息等。第二，教师问卷（教师属性、教育理念、教学状况、专业发展及培训状况、教师流动等），进而获得相对完整的第一手资料，见表1。

表1　　　　陕、甘、宁三省（区）教师问卷基本结构描述

	问卷结构及内容	题号
个人基本信息	A. 基本信息	A1—A7、A10—A11
学校发展	B. 学校发展	资源、条件等：B41、B44
教师教学	C. 教育理念 C. 教学负担 C. 工作压力	教育理念：C12—C13、C42 教学方式：C15 教学时间安排：C8、C9、C16 工作压力状况：C17、C33—C34
教师专业素养	D. 专业知识 D. 教学能力 D. 信息素养	专业知识：D18—C20 教学能力：D21 信息素养：D22—D24
教师培训与科研	E. 校本教研 E. 科研课题 E. 教师培训	校本教研：E25—E27 科研课题：E28 培训：E29—E30
教师发展需求	F. 尊重认同 F. 专业诉求 F. 薪资福利 F. 职称晋升	受认可情况：F14 专业诉求：F31、F37—39 薪资福利需求：F32、F36 职称晋升需求：F40
教师流动意愿	G. 流动意愿	流动意愿：G35、G43

3. 观察法

研究者进入个案学校进行观察。通过随堂听课、课间参与学生活动

等观察学校运转情况，以不完全参与式观察收集小规模学校课堂教学、人员互动、分工等状况，并以文字记录、录音笔、照相机等记录小规模学校教学过程、师生互动、校园面貌以及学校与周围社区、与上级管理者的交流等。

4. 访谈调查法

研究深入农村小规模学校生活场景，并结合对调研地教育行政部门领导、校长、教师、家长以及中心学校与教育局工作人员的访谈，获得西北地区各方对小规模学校发展的真实看法与体验，借此了解不同群体对小规模学校的观点与态度。

5. 比较研究法

在搜集相关文献资料的基础上，将陕、甘、宁三省（区）小规模学校发展进行纵向比较，汲取国内外农村小规模学校发展先进经验及良性运行机制，借以探寻未来西北地区农村小规模学校的发展及其帮扶策略。

六　研究思路与框架

研究总体思路为：（1）通过文献分析，呈现西北地区农村小规模学校发展现状及其态势；（2）梳理文献，构架农村小规模学校发展的理论框架；（3）实地研究，通过甘肃静宁市、陕西省周至县、宁夏回族自治区固原市等部分农村小规模学校（共17所）基本特征（学校规模、数量、生源特征、学校发展特征）、学校资源特征（师资特征、教学模式、课程建设、教学资源等）的实地调查，揭示西北地区小规模学校发展特征与类型；（4）深入实证，探寻西北地区小规模学校发展优势与其存在问题，进一步探寻小规模学校发展特征及其主体需求，并深入挖掘影响西北地区小规模学校发展因素及其发展困境的文化动因；（5）制定教育精准帮扶方案，针对不同类型与层次的小规模学校进行差异化对待，在教育投入、学校管理、教师专业等层面施行不同帮扶政策及措施，真正实现小规模学校"小而强""小而优"的发展目标。

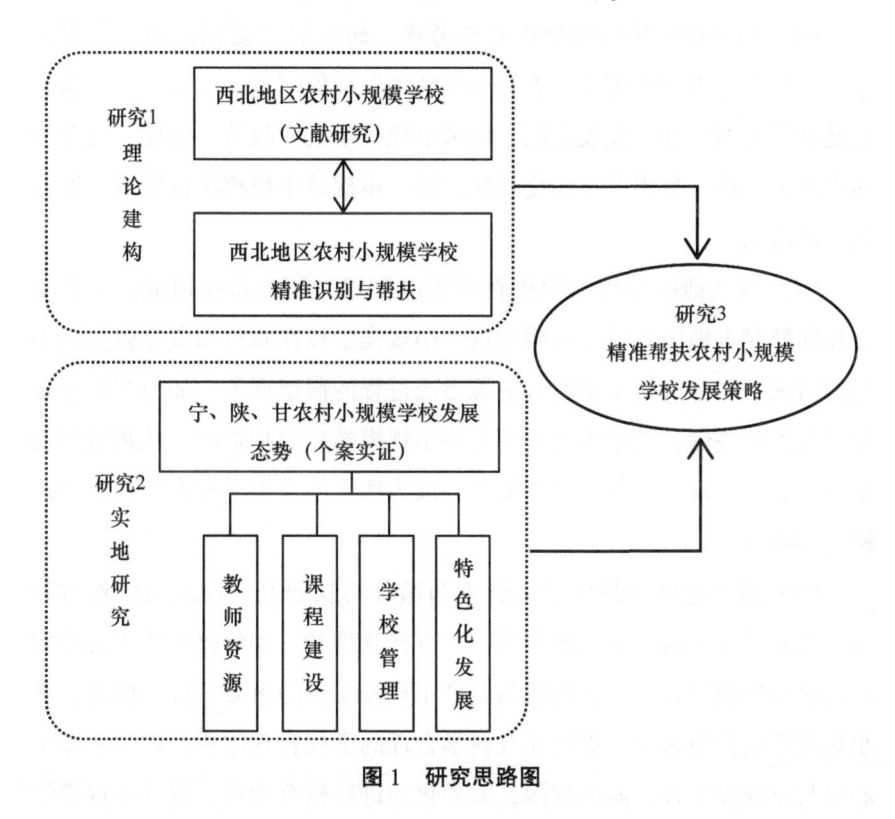

图 1　研究思路图

（1）西北地区小规模学校发展与精准帮扶理论研究。研究将农村小规模学校现实问题提升到理论的高度加以审视，以教育公平理论、市场缝隙理论等为基础，旨在明晰农村小规模学校自然地理、民族地域及历史文化环境的特殊性，进而提出西北地区小规模学校发展与精准帮扶的理论框架。

（2）西北地区小规模学校特征研究。本书实地探寻并呈现西北地区小规模学校发展现状及特征，主要从两方面入手。其一，小规模学校基本特征：学校类别及地理分布特征、学校规模特征、学校生源特征、学校发展特征。其二，农村小规模学校资源特征：学校师资特征、学校经费收支等。通过西北三省（区）小规模学校数据的描述，揭示西北农村小规模学校的总体特征。

（3）西北地区小规模学校实地考察。研究以宁夏固原市、甘肃静宁县、陕西省周至县等部分农村小规模学校师资配置、学校管理、特色化发展等方面呈现其发展状况，揭示小规模学校在政策、制度、文化等多重力量裹挟下呈现的边缘化特征，进一步探寻小规模学校发展问题及其主体需求。

（4）西北地区小规模学校教师资源配置与精准帮扶研究。师资匮乏长期掣肘本地区农村小规模学校，小规模学校在农村师资总体呈现不足的情况下往往又衍生出教师资源渗透过程的截留现象，如何摆脱小规模学校师资贫困，精准识别不同类型小规模学校教师资源，从数量与质量等层面内生性解决教师资源配置，成为摆在小规模学校发展面前难以跨越的障碍。

（5）西北地区小规模学校管理与精准帮扶研究。西北地区地方政府尤其是县级政府是义务教育阶段的直接管理者，如何提升地方政府发展农村小规模学校的积极性成为发展小规模学校的重要手段。同时，就小规模学校自身来说，如何建立科学合理的学校管理体系，切实明晰中心校与小规模学校之间的权限，差异化地进行教育帮扶，提升小规模学校自身发展能力是其发展的又一重大命题。

（6）西北地区小规模学校精准实践研究。当地教育部门始终存在着对小规模学校特色发展的概念认识不清、对其重要性认识不足的问题，忽略学校特色发展与教育质量提高间的联系，未能真正创新个性化教学模式，进而无法破解小规模学校内涵发展的瓶颈。这都要求西北地区小规模学校势必就教育教学模式、课程开发、学校文化建设等方面进行深刻变革与转型，增强农村教育吸引力，实现小规模学校"小而强""小而优"的内涵发展目标。

七 研究重难点

（1）农村小规模学校，作为满足农村孩子接受教育的一种行之有效的办学模式,可有效保障学生能就近接受义务教育、确保上下学途中的交通安全以及减少家庭在孩子教育上的支出,并对促进教育公平具有重要的意义,这也是其在农村普遍并长期存在的重要原因。① 甘肃省静宁县、陕西省周至县、宁夏回族自治区固原市均处地理位置较偏远地域,是各个民族你来我往、分化聚合的典型代表,由于各个地区教育条件与发展水平不一,小规模学校所处地理环境、人口流动状况、社区村庄类型、学生生源都极为复杂多样,从总体上摸清宁、陕、甘三省(区)农村小规模学校发展态势及其特征是本书重点。

(2) 西北地区小规模学校既存在着其他地区小规模学校发展的现实困境,又深受少数民族经济与社会文化地域性、特殊性的羁绊,分析制约西北地区小规模学校发展的外在与内在因素,探寻小规模学校具体实践及其主体需求,尤其精准识别不同发展类型与层次的小规模学校,实现精准帮扶,进而破解小规模学校内涵发展的瓶颈,探寻适宜西北地区小规模学校的特色化发展道路,是本书的难点。

八 研究创新

对于改善与提升西北地区农村小规模学校来说,必须要"因地制宜"。西北地区农村小规模学校精准帮扶,不仅是一种救急行为,体现"底部攻坚"的价值,而且体现前瞻性,具有教育创新性。因为只有在"小班小校"的状态下,我们才有可能进行人性化教育,才可能实行个性化(特色化)教学。农村地区最有可能实现教育的社区化、生活化和乡土化,这是城市应试教育所缺乏的。西北地区小规模学校发展必然要走向有根的教育、有机的教育和绿色的教育。

西北地区小规模学校研究必须理性思考其特殊的文化境遇,从学校、地域、质量保障、特色发展四者相互依附的多元互动关系深究小规模学校发展路径,针对西北地区内部特征进行分类,区分小规模学校群

---

① 李介:《精准扶贫背景下农村小规模学校发展研究》,《现代教育科学》2019年第9期。

体内差异进行精准识别才能破解其发展瓶颈，本书力图全面、系统、翔实地以本土化实证研究对此进行拓展。

1. 研究视角创新

已有研究基于大范围的问卷调查和访谈，可整体把握小规模学校发展态势和突出矛盾，但却对民族地域中人与学校发展"透析"不足，未能反映农村小规模学校发展整体概貌。以宁夏、陕西、甘肃三省（区）小规模学校作为重点研究个案，综合运用多种研究方法，通过理论建构与实践探寻两个层面进行综合研究，揭示西北地区小规模学校发展基本现状及其发展困境，从总体上探寻三省（区）小规模学校发展特征及主体需要，并展开精准化帮扶，这是已有研究中研究较少、揭示问题未达完善的所在。同时本著作以精准帮扶为研究视角，注重农村小规模学校及教师发展的主体需求，将三省（区）农村小规模学校资源、管理、师资、培训、评价以及影响因素等因子作为问卷选项进行设计，以实地调查数据为蓝本进行数理统计与分析，并辅之以大量的数据资料，数据翔实，脉络清晰，加强了研究的可信度和有效性，研究具有创新性。

2. 研究方法创新

农村小规模学校并非一个过渡形态，将会长期存在，对西北地区小规模学校进行研究具"底部攻坚"的价值。本书以精准帮扶为视域，研究涉及小规模学校发展的现实问题，研究符合国家政策需求和当前西北地区农村教育现实问题。研究方法上，宁夏、陕西、甘肃三省（区）不同地域学校所处地理、文化环境不同，影响制约小规模学校发展因素也有所区别，要真正厘清不同地域小规模学校发展的生存态势，必须深入当地社区进行实地考察。每个地域不同地区小规模学校都要有研究样本，本书以宁、陕、甘三省（区）为典型样本进行研究，更需要西北地区小规模学校实地调查资料的支撑。

第一章
精准帮扶视域下农村小规模学校发展价值阐释

教育，国之大计。"两个一百年"奋斗目标的实现、中华民族伟大复兴中国梦的实现，归根到底需要人才，人才培养靠教育。在一个拥有乡村人口 4.91 亿、农民工 2.96 亿、人口总量达 14.12 亿、常住人口城镇化率达 65.22%的处于转型中的发展中大国，① 整体实现乡村教育振兴的艰巨性和复杂性是前所未有的，用什么方式全面推进乡村教育振兴，这是一个世界性难题。党的二十大报告擘画了"以中国式现代化全面推进中华民族伟大复兴"的宏伟蓝图，这昭示着中国全面推进乡村教育振兴的途径和方式也必然具有自己的特点。教育作为社会的一个子系统，其主要矛盾随着社会主要矛盾的变化而发生转变，即人民日益增长的优质教育需求与不平衡不充分的教育发展之间的矛盾。农村学校作为国家教育战略具体实施的基层单位，推进农村学校发展是提升教育治理现代化水平的重要进程。开展农村学校教育价值研究不仅能丰富和完善教育价值理念，而且可以指导农村学校教育实践。面对社会发生变革的现实情况，农村学校教育陷入一种无所适从的境况中，首当其冲的是农村学校发展问题。小规模学校是农村教育的主体，更是精准扶贫战略实施的重要依托。农村小规模学校高质量发展具有"底部攻坚"的价值。

---

① 国家统计局：《中华人民共和国 2022 年国民经济和社会发展统计公报》，《人民日报》2023 年 3 月 1 日第 9 版。

西北地区相较于东部发达地区总体经济发展劣势较凸显,其教育发展质量更为薄弱。西北地区教育发展尤甚,以陕、甘、宁三省(区)发展为例,教育资源供给较为匮乏,教育信息化水平较低,西北地区教育面临更为艰难的任务与发展困局。农村小规模学校不仅保障了农村适龄儿童的教育起点公平,而且对于当地文化的传承与发展发挥着重要作用。因地制宜地建设好农村小规模学校,才能更好地推进西北地区高质量教育发展。

第一节 农村小规模学校发展的价值与前瞻

"人民对美好生活的向往就是我们的奋斗目标。我们要坚持以人民为中心的发展思想,抓住人民最关心最直接最现实的利益问题,不断保障和改善民生,促进社会公平正义,在更高水平上实现幼有所育、学有所教、劳有所得、病有所医、老有所养、住有所居、弱有所扶,让发展成果更多更公平惠及全体人民,不断促进人的全面发展,朝着实现全体人民共同富裕不断迈进。"[①] 自十八大以来,按照每人每年人均纯收入2300元(2010年不变价)的农村贫困标准,中国贫困人口从2012年的9899万人减少到2017年的3046万人,贫困发生率也从10.2%降至3.1%,[②] 扶贫工作取得了举世瞩目的成就。但由于中国西北地区地处偏远、自然环境恶劣、自然资源匮乏、经济发展滞后、人力资本薄弱等问题,其贫困问题一直未能得到根本解决。2013年7月,教育部等部门颁布《关于实施教育扶贫工程的意见》,开启了"教育扶贫工程",其实施范围大部分聚集于中国西北部地区,如四川省藏区、新疆南疆三地州、陕西、甘肃、宁夏西海固等地区,其中西北少数民族地区是实施该

---

① 习近平:《在纪念马克思诞辰200周年大会上的讲话》,《中华人民共和国国务院公报》2018年第16期。

② 陈志刚:《应对世界性难题 中国始终倡导并践行全球减贫事业》(http://rmfp.people.com.cn/n1/2018/0702/c406725-30103283.html)。

第一章 精准帮扶视域下农村小规模学校发展价值阐释

项工程的重点区域①。习近平总书记在十九大报告中提出要"深入实施东西部扶贫协作，重点攻克深度贫困地区脱贫任务，确保到2020年中国现行标准下农村贫困人口实现脱贫，贫困县全部摘帽，解决区域性整体贫困，做到脱真贫、真脱贫"②，可见西北地区教育扶贫在"大扶贫"格局中占有举足轻重的地位。治贫先治愚，要解决西北地区贫困问题，首先要从教育抓起，只有实施有效的教育扶贫政策，才能彻底斩断西部穷根，阻断贫困代际传递，帮助西北地区人们真正脱离贫困，真正实现"教育扶贫是扶贫工作的根本途径"③。

一 农村小规模学校发展的价值意蕴

农村小规模学校的社会价值主要表现在作为一个组织、主体、机构在与外部社会、农村社区和农村家庭的协调联动发展中能够满足现代社会发展、农村社区建设、农村家庭教育需要。就社会价值而言，农村小规模学校在历史和现实中均不乏积极的功能和优势作用，这些功能和作用进一步成为彰显农村小规模学校存在价值的基础。

1. 农村小规模学校处于本地区文化中心

学校同时兼具教育价值与文化价值。从教育与文化的关系来看，文化和文化资源影响并引导教育的发展建设，教育则能够实现文化的继承、扩散、传播、创新，通过推动文化再生产实现文化的繁荣。这是教育的文化适应性与规定性。农村小规模学校，实现生存、发展于农村社会的文化系统和文化关系中，是深受农村社会乡土文化影响的教育组织。在特定的乡村文化场域内，农村小规模学校与其"在地文化"时刻发生着明显的或潜在的文化互动与文化共生的关系。在具体层面，农

---

① 教育部、发展改革委、财政部、扶贫办、人力资源社会保障部、公安部、农业部：《关于实施教育扶贫工程的意见》（https://www.gov.cn/zwgk/2013-09/11/content_2486107.htm）。

② 习近平：《决胜全面建成小康社会 夺取新时代中国特色社会主义伟大胜利——在中国共产党第十九次全国代表大会上的报告》，人民出版社2017年版，第48页。

③ 吴春选：《谈智力扶贫》，《群言》1987年第9期。

村社会乡土文化的学校融入能够助力农村小规模学校的文化建设和文化发展，丰富学校内部的文化资源，形成学校的文化特色，这一点体现出乡土文化对农村小规模学校文化建设的引导和辅助作用。反之，农村小规模学校在充分融入农村社会乡土文化的基础上能够通过教育活动、课程建设、人才培养、文化感染来实现学校对地域乡土文化的加工、组织、融合、传递，从而通过"人"的教学和学习实现乡土文化的继承、传播、扩散，使乡土文化经由学校教育得以创新和传承，最终实现地域乡土文化的再生产。在宏观层面，众多农村小规模学校所进行的农村社会乡土文化的传承与创新实践是中国农村社会乡土文化繁荣发展的基础，总体上形成了中国农村社会乡土文化的繁荣发展机制，使各具特色且富有地域差异的乡土文化得以继承和传播，让乡土文化、地域文化、特色文化得以创新和发扬，使一代代国人的内心深处烙印"中国文化"，让中国文化获得人民认同，并进一步走向"文化自信"的发展道路。可以说，农村小规模学校是乡村文化的守护者，特别是在西北地区，农村小规模学校更肩负着多元民族文化传承的重任。然而，之前的大规模撤点并校工作，大量的小规模学校从村落中消失，致使偏远贫困地区村民逐渐失去了文化精神寄托，文化荒漠化现象随之加剧，乡村社会逐渐走向凋零。故拯救乡村社会要从拯救农村教学点开始，让乡村社会在朗朗读书声中恢复勃勃生机。

2. 农村小规模学校降低当地学生家庭教育成本

舒尔茨将机会成本定义为一个学生由于上学而放弃的收入，对于农村地区的贫困家庭来说，机会成本是一个不容忽视的因素。从经济价值看，学生上学距离家近的小规模学校则有利于降低教育成本，教育成本包括教育的社会成本与个人成本。从社会成本考虑，相对于功能齐全的大规模学校而言，农村小规模学校需要投入的公用经费相对较少。随着义务教育均衡化发展，当前很多农村小规模学校硬件设施已相当完善，但在西北地区，部分偏远地区小规模学校教室设施简陋、教学设备缺乏，房屋需要改造，但由于学校规模小、占地面积少，所以相对较少的公用经费投入就能对农村小规模学校的办学条件有极大改善。从个人成本上分析,农村小规模学校不仅有利于农村家庭教育直接成本的降低,而且还有利于减少低收入家庭的教育机会成本。贫困地区农村学生在家附近的小规模学校就近上学,可直接节约去离家较远的中心校上学所增加的交通费、住宿费、生活费等,这些看似不多的费用支出对于一个偏远、没有太多经济来源的农村家庭来说无疑是一笔很大的开销。另外,部分低龄儿童进入距离家远的中心校上学,家人会不放心,有的选择接送或陪读,必然又会增加家庭经济负担。进入距离最近的小规模学校就学,农村家庭则无须单独付出一个劳动力接送孩子或陪读,家长会有更加充裕的时间和精力去从事生产经营活动,从而增加家庭收入。对于西北地区农村贫困家庭的学生来说,在当地小规模学校上学,能够帮助家里做一些力所能及的家务和农活儿,将会有效降低家庭的教育机会成本。

3. 农村小规模学校扩大本地区儿童受教育机会

享有公平的受教育权,是城乡学生共有的基本权利,也是中国全面施行普及义务教育的法定内涵之一。相对于城市地区学校,农村小规模学校客观地面临着种种发展困境和质量差距,对农村学生而言在教育资源占有、教育质量公平等方面相对不平等,但教育质量的全面提升、城乡教育的均衡发展正是当下社会着力探索的和解决的问题,从起点公平、过程公平、结果公平来保证城乡教育绝对公平和高位公平仍需经历一段历程,这是不争的现实。农村小规模学校在农村相对劣势的办学条件基础上,首先保证了农村学生与城市学生平等的受教育权,拥有与其他学生一致的受教育机会,保证广大农村群体及其子弟、子女在办学条件和质量相对落后的农村获得接受义务教育的基本权利,这也正是农村小规模学校必然存在和实际发挥的社会价值。通过农村小规模学校教育功能的发挥,其辐射作用能够带动周边地区的学生入学,为防止学生辍学、避免学生随迁、兼顾留守儿童和问题儿童等发挥着不可忽视的作用,让众多农村学生享有公平而便利的教育机会和条件。同时,中国现存的大量农村小规模学校可基本实现保证农村学生享有义务教育的无禁区覆盖，使地域差异、空间地理、交通障碍等限制农村学生获得教育的种种不利因素得到克服和转化，为推进城乡教育机会公平奠定了坚实基础。农村小规模学校的存在，能够帮助偏远贫困农村地区孩子克服上学路途遥远的困难，让他们就近入学，从而扩大他们接受教育的机会，提高了基础教育的入学率，促进了农村义务教育的普及，推动了教育公平的实现。

4. 农村小规模学校是农村地区学生实现教育公平的重要途径

教育关乎国家富强、人民福祉和民族未来。美国"公立学校之父"贺拉斯·曼宣称："教育是实现人类平等的伟大工具，它的作用比任何其他人类的发明都伟大得多。"[①] 中国推行教育公平的目的，实际上就是办好人民满意的教育，就是"让每个孩子都能成为有用之才"。促进教育公平，让包括农民子女在内的所有孩子"共享同一片蓝天"，是全体人民共享改革发展成果的重要体现，也是惠及亿万农村家庭的幸福工程。我们也应该清醒地认识到，中国社会正从"生存型"消费向"发展型"消费转变，人民群众对接受良好教育的愿望更加强烈，对教育的要求也越来越高。同时，我们也必须辩证地、历史地认识教育公平问题，始终坚持以发展促进公平。城乡差别是教育不公平的一种重要表现形式，而城乡教育发展的差距是造成城乡差别的基础性原因之一。发展农村教育，尤其办好农村小规模学校，维护农民群众的根本利益，是将农村人口压力转化为人力资源优势的重要途径，是从根本上解决"三农"问题的关键环节。在推进城镇化进程中，并不是削弱和放弃农村教育，而是要统筹城乡教育发展，建立城乡教育一体化的大教育体制，逐步实现基本公共教育服务均等化，维护教育公平和教育秩序。农村小规模学校作为农村教育重要平台，是实现教育公平的重要途径。

---

① ［美］约翰·S·布鲁贝克：《高等教育哲学》，郑继伟等译，浙江教育出版社1987年版，第7页。

二 西北地区农村小规模学校发展的特殊性

作为农村教育的重要组成部分，农村小规模学校被赋予极其重要的位置。未来农村小规模学校的发展也将成为农村教育重点关注的方向。西北地区的农村教育发展始终都是中国教育事业发展的重点，也是中国民族工作的重要内容，而西北地区农村教育的高质量发展既是影响当地社会和谐稳定发展的重要因素，又是发挥教育促进当地经济发展和文化建设的重要前提，也是消除西北地区城乡差别的重要保障。我们要把"人民满意与否"作为一切教育工作的检验标准，坚持教育优先发展，用发展和改革方法来解决教育中存在的问题，努力满足人民群众对教育日益增长的需求。

1. 围绕办好人民满意的教育，明确农村小规模学校的发展地位

在决胜全面建设小康社会阶段，"办好人民满意的教育"成为教育发展的一个基准，但如何办好人民满意的教育却是摆在我们面前的挑战。改革开放40年以来，中国教育对农村小规模学校的地位模糊不清，围绕"办好人民满意的教育"，确定农村小规模学校的发展地位。

其一，农村小规模学校发展对保障教育公平具有重大意义。习近平总书记指出，教育公平是社会公平的重要基础，要不断促进教育发展成果更多更公平惠及全体人民，以教育公平促进社会公平正义。① 截至2017年年底，农村小规模学校10.7万所，其中小学2.7万所、教学点8万个，占农村小学和教学点总数的44.4%。② 促进公平是国家的基本教育政策，农村小规模学校是实现教育公平的根基，寄托着乡村老百姓对教育改变命运的期望，承担着走不出大山的农民对孩子的托付。随着经济社会的发展，城乡二元户籍结构的松动，平等保障进城务工人员随

---

① 习近平：《在北京市八一学校考察时的讲话》，《人民日报》2016年9月10日第2版。
② 黄浩：《为乡村学生提供公平而有质量的教育》，《中国教师报》2018年5月30日第2版。

迁子女在城市就学机会的问题得到社会的广泛认同，大量有能力、有实力的家庭子女纷纷进入城市学校就读。现在，仍然留在农村小规模学校就读的学生，大多数为经济困难家庭或特殊家庭子女，还有相当一部分为留守儿童和残疾儿童。他们没有足够的经济、文化、社会资源去追逐优质的教育资源，他们没钱送孩子去县里的学校上学。① 农村小规模学校是城乡之间教育发展悬殊的"重灾区"，也是教育现代化的"薄弱环节"，更是精准教育脱贫的"关键环节"。对农村义务教育最后一千米进行"攻坚克难"，关乎教育公平公正，亦关乎国家教育脱贫攻坚战略。办好农村小规模学校，让刚刚摆脱贫困的农村家庭孩子在家门口就能享受到良好的义务教育，对保障教育公平，体现社会主义制度的优越性具有重大价值导向与战略意义。

其二，农村小规模学校发展对乡村文化建设具有重要影响。中华文化的根脉在乡村，而乡土文化是关于根脉的文化，这些东西孕育在乡村人民的生活方式中，体现了乡村人民的精神、文化、信仰和智慧。② 随着城镇化进程的加快，农村大量青壮年进城务工，常住人口以老、妇、残、幼为主，村庄丧失了发展的活力，乡村文化处于一种衰败的境地。农村小规模学校汇集全村适龄儿童，是农村活力最充沛的地方，也是乡村文化建设的高地和乡村未来发展的希望寄托之所。农村小规模学校肩负着将国家核心价值理念传递到最偏远村庄的责任，其开展乡土文化教育，对传承优秀传统乡土文化，增进乡村孩子对乡土文化的认知，激发其对乡土文化的认同和热爱家乡的情感，③ 甚至对培育文明乡风、改善村民集体精神风貌、提升乡村文明程度等方面都具有重要影响。

其三，农村小规模学校发展事关中国经济社会发展大局。党的十九

---

① 王坤：《乡村振兴视野下小规模学校现状与出路》，《徐州工程学院学报》（社会科学版）2019年第5期。
② 袁利平、温双：《乡土课程开发的文化价值与实践选择》，《中国教育学刊》2018年第5期。
③ 高维：《乡土文化教育：乡风文明发展根基》，《教育研究》2018年第7期。

大报告提出实施乡村振兴战略，强调要"高度重视农村义务教育""努力让每个孩子都能享有公平而有质量的教育"。这是党中央对中国乡村社会发展和义务教育发展做出的时代性战略部署。农村小规模学校办得好不好，不仅关系到教育本身，而且关系到家庭稳定、减轻群众负担，进而关系到县域经济社会发展。如"陪读"家长，有些原本是青壮年，但因为陪读退出了生产领域，不但增加了劳动力成本，而且加重了家庭经济负担。据调查，由陪读所产生的房屋租赁、生活支出等费用已成为农村家庭有关教育支出中占比最大的部分。还有部分以"陪读"为名的中青年妇女，在进入县城之后，一边陪读，一边开始积极建立自己新的社交圈，并逐渐断绝了与原有家庭的联系，致夫妻感情淡化，甚至导致家庭关系破裂，引发了一系列社会问题。① 因此，"办好人民满意的教育"不仅仅是教育问题，还事关中国经济社会发展大局。

2. 农村小规模学校发展关涉西北地区实现"现代化"与"乡村振兴战略"的整体推进

新时代以来，以习近平同志为核心的党中央从战略和全局高度将乡村教育摆在了前所未有的突出位置，启动了乡村振兴战略和教育优先发展战略，促进乡村教育高质量发展。乡村振兴战略最根本的着力点在于以乡村教育为支撑，乡村教育是乡村振兴的重要组成部分，发展乡村教育是乡村全面振兴的内在要求与现实需要。农村小规模学校发展是乡村振兴战略实施的基础。乡村振兴战略是党和国家为了实现社会公平而做出的伟大战略决策和部署，乡村教育振兴是乡村振兴战略的"子工程"。《中共中央国务院关于实施乡村振兴战略的意见》和《乡村振兴战略规划（2018—2022 年）》都明确提出要优先发展农村教育，提升农村教育质量。"乡村小规模学校是农村义务教育的重要组成部分，办好乡村小规模学校，是实施科教兴国战略、加快教育现代化的重要任

---

① 许加明：《农村中小学陪读现象的形成机制及其社会后果》，《湖北社会科学》2018 年第 12 期。

务，是实施乡村振兴战略、推进城乡基本公共服务均等化的基本要求，是打赢教育脱贫攻坚战、全面建成小康社会的有力举措，也是控辍保学、底部攻坚的关键所在。"① 提升乡村教育质量，打通乡村学生向上流动通道，促进乡村学生的全面发展，为乡村振兴提供源源不断的人才和人力支持，是推动乡村振兴战略顺利实施的根本途径和重要保障。农村小规模学校发展是破解城乡教育发展不平衡，建设高质量教育体系，推进教育现代化，实现乡村振兴的重要举措。

实现教育的全面现代化是全面建成小康社会、实现中华民族伟大复兴的重要内容。西北地区乡村振兴更需要农村教育的振兴，农村教育的振兴需要农村小规模学校的全面振兴，农村小规模学校的全面振兴是农村教育现代化的目标和工作重点。抓住了农村小规模学校全面振兴问题，也就抓住了农村教育的关键。实现了农村小规模学校的全面振兴，也就实现了农村教育的现代化和农村教育的全面振兴。农村教育的问题集中在农村小规模学校的发展上，农村教育的希望和农村教育现代化的希望也寄托在、集中在农村小规模学校现代化发展上。无论现代化水平有多高，即便全国整体达到发达国家的城市化率，农村也并不会自然消失，依然会有数量不少的农村人口和农村学生，农村学校依然会存在，小规模化将是未来农村学校的基本形态。如何办好农村小规模学校，对于推进农村教育现代化，在全面建成小康社会的基础上实现第二个百年奋斗目标具有重大现实意义。

3. 农村小规模学校的发展关涉西北地区重要的民生问题

学校是国家政治力量和政府公共服务的体现，是人民群众的需要，既是政治问题，又是民生问题。美国公立教育之父贺拉斯·曼曾说："每一所乡村学校均被视为共和国建设的堡垒。"② 为加强并夯实这一

---

① 中华人民共和国国务院办公厅：《关于全面加强乡村小规模学校和乡镇寄宿制学校建设的指导意见》（http://www.gov.cn/zhengce/content/2018-05/02/content_5287465.htm）。

② [美] 劳伦斯·A. 克雷明：《美国教育史2：建国初期的历程（1783—1876）》，洪成文等译，北京师范大学出版社2002年版，第143页。

"堡垒"，近年来，国家先后出台了《国务院办公厅关于全面加强乡村小规模学校和乡镇寄宿制学校建设的指导意见》《教育部等四部门关于实现巩固拓展教育脱贫攻坚成果同乡村振兴有效衔接的意见》等系列政策文件，并取得了实质性的改革成效。2021年2月发布的《中共中央国务院关于全面推进乡村振兴加快农业农村现代化的意见》以及中共中央办公厅、国务院办公厅于2023年6月印发的《关于构建优质均衡的基本公共教育服务体系的意见》都再次强调要"办好必要的乡村小规模学校"。农村小规模学校满足的是最弱势群体的教育期待，也是推进教育公平关注的重点对象，其负载着广大农村人民群众的需要与各种利益诉求，办好小规模学校是政府应尽的职责。更是乡村振兴的内在要求。因此，不仅要保留，还要办好办优，真正成为"农民家门口的好学校"[1]。在国家发展战略中，许多省市和地方也推出了城乡一体化发展、城乡教育均衡发展等制度和措施。农村不管如何边远偏僻，农民无论贫富贵贱，都有受教育的需要与权益，政府就要从社会效果进行考量，提供良好的教育资源，而不是从经济效益考量"关、停、转、并"小规模学校。基于此，国家将农村小规模学校发展作为教育发展重要一环，教育必然成为西北地区重要的民生问题。

4. 小班小校是未来西北地区农村教育发展战略的现实依托

"由于受地理条件、环境等因素的限制，不管是中国抑或是世界各地，农村小规模学校都将在未来几十年甚至更长时间存在，有儿童的地区就一定要提供教育，有乡村就势必有农村小规模学校"[2]。2021年中央一号文件强调，要切实提高农村教育质量，保留并办好必要的农村小规模学校。办好农村小规模学校不仅是农村实现教育公平托底的要求，也是关注每一个学生，让每一个适龄儿童都能享受到平等而又优质的教育需要。西北地域辽阔，多民族聚居形成的文化特色，更有利于其开展"有根"的教育及个性化、特色化教学。对于西北地区农村学校的发

---

[1] 雷万鹏：《城镇化进程中农村小规模学校发展》，《全球教育展望》2014年第2期。
[2] 杨东平：《建设小而优、小而美的农村小规模学校》，《人民教育》2016年第2期。

展，要树立前瞻意识，从只重视"效率"转向重视其与本地区及地域的生长性"关系"与长远发展，从关注学生成绩与外在生长转向关注学生主体意识觉醒与自主能力培养，从关注外在条件的改善到关注内生驱动动力的焕发，不应执着于应试教育的赛道中与城市学校竞争资源，比拼赛跑，应树立基于乡村、扎根乡村的文化自信。

从未来前瞻性看，小班小校是未来学校的发展趋势，无论乡村还是城市，无论东部还是西部，"以学生为本，以乡土为根"，扎根西北乡土才能更好生长，当下就是未来。农村小规模学校的小班教学与全科教学，应积极探索属于西北本土生动、鲜活的特色化发展道路。实现小规模学校优质发展，只有在小班小校的状态下，才有可能真正进行人性化教育，才可能实行个性化（特色化）教学。农村地区最有可能实现教育的社区化、生活化和乡土化，这是城市应试教育所缺乏的。西北地区小规模学校发展必然要走向有根的教育、有机的教育和绿色的教育。

第二节 精准帮扶西北地区农村小规模学校发展

教育扶贫是阻断贫困代际传递的重要途径。20世纪80年代以来，中国扶贫事业取得了举世瞩目的成就，贫困分布特性已从改革开放初期的整体性贫困转向区域性贫困，集中连片特殊困难地区成为新时代脱贫攻坚的主战场。[①] 2017年11月，中共中央办公厅、国务院办公厅印发的《关于支持深度贫困地区脱贫攻坚的实施意见》中界定了"深度贫困地区"这一区位概念，即西藏、四省藏区、南疆四地州和四川凉山州、云南怒江州、甘肃临夏州（"三区三州"），以及贫困发生率超过18%的贫困县和贫困发生率超过20%的贫困村，自然条件差、经济基础弱、贫困程度深的地区。[②] "教育精准扶贫"是将"精准"的概念融于

---

① 胡联、孙永生：《贫困的形成机理研究述评》，《生态经济》2011年第11期。
② 中华人民共和国中央人民政府：《中办国办印发意见 支持深度贫困地区脱贫攻坚》（https://www.gov.cn/zhengce/2017-11/21/content_5241334.htm）。

第一章 精准帮扶视域下农村小规模学校发展价值阐释

教育扶贫理念之中,教育扶贫提出"教育具有反贫困功能,可以打破贫困的恶性循环怪圈"。①

一 西北地区农村小规模学校的发展之困

由于民族特殊自然条件与历史因素,相对东部以及发达地区发展状况,多数西北地区经济基础薄弱,社会发展水平较低,这也间接导致西北地区学校软硬件配备不足与办学难度大。具体来说,西北地区农村小规模学校大多处偏远地区,社会、文化、政治等发展均处相对弱势地位,贫困人口比例大,除学校外该地区没有任何其他公共服务设施。软硬件配备不足尤其表现在学校基础设施不完善、师资力量薄弱等方面,这就要求国家加大对西北地区基础教育,尤其是农牧区学校的投入,实行各种优惠减免和补贴扶持等倾斜性政策。办学难度大体现在家庭教育投入不足、学校的教学无法保证连贯性等方面。由于家庭收入低,经济压力大,有的少数民族家庭不愿意送女童读书。部分学校的少数民族学生为了补贴家用,不能保证出勤率,这是现阶段西北地区农村小规模学校的发展之困。

(1) 教育经费投入之困。在教育经费资金需求上,西北地区由于其贫困程度深、范围广,在发展教育事业上对省级和中央政府的财政需求远远大于其他地区。

(2) 教育办学条件之困。办学条件上,西北地区大都处于山地和高原,这些地区自然环境恶劣、地理位置偏远、交通不便,很多贫困地区校舍简陋、办学硬件条件匮乏,在有财力支持的基础上还需在办学条件和校舍建筑上多做改善。在东部发达地区看来,这些条件是办学最基础的要件,而在西部少数西北地区来看,大部分贫困地区办学条件亟待改善,对这些硬件指标的考量就显得尤为重要。

(3) 教师队伍建设之困。首先,在教师数量上,相比于其他地区,

---

① 林乘东:《教育扶贫论》,《民族研究》1997 年第 3 期。

西北地区乡村教师数量奇缺,因此,教师编制数和生师比将成为考量的重要指标。其次,在教师质量上,西北地区由于地处偏远、经济落后、发展滞后,因此很难吸引优质教师资源,从而造成该地区教育陷入"低质教育"的无限循环中。教师质量水平较低不仅不能培养出优秀的学生,致使优质学生资源外流,甚至还会导致部分学生辍学。因此,在西北少数民族实施"国培计划"和"省培计划",对教师培训时长和参加培训的比例等指标考量则显得很有必要,这是提升教师素质的重要途径之一。同时,对教师待遇的考察,也有助于我们评价当地对优质教育人才的吸引力大小。最后,在教师技能要求上,一些乡村学校的双语教学极大生发了对本土双语教师培养的现实需求,这是其他贫困地区所不具备的特殊性。

(4) 贫困学生保障体系之困。农村教育发展不充分主要表现为农村教育质量不高。当前,农村基础教育质量问题成为突出矛盾。[①] 一些农村学校学生学业成绩达不到国家规定的及格标准,且随着年级的提升逐渐丧失了对学习的兴趣和对知识的渴望。学习成绩落后与学习兴趣衰减的积累效应与非良性互动,使农村学生后期学习面临更大的挑战。可以说,目前制约农村教育质量提升的阻碍性因素在各地不同程度地存在着,加剧了农村教育质量提升的困境,农村教育质量还有很大的提升空间。制约农村教育质量提升的家庭、学校及家校互动等方面的因素应该引起相关主体的高度重视。从家庭看,农村家庭文化资本影响了农村学生的学习。文化资本可以以身体化的状态、客观化的状态和体制化的状态三种形式存在。[②] 相应地,依据其存在形态,文化资本可以分为体制化资本、客体化资本和身体化资本。从文化资本理论看,农村家庭,不仅体制化资本(学历)等相对较低,客体化资本(学习条件、学习资

---

① 秦玉友、邬志辉:《中国农村教育发展状况与未来发展思路》,《东北师大学报》(哲学社会科学版) 2017 年第 3 期。

② Bourdieu P., *The Forms of Capital. In*: Richardson, J., *Handbook of Theory And Research for The Sociology of Education*, Westport, C. T.: Greenwood, 1986, pp. 241–258.

料）少，而且身体化资本（教育观念、教育行为）也不占优势。从学校看，农村小规模学校教师老龄化、农村教师能力准备不足、农村教师"向城性"流动影响着农村师资的整体质量；学校教育与学生经验相疏离，县镇"大班额"教学问题与农村小规模学校小科教师对口教学率低无不影响其教学质量。从家校互动看，农村地区家校合作不紧密，大量农村学生家长外出打工增加了家校合作的难度。在当前和未来较长一段时间内，消除农村教育质量提升的制约因素，提高农村教育质量，促进农村教育充分发展是农村教育发展的另一主导性任务。

在西北农村地区，处境不利群体数量较多，对此，部分地区实施了不同于其他地区的"三免一补"政策、"9+3"免费职业教育计划、少数民族骨干计划、职业教育东西部协作行动计划、教育与就业扶贫专项方案等政策。对免费职业教育计划、"三免一补"政策的覆盖率和完成度的考察也是该地区所特有的评估指标。西北农村地区面对本地区处境不利群体的各项举措、保障体系亟待完善与增强。

（5）小规模学校规模效益之困。在扶贫客体方面，由于西北地区整体经济社会发展水平相对滞后、受教育人口与年限较少、人口素质普遍较低、农村地区人口密度小等人口地理学特征，致使农村地区小规模学校数量大、占比高。当相同资源配置到需求侧相同数量学龄人口时，农村小规模学校的规模效益劣势便表现出来。值得指出的是，无论基于历史、理论分析，还是基于比较视域角度，均透视出小规模学校发展的现实样态。这就决定了在未来较长一段时间内，农村学校规模效益较低的情况将持续存在。对于存在大量小规模学校的农村地区，从生均资源看，因人口密度低等人口地理学特征带来的规模效益低成为满足人民日益增长的优质教育需求的一个重要的叠加性制约因素。鉴于农村学校规模效益较低的情况，近年来，国家层面教育政策开始逐渐向农村倾斜，农村学校政策环境得以不断改善。同时，统一了城乡教育资源配置标准，例如，2014年《中央编办 教育部 财政部关于统一城乡中小学教职工编制标准的通知》印发，结束了城乡教师编制标准倒挂问题。与此同时在一些领域,还实施了积极的城乡教育资源差异化配置政策,如2012年《国务院办公厅关于规范农村义务教育学校布局调整的意见》提出:"提高村小学和教学点的生均公用经费标准,对学生规模不足100人的村小学和教学点按100人核定公用经费。"① 这些政策无疑均考虑到了小规模学校的规模效益低这样一个基本事实。西北地区农村学校规模效益低,需要更多教育资源的倾斜与帮扶。

二 西北地区农村小规模学校发展与教育精准帮扶对接

贫困形成原因是复杂、多维的,一般按照其成因划分为物质贫困、能力贫困、权利机会贫困和精神贫困等。不同领域学者的研究视角各不相同,教育学家更关注如何通过教育手段提高贫困者的生存和发展能力,即能力贫困研究。阿马蒂亚·森认为"对基本可行能力的剥夺"是贫困产生的主要原因。② 早在1996年,《中共中央、国务院关于尽快解决农村贫困人口温饱问题的决定》就明确提出,要把扶贫开发转移到依靠科技进步,提高农民素质的轨道上来。2016年,国务院在《"十三五"脱贫攻坚规划》中提到,要充分调动贫困地区干部群众的内生动力,不断增强贫困地区和贫困人口自我发展能力。因此,教育扶贫应聚焦"扶人之贫",解决贫困者脱贫能力弱、综合素质低的问题。

深入开展西北地区的教育扶贫工作,需要以教育扶贫的理论逻辑为研究起点,以"精准帮扶"为载体。贯彻"治穷治愚、扶智扶志"主线,提升西北地区农村教育发展水平,缩小区域内部发展差距,认识、深化和总结西北地区农村教育扶贫实践。同时,创新探索形成具有民族区域特色的教育扶贫开发体制机制,契合西北地区农村教育的发展实际,增强农村贫困群众的脱贫信心与志气,使西北地区深度融入中国扶

---

① 中华人民共和国国务院办公厅:《国务院办公厅关于规范农村义务教育学校布局调整的意见》(https://www.gov.cn/zwgk/2012-09/07/content_2218779.htm)。

② [印度] 阿马蒂亚·森:《以自由看待发展》,任赜等译,中国人民大学出版社2002年版,第13页。

贫开发的历史潮流,解决好西北地区根深蒂固的贫困发生问题,预防发生"等靠要""因教致贫""脱贫后返贫"等现象,实现西北地区全方位、多层次、宽领域的社会转型,与全国人民共同迈进小康社会。因此,需要进一步理解和把握西北地区教育扶贫的理论逻辑、实践模式以及机制创新对实现民族共同繁荣、保障国家安全、推动人权事业进步,乃至中华民族伟大复兴的中国梦具有重要的理论价值与现实意义。

(一) 十八大以来国家重要教育扶贫政策及意义

截至 2021 年,历经 8 年,中国近 1 亿农村贫困人口全部脱贫,832 个贫困县全部摘帽。以习近平同志为核心的党中央带领全党全国各族人民,以愚公移山之精神、精卫填海之勇气、砥砺实干之行动,将千百年来困扰中华民族的绝对贫困问题历史性地画上句号。教育精准帮扶工作在贫困生助学、薄弱学校改造、脱贫技能培训等方面取得了显著成效①;贫困地区学校面貌发生了格局性变化;发展教育脱贫一批成效显著;教育大扶贫格局基本形成。扶贫必扶智,让贫困地区的孩子们接受良好教育,是扶贫开发的重要任务,也是阻断贫困代际传递的重要途径。第一,"有学上"是起点公平。全国义务教育阶段辍学学生由台账建立之初 60 多万人降至 831 人,20 多万建档立卡辍学学生动态清零,是"一人一策"精准关照每一个个体的突出成果。② 第二,"上好学"指向教育提质。乡村教师"特岗计划""银龄讲学计划"以及万名教师援藏、援疆等,一系列好政策让一批批好校长、好老师跨越山海,扎根乡村,倾情教育,孩子们的上学路越走越宽,老百姓的发展路越走越顺。"扶贫必扶智""把发展教育扶贫作为治本之计",扶知、扶智、扶志,教育脱贫攻坚既是目的又是手段。

进入新世纪以来,国家对教育政策投入力度不断加大,对教育政策

---

① 王文君、李艺华、王建明:《信息技术视域下教育精准扶贫路径探析》,《电化教育研究》2017 年第 11 期。

② 中华人民共和国教育部:《教育部:"十三五"期间我国 20 万建档立卡辍学学生实现动态清零》(https://www.moe.gov.cn/fbh/live/2020//52763/mtbd/202012/t20201210_504723.htm)。

的制度供给不断增密，系统化与规模化的教育政策体系逐渐成形。此时的教育扶贫政策既注重量的提升，也注重质的提高，不断丰富政策的内涵，不断增强政策的连贯性。党的十八大以来，教育在扶贫中的"标本兼治"的功能被党和国家逐渐认识并纳入核心扶贫政策体系核心政策之一，教育扶贫政策的内涵不断得到延伸，由此相继出台了一系列重要政策，教育扶贫迎来了全新的发展阶段（见表1-1）。这个阶段的教育扶贫政策整体呈现出以下特征：注重创新扶贫机制，强调精准；引导多元主体协同开发贫困地区，以产业下乡作为解决区域性贫困问题的突破口；重视劳动力开发，积极探索贫困地区人力资本开发新路径；关注贫困地区弱势人群，不让一人掉队，切实改善特殊人群的绝对困难，共享社会发展果实。而这些新特征构成了后扶贫时代教育扶贫政策调适的基本背景和政策基础。

表1-1 "十八大"以来国家重要教育扶贫政策

时间	政策名称	目标和内容	地位和意义
2013年	《关于实施教育扶贫工程的意见》	全面加强所有教育阶段的帮扶力度，实施教育惠民工程	以职业教育带动贫困地区贫困人口再就业，脱贫攻坚结合生态文明建设共同推进
2014年	《关于创新机制扎实推进农村扶贫开发工作的意见》	探索政府、市场和社会三方共同推动扶贫事业的合作机制	创新教育扶贫主体合作模式，补齐单一扶贫主体缺陷
2016年	《教育脱贫攻坚"十三五"规划》	普及学前教育，巩固义务教育，提升高中普及率，力争到2020年，贫困地区教育总体水平显著提升	为打赢脱贫攻坚提供了有力的政策指导
2018年	《中共中央国务院关于打赢脱贫攻坚战三年行动的指导意见》	着力解决西北地区义务教育问题，重点提升西北地区义务教育质量和普及率，进一步推进西北地区普通话的普及	关注西北地区，特别是边境西北地区教育短板

续表

时间	政策名称	目标和内容	地位和意义
2018年	《深度贫困地区教育脱贫攻坚实施方案（2018—2020年）》	进一步加强深度贫困地区教育帮扶力度，落实好贫困户建档立卡工作	保障深度贫困地区"发展教育脱贫一批"任务如期完成
2020年	《教育部办公厅关于进一步组织动员民办教育机构积极参与教育脱贫攻坚战的通知》	开展"一对一"帮扶，抓紧"控辍保学"助力计划，共享优质教师资源，促进就业创业计划落实，推动职业技能提升计划	多元化教育扶贫力量，引导民办教育机构助力教育脱贫攻坚
2020年	《教育部等六部门关于加强新时代乡村教师队伍建设的意见》	深化新时代乡村教师队伍建设的内涵，加强乡村教师德师风建设，优化乡村教师编制管理体制，疏通城乡教师流通渠道，创新乡村教师培养模式，提升乡村教师职业成长空间和地位，创造有利于乡村教师成长的人文环境	聚焦乡村教师职业发展问题，着力补齐乡村教育师资的短板

资料来源：转引自伍秋林《后扶贫时代民族地区教育扶贫政策调适研究——以广西为例》，硕士学位论文，广西师范大学，2021年，第17页。

基于国家扶贫政策调适，精准帮扶指的是扶贫政策与措施均针对真正的贫困家庭和人口，通过对贫困人口有针对性的帮扶，从根本上消除导致贫困的因素和障碍，达到可持续脱贫的目标。[①] 在教育扶贫领域，教育精准帮扶可以理解为针对不同贫困地区教育发展现状和不同贫困人口的教育需求，运用有针对性的帮扶措施，从而提高贫困人口的基本文化素质和劳动者技术技能，以促进贫困人口掌握脱贫致富本领，实现可持续脱贫的目标。

（二）教育帮扶与西北地区农村小规模学校发展的精准对接

教育始终是脱贫致富的重要途径。通过改善教育进而改善贫困状况一直以来都是学术界研究的重要话题。教育扶贫自身存在两种内涵

---

① 汪三贵、郭子豪：《论中国的精准扶贫》，《贵州社会科学》2015年第5期。

和方式。其一为通过教育改善贫困状况，将教育作为脱贫的武器，只有通过教育改变贫困人口的文化素养，增加其专业知识，科学有效地培养人才，带动科技以及推动经济发展，才能从根本上解决贫困问题。其二为扶贫教育，改善贫困人口思想的贫瘠，发展贫困地区特色教育，提高贫困人口的思想观念、职业技能及文化水平。两者相互依存，本研究中教育扶贫兼具以上两种内涵与形式。西北地区精准扶贫工作中，教育具有既"功在当下"又"利于长远"的双重效能，为将农村教育发展纳入精准扶贫的重要视域提供了合理行动逻辑，即教育是推进农村"授以鱼"式扶贫的重要领域，也是推动农村"授以渔"式扶贫的重要路径。因此，针对西北地区农村小规模学校的精准帮扶，亟须着力从政策体系、社会环境、当地教育内部要素等方面协同破解阻碍小规模学校发展的壁垒，才是有效推进其高质量发展的必然选择与可行路径。

精准帮扶是新时期中国扶贫工作新的指导方针。简单地说，精准帮扶就是要在工作中做到富有针对性、实效性，切中导致扶贫对象贫穷的要害。小规模学校作为农村教育的"底部攻坚"，如何精准帮扶并以此助力农村小规模学校发展则成为攻坚与重点。"教育精准扶贫"兼具"精准扶教育之贫"和"依靠教育实现精准扶贫"的双重属性，实现由"输血式"扶贫转向"造血式"的扶贫[①]。习近平总书记提出的"六个精准""五个一批"精准扶贫重要思想中的"发展教育脱贫一批"，强调了"教育精准扶贫"在脱贫攻坚中的重要地位，教育部、国家乡村振兴局也专门印发了《深度贫困地区教育脱贫攻坚实施方案（2018—2020年）》（以下简称《方案》），该《方案》提出了10个方面的举措，即保障义务教育、发展学前教育、普及高中教育、加快发展职业教育、加强乡村教师队伍建设、实施脱贫攻坚行动、加大少数民族优秀人

---

① 高莉娟、王斌：《贫困地区精准教育扶贫的实现机制探究》，《未来与发展》2017年第11期。

才培养力度、实施好免费教育政策、确保贫困学生资助全覆盖、多渠道加大教育扶贫投入。① 这其中包含扶教师之贫、扶学生之贫和扶家长之贫三个层面的扶贫内容，所面对的问题是乡村教育质量不高、"控辍保学"和贫困群众再教育的问题。②

教育精准扶贫，首先是通过推进城乡教育融合和一体化均衡发展，扶教育本身之贫，消除农村学校建设、教师队伍建设、教育教学设施等教育本身办学之贫，扶持乡村学子因经济困难、路途遥远不能上学和上学困难的教育绝对之贫；其次是扶贫教育，通过教育帮扶个体和群体或地域的志气和知识、能力、文化之贫，扶教育相对之贫，提高办学水平和教育教学质量，实现小康社会要求的教育目标和现代化目标；最后则是通过教育扶经济、文化之贫。如果教育贫困、上学困难，教育不能很好地扶志气、知识、能力、技能之贫就谈不上扶经济、文化之贫。教育扶贫及其扶贫教育既有教育的普遍性作用，也有明确针对性的特殊价值；直接目标是小康社会的教育目标，终极目标是教育现代化目标，在某些层面也与教育现代化目标直接、精准对接，使农村教育实现跨越式发展，尽快实现现代化。在积极推进城乡教育现代化过程中，努力实施教育精准扶贫，尽快实现教育现代化目标；在努力实施教育精准扶贫实践中，牢记教育现代化总体目标，通过跨越式发展实现农村教育现代化，如期实现全国教育现代化。不同地区经济社会和教育有不同特点，不同地区的贫困人口的贫困原因也有不同特点，教育精准扶贫应精准针对贫困人口的不同贫困原因解决问题，不是把教育对每个人的普遍作用套用到贫困人口上，实施"大水漫灌"的教育扶贫。③

---

① 中华人民共和国教育部、国家乡村振兴局：《教育部 国家乡村振兴局关于印发〈深度贫困地区教育脱贫攻坚实施方案（2018—2020 年）〉的通知》（http://www.moe.gov.cn/srcsite/A03/moe_1892/moe_630/201802/t20180226_327800.html）。

② 中华人民共和国教育部：《将教育精准扶贫进行到底》（http://www.moe.gov.cn/jyb_xwfb/moe_2082/zl_2019n/ 2019_zl29/201912/t20191202_410420.html）。

③ 郝文武：《农村教育现代化与教育精准扶贫的精准对接》，《教育与经济》2020 年第 4 期。

精准帮扶视域下农村小规模学校发展研究

1. 精准识别：明确对象与挖掘优势

精准帮扶的第一步是精准识别。一是要识别哪些学校属于农村小规模学校。关于何为农村小规模学校，当前可见两种界定。一种观点认为，农村小规模学校主要是指村小学与教学点。这种界定主要源于国家政策的表述。在2016年之前，教育部相关政策文件多采用"村小学"与"教学点"指代当前所谓的农村小规模学校。另一种观点认为，在读学生人数少于100人的学校为小规模学校。两种界定分别基于学校区位与在校生人数的多寡，并未涉及小规模学校在教育教学上的本质特征。所以，政府急需从小规模学校的"小"给学校教育教学带来的影响这一本质特征出发，出台农村小规模学校相关标准与判定方案。

美国学者Oscar Lewis认为，贫困会内化为一种习惯与文化，使贫困者最终产生屈从与听天由命的生活态度。[①] 如果扶贫未能调动贫困者的内在力量，不仅无法真正动员贫困者改变，还会使其被"锁"在贫困的标签之中。对于农村小规模学校的扶贫亦是如此。精准帮扶不仅需要理清学校存在资源利用效率偏低、地理区位偏远、历史欠账较多等劣势，还需要通过挖掘其优势来调动学校的内生力量。总体而言，农村小规模学校的优势主要集中在两个方面。一是"小规模"带来的组织优势。小规模意味着在读学生较少，也即平均班额较小。这种小班化的课堂为教师教学满足学生个性化需求、加强师生互动等提供了可能。小规模意味着教师数量也相对较少，组织成员间的沟通更为方便、关系更为紧密。因此小规模学校管理可以更为灵活化与民主化，教师也更容易产生主人翁意识。二是"在农村"带来的区位优势。一方面，农村不仅拥有山川田园等自然资源，还拥有风土人情等社会资源。如果得到很好地利用开发，这些资源都是学校宝贵的教学课程资源。另一方面，相较

---

① 沈红、周黎安、陈胜利：《边缘地带的小农——中国贫困化的微观解理》，人民出版社1992年版，第187页。

于城市，农村更多保留着"熟人社会"的传统，学校与农村、教师与家长之间联系更为紧密，教师在利用农村与家长资源时更容易得到支持。

2. 精准管理：分类管理与突出重点

对于确定的农村小规模学校，需要进行分类管理，这样才能使扶贫措施更具针对性。从发展定位看，随着城镇化的不断推进，农村适龄学生与在读学生必然会逐渐减少。这意味着一些小规模学校的撤并在所难免，这与重视农村小规模学校发展并不矛盾。基于西北地区农村教育的现实发展，有必要区分以下几类农村小规模学校。一是需要关闭的农村小规模学校。这类学校的管理重点不是扶贫，而是学生分流、校车服务、校产处置等配套措施的落实。二是过渡期保留的小规模学校。这类学校需要扶贫，但重点是保障校舍稳固、儿童安全、师资供给。三是永久保留的农村小规模学校。对于这类学校，政府应当在经费投入、师资配置、基建设施和学校管理方面实施倾斜性政策，促进农村小规模学校特色化发展。[①] 从发展程度看，一方面，由于政府的扶贫措施，不同学校的发展程度呈现差异性；另一方面，由于农村学生人数的减少，一些规模较大的农村学校亦可能成为农村小规模学校，但这些学校的办学质量可能明显优于以往的农村小规模学校。故还可以根据发展程度对农村小规模学校进行分类。发展非常薄弱的学校往往在教育诸多环节存在严重问题，需要政府给予全方位的支持，甚至需要考虑在无法较快提升该类学校教育质量的情况下，通过撤并、异地搬迁等方法谋求改变。发展较为薄弱的学校多存在某一类资源的短缺，政府在扶贫过程中需要明确其中最为薄弱的环节，通过破解短板效应提高扶贫效益。发展较为优质的学校是在扶贫过程中发展较为迅速的学校，或者是以前的中大规模学校，因此在教育质量上并不薄弱，这就需要政府在扶贫过程中侧重对学

---

① 雷万鹏、张雪艳：《论农村小规模学校的分类发展政策》，《教育研究与实验》2011年第6期。

校特色发展的扶持。

政府用于扶贫的教育资源有限,所以必须考虑资源的使用效率。精准帮扶讲究的不是面面俱到,而是突出重点,在最需要攻克的薄弱环节下大力气,从而取得最大效益。明确农村小规模学校的分类之后,扶贫的基本要求应当是:明确重点类型,从当前农村小规模学校改革与发展的现实来看,扶贫的重点是需要永久保留的农村小规模学校,这类学校的发展往往也较为薄弱;保证底线要求,对处于过渡期的学校,要保证教育的底线标准,尽快落实搬迁工作;发挥辐射作用,对于一些发展较好的农村小规模学校,一方面要防止其返贫,另一方面要发挥其作为优质资源的辐射作用,在师资、课程与教学等方面为薄弱学校提供借鉴与帮助。

3. 精准帮扶:雪中送炭与重点攻坚

精准帮扶反对以往"一刀切""大而全"的帮扶内容与方式,[①] 强调提高帮扶内容与形式的针对性。一方面,精准帮扶需要关注薄弱环节,将扶贫做成雪中送炭。近年来,政府加大了对学校标准化建设与对农村小规模学校的扶持力度,学校已经发生了诸多积极的变化,突出表现为学校的硬件条件正逐步得到改善:学校的办学经费日渐充足,办学条件显著提升,教师队伍的硬性指标也逐渐达标。但是,仅考虑学校资源配置是否达标是不够的。农村小规模学校的发展,最为核心的体现并非将学校建得富丽堂皇、拥有一支高学历的教师队伍,而是学校教育教学质量的提升。因此缩小城乡教育差距,转变政府的支持方式,在保障基本硬件设施达标规范的基础上,将更多的资源投向与学校教育教学质量提升密切相关的领域,如教师的教学方式、学校的课程建设、学校的管理方式等。另一方面,精准帮扶需要关注关键因素,将扶贫做成重点攻坚。在影响农村小规模学校发展的诸多因素中,教师队伍无疑是人们

---

① 葛志军、邢成举:《精准扶贫:内涵、实践困境及其原因阐释——基于宁夏银川两个村庄的调查》,《贵州社会科学》2015 年第 5 期。

第一章 精准帮扶视域下农村小规模学校发展价值阐释

最为关注的。在西北地区，破解教师队伍建设是破解小规模学校发展之困的关键环节，当前对农村小规模学校的扶贫，核心关键在于加强学校师资队伍建设，提升教师队伍的专业化水平。

（1）扶教师之贫。百年大计，教育为本；教育大计，教师为本。办好教育，教师是关键。西北民族地区的教育痛点在于教育质量相对不高，面对教育质量不高的问题，教师是关键核心要素。教师是乡村教育教学改革的主体力量，在教育精准扶贫下，将教师精准帮扶作为促进乡村教师专业发展的突破口。近年来，教育信息化发展走上了快车道，乡村学校的教学条件在硬件环境与软件资源方面得到了很大的改善，但教师之困依然突出，主要表现在结构性短缺和能力不足。近年来，三省（区）通过"特岗教师""三支一扶"等政策的落实引入，教师短缺的问题有所缓解，但乡村教师质量仍堪忧。"老""青""弱"是典型的小规模学校师资特征，老龄教师其知识结构老化，教学及其创新层面的胜任力较弱；年轻教师是小规模学校主力军，但其中大多来自二本、三本院校，年轻教师知识储备不足，师范教育基本功训练不到位，教学能力有限。乡村教师队伍的建设，关系乡村基础教育的质量提升，关系义务教育均衡发展与教育公平的实现，加强小规模学校教师队伍建设刻不容缓。

（2）扶学生之贫。教育精准扶贫的战略价值主要是切断贫困的代际传递，[①] 要让贫困地区的孩子代代成为"有理想""有道德""有文化""守纪律"，德、智、体、美、劳全面发展的社会主义事业的建设者和接班人，前提是要保证适龄儿童的就学，在深度贫困地区学校学生辍学现象严重，"控辍保学"成为当地教育精准扶贫的首要任务。乡村小规模学校大都位于"连片贫困"地区，优秀教师不愿意来，教师工作压力大、条件差，学生流失状况严重，留下来的学生多数来自那些缺乏流动能力的家庭。义务教育的特殊性要求进入学校学习的所有孩子都

---

① 吴晓蓉、范小梅：《教育是实现特困地区有效脱贫的路径保障——以"三区三州"特困地区为分析个案》，《西北师大学报》（社会科学版）2020年第2期。

应该享受到公平的教育，但由于城乡二元结构影响，教育差距逐渐增大，使得乡村小规模学校更容易产生"相对被剥夺感"。这种"相对被剥夺感"不仅存在于与城市义务教育学校相比较的过程中，而且也存在于与农村普通规模学校比较中。层层比较的结果，使得乡村小规模学校"相对被剥夺感"愈加强烈，而在"漫灌"式的扶贫过程中，为了提高工作效率，国家对于农村教育的利好政策往往优先考虑办学规模、条件和质量更好一些的农村学校。

依从西北地区教育发展现实，造成本地区学生失学、辍学的因素是多方面的。一是特殊的地理自然生态环境，滞后的经济发展水平，影响社会的发展，影响社会文明的程度，[1] 随之衍生出部分群众的思想观念落后、对教育重视程度不够；"读书无用论"间或影响本地区儿童就学，致使其使失学、辍学现象普遍。二是家庭贫困带来的"上不了学"，或是学生能帮做家务的年龄就不上学了，到小学四、五年级辍学人数明显增多。三是乡村学校基础薄弱，特别是师资资源的匮乏，严重制约教育质量提升，升学无望、学习能力弱的学生就此产生辍学想法。面对贫困儿童，让孩子们接受良好教育，获得好的发展，改善贫困人口的人力资源状况是教育扶贫的重中之重。[2] 因此针对"控辍保学"，《方案》中明确提出实施好免费教育政策、确保贫困学生资助全覆盖，"不让一个学生因为家庭经济困难而失学"。[3]

（3）扶家长（贫困群众）之贫。教育是涉及社会、学校、家庭的共同事业，教育精准扶贫自然也不能忽视家庭的贫困。在西北地区，部分贫困家庭的家长们科学文化素养普遍不高，部分群众脱贫能力受限、

---

[1] 李华等：《基于精准视域下甘肃省少数民族地区教育扶贫研究》，《电化教育研究》2017年第12期。

[2] 李华等：《基于精准视域下甘肃省少数民族地区教育扶贫研究》，《电化教育研究》2017年第12期。

[3] 中华人民共和国教育部、国家乡村振兴局：《教育部 国家乡村振兴局关于印发〈深度贫困地区教育脱贫攻坚实施方案（2018—2020 年）〉的通知》（http://www.moe.gov.cn/srcsite/A03/moe_1892/moe_630/201802/t20180226_327800.html）。

脱贫意志极为脆弱,面对这类贫困群众,必须依靠教育改变其固化认知,激发其主动、自觉的脱贫观念,提升贫困人口的就业意愿和水平。① 在农村贫困家庭,家庭成年成员的受教育程度高低直接影响到家庭经济收入的高低,影响到能否摆脱贫困走向富裕,同样,家庭中的日常生活消费开支有计划与无计划的家庭也存在着明显的差别。② 由此可见,摆脱贫困对家庭成员的科学文化素养提升尤其重要的。这需要借助贫困群众的再教育实现,如《方案》中针对西北地区贫困地域的群众,提出了推广普通话、培训科学文化知识、获得一技之长、提升就业务工能力等措施。

综上,扶教师之贫重在为教师提能,即在教师提升自我、打造自我、锻炼自我、修炼自我等方面助力。扶学生之贫重在精准跟踪扶持,扶家长之贫重在再教育、再培训(职业教育与培训)。西北地区教育精准帮扶真正价值的体现在于让当地农村小规模学校树立内涵式发展观念,展开本土化实践探索,实现教育的社区化、生活化和乡土化融合。实现共同富裕,帮扶民族地区贫困人口是教育精准帮扶的初衷,完成自身致富脱贫是教育扶贫的最终意义,要发挥教育在扶贫脱贫中基础性、先导性和持续性作用,③ 还需利用"扶学"帮扶西北地区农村小规模学校及师生发展,确保该地区人口子女都能接受良好的教育。换言之,只有先发展好贫困地区教育,才能"依靠教育扶贫",并发挥好教育在扶贫中的牵引作用。因此,教育扶贫的内涵除了"扶志"与"扶智",还应包括"扶教育之贫"的"扶学",才是真正有内涵、高质量发展的农村教育,这也必然意味着真正回归教育本真所在。

---

① 吴晓蓉、范小梅:《教育是实现特困地区有效脱贫的路径保障——以"三区三州"特困地区为分析个案》,《西北师大学报》(社会科学版)2020年第2期。
② 丁士军:《深度贫困地区的贫困特征与脱贫道路思考》,《人民论坛·学术前沿》2019年第19期。
③ 王嘉毅、封清云、张金:《教育与精准扶贫精准脱贫》,《教育研究》2016年第7期。

第二章
西北地区农村小规模学校调查设计

乡村振兴，教育先行。党的二十大提出科教兴国战略，强调坚持教育优先发展，加快建设教育强国，坚持教育为党育人、为国育才，办好人民满意的教育。① "农，天下之本，务莫大焉。" 新时代的教育肩负着振兴乡村的重要历史使命，在教育现代化和乡村振兴战略的驱动下，教育服务乡村振兴要开创第二个百年奋斗目标新格局。在城乡义务教育一体化发展中，最突出的矛盾和短板在乡村小规模学校，为农村学龄人口，特别是农村处境不利儿童，提供方便的入学机会，全面实施教育扶贫，可以有效阻断贫困的代际传递。农村地区的儿童，特别是农村地区的贫困儿童与其他处境不利儿童更倾向于或只能就近上学，或需要特殊关注。农村必须根据实际，兼顾农村人口学特征、就近入学政策与服务农村处境不利群体，保留必要的小规模学校，这决定了小规模学校在农村地区必然大量存在。

西北地区农村小规模学校具有"底部攻坚"价值。首先，当地小规模学校满足农村适龄儿童就近入学的需要，保障农民权益和解决民生问题，彰显教育机会公平，保障农村学生接受义务教育的权利。其

---

① 习近平：《高举中国特色社会主义伟大旗帜 为全面建设社会主义现代化国家而团结奋斗》，《人民日报》2022年10月26日第5版。

次，小规模学校是乡村活动最丰富的文化单元，既是连接乡村文化和城市文化的桥梁，又是乡土文化传承和创新的主要阵地。每个地区都有自己独特的发展样态与模式，这就决定了西北地区农村小规模学校的内涵发展不能照搬一般地区的发展模式。在西北地区，尤其语言方面，突出体现为少数民族群体高度聚居的地方，民族语言保存完好，这也导致了部分西北地区低龄儿童的汉语水平相对低。西北地区学校的教学用语以普通话为主，学生在接受学校教育存在语言障碍，进入小学三年级开设英语学科后，部分学校学生需同时学习民族语、汉语与英语，在语言学习方面难度更大，这就要求乡村学校教师创新语言教学模式。同时，少数民族文化作为中华文化的重要组成部分，具有地域性、独特性和多样性的特点，需要农村学校教育吸取精华去其糟粕，有选择性地进行传承。总之，西北地区农村小规模学校位于民族文化浓郁的少数民族区域，其办学环境更复杂，教育活动的开展需要因地制宜，具有灵活性与创新性。

第一节　研究过程与方法

西北地区典型特征是自然环境较为恶劣，地广人稀，这些先在自然条件决定了相同入学半径内农村学校规模相对更微小。陕西、甘肃、宁夏三省（区）自然地理环境较为恶劣且经济发展水平不一，三省（区）农村小规模学校类型与特征在其纵深上呈现出不同的类型与发展特点。本研究总体分两阶段进行。2018年3月，本书第一阶段实地研究正式展开。第一阶段研究侧重宁夏回族自治区固原市乡村小规模学校展开，重在聚焦并清晰呈现该地区小规模学校现实困境与问题、发展特征及其主体需求，研究具有指向性，并侧重探寻该地区小规模学校发展的相应举措及其特色化发展模式及经验。2021年4—6月，本书开始第二阶段实地研究。本次研究分别基于陕西、甘肃、宁夏三省

（区）整体进行深度调研，揭示三省（区）小规模学校发展的整体样态与现实困境，以及当地农村小规模学校教师的教育教学、专业发展、培训校验等主体需求，从总体上呈现西北地区农村小规模学校发展模式及其帮扶策略。

（一）研究过程

课题组于 2018 年 9 月至 2019 年 3 月年展开宁夏回族自治区固原市的实地调研。宁夏回族自治区，地处中国西北部腹地，东接陕西，西接内蒙古，南接甘肃，面积达 6.64 万平方公里。固原地区主要为回族聚居地区，固原下辖六县，共 127 个乡（镇），总人口 1242376 人，其中回族人口 58.27 万（2018 年）。固原地区原州区常住人口 431133 人；汉族人口 219662 人，占比 50.95%；回族人口 210695 人，占比 48.87%；其他民族 776 人，占比 0.18%。西吉县常住人口 352615 人；汉族人口 143796 人，占比 40.78%；回族人口 208678 人，占比 59.18%；其他民族 141 人，占比 0.04%。隆德县常住人口 157185 人；汉族人口 136358 人，占比 86.75%；回族人口 20717 人，占比 13.18%；其他民族 110 人，占比 0.07%。泾源县常住人口 102408 人；汉族人口 21403 人，占比 20.90%；回族人口 80974 人，占比 79.07%；其他民族 31 人，占比 0.03%。彭阳县常住人口 199035 人；汉族人口 137274 人，占 68.97%；回族人口 61661 人，占比 30.98%；其他民族 100 人，占比 0.05%。鉴于宁夏回族自治区固原市小规模学校调研对象的代表性、典型性，本研究采用目的性抽样，研究重点在原州区 A 中心小学、海原县 E 村小学、西吉县 B 中心小学，隆德县 F 教学点，泾源县 C 中心小学、彭阳县 D 中心小学共计六所小学分别进行实地研究。通过该地区南部山区小规模教师发展、办学条件、生源质量等五个层面呈现并梳理小规模学校面临的教育教学质量困境及办学条件等问题，基于学校发展、教师专业发展、学生学业成绩等层面的深度分析，以此揭示该地区农村小规模学校的现实样态。

第二章 西北地区农村小规模学校调查设计

表2-1 2018年固原及中卫部分地区基本状况及样本学校所处地区统计信息

地区	面积（平方千米）	常住人口（人）	回族人口（人）	回族人口占比（%）	样本学校
原州区	3501	431133	210695	48.87	A中心小学
海原县	6378	403898	289958	71.79	E村小学
西吉县	4000	352615	208678	59.18	B中心小学
隆德县	1268	157185	26717	13.18	F教学点
泾源县	1443	102408	80974	79.07	C中心小学
彭阳县	3238	199035	61661	30.98	D中心小学

通过实地调查发现，随着近十年来城镇化的快速发展，撤点并校之初，由于宁夏固原地区南部山区整体人口基数少，农村规模小，村小、教学点全部撤并，小学生全部集中到乡镇中心校，致使农村中心校规模开始急剧缩小，生源大幅减少，在校生数量均少于一百人。2018年颁布了《国务院办公厅关于全面加强乡村小规模学校和乡镇寄宿制学校建设的指导意见》（国办发〔2018〕27号）等国家级相关教育文件。因此研究过程中，参照《宁夏回族自治区义务教育阶段学校办学基本标准（试行）》等地方性文件，结合固原地区实际情况，研究重在厘清固原地区小规模学校发展以及师生发展的基本状况。

研究发现，固原地区6所小规模学校最多时共有学生40人（共6个年级，即1—6年级），最少有12人（共两个年级，1—2年级）。其中，特殊情况在于这些学生大多为留守儿童，其父母多在外打工，流动性很大，就学过程中随时会因父母临时决定而转去别的学校就读。不稳定的生源导致目前固原地区小规模学校随时面临空壳危机，见表2-2。

表2-2　　2018年宁夏固原地区6所小学教师问卷统计信息

学校	老师				学生			
	人数（人）	发放问卷（份）	有效问卷（份）	回收率（%）	人数（人）	发放问卷（份）	有效问卷（份）	回收率（%）
小计	137	137	110	80	335	335	292	87
宁夏固原市A小学	31	31	25	81	82	82	65	79
宁夏固原市B小学	26	26	22	85	65	65	58	89
宁夏固原市C小学	28	28	25	89	73	73	70	96
宁夏固原市D小学	24	24	12	50	58	58	45	78
宁夏固原市E小学	22	22	20	91	45	45	42	93
宁夏固原市F小学	6	6	6	100	12	12	12	100

（二）研究方法

1. 文献法

文献法是对文献进行查阅、分析、整理而找出事物本质属性的一种研究方法。对教育现状的研究，不可能全部通过观察与调查，还需要对与之相关的文献做出整理与深入分析。

（1）文献搜集重点为国外、国内关于小规模学校发展及其相关的各种文献资料，意在为建立本书理论基础与小规模学校发展框架奠定基础。

（2）梳理国内外小规模学校发展等文献资料，进一步梳理研究问题、明确研究思路，为陕、甘、宁三省（区）小规模学校发展提供理论论据。

（3）实地调研中，搜集陕、甘、宁三省（区）等当地教育部门颁布国家或地方薄弱学校发展的政策文本，小规模学校与教学点发展的文本文件以及研究对象所在学校典型性的背景资料以及学校相关规定等；同时，深入三省（区）部分小规模学校，进入课堂听课、访谈搜集整理教师课堂教学一手资料。

2. 问卷调查法

问卷调查法是研究者有目的、有计划地通过接触与了解研究对象，搜集相关资料进行分析研究从而得出科学结论的一种教育研究方法。本研究运用问卷调查法、课堂观察法、教学案例分析法等具体研究方法。课题组于2021年4—6月，展开第二阶段研究，具体针对陕西、甘肃、宁夏三省（区）深入实地田野调研。研究总体结合三省（区）农村小规模学校实际状况展开问卷调查，详见三省（区）小规模学校教师问卷调查结构及基本状况，见表1。陕、甘、宁三省（区）问卷调查旨在对三省（区）农村小规模学校发展样态、教师教学、专业素养与发展需求、流动意愿等做全面调查与分析。前期在参考国内外农村小规模学校教师发展举措及相应经验等文献基础上，本书自行编制《农村小规模学校教师发展调查问卷》，见附录1。

3. 观察法

研究者进入个案学校进行观察。通过随堂听课、课间参与学生活动等观察学校教学情况，以不完全参与式观察收集小规模学校课堂教学、人员互动等状况，并以文字、录音笔、照相机等方式记录小规模学校教学过程、师生互动、校园面貌，同时与上级教育部门管理者、周围社区群众及学校交流。

4. 访谈法

研究深入三省（区）部分农村小规模学校生活场景中，并结合对调研地教育行政部门领导、校长、教师、家长以及中心学校与教育局工作人员的访谈，获得西北地区不同群体对小规模学校发展的真实看法与意见，借此了解不同群体对小规模学校发展的观点与态度。

5. 比较研究法

在搜集相关文献资料的基础上，将陕、甘、宁三省（区）小规模学校发展进行纵向比较，汲取国内外农村小规模学校发展先进经验及良性运行机制，借以探寻未来西北地区农村小规模学校的发展及其帮扶策略。

第二节　数据来源

本书以陕西、甘肃、宁夏三省（区）为样本区进行实地调研，收集到了大量的第一手数据资料，这些资料包括2018年伊始，首先进入宁夏回族自治区固原市展开的部分调研数据。因研究者本人为土生土长的宁夏人，工作、生活均在银川本地，银川距离固原距离更近，研究资源较充裕。第二，宁夏固原市农村小规模学校数量众多，占地区小规模学校总数一半以上，且固原市为国家级贫困区，农村小规模学校发展质量极大关涉到当地教育的整体发展，因此本书前期聚焦宁夏回族自治区固原市进行集中调研，研究内容相对细致、深入，研究数据及资料更为翔实。本著作有关宁夏回族自治区小规模学校调查内容，主要基于固原地区农村小规模学校的单独呈现，以此揭示宁夏地区农村小规模学校现状与问题。第三，陕西、甘肃、宁夏三省（区）研究需要分阶段进行，尤其2020年伊始新冠疫情致使本研究实地调研一度中断。2021年疫情较缓后，研究第二阶段实地研究再次启动，研究团队分阶段再次进入陕西、甘肃、宁夏等部分农村小规模学校。在调研学校样本选择上，本研究采取目的性抽样，分别于研究前期选取宁夏固原六所小学；在第二阶段调研中，同时选取陕西、甘肃、宁夏三省（区）不同层次学校类型等十一所农村小规模学校实地调研并发放调查问卷。调研学校包含农村教学点、农村小规模学校、农村中大规模学校，其中农村小规模学校是本研究的主要研究对象，主要包括教学点和村级非完全小学、完全小学，前后一共调查十七所学校。需要说明的是，此次调研的农村小规模学校绝大部分是依附于邻近的乡镇中心小学或规模较大的村级完全小学进行管理的。

第二章　西北地区农村小规模学校调查设计

表2-3　　陕、甘、宁三省（区）农村小规模学校教师问卷发放统计表

省份	发放问卷（份）	回收问卷（份）	有效问卷（份）	问卷有效率（%）
陕西	65	60	58	96.7
甘肃	55	50	48	96.0
宁夏	80	75	74	98.6

研究采用目的性抽样，选取陕西周至县四所小规模学校、甘肃静宁县四所小规模学校、宁夏固原地区九所农村小规模学校教师作为研究对象，针对农村小规模学校教师，本研究共发放问卷200份，回收185份，回收率93%，其中有效问卷180份，有效率97%。具体问卷发放情况见表2-3。第一阶段研究中，本研究针对固原地区农村小规模学校做了详尽的调查，数据收集完整、清晰，且针对宁夏地区农村小规模学校发展及其问题有清晰明确的探讨，以下列表为此期间收集到的宁夏地区农村小规模学校的相应数据与状况呈现，见表2-4、表2-5、表2-6。

表2-4　　　　　　2018年宁夏全区小规模学校情况统计信息

学校类型	0人		1—10人			11—50人			51—99人		
	学校数量（个）	专任教师（人）	学校数量（个）	在校生人数（人）	专任教师（人）	学校数量（个）	在校生人数（人）	专任教师（人）	学校数量（个）	在校生人数（人）	专任教师（人）
小学	127	1	39	213	101	158	4900	922	184	13620	1577
教学点	202	7	248	987	422	156	3633	502	9	569	41
初级中学	1	0	0	0	0	1	44	15	1	78	17
九年一贯制	4	57	0	0	0	1	48	27	0	0	0

调查显示，2018年宁夏回族自治区共有普通小学508所，小学教学点615所，其中0人的202所，1—10人的248所，11—50人的156所，51—99人的9所。可以看出，2018年全区小规模学校数量较多，且1—10人的小规模学校数量最多，51—99人的小规模学校最少，见

表2-4。2018年宁夏地区小学教学点共计615所，其中银川市共计3所，吴忠市共计70所，固原市共计367所（包括0人的120所，1—10人的136所，11—50人的109所，51—99人的2所），中卫市共计175所。宁夏固原市农村小规模学校数量众多，占宁夏小规模学校总数的一半以上，且固原市为国家级贫困区，农村小规模学校发展质量极大关涉到当地教育的整体发展，故本研究中有关宁夏回族自治区小规模学校调查内容与数据分析，主要基于前期固原地区农村小规模学校发展状况单独呈现，以此揭示宁夏地区农村小规模学校现状与问题，见表2-5。

表2-5　　　2018年宁夏各市小规模学校数量统计信息　　　（单位：所）

市	0人				1—10人		11—50人				51—99人			
	小学	小学教学点	初级中学	九年一贯制	小学	小学教学点	小学	小学教学点	初级中学	九年一贯制	小学	小学教学点	初级中学	九年一贯制
银川市	9	0	1	3	0	1	1	1	0	0	7	1	0	0
石嘴山市	6	0	0	1	0	0	2	0	0	0	2	0	0	0
吴忠市	10	21	0	0	5	29	25	15	0	0	24	5	0	0
固原市	64	120	0	0	25	136	75	109	1	1	118	2	1	0
中卫市	38	61	0	0	9	82	55	31	0	0	33	1	0	0

2017年，宁夏回族自治区固原市农村小规模学校数量，30人以下小学总数为290所，其中包含原州区44所，西吉县125所，隆德县40所，泾源县24所，彭阳县57所；1—5人小学108所（其中原州区19所，西吉县32所，隆德县27所，泾源县5所，彭阳县25所）；6—10人学校58所（其中原州区7所，西吉县25所，隆德县7所，泾源县6所，彭阳县9所）；11—15人学校46所（其中原州区7所，西吉县30所，隆德县0所，泾源县5所，彭阳县11所）；16—20人学校31所（其中原州区4所，西吉县14所，隆德县2所，泾源县4所，彭阳县5

第二章 西北地区农村小规模学校调查设计

所);21—25人学校23所(其中原州区4所,西吉县12所,隆德县1所,泾源县2所,彭阳县4所);26—30人学校24所(其中原州区3所,西吉县12所,隆德县3所,泾源县3所,彭阳县3所)。通过分析可知,宁夏固原市、西吉县小规模学校数量最多,泾源县最少,其他县区相差不大,1—5人小学数量最多,占比最大,见表2-6。

表2-6　2017年宁夏固原市在校学生30人以下小规模学校统计信息

序号	全市			原州区		西吉县		隆德县		泾源县		彭阳县	
	学校数(所)	学生数(人)	教师数(人)	学校数(所)	教师数(人)	学校数(所)	教师数(人)	学校数(所)	教师数(人)	学校数(所)	教师数(人)	学校数(所)	教师数(人)
1	30	30	35	7	7	9	11	10	13	0	0	4	4
2	29	58	49	6	7	7	9	10	20	1	1	5	12
3	29	87	51	3	3	11	17	4	5	1	2	10	24
4	9	36	19	1	2	1	2	2	2	4	3	3	9
5	11	55	29	2	5	4	9	1	3	1	3	3	9
6	12	72	30	2	2	6	14	2	6	0	0	2	8
7	14	98	37	0	0	9	22	2	8	1	1	2	6
8	11	88	35	3	9	5	13	0	0	1	2	2	11
9	11	99	36	2	6	3	8	2	5	1	2	3	15
10	10	100	28	0	0	7	21	1	1	0	0	2	6
11	10	110	39	0	0	5	14	1	2	2	4	2	23
12	15	180	54	4	14	6	22	2	4	2	4	3	14
13	9	117	26	2	6	6	15	0	0	0	0	1	5
14	8	112	16	1	3	5	10	0	0	2	3	0	0
15	4	60	16	0	0	3	10	0	0	0	0	1	6
16	7	112	22	2	9	3	9	1	2	1	2	0	0
17	5	85	16	0	0	2	5	0	0	1	1	2	10

续表

序号	全市			原州区		西吉县		隆德县		泾源县		彭阳县	
	学校数（所）	学生数（人）	教师数（人）	学校数（所）	教师数（人）	学校数（所）	教师数（人）	学校数（所）	教师数（人）	学校数（所）	教师数（人）	学校数（所）	教师数（人）
18	6	108	28	0	0	2	7	0	0	3	14	1	7
19	6	114	24	1	6	3	9	0	0	1	4	1	5
20	7	140	31	1	2	4	14	1	6	0	0	1	9
21	9	189	45	1	4	5	21	1	6	0	0	2	14
22	4	88	20	1	5	2	9	0	0	0	0	1	6
23	4	92	16	1	3	2	6	0	0	0	0	1	7
24	2	48	8	0	0	2	8	0	0	0	0	0	0
25	4	100	16	1	4	1	4	0	0	2	8	0	0
26	8	208	27	1	5	4	10	2	8	1	4	0	0
27	7	189	34	0	0	3	11	0	0	0	0	3	18
28	3	84	15	0	0	2	6	1	9	0	0	0	0
29	3	87	20	0	0	2	13	0	0	1	7	0	0
30	3	90	11	1	5	1	2	0	0	1	4	0	0

第三节 样本特征

农村小规模学校是农村教育发展不可或缺的重要力量，农村小规模学校的教育质量是义务教育优质均衡发展的短板，受经济社会地理等大环境影响和师资经费等办学条件制约，三省（区）农村小规模学校的总体特征呈现出一定的发展变化趋势。西北地区的农村小规模学校大多集中在地理位置偏远地区，尤其人口分散、地形复杂、交通不便的地区。本次调研采取目的性抽样方式，选取陕西周至县、甘肃静宁县、宁夏固原市农村小规模学校较为集中、典型的地区进行重点研究。

第二章 西北地区农村小规模学校调查设计

一 农村小规模学校总体数量变化

农村小规模学校可以方便农村偏远地区学生就近入学、扩大受教育机会、保证并提高教育质量,以及提升偏远农村社区的文化凝聚力。① 它的建设与发展关乎教育公平的实现与社会正义的推进。2018年9月中共中央、国务院印发《乡村振兴战略规划(2018—2022年)》更进一步提出要统筹规划布局农村基础教育学校,保障学生就近享有质量的教育,保留并办好必要的小规模学校。西北地区农村小规模学校发展及其类型、生源特征、学校规模、发展前瞻等均为本研究关注重点。

2018年全国共有农村小学9.06万所,班级共98.4万个,农村小学数量占总全国小学数量的55.9%,2018年有小学教学点10.14万个,比上年减少0.16万个。招生1867.30万人,比上年增加100.74万人,增长5.70%;在校生10339.25万人,比上年增加245.56万人,增长2.43%;毕业生1616.49万人,比上年增加50.59万人,增长3.23%。② 从教学点数量变化情况来看,自农村学校布局调整政策实施以来,农村教学点从2001年的110419所减少到2011年的60972所,而随后又逐年增加到2016年的86860所;但这一时期中国农村小学的数量却一直呈下降趋势,从2001年的416198所减少到106403所。③

2018年农村小规模学校数量占全国小规模学校的87.6%。经历过学校布局调整之后,小规模学校已经成为中国农村教育的主要形式之一。④ 2001—2005年,中国小规模学校数量骤减,减幅巨大,之后五年直到2010年,减少的速度有所放缓,但整体仍旧呈现减少的趋势。2010年至今,小规模学校的数量在缓慢增加,整体变化趋势呈U形。

---

① 赵丹、吴宏超:《全球视域下农村小规模学校作用的重新审视》,《教育发展研究》2012年第3期。
② 杨东平:《中国教育发展报告(2020)》,社会科学文献出版社2020年版,第270页。
③ 转引自赵丹等《优质均衡视角下乡村小规模学校教育质量困境与对策》,《华中师范大学学报》(人文社会科学版)2019年第2期。
④ 中华人民共和国教育部:《2018年教育统计数据》(http://www.moe.gov.cn/jyb_sjzl/moe_560/jytjsj_2018/)。

精准帮扶视域下农村小规模学校发展研究

2001年,《国务院关于基础教育改革与发展的决定》指出要进行学校布局调整,各个地方政府开始了对农村小规模学校的撤并,进行教育资源整合。2012年,撤点并校被叫停,十几年间,中国农村小规模学校的数量经历了"骤减—保留—恢复"的变迁,[①] 据教育部统计,截至2017年年底,全国有农村小规模学校10.7万所,其中,小学2.7万所,教学点8万个,占农村小学和教学点总数的44.4%;在校生有384.7万人,占农村小学生总数的5.8%。[②] 2016年全国小规模学校数量为123143所,其中城区2605所,镇区12208所,农村108330所,分别占城区、镇区和农村小学数量的9.24%、22.32%、56.07%。农村小规模学校所包含的百人以下村小和教学点中,教学点有86800所,占比80.2%,数量最为庞大,可以说是小规模学校的主体。相较于2001年,2018年中国小规模学校数量减少了19816个。中国农村小规模学校经历了先减少再增加的发展历程,最终总量减少较明显,见图2-1。

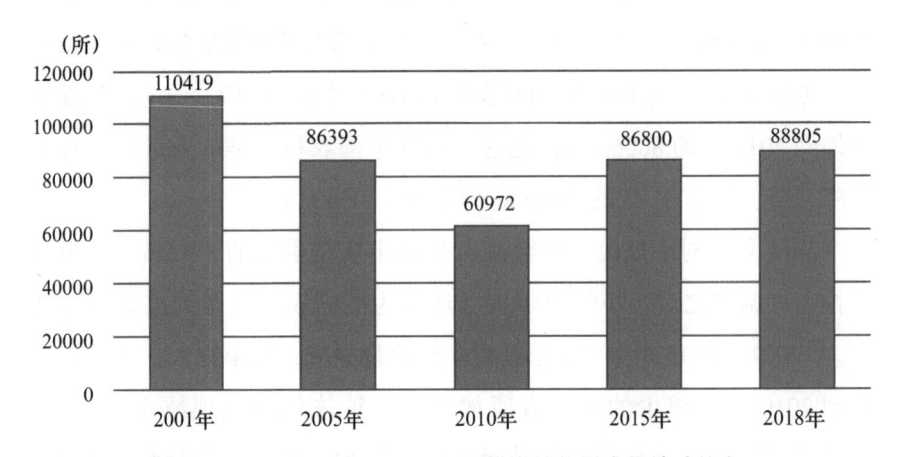

图2-1 2001—2018年农村小规模学校数量变化统计信息

资料来源:郝媛《乡村振兴战略中的乡村小规模学校建设及发展研究》,硕士学位论文,陕西师范大学,2019年,第31页。

---

① 郝媛:《乡村振兴战略中的乡村小规模学校建设及发展研究》,硕士学位论文,陕西师范大学,2019年。
② 中华人民共和国中央人民政府:《教育部:坚决防止因撤并乡村小规模学校导致学生上学困难或辍学》(https://www.gov.cn/xinwen/2018-05/11/content_5290307.htm)。

二 三省（区）农村小规模学校类型特征

农村小规模学校的产生存在多种原因。在中国农村地区，小规模学校一般都集中在地理位置较偏僻地区，特别是人口分散、地形复杂、交通不便的地方。这些地区不能集中办学，考虑到当地许多农村学生需就近入学而保留发展小规模学校，但小规模学校地理位置上的劣势是无法避免的。①

1. 三省（区）小规模学校布局点分散且不断骤减

近年来，国家极力保留乡村学校，越来越强调要建家门口优质学校，而且通过乡村教师支持计划等多种倾斜政策扶持乡村教育振兴，但村小似乎在不可逆转中走向自然消失。20世纪80年代，中国大体形成了乡村学校以村为主的空间布局，1980年《中共中央、国务院关于普及小学教育若干问题的决定》正式提出要在全国基本实现普及小学教育的历史任务，并要求把责任落实到"村一级"政府机构②。这一时期，对农村教育实行"分级办学、分级管理"的体制，农村小学由乡村共办共管、以村为主。③进入20世纪90年代，中国一直保持着"村村有小学"的状况，1996—1997年的统计数据显示，"全国共有53.5万所乡村小学、74.01万个行政村，另有约18.70万个教学点，每个行政村的小学占有率约为0.976，形成了'村村有小学，一村一校'的乡村小学发展格局"④。随着城镇化进程的加速与国家"撤点并校"政策的实施，"乡村学校的布局点发生了空间位移，小学的主阵地与主战场已不在村落"⑤。

---

① 于海英、秦玉友：《城乡教育一体化视域下农村小规模学校问题研究》，《现代教育管理》2012年第11期。
② 中国经济网：《中共中央、国务院关于普及小学教育若干问题的决定》（http://www.ce.cn/xwzx/gnsz/szyw/200706/13/t20070613-11735831.shtml）。
③ 熊春文：《"文字上移"：20世纪90年代末以来中国乡村教育的新趋向》，《社会学研究》2009年第5期。
④ 曹长德、汪洋：《"村小去留"：乡村教育之困与政策选择》，《教育发展研究》2017年第6期。
⑤ 张灵：《十年减少一半 中国农村学校每天消失63所》（http://edu.people.com.cn/n/2012/1118/c1006-19612203.html）。

精准帮扶视域下农村小规模学校发展研究

宁夏回族自治区现有人口720多万人，其中汉族人口占64.05%，少数民族人口占比35.95%。宁夏乡村小规模学校主要集中于宁南等经济欠发达地区，当地自然环境较为恶劣，地形复杂、气候多变，当地多山地、人口分散的状况急需小规模学校的保留与发展。本研究选取宁南乡村学校较为集中的固原市展开研究，固原地处群山怀抱，地广人稀，属于集中连片特困地区。固原市农村小规模学校数量众多，分布零散，是农村教育发展的重难点区域。有研究显示，2018年，宁南地区100人以下农村小规模学校共计797所，包括教学点在内，遍布宁夏各县（区）下的农村地区，2018年某县100人以下农村小规模学校218所，均在偏远村落。固原地区农村小规模学校生存条件恶劣，表现为当地老教师居多、新教师留任比例小、师生比差异大、生源流失、设备更新欠缺等。① 乡村小规模学校如何高质量发展迫在眉睫，也有研究针对中西部七省（区）主要包括陕西周至县，甘肃平凉市，宁夏回族自治区隆德县等展开研究揭示问题及相应状况。②

甘肃省平凉市地处陕、甘、宁交会处。截至2015年，全市百人以下小学631所，占全市小学总数的59%，占农村小学的86%；在校学生29956人，占义务教育阶段学生总数的20%。有研究通过分析对比，在平凉市华亭县安口镇的16所小学校中，有3所学校人数超过100人，这一类学校年级完整，班均人数大于15人，学校教育设施配置较为齐全，学校使用分科教学；其余学校为农村小校和教学点，人数均在100人以下，其中10—100人的学校有8所，这些学校年级基本完整，部分学校年级断层，学校部分采用分科教学，部分采用复式教学；10人以下学校5所，年级断层严重，基本使用复式教学。③

---

① 徐进：《宁夏农村小规模学校发展的现状 问题与对策研究——以宁南山区农村小规模学校为例》，《宁夏教育》2019年第3期。
② 赵丹、范先佐、郭清扬：《乡村小规模学校教育质量提升——基于集群发展视角》，《教育研究》2019年第3期。
③ 黄淼：《乡村振兴背景下我国乡村小规模学校建筑空间模式研究——以甘肃平凉地区为例》，硕士学位论文，西安建筑科技大学，2020年。

第二章 西北地区农村小规模学校调查设计

陕西省周至县，建县两千余年，因"山曲为盩，水曲为厔"而得名，南依秦岭，北濒渭水，襟山带河，素有"金周至"之美誉。是西安的西大门，全县总面积2974平方千米，其中山区占76%，辖1个街道19个镇，263个行政村。截至2020年年末，全县户籍总人口699374人，其中乡村人口537542人，占总人口的76.86%；男性368290人，女性331084人，分别占52.66%和47.34%。周至县自然生态良好，是国家级生态示范县、全国首批最具魅力生态旅游县、国家重点生态功能区和国家主体功能区建设试点示范县；全县森林覆盖率为66.6%，森林面积占全市森林总面积的52%，秦岭北麓面积占全市秦岭北麓总面积的41.8%；境内15条河流年径流量10亿立方米，年向市区供水3.05亿立方米，是西安市的主要水源地。①

表2-7　陕、甘、宁三省（区）农村小规模学校学生人数统计信息

（单位：人）

学校	学校类型	女生人数	男生人数	总人数
陕西省周至县 L 小学	非完小	28	15	43
陕西省周至县 A 小学	完小	48	42	90
陕西省周至县 U 小学	完小	54	60	114
陕西省周至县 W 小学	完小	80	73	153
甘肃省静宁县 X 小学	非完小	21	32	53
甘肃省静宁县 Y 小学	非完小	24	34	58
甘肃省静宁县 Z 小学	中心完小	284	205	489
甘肃省静宁县 B 小学	非完小	60	23	83
宁夏固原市 H 小学	非完小	19	28	47

---

① 西安市周至县人民政府：《基本县情》(http://www.zhouzhi.gov.cn/rwzz/jbxq/5e904a7bfd85080ad137ec4f.html)。

续表

学校	学校类型	女生人数	男生人数	总人数
宁夏固原市K小学	非完小	25	32	57
宁夏固原市J小学	非完小	34	42	76
宁夏固原市A小学	中心完小	37	45	82
宁夏固原市B小学	中心完小	32	33	65
宁夏固原市C小学	中心完小	37	36	73
宁夏固原市D小学	非完小	28	30	58
宁夏固原市E小学	非完小	17	28	45
宁夏固原市F小学	教学点	5	7	12

资料来源：表中宁夏固原市A小学、B小学、C小学、D小学、E小学、F小学的调研数据是本研究2018年初次调研时收集的数据。其余均为2021年三省（区）调研数据，特此说明。

陕西、甘肃、宁夏实地调研学校数据表明，三省（区）农村小规模学校布局点分散且数量在不断减少，以甘肃地区为例，中心校与小规模学校相比较，其人数是小规模学校的近10倍之多，而小规模学校不足100人，见表2-7。农村小规模学校生源少、规模小是两大主要因素共同作用的结果：一则，人们生育观念的转变，随着国家经济水平的迅速增长，地区群众观念发生极大变化，以前该地区村民生育观念与生育状况一直较为稳定，每家均普遍生育两到三个孩子，并未发生大的变动，但随着经济压力和社会压力激增，生育观念发生转变，该地区人口出生率降低非常明显；二则，城镇化背景下，农村适龄儿童"向城性"流动。与县城学校拥有几千名学生的现实形成鲜明对比，农村学生生源不足、留不住学生成为农村小规模学校在办学上面临的首要问题。[①] 在实地研究中，宁夏固原地区一小规模学校校长谈道："我们学校，2002

---

① 王春晓：《农村小规模学校发展问题与对策研究——以山东省X县为例》，硕士学位论文，山东师范大学，2020年。

年学生最多时有280人，每个年级都有两个班，之后生源开始快速减少，2017年时，我们学校学生仅有53人。一部分学生跟随家长去了邻近乡镇中心学校，经济条件好一点的家长认为私立学校会有更好的教育，于是去了Y市，也有校车，家长可以有时间去工作；而其中另外一部分被外出打工的父母带走了。"

2. 三省（区）小规模学校类型复杂多样

三省（区）实地研究表明，农村小规模学校类型复杂，且发展状况不一。农村小规模学校主要类型包含村小、乡中心小学、九年一贯制小学、教学点，其中村小包含非完小与完小。非完全小学相对完全小学而言，完全小学有一年级到六年级，有完整的年级阶段且每个年级都有相应的教学班。几乎每一个非完全小学都是从完全小学逐渐萎缩乃至"凋敝"而来的。将年级并不完整的小学称为非完全小学，在非完全小学学生在本校上完N年级（N小于6）后则转入六年制完全小学就读，才能全部完成小学六年段的学业。三省（区）调研中，尤其撤点并校后，很多教学点都直接成了非完全小学。2010年《国家中长期教育改革和发展规划纲要（2010—2020年）》指出"适应城乡发展需要，合理规划学校布局，办好必要的教学点，方便学生就近入学"。教学点为典型的非完全小学，年级设置不全，学校教师少于10位。

三省（区）调研中，将样本学校分为三个层级。第一层级为农村小规模学校（学生规模人数在100人以下，主要包括教学点和村小）中的教学点，因宁夏地区1—50人的教学点数量较多，见表2-9可知。因此单独将教学点分出来，这部分学校样本数量为1个，占样本总数的5.9%。第二层级为农村小规模学校（村小），这部分学校样本数量为13个，占样本总数的76.4%，第三个层级为农村中大规模学校（除去小规模学校后的其他农村学校，主要包括中心小学和部分较大规模学校），三省（区）这部分学校样本数量为1个，占样本总数的5.9%，九年一贯制学校2个，占样本数的11.8%，见表2-8、表2-9。

表2-8　陕、甘、宁三省（区）农村小规模学校样本类型分布及比例

（单位：%）

		数量（个）	百分比
学校类型	教学点	1	5.9
	村小	13	76.4
	乡镇中心小学	1	5.9
	九年一贯制学校	2	11.8

学校规模是中小学教育的重要组织形式，学校规模是一个相对的、动态的概念。有研究者认为的小规模学校在另外的研究中就会是大规模学校，且在国内外学者的研究中，学校规模是包含了学生数、教师数、班级数、年级数及学校面积等相关的指标。① 三省（区）小规模学校层级分布见表2-9。

表2-9　陕、甘、宁三省（区）农村小规模学校层级分布　（单位：%）

省（区）	学校层级	数量（个）	百分比
陕西	农村小规模学校	2	11.8
	农村中大规模学校	2	11.8
甘肃	农村小规模学校	3	17.5
	农村中大规模学校	1	5.9
宁夏	农村小规模学校	8	47.1
	教学点	1	5.9

"农村学校规模的变化是中国农村税费改革的自然选择，也是中国城镇化下农村生源减少的必然结果，更是追求教育质量、实现教育均衡发展的必然趋势。"②《农村普通中小学校建设标准》规定，学校规模是

---

① 范先佐等：《中国教育改革40年：农村教育》，科学出版社2019年版，第167页。
② 范先佐：《农村中小学布局调整的原因、动力及方式选择》，《教育与经济》2006年第1期。

第二章 西北地区农村小规模学校调查设计

指包括了完全小学和不完全小学中相应学校班级总数量、每个班级近期人数定额和远期人数定额。① 刘善槐教授指出学校规模是指学校现有的班级数和学生数。② 在本书中学校规模是包括了完全小学和不完全小学中相应学校近期的班级总数量、年级总数量以及学校在校生的总数量。

表 2-10　　陕、甘两省部分小规模学校教师数量统计

学校	学生人数（人）	班级数（个）	教师人数（人）	师生比	班师比
陕西周至 L 小学	43	5	8	1∶6	1∶1
陕西周至 A 小学	90	6	10	1∶9	1∶2
陕西周至 U 小学	114	6	13	1∶9	1∶2
陕西周至 W 小学	153	6	14	1∶11	1∶2
甘肃静宁 X 小学	53	6	14	1∶4	1∶2
甘肃静宁 Y 小学	58	6	12	1∶5	1∶2
甘肃静宁 Z 小学	489	6	45	1∶10	1∶7
甘肃静宁 B 小学	83	6	17	1∶5	1∶3

《中央编办　教育部　财政部关于统一城乡中小学教职工编制标准的通知》规定，各县镇、农村中小学教职工编制标准将统一到城市标准，即教职工与学生比、小学师生比均为 1∶19。在学校教育中，生师比越小，表明教师工作量平均数越小，同时教学压力也越小；在农村小规模学校，生师比太小，极易造成教师资源浪费。

由此，三省（区）中，宁夏固原地区师生比均处于 1∶3 的比例范围内，远远低于国家标准编制，见表 2-11。从全国范围来看，教育部官方统计数据显示，2022 年全国小学教学点共有 83 万余所，学生 300

---

① 中华人民共和国住房和城乡建设部、中华人民共和国国家发展和改革委员会：《农村普通中小学建设标准》，中国计划出版社 2008 年版，第 18 页。
② 刘善槐：《我国城镇义务教育学校布局调整研究》，《教育研究》2015 年第 11 期。

多万人，教师 35 万多人，平均每个教学点 36 位学生，4 位老师，师生比约为 1∶9。

表 2-11　宁夏固原六所小规模学校班师比、师生比状况统计（2018 年）

学校	班师比			师生比		
	教师人数（人）	班级数量（个）	比例	教师人数（人）	学生人数（人）	比例
宁夏固原 A 小学	31	9	1∶3	31	82	1∶2
宁夏固原 B 小学	26	7	1∶3	26	65	1∶2
宁夏固原 C 小学	28	8	1∶3	28	73	1∶2
宁夏固原 D 小学	24	6	1∶4	24	58	1∶2
宁夏固原 E 小学	22	5	1∶4	22	45	1∶2
宁夏固原 F 小学	6	3	1∶2	6	12	1∶2
合计	137	38	1∶3	137	335	1∶2

3. 三省（区）小规模学校小微趋势凸显且逐步从"小微校"向"无人校"趋近

一般来说，农村小规模学校分为自然村小学、行政村小学、乡村中心小学等多种学校类型，但随着农村教育的发展与布局，各地区乡村学校的发展格局发生较为明显的变化，一方面乡村学校的类型沿着"中心小学—完全小学—不完全小学—教学点"的发展轨迹层级不断下沉，另一方面乡村学校的规模则按照乡村小规模学校所在地沿着"自然村—小行政村—大行政村—乡镇政府所在地"的轨迹逐级出现重心上移趋向。以本书中宁夏回族自治区 P 县调研为例，67 所村小零散分布在该县 10 个乡镇村，乡镇内学校最多的有 23 所小学，其中 6 个乡镇中平均有学校 3 所；P 县 2 个乡各有 1 所乡村小学，学校布点不断减少且规模小微化趋势明显。P 县 67 所小学（不含教学点）中，学校总学生数低于 30 人学校共有 12 所，30—50 人学校共计 18 所，51—100 人学校共计 19 所。34 个教学点，在校生人数共计 273 人，5 个人以下的教学点 21 个，其中 1—2 人

第二章 西北地区农村小规模学校调查设计

的教学点共计10个；在校生6—13人的教学点共计10个，其中"一师一校"共有17所，教学点个数占整个小学阶段学校数的50.7%，但教学点学生人数只占整个小学生人数的0.04%，从现有小规模学校人数发展看，学校规模小微趋势更加直观明显，见表2-12。

表2-12 宁夏P县农村小规模学校类型及在校生数量统计（2019—2020年）

序号	学校名称	在校生(含附设班)总计（人）	在校生数								随班就读残疾学生（人）	附设幼儿班人数（人）
			小计（人）	寄宿生（人）	按年级分							
					一年级（人）	二年级（人）	三年级（人）	四年级（人）	五年级（人）	六年级（人）		
		7801	7741	1036	1273	1247	1296	1283	1255	1387	60	464
1	P县白阳镇B教学点	4	4			1		1		2		
2	P县白阳镇D小学	40	39		4	5	5	5	10	10	1	2
3	P县白阳镇F小学	26	26		4	5	3	6	5	3		4
4	P县白阳镇J教学点	13	13		3	2	3		4	1		
5	P县白阳镇JW教学点	13	12		1	2	2	1	6			1
6	P县白阳镇L教学点	5	5		1	2			2			1
7	P县白阳镇H小学	41	40		2	5	8	7	9	9	1	7
8	P县白阳镇SZ教学点	4	4		2	2						4
9	P县白阳镇M小学	150	147		19	22	25	22	27	32	3	44
10	P县白阳镇Y小学	77	77		6	16	7	10	13	25		
11	P县白阳镇G小学	39	38		8	4	4	7	9	6	1	8
12	P县白阳镇W小学	26	25		2	6	2	4	6	5	1	4
13	P县白阳镇Z学校	59	59		11	4	10	8	13	13		12

续表

序号	学校名称	在校生(含附设班)总计(人)	在校生数 小计(人)	寄宿生(人)	按年级分 一年级(人)	二年级(人)	三年级(人)	四年级(人)	五年级(人)	六年级(人)	随班就读残疾学生(人)	附设幼儿班人数(人)
		7801	7741	1036	1273	1247	1296	1283	1255	1387	60	464
14	P县白阳镇Q小学	34	34		5	9	5	6	6	3		3
15	P县M乡U教学点	1	1				1					
16	P县M庙乡Y教学点	5	5		1	1	2	1				4
17	P县M庙乡K学校	474	472	177	58	71	78	79	88	98	2	
18	P县C乡P1小学	14	14		5		2	1	5	1		2
19	P县C乡G教学点	5	5					2	1	2		
20	P县C乡Q小学	64	63		11	11	8	7	15	11	1	
21	P县C乡R小学	41	39		6	5	4	6	9	9	2	
22	P县C乡L小学	66	66		10	12	12	9	11	12		12
23	P县C乡H小学	47	46		6	5	9	1	10	15	1	5
24	P县C乡WY小学	25	25		5	5	5	1	5	4		3
5	P县C乡YP小学	44	44		9	8	5	6	7	9		
26	P县C乡YY小学	24	24		3	1	3	5	5	7		
27	P县C乡CZ小学	118	117		14	15	15	18	22	33	1	
28	P县C乡W学校	149	144		25	24	20	27	16	32	5	
29	P县F乡SW教学点	6	6			2	1	3				
30	P县F乡X1小学	21	21		4	3	6	8				
31	P县F乡J教学点	4	4		1		1	2				2
32	P县F乡X3学校	37	37	21	3	4	5	13	12			

续表

序号	学校名称	在校生(含附设班)总计(人)	在校生数								随班就读残疾学生(人)	附设幼儿班人数(人)
			小计(人)	寄宿生(人)	按年级分							
					一年级(人)	二年级(人)	三年级(人)	四年级(人)	五年级(人)	六年级(人)		
		7801	7741	1036	1273	1247	1296	1283	1255	1387	60	464
33	P县古城镇C1小学	64	63	56	2	4	14	10	17	16	1	
34	P县古城镇C2小学	45	43		7	8	7	9	8	4		2
35	P县古城D1教学点	6	6		4	2						
36	P县古城镇G1教学点	2	2		1	1						
37	P县古城镇G2小学	51	51		3	12	8	9	13	6		
38	P县古城镇H1小学	81	81		15	7	15	10	12	22		
39	P县古城镇H2教学点	5	5		2	3						
40	P县古城镇N1小学	109	108		21	11	18	22	14	22	1	
41	P县古城镇N2小学	75	74	10	17	9	16	9	13	1		16
42	P县古城镇T1教学点	5	5			5						
43	P县古城镇T2小学	40	40		1	7	5	8	8	11		
44	P县古城镇W教学点	27	27		13	1	4	4	2	2		
45	P县古城镇Y1小学	42	42		2	6	3	9	11	11		
46	P县古城镇Y2教学点	8	8		7	1						
47	P县古城镇Z1小学	77	76		15	12	12	14	16	7	1	
48	P县古城镇Z2学校	1176	1172		214	196	196	213	160	193	4	
49	P县红河镇C3小学	1	1		1							5
50	P县红河镇C4教学点	7	7		7							10
51	P县红河镇H3小学	104	104		13	29	16	22	24			

续表

序号	学校名称	在校生(含附设班)总计(人)	在校生数									随班就读残疾学生(人)	附设幼儿班人数(人)
			小计(人)	寄宿生(人)	按年级分							
					一年级(人)	二年级(人)	三年级(人)	四年级(人)	五年级(人)	六年级(人)		
		7801	7741	1036	1273	1247	1296	1283	1255	1387	60	464
52	P县红河镇H4小学	59	59		18	11	15	15				
53	P县红河镇H5教学点	2	2		2							9
54	P县红河镇K小学	88	88		17	16	21	20	14			23
55	P县红河镇M1教学点	1	1		1							6
56	P县红河镇M2小学	50	50		6	10	20	14				13
57	P县红河镇Y3教学点	2	1			1					1	2
58	P县红河镇Z3学校	381	381	175	71	38	39	44	73	116		
59	P县交岔乡B1教学点	2	2			2						
60	P县交岔乡D2教学点	2	2		2							2
61	P县交岔乡G3小学	77	76		15	16	18	12	15		1	
62	P县交岔乡Q1教学点	1	1		1							1
63	P县交岔乡Q2学校	156	156	76	23	22	25	22	19	45		
64	P县L乡X3教学点	3	3			3						2
65	P县L乡X4教学点	4	4		2	2						4
66	P县L乡X5学校	148	147	37	28	26	25	23	22	23	1	
67	P县K乡C3小学	50	48		15	11	11	11			2	
68	P县K乡H6教学点	9	9				5	4				2
69	P县K乡S1教学点	10	10			4	1	5				4
70	P县K乡Y4小学	28	28		6	4	12	6				

第二章　西北地区农村小规模学校调查设计

续表

序号	学校名称	在校生(含附设班)总计(人)	在校生数								随班就读残疾学生(人)	附设幼儿班人数(人)
			小计(人)	寄宿生(人)	按年级分							
					一年级(人)	二年级(人)	三年级(人)	四年级(人)	五年级(人)	六年级(人)		
		7801	7741	1036	1273	1247	1296	1283	1255	1387	60	464
71	P县K乡Z3教学点	12	11			2	5	4			1	1
72	P县K乡Z4学校	227	221	109	25	30	27	27	53	59	6	
73	P县王洼L1小学	16	16		4			7	4	1		2
74	P县王洼S2教学点	26	26		6	7	6	7				8
75	P县王洼S3小学	212	209	103	37	40	22	32	29	49	3	
76	P县王洼W1小学	144	142		15	18	22	33	19	35	2	
77	P县王洼Y5小学	29	29		4	4	7	3	7	4		
78	P县王洼Z5学校	553	547		86	105	106	89	99	62	6	
79	P县Q乡Z6学校	79	79	24	8	13	12	11	18	17		
80	P县新集B2教学点	30	30		9	8	6	7				21
81	P县新集B3小学	30	30		4	3	10	13				5
82	P县新集B4小学	17	17		1	2	4	3		7		
83	P县新集B5教学点	10	10		10							9
84	P县新集D3小学	50	49		13	5	7	11			1	
85	P县新集G4寄宿小学	264	263	258					129	134	1	
86	P县新集G5小学	158	158		42	44	42	30				
87	P县新集G6教学点	2	2		2							5
88	P县新集H7小学	56	56		7	15	20	14				14

续表

| 序号 | 学校名称 | 在校生(含附设班)总计(人) | 在校生数 ||||||||| 随班就读残疾学生(人) | 附设幼儿班人数(人) |
| | | | 小计(人) | 寄宿生(人) | 按年级分 |||||| | |
					一年级(人)	二年级(人)	三年级(人)	四年级(人)	五年级(人)	六年级(人)		
		7801	7741	1036	1273	1247	1296	1283	1255	1387	60	464
89	P县新乡W2小学	84	84		12	13	15	16	11	17		11
90	P县新集M1小学	98	97		14	22	18	13	10	20	1	
91	P县新集S4小学	91	90		20	9	19	14	14	14	1	35
92	P县新集S5小学	87	87		26	15	20	26				
93	P县新集T1小学	61	61		15	11	15	20				15
94	P县新集X6小学	33	33		6	2	6		10	9		18
95	P县新集X7教学点	6	6		6							8
96	P县新集Y6小学	55	55		5	17	18	15				11
97	P县新集Z7小学	132	132		25	21	21	20	23	22		47
98	P县新集Z8民族小学	36	36		6	8	12	10				16
99	P县新集Z9教学点	31	31		6	9	9	7				20
100	P县新集Z10学校	460	457		83	80	87	67	67	73	3	
101	P县新集P2小学	38	38		6	6	8	4	5	9		

三 三省（区）农村小规模学校教师样本特征

教师是学校发展的关键核心力量。三省（区）研究发现，教师基本特征区域间差异显著。因疫情原因，研究进入实地调研学校均为三省（区）较偏远小规模学校，见表2-13。在这些学校，教师数量、学生数量、学校硬件设施及数量等情况均有数据呈现，其他更为偏远学校则选

第二章 西北地区农村小规模学校调查设计

择发放问卷，学校整体教师数量统计不完全，故本书重点选取以下调研学校教师数量及特征作为样本分析并加以呈现。

1. 三省（区）小规模学校教师数量总体超编状况明显

调研中，三省（区）学校普遍地处偏僻，距城市较远，交通极不便利，在农村小规模学校，师生比例已远不能概说小规模学校的"教师超编，实际缺编"的现状与窘境。

表2-13　　　陕、甘、宁三省（区）学校基本情况统计信息

学校名称	距城远近（千米）	教师数（人）	学生数（人）	年级数（个）
陕西周至W小学	15	14	153	6
陕西周至L小学	12	8	43	5
陕西周至A小学	10	10	90	6
陕西周至U小学	8	13	114	6
甘肃静宁X小学	12	14	53	5
甘肃静宁Y小学	19	16	58	5
甘肃静宁Z小学	22	45	489	6
甘肃静宁B小学	16	17	83	5
宁夏固原市A小学	11	31	82	6
宁夏固原市B小学	13	26	65	6
宁夏固原市D小学	8	24	58	5
宁夏固原市E小学	15	22	45	5

2. 三省（区）小规模学校本科学历教师占主导

农村小规模学校急需高质量、高层次教师。衡量教师质量层次的标志之一，即教师学历层次。在一定程度上，教师学历层次结构能直接反映教师教学理论基础的掌握状况，这些均为衡量教师教学水平的相应指

标，同时也是衡量小规模学校教育质量提升与否的重要指标。三省（区）调研发现，陕西地区高中学历教师占比5.2%，中专或中师教师占比6.9%，大专学历教师占比24.1%，本科学历教师占比63.8%。甘肃、宁夏地区高中学历教师为0人。甘肃地区中专或中师教师占比4.2%，大专学历教师占比22.9%，本科学历教师占比72.9%。宁夏地区中专或中师教师占比9.5%，大专学历教师占比43.2%，本科学历教师占比47.3%。三省（区）中，本科学历占据教师主导学历。总体来看，教师队伍整体学历水平呈现逐步增强趋势，见表2-14。

表2-14　陕、甘、宁三省（区）农村小规模学校教师学历状况统计

	地区	人数（人）	百分比（%）
高中	陕西	3	5.2
	甘肃	—	—
	宁夏	0	0
中专/中师	陕西	4	6.9
	甘肃	2	4.2
	宁夏	7	9.5
大专	陕西	14	24.1
	甘肃	11	22.9
	宁夏	32	43.2
本科	陕西	37	63.8
	甘肃	35	72.9
	宁夏	35	47.3
研究生及以上	陕西	0	0
	甘肃	0	0
	宁夏	0	0

注：陕西地区教师人数N=58；甘肃教师人数N=48；宁夏地区教师人数N=74。

3. 三省（区）小规模学校中级职称教师数量居多

教师职称结构是衡量学校学科层次和人才等级分布的重要指标，

第二章 西北地区农村小规模学校调查设计

它客观地反映了教师队伍的学术水平和担任教育教学工作的能力。职称晋升是获得同行同事认可的基本标志,是激励教师专业发展的主要措施。有学者调查发现,农村小规模学校初级及以下职称教师占比过半,中级职称和高级职称教师的占比过低;81%的农村小规模学校没有高级职称教师,也缺乏本校学科带头教师。[①] 三省(区)教师职称结构见表2-14。

调查显示,陕西地区未评职称教师人数占比27.6%,初级职称占比25.9%,中级职称占比43.1%,副高职称占比3.4%,高级职称为0人。甘肃地区未评职称教师占比12.5%,初级职称教师比例50.0%,中级职称教师占比31.3%,副高级教师占比6.2%。宁夏地区农村小规模教师未评职称占比21.6%,初级职称占比10.8%,中级职称教师占比28.4%,副高级职称占比39.2%。总体上三省(区)小规模学校中,初级职称与中级教师职称比例较大,其中宁夏地区因老龄化教师数量较多,故副高教师占比人数多,地区差异较明显。甘肃地区教师初级职称教师占比较大。目前三省(区)农村小规模教师高级职称教师占比极小,见表2-15。

表2-15　陕、甘、宁三省(区)农村小规模学校教师职称状况统计信息

	地区	人数(人)	百分比(%)
未评	陕西	16	27.6
	甘肃	6	12.5
	宁夏	16	21.6
初级	陕西	15	25.9
	甘肃	24	50.0
	宁夏	8	10.8

---

① 周晔:《农村小规模学校教师队伍专业水平结构的问题与对策——基于甘肃省X县的调研》,《教育研究》2017年第3期。

续表

	地区	人数（人）	百分比（%）
中级	陕西	25	43.1
	甘肃	15	31.3
	宁夏	21	28.4
副高	陕西	2	3.4
	甘肃	3	6.2
	宁夏	29	39.2
高级	陕西	0	0
	甘肃	0	0
	宁夏	0	0

注：陕西地区教师人数 N=58；甘肃教师人数 N=48；宁夏地区教师人数 N=74。

4. 三省（区）小规模学校教师男女比例欠均衡

调研发现，陕西周至县地区学校男性教师23人，占比39.7%；女性教师35人，占比60.3%。甘肃省男性教师21人，占比43.8%；女性教师27人，占比56.2%。宁夏农村小规模学校教师在性别选择上，共74人参与调查，男性教师共32人，占比43.2%；女性教师共42人，占比56.8%。可以看出，目前农村小规模学校教师女性教师多于男性教师。女性在农村小规模学校教师队伍中占主力，见表2-16。

表2-16　陕、甘、宁三省（区）农村小规模学校教师性别状况统计信息

	地区	人数（人）	百分比（%）
男	陕西	23	39.7
	甘肃	21	43.8
	宁夏	32	43.2
女	陕西	35	60.3
	甘肃	27	56.2
	宁夏	42	56.8

注：陕西地区教师人数 N=58；甘肃教师人数 N=48；宁夏地区教师人数 N=74。

5. 三省（区）小规模学校老年教师人数比例高

三省（区）调查发现，陕西地区20—30岁教师占比32.8%，31—40岁教师占比20.6%，41—50岁教师占比32.8%，51岁及以上教师占比13.8%。甘肃地区20—30岁教师占比18.8%，31—40岁教师占比50.0%，41—50岁教师占比14.6%，51岁及以上教师占比16.6%。宁夏地区共调研74名教师，51岁及以上教师占比41.9%，41—50岁教师占比24.3%，40岁及以下教师占比33.8%。

总体上，甘肃地区农村小规模学校教师群体以中青年骨干教师为主，陕西省农村小规模学校教师年龄呈现断崖式分布，青年与老年教师是两大主群体。宁夏地区51岁以上教师占比较高，相较于陕西、甘肃，宁夏地区农村小规模学校教师老龄化更严重，见表2-17。

表2-17　陕、甘、宁三省（区）农村小规模学校教师年龄状况统计信息

	地区	人数（人）	百分比（%）
20—30岁	陕西	19	32.8
	甘肃	9	18.8
	宁夏	17	23.0
31—40岁	陕西	12	20.6
	甘肃	24	50.0
	宁夏	8	10.8
41—50岁	陕西	19	32.8
	甘肃	7	14.6
	宁夏	18	24.3
51岁及以上	陕西	8	13.8
	甘肃	8	16.6
	宁夏	31	41.9

注：陕西地区教师人数N=58；甘肃教师人数N=48；宁夏地区教师人数N=74。

6. 三省（区）小规模学校教师本土化占比高

三省（区）调研中，在教师属地来源方面，农村小规模学校教师主要来源于本乡本土，其中很多教师任教学校所在地与父母家庭住地在同一个镇（乡），另有部分教师即为本省市其他乡镇中。总体上，三省（区）教师本土化属性较突出，见表2-18。

表2-18　陕、甘、宁三省（区）农村小规模学校教师户籍地状况统计

	地区	人数（人）	百分比（%）
本村人	陕西	7	12.1
	甘肃	6	12.5
	宁夏	11	14.8
本乡镇其他村人	陕西	24	41.4
	甘肃	21	43.7
	宁夏	19	25.7
本省市其他乡镇人	陕西	14	24.2
	甘肃	17	35.4
	宁夏	25	33.8
本省其他县市人	陕西	10	17.2
	甘肃	3	6.3
	宁夏	16	21.6
外省人	陕西	2	3.4
	甘肃	0	0.0
	宁夏	3	4.1
其他	陕西	1	1.7
	甘肃	1	2.1
	宁夏	0	0.0

注：陕西地区教师人数 N=58；甘肃教师人数 N=48；宁夏地区教师人数 N=74。

四 三省（区）农村小规模学校生源特征

因城镇化进程等其他因素影响，在西北地区，部分学龄儿童跟随父母走出原来学校，不断流向城镇及周边发展质量较高学校，逐步形成了教育发展中的"城满、乡弱、村空"的局面，这种趋势至今仍然较为凸显。

1. 三省（区）小规模学校生源数量总体减少

三省（区）调查显示，陕西地区四所小规模学校男生人数共计190人，女生人数共计210人。甘肃地区四所学校男生共计294人，女生共计389人。宁夏地区九所小规模学校男生共计281人，女生共计234人。从地区看，三省（区）小规模学校学生生源数严重偏少，在实地调研的17所学校中，人数超过100人以上学校共3所，其余14所均为100人以下学校，人数最少学校仅有学生12人，见表2-19。

表2-19 陕、甘、宁三省（区）农村小规模学校男女生人数统计（单位：人）

学校	女生人数	男生人数	总人数
陕西周至L小学	28	15	43
陕西周至A小学	48	42	90
陕西周至U小学	54	60	114
陕西周至W小学	80	73	153
甘肃静宁X小学	21	32	53
甘肃静宁Y小学	24	34	58
甘肃静宁Z小学	284	205	489
甘肃静宁B小学	60	23	83
宁夏固原市H小学	19	28	47
宁夏固原市K小学	25	32	57

续表

学校	女生人数	男生人数	总人数
宁夏固原市 J 小学	34	42	76
宁夏固原市 A 小学	37	45	82
宁夏固原市 B 小学	32	33	65
宁夏固原市 C 小学	37	36	73
宁夏固原市 D 小学	28	30	58
宁夏固原市 E 小学	17	28	45
宁夏固原市 F 小学	5	7	12
合计	833	765	1598

"生源少、规模小、数量多、分布散"是当前西北地区农村小规模学校的基本现状。作为农村教育的"神经末梢"，小规模学校竞争力较为低下，社区群众及家长对家门口小规模学校认可度相对较低，故学生生源竞争处劣势地位，优质生源更多集中至城镇公办学校与一些私立学校。研究表明，有部分农村小规模学校的四、五年级高年级学段学生因诸多因素的考量也被合并到乡镇中心学校，使得小规模学校从完全小学变成了只有1—3年级的非完全小学或教学点。陕西周至县 M 小学学生年级段及人数则是典型的代表，见表2-20。

表2-20　　　　　　　陕西省周至县 M 小学年级数统计　　　　（单位：人）

年级	一年级	二年级	三年级	四年级	五年级	六年级
人数（43）	11	7	0	8	12	5

调查发现，陕西周至县 M 小学为非完全小学，学校年级由五个年级组成，且存在年级断层现象，三年级学生0人，见表2-20。

2. 三省（区）小规模学校学生上学距离普遍偏远

整体而言，农村小规模学校数量仍在不断减少，学校数量减少的同时，无形中增加了当地小学生上学的距离。历经十年"撤点并校"的布局调整，三省（区）部分农村学校撤并，使得原本家门口就近入学的小学生要到更远的地方上学，小学生"上学难""上学远"的问题仍然突出，见表2-21。

表2-21 陕、甘、宁三省（区）小规模学校距离城市距离统计信息

学校名称	距城远近（千米）	学生数（人）	年级数（个）
陕西周至W小学	15	153	6
陕西周至L小学	12	43	5
陕西周至A小学	10	90	6
陕西周至U小学	8	114	6
甘肃静宁X小学	12	53	5
甘肃静宁Y小学	19	58	5
甘肃静宁Z小学	22	489	6
甘肃静宁B小学	16	83	5
宁夏固原市A小学	11	82	6
宁夏固原市B小学	13	65	6
宁夏固原市D小学	8	58	5
宁夏固原市E小学	15	45	5

在调研过程中，针对小学生访谈"你从家到学校乘交通工具大概需要多少时间"问题时，有一部分学生表示"从家到校需要15—20分钟"，而近一半学生则需步行40分钟才能到达学校。无论是使用交通工具还是步行，农村学生花费的时间、精力都相对较长。研究也发现，三

省（区）小规模学校的学生大多数选择步行而非其他交通工具上学，加之农村地区路况条件远远不如城市，学生上学安全问题成为学校和家长重点关注的问题。有研究指出，很多学生上学要翻山下沟，有的要在路窄车多的盘山公路步行，亦有一部分学生选择走山路回家，家庭最远的学生每天上学需步行1—2个小时，尤其冬季白天时间变短，遇到雨雪天气，学生上学路途更加艰难。①

3. 三省（区）小规模学校留守儿童数量比例较高

农村小规模学校特殊群体学生占比高，在城镇化大背景下，城镇地区的资源优势和农村社区的凋敝形成反差，家庭经济条件较好的儿童多随父母进城上学或寄宿在县镇学校，而留在农村的多为低龄、贫困的留守儿童。以留守儿童为例，很多地区在统计留守儿童数据时将其范围设定非常狭窄，例，"父母双方外出"或者"没有监护人"才算为留守儿童。事实上，教育部与全国妇联对留守儿童都有大致相似的规定，教育部对于"外出务工连续三个月以上的农民托留在户籍所在地家乡，由父、母单方或其他亲属监护接受义务教育的适龄儿童少年"基本上已成为留守儿童工作的共识。如果按照这个标准估计，调研地区的大多数农村小规模学校的留守儿童占比都已经超过70%，乃至更高。② 2015年全国农村小学共有在校生人数2891万人，其中农村小规模学校共有427万人，占总数的14.77%；农村留守儿童有1190万人，占总数的41.51%，涨幅达5.81%。进城务工人员随迁子女共有1036万人，较2010年增长了10.03%。面对越来越多留在农村接受教育的留守儿童，农村小规模学校中留守儿童的占比也在不断增大，③ 见表2-22。

---

① 凡勇昆、常雪：《"走不掉的一代"：关注乡村小规模学校中的边缘性群体》，《教育发展研究》2017年第Z2期。

② 凡勇昆、常雪：《"走不掉的一代"：关注乡村小规模学校中的边缘性群体》，《教育发展研究》2017年第Z2期。

③ 郝媛：《乡村振兴战略中的乡村小规模学校建设及发展研究》，硕士学位论文，陕西师范大学，2019年。

表 2-22　　　　　2019 年甘肃省留守儿童数量统计　　　（单位：人）

	毕业生数	招生数	受过学前教育	在校学生数	女生数
普通小学	17673	30626	30420	168115	79358
初中	16632	24302	—	69323	33345

资料来源：甘肃省统计局、国家统计局甘肃调查总队《甘肃发展年鉴2020》，中国统计出版社2020年版，第99页。

整体而言，三省（区）农村小规模学校留守儿童的数量较多。甘肃地区留守儿童数量最突出，接受过学前教育的学生仅占八分之一，很多孩子不能按年龄段接受相应的教育。农村父母外出打工致使农村孩子普遍面临着家庭教育缺失问题。家庭、社会、学校"三位一体"的教育因为家庭教育的缺失而造成了农村小规模学校的学生相比于城镇学校学生在各方面综合素质发展上的不足，无形中加剧农村小规模学校的压力与负担，农村小规模学校需要承担更多的教育教学责任。研究发现，一些小规模学校针对部分留守学生由爷爷奶奶照顾而无法很好地完成作业的情况，一些学校组织教师值班免费为学生提供全员课后服务，主要为学生提供作业辅导。这些都使农村小规模学校教师承担了更多额外的工作，大大增加了教师工作量。访谈中部分教师和校长也反映，小规模学校学生家长的受教育水平普遍较低，经济状况不好，特别是贫困儿童学习自信心不足，学业发展难以达到预期；留守儿童缺乏父母关爱和管教，家长与子女沟通非常少，严重影响学习效果；残障儿童问题最多，他们在学校几乎无法学习到知识，只是有个保障安全的地方罢了。[①]

[①] 赵丹、赵阔：《乡村小规模学校教育质量困境及其突破——基于有效学校理论框架的个案剖析》，《现代教育论丛》2020年第6期。

第三章
西北地区农村小规模学校发展困境及原因探析

西北地区多以山地、高原为主，地理环境恶劣，地势条件先天不足，三省（区）农村小规模学校数量众多，截至2020年，陕、甘、宁三省（区）约有小学11000所，农村小规模学校约有3700所，约占小学总数的33%。①党的二十大报告强调，全面建设社会主义现代化国家，最艰巨最繁重的任务仍然在农村。② 2018年《国务院办公厅关于全面加强乡村小规模学校和乡镇寄宿制学校建设的指导意见》明确指出：农村小规模学校地处偏远、办学条件差、教师队伍薄弱、教育质量低，是中国教育体系的"神经末梢"，发展好农村小规模学校是农村振兴的应有之义。③ 近年来，国家出台许多重要政策加强农村小规模学校发展，对其投入了相当大的精力，但农村小规模学校发展过程中还是出现了许多问题，不论在师资还是生源以及学校管理等方面，都需要改进。西北地区农村小规模学校发展是一个复杂系统，近年来尽管随着国家经费投入与政策倾斜、帮扶，但仍存在诸多发展问题，厘清问题并深度探寻其原

---

① 中华人民共和国教育部：《2020年教育统计数据》（http://www.moe.gov.cn/jyb_sjzl/moe_560/2020/gedi/202109/t20210901_557398.html）。
② 习近平：《高举中国特色社会主义伟大旗帜 为全面建设社会主义现代化国家而团结奋斗》，《人民日报》2022年10月26日第1版。
③ 中华人民共和国国务院办公厅：《国务院办公厅关于全面加强乡村小规模学校和乡镇寄宿制学校建设的指导意见》，《中华人民共和国教育部公报》2018年第5期。

因不仅必要,而且迫切。科学分析西北地区农村小规模学校的优势与劣势,并在此基础上精准帮扶小规模学校高质量发展是关键。

第一节 西北地区农村小规模学校发展现状

现阶段,农村小规模学校与农村寄宿制学校已成为农村教育的基本格局。①《中国农村教育发展报告2019》预测,到2030年,中国乡村仍旧会有约1700万小学生在校生(不含镇区学生),甚至在广东这样的发达地区,乡村学校也不会消失。②农村小规模学校的重心会持续上移,小规模学校数量与所占比例都较大,农村小规模学校会长期存在。③乡村教育振兴需要从小规模学校入手,建设"小而美""小而优"的高质量发展的农村学校。

一 三省(区)农村小规模学校经费投入及其现状

教育经费是支撑学校办学的必要条件,学校教育教学和管理工作的正常运转都离不开教育经费的支持。从促进学校发展的角度来看,教育资源包括政策扶持、经费投入、师资水平、教学条件等方面。为解决城乡教育资源分配不均的问题,近年来,国家和地方政府加大了对农村小规模学校的扶持力度,不仅增加了教育经费的投入,一些地方政府还实施农村教师定向培养计划,农村学校的办学条件和师资水平得到了一定程度的改善。《教育部关于进一步做好村小学和教学点经费保障工作的通知》(教财函〔2013〕147号)④和《国务院关于进一步完善城乡义

---

① 二十一世纪教育研究院:《农村教育向何处去——对农村撤点并校政策的评价与反思》,北京理工大学出版社2013年版,第13页。
② 参见肖诗坚《中国乡村教育的出路在哪里?》(http://www.dcgdxww.com/jydt/33493.html)。
③ 秦玉友:《农村小规模学校发展的基本判断与治理思路》,《教育研究》2018年第12期。
④ 中华人民共和国教育部:《教育部关于进一步做好村小学和教学点经费保障工作的通知》(http://www.moe.gov.cn/srcsite/A05/s7499/201312/t20131219_161336.html)。

务教育经费保障机制的通知》(国发〔2015〕67号，简称《新机制》)明确提出，必须全面保障村小和教学点办学经费，加快探索建立农村小规模学校办学机制和管理办法。① 与城市小学相比，农村小规模学校无法使经费产生规模效益，除去一些必要的教学办公、修缮等经费支出，所剩无几。② 在义务教育全免费"后普九"时期，如何完善教育投入体制，从多个维度核拨小规模学校教育经费，保障农村小规模学校公用经费需求，是提升其教育质量的重要基础，更是促进义务教育"优质均衡"发展的关键。③

三省（区）实地研究中，多位小规模学校校长、主任等相关管理者及教师的访谈中不约而同提到学校办学经费不足问题。教育经费问题始终是制约农村小规模学校发展的重要因素。研究发现，在现行教育财政管理体制的运行下，农村小规模学校每年分配到的教育经费只能勉强维持学校基本日常运转，根本无力支撑学校向高水平、高质量的方向进一步发展。

表3-1　　陕、甘两省部分农村小规模学校经费情况统计信息

学校	学生人数（人）	生均经费（元）	总收入（元）
陕西省周至县L小学	43	400	17200
陕西省周至县A小学	90	250	22500
陕西省周至县U小学	114	450	51300
陕西省周至县W小学	153	—	—
甘肃省静宁县X小学	53	300	15900
甘肃省静宁县Y小学	58	600	34800

---

① 中华人民共和国国务院：《国务院关于进一步完善城乡义务教育经费保障机制的通知》(http://www.gov.cn/zhengce/content/2015-11/28/content_10357.htm)。
② 伍辉燕、杨志平：《乡村小规模学校发展的基本问题》，《教学与管理》2021年第22期。
③ 秦玉友：《农村小规模学校教育质量困境与破解思路》，《中国教育学刊》2010年第3期。

第三章　西北地区农村小规模学校发展困境及原因探析

续表

学校	学生人数（人）	生均经费（元）	总收入（元）
甘肃省静宁县Z小学	489	600	293400
甘肃省静宁县B小学	83	120	9960

资料来源：表中数据来源是根据与小规模学校管理者访谈获知，并做整理，如上表3-1中呈现。

现阶段，由于乡镇中心校规模越来越小，当以在校生数为主要依据核定公用经费时，其核拨到的公用经费严重不足，不足以支持中心校自身教学工作的正常运转。乡镇中心校为解决自身运转问题，依据《中小学校财务制度》提出，"在一定区域内，由县级财政和教育部门确定的会计核算机构统一办理区域内中小学校的会计核算，学校设置报账员，在校长领导下，管理学校的财务活动，统一在会计核算机构报账等相关规定"①。"统筹"使用本应是农村教学点的公用经费，因为农村教学点没有管理公用经费的专门人员，公用经费必须统一由乡镇中心校统筹管理，然而农村教学点的经费需求仍然得不到满足②。以甘肃省H县银树小学办学经费为例，H县农村小规模学校的公用经费主要用于学校基础设施的维修、办公用品和卫生用具、水电支出以及教师培训。由于学生人数少、公用经费少，大部分农村小规模学校的经费紧张，有些学校甚至还存在欠账情况。H县银树小学共计53名学生，一年公用经费为26500元。校长谈到，学校现在基本无法正常运转，公用经费连学校最主要的支出项目都无法满足，更毋庸谈其他一些具体支出项目，但如果学校学生人数超过100人，学校基本可以维持正常运转，见表3-2。③

---

① 财政部、教育部：《中小学校财务制度》（http://www.moe.gov.cn/jyb_xxgk/moe_1779/202302/t20230223-1047071.html）。

② 张金龙、秦玉友：《小规模之痛：农村教学点发展困境与应对政策——当地教师的声音与"规模效益"实践取向批判》，《四川师范大学学报》（社会科学版）2019年第2期。

③ 牛倩：《西北农村地区小规模学校发展的作用、问题及对策研究——基于甘肃省H县的调查分析》，《西北成人教育学院学报》2014年第4期。

表 3-2　　　　甘肃省 H 县银树小学一学年办学经费情况

学生数（人）	生均经费（元）	总收入（元）	总支出（元）	
53	500	26500	基础设施维修	5000 元
			办公用品及卫生用具	10000 元
			水电、网费	5000 元
			教师培训费	6000 元
			其他	2000 元
			合计	28000 元

资料来源：转引自牛倩《西北农村地区小规模学校发展的作用、问题及对策研究——基于甘肃省 H 县的调查分析》，《西北成人教育学院学报》2014 年第 4 期。

新《义务教育法》明确了中央和地方政府分担义务教育经费的责任，特别是农村义务教育经费保障新机制实施以来，农村义务教育学校的办学经费有了初步保障，但农村小规模学校因生源减少而获得的资源相应减少。以公用经费为例，尽管国家生均补助标准逐年提高，从"新机制"实施以前的几十元上升到现在的 500 元，小规模学校公用经费绝对量有了大幅增长，但小规模学校公用经费获得量的相对水平较低。因此投入不足仍然是制约 H 县义务教育事业发展的瓶颈问题。[①]

陕西省周至县 2021 年义务教育公用经费中央资金为 109 万元。义务教育学校公用经费补助标准每生每年小学 800 元、初中 1000 元，农村寄宿制学校补助标准分别再加 200 元。同时继续对农村不足 100 人的规模较小学校按 100 人核定公用经费，按每生每年 60 元补助义务教育学校取暖费。义务教育阶段特殊教育学校和随班就读残疾学生公用经费补助标准每生每年 6000 元。民办学校学生免学杂费标准按照公办学校

---

① 牛倩：《西北农村地区小规模学校发展的作用、问题及对策研究——基于甘肃省 H 县的调查分析》，《西北成人教育学院学报》2014 年第 4 期。

第三章 西北地区农村小规模学校发展困境及原因探析

公用经费补助标准执行，学杂费标准高出财政补助部分由学生家庭负担。① 但农村小规模学校因生源减少而获得的资源相应减少，以公用经费为例，尽管国家生均补助标准逐年提高，从"新机制"实施以前的几十元上升到现在的 500 元，小规模学校公用经费绝对量有了大幅增长，但小规模学校公用经费获得量的相对水平较低。因此投入不足仍然是制约义务教育事业发展的瓶颈问题。

宁夏固原地区的调研中，有学校校长谈到，按照学校规模和实际需要，50—100 人小规模学校普遍采用燃煤锅炉取暖，50 人以下的学校采用普通电暖器取暖。我们学校，一个取暖季，燃煤锅炉取暖和电暖器取暖所需费用生均约 700 元左右（锅炉取暖成本主要包括煤炭费、司炉工工资、水电费、维修费等。电暖器取暖成本主要包括电费、线路、用电器维修保养费等）。目前农村义务教育学校按每生每年 100 元核拨的取暖费严重不足，取暖费严重挤占了学校公用经费。

学校经费拨付基于理想学校规模假设进行相应配置，农村小规模学校由于远离理想化学校规模标准，学校经费总量明显不足。这种不足与农村小规模学校难以产生规模效率有直接关系。农村小规模学校在经费总量不足的同时，还面临经费使用的效率困境。有研究指出，农村小规模学校经费总量如果按生均标准进行配置就显得严重不足；从经费使用效率来看，有一个理想规模问题，当学生数量低于这个理想规模时，学校经费使用效率就会随着学生数量减少而降低；尽管对于理想学校规模并没有达成精确一致，但是农村小规模学校的学生数量是远远低于理想学校规模的，农村小规模学校经费使用效率偏低。② 全国统一实行的义务教育公用经费基准定额，对农村不足 100 人的小规模学校按 100 人拨

---

① 西安市周至县人民政府：《周至县 2021 年义务教育经费补助资金的公示》（http://www.zhouzhi.gov.cn/xxgk/fdzdgknr/czxx/zdzjgk/60ee461ef8fd1c0bdc39e7c4.html）。

② 秦玉友：《农村小规模学校教育质量困境与破解思路》，《中国教育学刊》2010 年第 3 期。

用经费，但农村学校冬季取暖所需费用占去相当多的办公经费，水电暖开支和保障学生早餐和午餐供应、基础设施维修、办公用品和卫生用具以及教师培训、开展活动等所需费用，让农村小规模学校的经费日益捉襟见肘。①

二　三省（区）农村小规模学校硬件设施等资源现状

2019年中共中央、国务院印发了《中国教育现代化2035》，对中国教育现代化进行全面部署。义务教育是教育体系的重要组成部分，实现"优质均衡"是其现代化的主要任务之一，其内涵包括提升义务教育均等化水平，推进城乡义务教育均衡发展。② 随着中国农村地区信息化基础硬件水平迅速提高，各项农村学校信息化建设项目开始逐渐向薄弱学校倾斜，这为改善农村小规模学校信息化办学条件带来先机。诸如宁夏地区"互联网+"项目工程的落地实施，以及一些地方"教学点数字教育资源全覆盖"等工程的专项资金支持，一部分乡村小规模学校的信息化硬件设施已在不断更新中。研究发现，陕西、甘肃、宁夏三省（区）农村小规模学校全都连通了网络，配备了较新的信息化教学设备，信息化教学水平已有较大提升。

1. 三省（区）小规模学校现有办学条件不断丰富拓展

教学资源是一个学校发展的重要硬性条件，对于学校的发展具有至关重要的作用。从大的方面来说，学校的教学资源以国家财政经费投入为主，加之地方经济支撑。随着信息技术的飞速发展，农村学校教育教学方式及手段发生了翻天覆地的变化，农村小规模学校已焕然一新，学校教学设施等资源条件随着义务教育均衡化早已更新换代，多媒体等新教学设备现已完全普及到每所乡村小学。

---

① 徐进：《宁夏农村小规模学校发展的现状、问题与对策研究——以宁南山区农村小规模学校为例》，《宁夏教育》2019年第3期。

② 乔锦忠、沈敬轩、李汉东等：《2020—2035年我国义务教育阶段资源配置研究》，《华东师范大学学报》（教育科学版）2021年第12期。

第三章 西北地区农村小规模学校发展困境及原因探析

表3-3　　陕、甘、宁三省（区）学校资源情况统计信息

学校	学校占地面积（平方米）	学校建筑面积（平方米）	学校图书数（本）	专任教师数（人）	少数民族教师数（人）	阅览室（个）
陕西周至L小学	1750	658	1635	8	0	1
陕西周至A小学	10200	7500	15000	8	3	1
陕西周至U小学	7800	2732	3450	11	0	1
陕西周至W小学	10770	990	15000	14	3	2
甘肃静宁X小学	5300	760	3800	14	4	0
甘肃静宁Y小学	9000	1339	2500	12	2	1
甘肃静宁Z小学	12382	6649	11100	45	16	1
甘肃静宁B小学	5200	1272	8801	17	5	1

调查发现，陕西、甘肃等部分小规模学校办学条件逐渐向好，学校建筑面积较大，部分学校图书藏有量逐年更新且不断增加，阅览室能够面向学生开放，满足学生基本需求，一些学校满足学校基本教育教学的硬件设施也在不断更新，如甘肃省某县在2014年，全县311所小学（含教学点）装备了现代远程教育设备，拥有卫星收视设备437套，实现了数字教育资源全覆盖。① 宁夏"西海固"是宁夏南部地区贫困县的统称，原有学校条件极度贫弱，但现在西海固地区农村学校不仅全部结束了火炉取暖、土操场上体育课的历史，还在校与校之间接通了宽带网，班班配备了数字化教学设备，②见表3-3。

---

① 肖进雄：《强校帮 项目扶 制度撑——临洮县扎实推进农村小规模学校教育教学工作纪实》，《甘肃教育》2014年第19期。
② 新华社《"学生不吃土、教师稳得住"——〈山海情〉背后的西海固乡村学校已变了模样》（https://baijiahao.baidu.com/s?id=1692469524632241774&wfr=spider&for=pc）。

表 3-4　　　宁夏固原地区农村小规模学校资源情况统计表

学校	合计(人)	女生(人)	一年级(人)	二年级(人)	三年级(人)	四年级(人)	五年级(人)	六年级(人)	距离（千米）		面积（平方米）		建立时间（年份）	最近翻修时间（年份）
									县政府	乡镇政府	占地面积	校舍面积		
固原市A小学	82	37	20	22	15	8	8	9	40	10	13700	1400	1958	2008
固原市B小学	65	32	22	12	5	10	9	7	32	15	4252	600	1946	2006
固原市C小学	73	37	25	20	8	9	5	6	20	10	9600	850	1958	2015
固原市D小学	58	28	18	10	10	9	11	—	35	10	4864	890	1961	2002
固原市E小学	45	17	10	12	10	7	6	—	35	20	4846	740	1967	2006
固原市F小学	12	5	6	4	2	—	—	—	60	10	2600	2200	1956	2003

图 3-1　甘肃省 N 县 X 小学学生教室　　图 3-2　甘肃省 N 县 X 小学教师办公室外部

第三章 西北地区农村小规模学校发展困境及原因探析

图 3-3 甘肃省 N 县 Y 小学整体面貌　　图 3-4 甘肃省 N 县 Y 小学学生教室

图 3-5 甘肃省 N 县 Z 小学计算机室　　图 3-6 甘肃省 N 县 Z 小学科学实验室

图 3-7 陕西省 Z 县 W 小学学生教室图　图 3-8 陕西省 Z 县 L 小学教师办公室教室

图 3-9　陕西省 Z 县 A 小学学生教室　　图 3-10　陕西省 Z 县 T 小学留守儿童管护中心

图 3-11　陕西省 Z 县 L 小学校园面貌　　图 3-12　陕西省 Z 县 W 小学校园面貌

图 3-13　宁夏 G 市 B 小学学生午餐　　图 3-14　宁夏 G 市 D 小学学生学琴

图 3-15　宁夏 G 市 F 小学创客教室 　　图 3-16　宁夏 G 市 A 小学体育场地

图 3-17　宁夏 G 市 B 小学六年学生做作业 　　图 3-18　宁夏 G 市 B 小学教师办公室

2. 三省（区）小规模学校信息化设备总体齐全

随着中国社会经济的快速发展，基础教育的改革与发展逐渐受到了社会各界的广泛重视。随着基础教育改革工作的持续深入，实现农村地区基础教育的均衡发展、推进优质教育教学资源共享成为现阶段相关部门思考和探讨的主要问题。① 在义务教育普及过程中，国家与地方对农村义务教育学校办学基本条件及标准有一定要求。但由于小规模学校教育资源使用效率较低，而农村地区教育投入又有限，当学校教学设施和办学条件老化时，学校很难更换教学设施与更新办学条件，有限的教育

---

① 邱林才：《谈如何突破农村小规模学校发展困境》，《华夏教师》2019 年第 28 期。

资源更不会选择投入小规模学校。[①]

调查发现,当地小规模学校拥有电子白板等设备占比37.6%,学校拥有投影仪人数占比21.9%,学校拥有平板电视人数占比14.1%,学校拥有视频展示台等教学设备数占比14.9%,学校拥有录像或VCD等设施占比5.1%。可见,农村小规模学校电子白板教学设施普及率较高,投影仪等信息化教学设备拥有量也较多,表明三省(区)近半数小规模学校现代信息化设备总体较齐全,各个学校均已普及,见表3-5。

表3-5 陕、甘、宁三省(区)农村小规模学校信息化设备状况总体统计

	人数(人)	百分比(%)
电子白板	171	37.6
投影仪	100	21.9
平板电视	64	14.1
视频展示台	68	14.9
录像或VCD	23	5.1
录音机	28	6.2
其他	1	0.2

调查发现,陕西地区小规模学校教师进行信息化设备选择时,在现有资源中幻灯机占比15.8%,电子白板占比30.9%,投影仪占比23.0%,平板电视占比10.9%,视频展示台占比15.8%,投影仪和电子白板教学设备学校拥有量最多。甘肃地区选择电子白板占比46.5%,投影仪占比28.3%,平板电视占比12.1%,学校视频展示台占比7.1%,录像或VCD占比3.0%,总体来说,甘肃地区小规模学校电子白板已基本普及,近六成教师认为学校拥有投影仪等信息化教学设备。宁夏地区

[①] 于海英、秦玉友:《城乡教育一体化视域下农村小规模学校问题研究》,《现代教育管理》2012年第11期。

幻灯机占比 8.1%，电子白板占比 31.4%，投影仪占比 14.4%，平板电视占比 14.4%，视频展示台占比 14.8%，录像或 VCD 占比 7.6%，总体上，甘肃地区信息化水平总体高于宁夏地区，陕西次之，见表 3-6。

表 3-6　陕、甘、宁三省（区）农村小规模学校信息化设备状况统计

	地区	人数（人）	百分比（％）
幻灯机	陕西	26	15.8
	甘肃	0	0
	宁夏	19	8.1
电子白板	陕西	51	30.9
	甘肃	46	46.5
	宁夏	74	31.4
投影仪	陕西	38	23.0
	甘肃	28	28.3
	宁夏	34	14.4
平板电视	陕西	18	10.9
	甘肃	12	12.1
	宁夏	34	14.4
视频展示台	陕西	26	15.8
	甘肃	7	7.1
	宁夏	35	14.8
录像或 VCD	陕西	2	1.2
	甘肃	3	3.0
	宁夏	18	7.6
录音机	陕西	4	2.4
	甘肃	3	3.0
	宁夏	21	8.9

续表

	地区	人数（人）	百分比（%）
其他	陕西	0	0
	甘肃	0	0
	宁夏	1	0.4

注：a. 值为1时制表的二分组。

3. 三省（区）小规模学校教师利用多媒体频率较高

在乡村学校，以计算机多媒体技术为核心的现代教育技术广泛应用于教学活动中。作为一种现代化教学手段，多媒体技术的应用对提高教学质量有着重要意义，它不仅丰富了教学内容，而且有效提高了教育教学效率。

表3-7　陕、甘、宁三省（区）小规模学校教师使用多媒体状况统计（N=180）

	地区	人数（人）	百分比（%）
每天都用	陕西	23	39.7
	甘肃	18	37.5
	宁夏	44	59.5
一周3—5次	陕西	18	31.0
	甘肃	12	25.0
	宁夏	14	18.9
一周1—2次	陕西	16	27.6
	甘肃	16	33.3
	宁夏	8	10.8
没有多媒体	陕西	1	1.7
	甘肃	2	4.2
	宁夏	8	10.8

调查发现，陕西地区小规模学校在教师多媒体使用频率方面，无多媒体设施占比1.7%，一周1—2次使用多媒体占比27.6%，一周3—5

次占比31.0%，每天都用多媒体教学占比39.7%；甘肃地区学校，没有多媒体教学设备占比4.2%，一周使用多媒体教学1—2次占比33.3%，一周使用多媒体教学3—5次占比25.0%，每天都使用多媒体教学占比37.5%。可见，农村部分小规模学校仍旧存在小部分学校多媒体教学缺位状况，有多媒体教学设备的学校使用多媒体教学频率各个地区情形不一。宁夏地区学校教师每天运用多媒体教学占比达59.5%，其次为陕西地区，占比39.7%，再次为甘肃地区，占比37.5%，小规模学校信息化水平日益提高，见表3-7。

三 三省（区）农村小规模学校师资现状

乡村教师是乡土中国最耀眼的文化符号，是乡土社会稀有的文化人。[①] 作为乡村教育振兴的重要载体，乡村教师是促进农村小规模学校发展的重要基础。作为乡村振兴中不可或缺的人才，乡村教师的战略性地位不言而喻。农村小规模学校的高质量发展与振兴，关键在人，核心在教师队伍建设。

（一）三省（区）农村小规模学校师资结构状况

1. 三省（区）小规模学校教师性别结构"女多男少"现象突出

农村小规模学校教师性别结构上表现出不合理现象，主要表现为年轻女教师和老龄男教师两大群体。从农村小规模学校发展看，学校教师性别结构的欠合理性，无论对教师自身，还是对学生发展来说，都是不利的。"虽然许多地区已经在教师定向培养上引入"精准定向"，但存在问题在于定向生几年后毕业了，定向生所精准定向服务的村小却消失了。"[②] 村小与教学点普遍存在老龄男性教师与年轻女性教师较多的情况。一些教学点教师几乎全是男性，且年龄均在51岁以上，年轻女教师婚恋问题成为"师资不稳定"重要影响因素。

[①] 乔晖：《乡村振兴背景下卓越教师专业化发展路径》，《南京农业大学学报》（社会科学版）2020年第3期。

[②] 汤颖、邬志辉：《乡村小规模学校发展之困向度分析——基于H省C县乡村小规模学校实地调研分析》，《当代教育论坛》2020年第5期。

研究发现,三省(区)小规模学校教师性别比较上,男教师76人,占比42.2%,女教师104人,占比57.8%,女教师数量远多于男教师数量,见表3-8。

表3-8 陕、甘、宁三省(区)农村小规模学校教师男女比例状况统计

(N=180)

	地区	人数(人)	百分比(%)
男	陕西	23	39.7
	甘肃	21	43.7
	宁夏	32	43.2
女	陕西	35	60.3
	甘肃	27	56.3
	宁夏	42	56.8

注:陕西教师N=58人;甘肃教师N=48人;宁夏教师N=74人。

2. 三省(区)小规模学校15年及以上教龄教师群体凸显

三省(区)农村小规模学校中,年轻教师和老龄教师构成了农村小规模学校的主体。

调查发现,从教龄看,陕西地区1—3年教龄教师占比32.7%,4—6年教龄教师占比12.1%,7—10年教龄教师占比13.8%,11—15年教龄教师占比5.2%,15年教龄教师占比36.2%;甘肃地区1—3年教龄教师占比4.2%,4—6年教龄教师占比20.8%,7—10年教龄教师占比10.4%,11—15年教龄教师占比22.9%,15年教龄教师占比41.7%。宁夏地区1—3年教龄教师占比20.3%,4—6年教龄教师占比5.4%,7—10年教龄教师占比6.8%,11—15年教龄教师占比2.7%,15年教龄教师占比64.8%。由此可见,三省(区)陕西、宁夏1—3年年轻教师比例最大,甘肃地区4—6年教龄教师比例较大;15年以上教龄教师在三省(区)中比例最为凸显,其人数最多,初入职年轻老师与年老

第三章 西北地区农村小规模学校发展困境及原因探析

教师分别各居一端，农村小规模学校教师群体教龄段对比非常明显，见表3-9。

表3-9 陕、甘、宁三省（区）农村小规模学校教师教龄状况统计信息

	地区	人数（人）	百分比（%）
1—3年	陕西	19	32.7
	甘肃	2	4.2
	宁夏	15	20.3
4—6年	陕西	7	12.1
	甘肃	10	20.8
	宁夏	4	5.4
7—10年	陕西	8	13.8
	甘肃	5	10.4
	宁夏	5	6.8
11—15年	陕西	3	5.2
	甘肃	11	22.9
	宁夏	2	2.7
15年以上	陕西	21	36.2
	甘肃	20	41.7
	宁夏	48	64.8

3. 三省（区）小规模学校年轻教师与年老教师区域差异大

师资老龄化与教师队伍整体实力下降相伴而生，教师年龄大，意味着教师的知识相对陈旧，运用普通话和计算机教学的能力相对较差，对外部信息的接受能力也较弱。[①] 西北地区一些农村小规模学校年轻老师与年老教师作为学校两大群体主力：年老教师当中多为本土教师，"生于斯，长于斯"情结较浓，其中大部分教师喜欢在本地教学，愿意长期

---

① 赵万江:《试谈农村小规模学校的发展困境与思路》,《宁夏教育》2020年第2期。

安心扎根于"本乡本土"继续任教，旨在实现个人理想与追求，同时基于家庭工作两方面考虑，本地区更方便照顾家人。研究也发现，部分老教师因受教学能力所限，对现代化教学设施的掌握薄弱，诸如电子白板等设备适应度不够，无法流动至其他邻近学校任教。三省（区）农村小规模学校青年教师群体"下得去、留不住"现象较为凸显，青年教师无法适应农村教学环境，任教一段时间后纷纷选择邻近教学条件更好的学校任教，间接造成小规模学校教师隐性流失。

调查发现，陕西地区20—30岁教师占比37.9%，31—40岁教师占比20.7%，41—50岁教师占比29.3%，51岁及以上教师占比12.1%；甘肃地区20—30岁教师占比18.7%，31—40岁教师占比50.0%，41—50岁教师占比14.6%，51岁及以上教师占比16.7%；宁夏地区20—30岁教师占比23.0%，31—40岁教师占比10.8%，41—50岁教师占比24.3%，51岁及以上教师占比41.9%。从地域上看，陕西、甘肃地区农村小规模学校教师群体以中青年教师为主，且"断档"现象明显，处于31—40岁教师偏少；宁夏地区51岁及以上教师人数较多，并且占比极高，教师老龄化严重，宁夏地区相较于其他两地老龄化更严重，见表3-10。

表3-10　　陕、甘、宁三省（区）农村小规模学校教师年龄统计信息

	地区	人数（人）	百分比（%）
20—30岁	陕西	22	37.9
	甘肃	9	18.7
	宁夏	17	23.0
31—40岁	陕西	12	20.7
	甘肃	24	50.0
	宁夏	8	10.8
41—50岁	陕西	17	29.3
	甘肃	7	14.6
	宁夏	18	24.3

第三章 西北地区农村小规模学校发展困境及原因探析

续表

	地区	人数（人）	百分比（%）
51岁及以上	陕西	7	12.1
	甘肃	8	16.7
	宁夏	31	41.9

4. 三省（区）小规模学校教师任教学科结构欠均衡

从教师任教科目分析，教授语文学科教师83人，占比22.3%，教授数学教师人数为72人，占比19.4%，教授英语教师人数为29人，占比7.8%。可见，语文、数学"主科"教师占比最高。

三省（区）教师教授美术、音乐与体育教师总人数78人，占比21%，农村小规模学校教师结构性短缺问题较突出。同时小规模学校教师还普遍存在兼课与专业性不足问题，教师在学科分布上的不合理问题在访谈中也被多位学校领导和教师提及，见表3-11。

表3-11　三省（区）农村小规模学校教师总体任教学科状况

科目	人数（人）
语文	83
数学	72
英语	29
道德与法治	56
科学	46
美术	32
体育	24
音乐	22
其他	8

5. 三省（区）小规模学校公办教师数量居主导

调查发现，在陕西地区教师身份结构上，公办在编教师36人，占比62.1%，特岗教师10人，占比17.3%，支教教师为2人，占比3.4%，代课教师为9人，占比15.5%，交流教师为1人，占比1.7%。从甘肃地区教师身份类别分析，公办在编教师38人，占比79.1%，特岗教师8人，占比16.7%，代课教师2人，占比4.2%。在宁夏农村小规模学校教师身份类别上，公办教师共64人，占比86.4%，特岗教师5人，占比6.8%，支教教师1人，占比1.4%，代课教师和交流教师各2人，分别占比2.7%。总体可以看出，目前农村小规模学校教师身份类别主要为公办在编教师，且在编教师人数远超特岗等其他身份类别教师，代课教师较之前有大幅度减退趋势，三省（区）特岗教师数量是继公办在编教师之外人数较多的群体，教师队伍相对稳定，越来越多特岗教师的进入，相对满足了农村小规模学校的师资需求，见表3-12。

表3-12 陕、甘、宁三省（区）农村小规模学校教师身份类别统计

	选项	人数（人）	百分比（%）
陕西	公办教师	36	62.1
	特岗教师	10	17.3
	支教教师	2	3.4
	代课教师	9	15.5
	交流教师	1	1.7
甘肃	公办教师	38	79.1
	特岗教师	8	16.7
	支教教师	0	0.0
	代课教师	2	4.2
	交流教师	0	0.0

续表

	选项	人数（人）	百分比（%）
宁夏	公办教师	64	86.4
	特岗教师	5	6.8
	支教教师	1	1.4
	代课教师	2	2.7
	交流教师	2	2.7

（二）三省（区）农村小规模学校教师教育观念呈现

1. 三省（区）小规模学校教师教育观念有提升

观念是行动的先导，确立先进的教育教学观念，对于课堂教学具有引领作用。先进的教育教学观念促使教师在日常教学中正确认识学生的主体性，能够充分发挥学生学习的主动性；能引导学生积极思考、学会学习；在和谐、民主、平等教学氛围中使学生获取知识与能力，并培养其创新精神与实践能力。

调查显示，三省（区）小规模学校教师教育观念有提升。陕西地区教师对于农村学校教育目的，选择"让学生掌握基础知识"人数占比22.5%，选择"培养学生综合素质"人数占比56.9%，选择"让学生升学"人数占比3.4%，选择"培养为农村社会发展服务的人才"人数占比17.2%。表明大部分教师对于农村学校教育目的理念与认知较之前有提升。甘肃地区小规模学校教师，选择"让学生掌握基础知识"人数占比20.8%，选择"培养学生综合素质"人数占比64.6%，选择"培养为农村社会发展服务的人才"人数占比14.6%。宁夏地区教师，选择"让学生掌握基础知识"人数占比21.6%，选择"培养学生综合素质"人数占比高达63.5%，选择"让学生升学"人数占比1.4%，选择"培养为农村社会发展服务的人才"人数占比13.5%。数据表明，农村小规模学校教师深刻认识到学校教育发展最终是为培养具有综合素养，德、智、体、美、劳全面发展的未来人才，教师不再是为学生升学服务的工具人,见表3-13。

表3-13 陕、甘、宁三省(区)农村小规模学校教师对学校教育目的认知观点统计

	选项	人数(人)	百分比(%)
陕西	让学生掌握基础知识	13	22.5
	培养学生综合素质	33	56.9
	让学生升学	2	3.4
	培养为农村社会发展服务的人才	10	17.2
	其他	0	0
甘肃	让学生掌握基础知识	10	20.8
	培养学生综合素质	31	64.6
	让学生升学	0	0
	培养为农村社会发展服务的人才	7	14.6
	其他	0	0
宁夏	让学生掌握基础知识	16	21.6
	培养学生综合素质	47	63.5
	让学生升学	1	1.4
	培养为农村社会发展服务的人才	10	13.5
	其他	0	0

2. 三省(区)教师课堂教学方式有转变,但仍较为滞后

研究显示,陕西地区农村小规模学校教师在课堂教学主要方式运用上,"教师讲授为主"占比13.8%,"学生探究为主"占比5.2%,"教师讲授与学生探究穿插进行"占比81.0%,倡导"学生合作为主"占比为0。其中选择"教师讲授与学生探究穿插进行"方式占比最多,表明小规模学校教师教学方式有变化。值得注意的是,"学生合作为主"的方式占比为0,学生合作探究更有利于发挥学生主动性,课堂有效教学实施有保障。由此表明农村小规模学校教师教学方式仍显滞后。甘肃

地区教师课堂教学方式，"教师讲授为主"占比8.3%，"学生探究为主"占比10.4%，"教师讲授与学生探究穿插进行"占比77.1%，"学生合作为主"占比4.2%。表明该地区教师教学方式有转变，即注重发挥教师主导和学生主体的作用，学生合作探究比例也较高。宁夏地区小规模学校教师在课堂教学方式选择上，"教师讲授为主"占比5.4%，"学生探究为主"占比4.1%，"教师讲授与学生探究穿插进行"占比90.5%，表明该地区小规模学校教师在教学方式的选择上倾向于讲授与探究相结合，关注到学生发展的主体性，见表3-14。

表3-14 陕、甘、宁三省（区）农村小规模学校教师课堂教学主要方式运用统计

	选项	人数（人）	百分比（%）
陕西	教师讲授为主	8	13.8
	学生探究为主	3	5.2
	教师讲授与学生探究穿插进行	47	81.0
	学生合作为主	0	0
甘肃	教师讲授为主	4	8.3
	学生探究为主	5	10.4
	教师讲授与学生探究穿插进行	37	77.1
	学生合作为主	2	4.2
宁夏	教师讲授为主	4	5.4
	学生探究为主	3	4.1
	教师讲授与学生探究穿插进行	67	90.5
	学生合作为主	0	0

3. 三省（区）小规模学校教师职业选择多纠结于"安定求稳"与"个体价值实现"之间

研究发现，陕西地区农村小规模学校教师在"从教理由"选择上，为"实现自身人生价值"从教人数占比39.7%，选择"薪酬高、福利待

遇好"从教人数占比 3.4%，认为"学校环境工作稳定"人数占比 43.1%。在从教缘由的选择上，"学校环境工作稳定"与"实现自身人生价值教师"人数占比最多，表明小规模学校教师期待"安稳收入及环境"，这也是吸引教师投身教师事业的主因，还有相当一部分教师是为实现人生价值选择成为教师。甘肃地区农村小规模学校教师在从教原因上，选择"实现自身人生价值"人数占比 62.5%，选择教师职业"社会地位较高"占比 2.1%，选择"薪酬高、福利待遇好"从教人数占比 4.1%，选择"学校环境工作稳定"占比 25.0%，选择教师职业为"谋生手段"占比 4.2%，表明"学校的安稳环境"是吸引小规模学校教师从教的主因。宁夏地区教师在从教理由选择上，选择"实现自身人生价值"占比 54.1%，选择"社会地位较高"占比 1.3%，选择"薪酬高、福利待遇好"占比 2.7%，选择"学校环境工作稳定"占比 31.1%，选择教师职业为"谋生手段"的人数占比 9.4%。总体上，三省（区）教师从教原因探寻，总体趋向"学校环境稳定"与"实现人生价值"人数比例最高，表明农村小规模学校教师从教意愿"纠结"与"徘徊"的两难窘境，见表 3-15。

表 3-15　陕、甘、宁三省（区）农村小规模学校教师从教理由频次统计

	选项	人数（人）	百分比（%）
陕西	实现自身人生价值	23	39.7
	社会地位较高	3	5.2
	薪酬高、福利待遇好	2	3.4
	学校环境工作稳定	25	43.1
	人际关系简单	2	3.4
	谋生手段	3	5.2
	其他	0	0

第三章　西北地区农村小规模学校发展困境及原因探析

续表

	选项	人数（人）	百分比（%）
甘肃	实现自身人生价值	30	62.5
	社会地位较高	1	2.1
	薪酬高、福利待遇好	2	4.1
	学校环境工作稳定	12	25.0
	人际关系简单	1	2.1
	谋生手段	2	4.2
	其他	0	0
宁夏	实现自身人生价值	40	54.1
	社会地位较高	1	1.4
	薪酬高、福利待遇好	2	2.7
	学校环境工作稳定	23	31.1
	人际关系简单	1	1.3
	谋生手段	7	9.4
	其他	0	0

四　三省（区）农村小规模学校教师薪酬待遇现状

教师工资福利及补助等支出高低直接影响教师的工作积极性与获得感。农村教师工资福利一般包括每月工资、绩效工资以及各种补贴、优惠性措施。截至 2019 年底，中西部 22 个省份 725 个连片特困地区县，全面实施了乡村教师生活补助政策，覆盖 8.06 万所乡村学校，受益教师 126.54 万人。[①] 近年来，国家不断调整教师工资收入。2021 年《中华人民共和国乡村振兴促进法》颁行，将乡村教师待遇保障上升至法律层面，为提升乡村教师待遇提供了法律保障。国家相关政策的陆续出台，乡村教师各类生活保障、安居工程、交通补助等一系列民生工程的

---

① 中华人民共和国教育部：《教育部办公厅关于进一步做好乡村教师生活补助政策实施工作的通知》（http://www.moe.gov.cn/srcsite/A10/s7030/202006/t20200628_468807.html）。

实施,乡村教师待遇保障实现了"保基本"到"全覆盖"的转变,推动了乡村教师待遇保障愈加全面化、体系化。① 西北地区教师流动性大,教师大量减少,部分原因则是受工资待遇影响。相关调查显示,甘肃、宁夏两省区教师工资收入大部分处于1500—2000元。② 三省(区)调查发现,截至2021年,甘肃小规模学校多数教师工资幅度在4001—5000元;陕西地区多数教师工资在3001—4000元;宁夏地区教师工资在4001—5000元,见表3-16。

表3-16 陕、甘、宁三省(区)农村小规模学校教师"月工资+福利"状况统计

	地区	人数(人)	百分比(%)
2000元以下	陕西	5	8.6
	甘肃	0	0.0
	宁夏	0	0.0
2001—3000元	陕西	2	3.5
	甘肃	1	2.1
	宁夏	8	10.8
3001—4000元	陕西	19	32.8
	甘肃	10	20.8
	宁夏	18	24.3
4001—5000元	陕西	18	31.0
	甘肃	21	43.7
	宁夏	22	29.7
5001—6000元	陕西	8	13.8
	甘肃	14	29.2
	宁夏	21	28.4

---

① 林一钢、张书宁:《进入21世纪以来我国乡村教师政策文本的话语分析》,《现代教育管理》2022年第1期。

② 王嘉毅、田蓉:《西部地区农村教师工资现状调查研究——以甘、贵、宁三省区为例》,《继续教育研究》2010年第4期。

第三章 西北地区农村小规模学校发展困境及原因探析

续表

	地区	人数（人）	百分比（%）
6000元以上	陕西	6	10.3
	甘肃	2	4.2
	宁夏	5	6.8

调查显示，三省（区）教师月工资与福利看，陕西省2000元以下/月教师占比8.6%，2001—3000元/月教师占比3.5%，3001—4000元/月教师占比32.8%，4001—5000元/月教师占比31.0%，5001—6000元/月教师占比13.8%，6000元以上/月教师占比10.3%；甘肃省2001—3000元/月教师占比2.1%，3001—4000元/月教师占比20.8%，4001—5000/月教师占比43.7%，5001—6000元/月教师占比29.2%，6000元以上/月教师占比4.2%；宁夏地区教师月工资+福利主要分布在3001—6000元，2001—3000元/月教师占比10.8%，3001—4000元/月教师占比24.3%，4001—5000/月教师占比29.7%，5001—6000元/月教师占比28.4%，6000元以上/月教师占比6.8%。由此可见，陕西、甘肃、宁夏三省（区）农村小规模学校教师工资待遇基本分布在3001元至6000元。工资整体较高，较以往有了很大的提升，见表3-16，图3-19。

陕、甘、宁三省（区）教师工资福利统计图

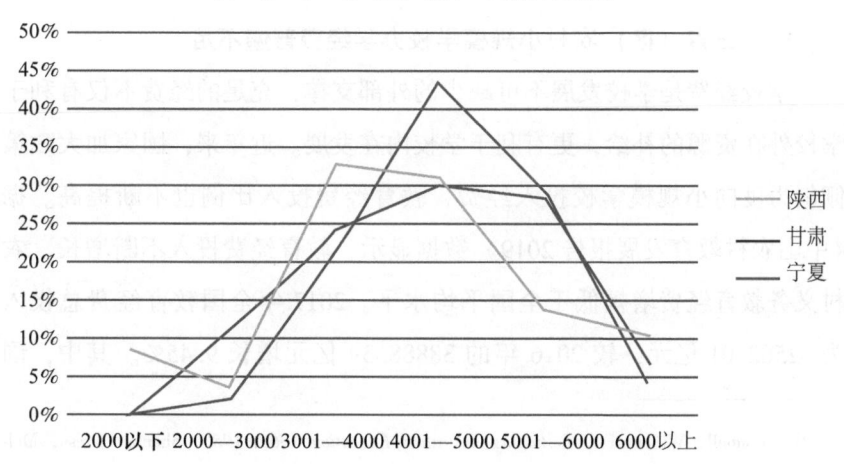

图3-19 陕、甘、宁三省（区）教师工资福利统计

小规模学校教师实际工资平均 60% 均在 5000 元以下，同时小规模学校教师认为每月工资 5000 元以上更能满足教师的发展需求。尤其以陕西为例，工资水平在 3000 元以下/月人数占比 12%，宁夏工资 3000 元以下/月教师人数占比 10.8%。在调研过程中，有学校男教师提及，目前工资不足以维持家用，除去基本花销外，没有多余的收入养家。如果国家和地方财政加大对农村小规模学校教师的工资投入，将更有利于为农村小规模学校留住一支稳定的、高质量的师资队伍。

第二节 西北地区农村小规模学校发展困境

相比较发达地区城市学校，西北地区农村学校受地理、经济等条件的限制，"缺少文化设施、家庭收入低、教育机会不均等是该地区居民弱势地位的体现。对于农村地区学校而言，小规模学校教师人员流动频繁，缺乏专家服务，课程选择受限，儿童上学成本较高"[①]。小规模学校在办学过程中面临困境更为凸显。尽管国家在政策方面有诸多倾斜，但陕、甘、宁三省（区）农村小规模学校发展困境仍然较为突出、掣肘。

一 三省（区）农村小规模学校办学经费普遍不足

学校经费是学校发展不可缺少的外部支撑，充足的经费不仅有利于学校外在资源的补给，更有利于学校内在发展。近年来，国家加大政策倾斜力度向小规模学校投入经费，教育经费投入比例也不断提高。据《中国农村教育发展报告 2019》数据显示，教育经费投入不断增长，农村义务教育经费增幅低于全国平均水平。2017 年全国教育经费总投入为 42562.01 亿元，较 2016 年的 38888.39 亿元增长 9.45%。其中，国

---

① Connell, William F., *Reshaping Australian Education 1960-1985*, Shannon Press, Melbourne, Victoria, 1993.

家财政性教育经费为34207.75亿元，占全国教育经费总投入的80.37%，较2016年（31396.25亿元）增长8.95%。2017年全国普通小学生均一般公共预算教育事业费支出达10199.12元，较2016年增长6.71%。其中，农村为9768.57元，较2016年增长5.65%。全国普通小学生均一般公共预算经费支出达2732.07元，较2016年增长4.64%。其中，农村为2495.84元，较2016年增长3.90%。从报告看，教育经费逐年增长，国家加大力度促进农村学校发展。①

据统计，2019年陕西、甘肃、宁夏三省（区）农村教育发展中，陕西地区农村小学教育经费支出最高，宁夏农村小学教育经费支出最低。其中，陕、甘、宁三省（区）农村小学公用部分经费支出最高，陕西农村小学为6705099千元，甘肃农村小学为4273646千元，宁夏农村小学为1131018千元，② 见表3-17。

表3-17 2019年陕、甘、宁三省（区）农村小学教育经费支出明细

（单位：千元）

地区	公用部分	商品和服务支出	其他资本性支出	专项公用支出	专项项目支出	基本建设支出
陕西	6705099	2715005	3990093	744764	3245329	156946
甘肃	4273646	1665769	2607877	548780	2059097	228622
宁夏	1131018	555984	575034	176978	398056	49660

资料来源：教育部财务司、国家统计局社会科技和文化产业统计司编《中国教育经费统计年鉴—2019》，中国统计出版社2020年版，第315—318页。

国家对农村教育经费的投入逐年增长，但教育经费仍存在不足问题。已有研究指出：中心校层层截留村小与教学点的生均公用经费，三

---

① 邬志辉、秦玉友：《中国农村教育发展报告2019》，北京师范大学出版社2020年版，第4页。

② 教育部财务司、国家统计局社会科技和文化产业统计司编《中国教育经费统计年鉴—2019》，中国统计出版社2020年版，第315—318页。

者之间矛盾重重。① 以某校 2015 年春季学期为例，全镇共有小学生 2535 人、1 所中心校、9 所村小、14 个教学点。所有教学点学生人数均不足 100 人，最少的仅有 3 人，最多的为 86 人，根据标准测算，全镇实得中央资金 109.86 万元，其中按基准定额和实有学生数计拨公用经费 76.05 万元，对不足 100 人的学校按照 100 人补足公用经费差额为 33.81 万元。事实上，该村小（包括所管辖 2 个教学点）应在春季学期获中心校公用经费拨付共计 11.25 万元，但现实是中心校截留了该校 65776 元，实际拨付率仅为 41.5%，截留率高达 58.5%。②

现阶段，三省（区）农村小规模学校存在问题较多，由于配套制度不完善直接导致政府财政投入责任难以落实，致使小规模学校无法及时获得足额经费。由于农村小规模学校学生数量少，生均办学成本高，因此一些地方政府以资源配置效率低、财政力量不支为由压缩、挤占其办学经费。具体表现如下。

（1）教育管理制度上尚未确定小规模学校的独立法人地位。长期以来，中心学校负责小规模学校教学及行政管理，包括规章建设、教材选用、教务管理、业务培训、课程设置、财务安排、校内人事安排与奖惩等，这就决定了小规模学校的财政预算无法进入国家统一的统计口径。即使目前按照 100 人规模投入公用经费，但实际上并不能真正契合其实际需求，直接导致其公用经费常年短缺。③ 县教育局会通过让校长先垫付后报账的方式，以拖延和限制学校办学支出，未能按照百人标准足额拨款。2016 年《国务院办公厅关于加快中西部教育发展的指导意见》提出"不足 100 人的教学点按 100 人拨付公用经费"。有研究发现，教育部门规定，学校开学初办学经费全部先由校长自筹，校长们需先用个人的钱或通过私人关系借钱，以此垫付学校办学支出，下个月到

---

① 李涛：《西部农村教育治理新困局："中心校"管理模式调查》，《中国青年报》2016 年 1 月 11 日第 10 版。

② 李涛：《西部农村教育治理新困局："中心校"管理模式调查》，《中国青年报》2016 年 1 月 11 日第 10 版。

③ 赵丹：《农村小规模学校公用经费投入体制研究》，《中国教育学刊》2017 年第 8 期。

第三章 西北地区农村小规模学校发展困境及原因探析

局里报账。对于学校规模低于50人的教学点,县教育局会在每学期末额外拨给学校一笔费用,数额不定。对此有小学校长说道:"学校开学之初支出大,一般需要花两万多元,而每学期上面只给四万块钱,每年正常情况下缺口1—2万元,小规模学校经费短缺严重影响学校教育质量的整体提升。"①

表3-18　陕西、甘肃两省部分小规模学校一学年办学经费情况

地区	学校	学生人数(人)	生均教育经费(元)	收入(元)
陕西周至县	M小学	43	400	17200
	A小学	90	200	18000
甘肃静宁县	L小学	53	300	15900
	G小学	58	600	34800

陕西省周至县2021年义务教育公用经费中央资金109万元。义务教育学校公用经费补助标准每生每年小学800元,初中1000元,农村寄宿制学校补助标准分别再加200元。同时继续对农村不足100人规模较小学校按100人核定公用经费,按每生每年60元补助义务教育学校取暖费。义务教育阶段特殊教育学校和随班就读残疾学生公用经费补助标准每生每年6000元。民办学校学生免学杂费标准按照公办学校公用经费补助标准执行,学杂费标准高出财政补助部分由学生家庭负担。②

陕、甘、宁三省(区)调查发现,甘肃地区学校生均教育经费每年600元,陕西省Z小学生均教育经费每年仅250元,教育经费是学校购买各类学校资源支出的主要经济,但不同地区教育经费使用情况不尽相同,已有研究发现西部地区农村中小学、办公费、教师培训费、图书

---

① 赵阔:《全要素框架下乡村小规模学校教育质量困境及其破解》,《教学与管理》2018年第36期。
② 西安市周至县人民政府:《周至县2021年义务教育经费补助资金的公示》(http://www.zhouzhi.gov.cn/xxgk/fdzdgknr/czxx/zdzjgk/60ee461ef8fd1c0bdc39e7c4.html)。

资料费、专用材料及设备设施购置费和会议费所占比例明显高于非西部地区，其中图书资料费高出近10%。政策性支出、大型修缮费、招待费和取暖费等支出所占比例显著低于非西部地区，其中大型修缮费低15.6%，取暖费低12.03%。①

（2）教育信息化带来额外支出，加剧小规模学校公用经费紧张。近年来在学校标准化建设工程中，许多农村小规模学校配齐了电子白板等信息化设备，校园网络实现全覆盖。因信息化电子白板、电脑等设备的使用相应带来了电费、设备维修费乃至教师培训费的同步增加，目前这些费用全部来自学校公用经费。调研中，以陕西某小学为例，以前学校每月电费为500元，现在加上空调和机房支出，已经增加到每月2000元，同时教师相关培训费也有所增加。然而，农村小规模学校的公用经费却并未随之平行增加，同时严重制约了学校对信息化设备的使用。

（3）小规模学校教师激励的经费不足，部分教师绩效工资不增反降。现实的乡村教师激励缺乏对乡村教师群体内部具体分层分类的设计，未能精准地回应不同群体的现实利益诉求，如有研究者表示《乡村教师支持计划（2015—2020年）》"在回应乡村青年教师现实利益诉求上依旧存在政策盲点"。②在农村小规模学校发展层面，很多地方政府虽然整体提升了对义务教育均衡发展的重视程度，但由于缺少制度激励，他们缺乏关注小规模学校办学状况的相应动力，而是把更多资源投入能够彰显政绩的"教育集团化办学""中心学校教育质量提升"等方面，更为严重的是，目前仍然有不少地方政府财政预算内教育支出占财政支出的比例低于10%，显现出对教育投入的努力程度非常低，更不要提小规模学校经费投入水平了。③教师受地区经济状况与县局财力制约，薪酬本来就比较低，全部绩效工资在2000元上下浮动。一些地区

---

① 钟秉林、赵应生、洪煜等：《农村义务教育学校公用经费支出实证研究——基于对我国9个省份107所农村学校的调查分析》，《中国教育学刊》2012年第8期。

② 王红：《政策精准性视角下乡村青年教师激励的双重约束及改进》，《教师教育研究》2019年第4期。

③ 赵丹：《农村小规模学校公用经费投入体制研究》，《中国教育学刊》2017年第8期。

会采用轮奖制，导致激励效果不佳。有小学迫切想要将全镇教学质量提上来，但囿于奖励经费不足，就以全体教师既有绩效工资为激励杠杆的办法，该举措使多数教师的工资不增反降，引发教师的强烈不满。①

二 三省（区）农村小规模学校管理层级低

学校管理从大方面说就是学校归谁管理的问题，具体到学校发展方面，是指学校在组织及发展方面怎样发展的问题。20世纪90年代末，中国开始实施政府机构改革，原来设在农村乡镇的教育组被撤销，改为由中心校校长兼任教育干事负责督导和管理本地教育事务的新型教育管理体制。② 2001年5月颁布了《国务院关于基础教育改革与发展的决定》，该决定首次明确中国义务教育阶段实施"地方政府负责、分级管理、以县为主"的管理体制。具体到农村学校特别是农村小规模学校的管理来看，学校管理困境主要体现在以下几个方面。

1. 农村小规模学校由中心校统筹管理为主，管理层级低

2016年国务院出台《关于统筹推进县域内城乡义务教育一体化改革发展的若干意见》明确提出，在实行"以县为主"管理体制基础上，将小学和教学点纳入对乡村中心学校考察，加强乡村中心学校对村小、教学点的指导与管理。雷万鹏曾经对中小学管理模式做出过评价，在他看来，这种简单的管理有它独特的优势。他说道："在学校组织方面，由于小规模学校管理层级较少、运转灵活，所以师生之间更具凝聚力，教师更易于因材施教，能及时有效地回应学生的个性化需求。"③ 但这种管理模式对农村小规模学校发展会造成一定阻碍，

---

① 赵阔：《全要素框架下乡村小规模学校教育质量困境及其破解》，《教学与管理》2018年第36期。
② 中西部地区农村中小学合理布局结构研究课题组、范先佐、周芬芬等：《我国农村中小学布局调整的背景、目的和成效——基于中西部地区6省区38个县市177个乡镇的调查与分析》，《华中师范大学学报》（人文社会科学版）2008年第4期。
③ 马晖：《中国农村小规模学校也可以"小而美"——专访华中师范大学教育学院副院长雷万鹏》，《21世纪经济报道》2012年7月16日第6版。

"中心校"模式管理农村小规模学校,中心校的校长为第一负责人,其负责管辖本乡镇的教育公共事务,而县教育行政部门则只需垂直管理乡镇中心校。

三省(区)调研发现,乡村中心校在经费、师资、管理等方面加大了统筹管理力度。但由于小规模学校由中心校统筹管理则容易使其处于附属地位,小规模学校的人、财、物等配置需要经过中心小学,优先满足中心小学才能配置给小规模学校教育资源。研究发现,三省(区)均存在小规模学校与教学点的公用经费被中心校截留现象。国家近些年来不断提高公用经费的基准定额,并明确提出2016年中央统一确定城乡义务教育生均公用经费基准定额,中西部小学是600元,初中是800元,东部小学是650元,初中是850元。为解决农村小学教学点运转困难等问题,对不足100人的农村小学教学点按100人核定公用经费补助资金。相关数据显示,农村小规模学校远未达到国家相关规定的经费。有相关研究以西部地区多个乡镇学校为对象进行调查出的数据充分证明了农村小规模学校的教育经费大量被中心校"截和",有一所学校"截和率"高达58.5%。[①] 由学校组织管理方面不足造成经费等问题,学校组织需要更进一步的加强和完善。同时,农村小规模学校组织方面的困境还表现为其办学自主权方面,中国教育科学研究院教育督导评估研究所通过对全国11省、33县农村学校的调研发现,"农小校"普遍存在着学校办学自主权过小的问题。[②]

2. 农村小规模学校管理制度漏洞较多

2018年5月,国务院办公厅印发的《关于全面加强乡村小规模学校和乡镇寄宿制学校建设的指导意见》(简称《意见》)提出,"强化乡镇中心学校统筹、辐射和指导作用,推进乡镇中心学校和同乡镇的小规模学校一体化办学、协同式发展、综合性考评,实行中心学校校长负

---

① 李涛:《西部农村教育治理新困局:"中心校"管理模式调查》,《中国青年报》2016年1月11日第10版。
② 杨三喜:《为乡村小规模学校涂上优质底色》,《中国教育报》2018年9月27日第2版。

第三章 西北地区农村小规模学校发展困境及原因探析

责制"。① 农村小规模学校在外部管理制度方面有了指示,由中心校负责各项工作安排,具体到学校由校长负责日常内部事务。在学校管理方面缺乏相应的内部管理制度是农村小规模学校发展不尽如人意的一大诱因。

农村小规模学校存在外部制度与内部制度两方面困境。主要表现如下。第一,外部制度缺乏严谨。在教育经费保障制度上,经费总量不足,使用效率不高;在教育资源配置制度上,数字资源配置不足,配套设施无法跟上;教师资源配置制度上,总量过剩且素质较低,教师结构不合理。第二,内部制度不规范。在校长管理制度方面,校长管理水平及态度低迷,改革效果差且缺乏持续性;在教师管理制度方面,正式关系难确立,管理结构松散且效力不高。② 部分农村小规模学校缺乏对自身未来发展走向的规划制度,缺乏对教师管理及学生发展等方面的相应制度。农村小规模学校自身若没有应对对发展的预想,只能因质量及效果差而随着学生的减少被社会淘汰。从现实发展看,发展较好的、能够吸引到学生的农村小规模学校都是拥有严格的制度进行管理规范的。

三 三省(区)农村小规模学校办学条件提高有限

"质优均衡"的办学条件是农村义务教育发展的保障与基础。国家提出普及九年义务教育的政策要求后,绝大多数农村义务教育学校先后完成了"普九"验收,办学条件基本达到了国家和地方规定的标准,随着教育的发展,办学标准要求不断提高。③ 受制于西北地区较为落后的经济发展,与城市学校相比,陕、甘、宁三省(区)农村小规模学校办学条件均处于落后水平,教育教学资源不足必然会引发教育困境,

---

① 国务院办公厅:《国务院办公厅关于全面加强乡村小规模学校和乡镇寄宿制学校建设的指导意见》,《中华人民共和国教育部公报》2018年第5期。
② 吴晗:《农村小规模学校的困境与出路——基于制度理性分析理论》,《教育导刊》2015年第11期。
③ 于海英、秦玉友:《城乡教育一体化视域下农村小规模学校问题研究》,《现代教育管理》2012年第11期。

资源短缺现已严重制约农村小规模学校的发展。近年来国家关注农村教育，加大了农村学校标准化建设，投入大量经费在硬件设施上以改善农村小规模学校办学条件，虽然部分办学条件有所提高，但未达标情况依旧很多，尤其是未明确的测量指标，仍被部分学校严重忽视。

1. 三省（区）部分农村小规模学校办学设施不健全

三省（区）农村小规模学校资源短缺最明显是教学设施及功能不齐全。与城镇学校所拥有的图书室、实验室、音乐室、美术室和计算机教室等功能室相比，小规模学校极为缺乏开展教育教学活动的条件设施，即使有也比较简陋，基本没有硬化的操场，更不用说篮球架等运动设备，学生只能在土操场上活动，一些教学设施老化，新配设施利用率不高。[①] 部分小规模学校资源短缺主要体现在如下方面。

（1）各个学校均设有图书室，图书数量总体偏少，仅有的图书由于频繁借阅，破损严重。在一些小规模学校，该校图书逐年更新，但存在配套不够问题，严重滞后于课程与教学发展改革。例如，宁夏固原地区 6 所小规模学校除教学点外，其余 5 所小学均有图书室，主要是为教师教学辅助，同时为扩大学生的知识面与阅读层次。调研中发现，小规模学校大部分图书较为老旧，图书室大门始终紧锁，一则学生们无暇阅读书籍；二则图书陈旧，与学生的阅读兴趣相去甚远。

（2）部分小规模学校实验仪器不足。大多数实验仪器是易损品，农村小规模学校公用经费严重不足，仅能维持学校日常开支，学校挪不出经费采购实验仪器，使原先配套的实验器材在损坏以后得不到有效的补充，造成部分学科教学得不到有效的开展。

（3）部分小规模学校网络建设仍滞后。三省（区）调研中，部分学校由于地理位置偏僻，网络设施不够完善，导致部分学校没有校园网络，因而缺乏有效的沟通手段，缺乏获取信息的有效渠道，学生除了教

---

① 徐进：《宁夏农村小规模学校发展的现状 问题与对策研究——以宁南山区农村小规模学校为例》，《宁夏教育》2019 年第 3 期。

第三章　西北地区农村小规模学校发展困境及原因探析

材和仅有的图书以外，没有其他渠道获取教材外的知识。同时，因为学校相关课程的设备也是少之又少，导致相应课程开设不全问题突出。其次，部分小规模学校教师办公室及其宿舍陈旧，甚至有学校老师办公地点与宿舍合二为一，条件较为简陋，在一定程度上影响了教师教学积极性，制约了乡村教师发展。[①]

图 3-20　宁夏固原地区 A 小学电子琴室　　图 3-21　宁夏固原地区 C 小学教室图书角

2. 三省（区）部分小规模学校现代信息技术设施闲置，利用率有待提高

现代化信息技术是辅助农村小规模学校教育资源发展的优良保证，为其输送优质教育资源的目的在于提高农村小规模学校的教育教学质量。调研中，一些学校多媒体设备数量较充足，但教师很少能运用课件、音像资料进行辅助教学，学生信息素养培养更无从谈起，"黑板+粉笔"为通常教学模式。宁夏固原地区 6 所小规模学校，均能按照教育部门政策要求，使用教育经费添置购买计算机，学校生机比均超过 10∶1，但多媒体设备利用率却极低，资源闲置现象较为突出。

[①] 杨晓强：《乡村振兴背景下乡村小规模学校发展建设研究》，《新课程》2021 年第 24 期。

调研中，宁夏固原地区样本学校建校时均按照中心学校标准设立，占地面积、建筑面积均达标。随着生源减少，校舍生均建筑面积也远超标准，但国家对农村教育的投入主要集中用于危房改造、完成义务教育办学基本标准的要求，欠缺对本地区农村小规模学校实际情况考虑，对部分学校宿舍、食堂、厕所等建设以及学校供暖投入仍然较少。

表3-19 宁夏固原地区农村小规模学校资源情况统计信息 （人）

学校	合计	女生	一年级	二年级	三年级	四年级	五年级	六年级	距离（公里）		面积（平方米）		建立时间（年）	最近翻修时间（年）
									到县政府	到乡镇政府	占地面积	校舍面积		
固原市A小学	82	37	20	22	15	8	8	9	40	10	13700	1400	1958	2008
固原市B小学	65	32	22	12	5	10	9	7	32	15	4252	600	1946	2006
固原市C小学	73	37	25	20	8	9	5	6	20	10	9600	850	1958	2015
固原市D小学	58	28	18	10	10	9	11	—	35	10	4864	890	1961	2002
固原市E小学	45	17	10	12	10	7	6	—	35	20	4846	740	1967	2006
固原市F小学	12	5	6	4	2	—	—	—	60	10	2600	2200	1956	2003

四 三省（区）农村小规模学校教育教学质量堪忧

农村地区由于人口密度小等人口地理学特征，使农村地区小规模学校数量大、占比高。面对相同资源配置到需求相同数量学龄人口时，三省（区）农村小规模学校的规模效益劣势显而易见地凸显出来。

第三章 西北地区农村小规模学校发展困境及原因探析

(一) 三省 (区) 农村小规模学校服务半径过大

陕、甘、宁三省 (区) 农村小规模学校多处地广人稀区域,人口稀少,大部分小规模学校均零散分布,宁夏地区部分小规模学校辐射半径可达四五千米,学生走路上学要一个多小时。义务教育阶段,小学校服务范围为2.9千米,初中为12.2千米,九年一贯制学校为5.4千米,高中为51.8千米,其中山区小学的服务半径>丘陵小学的服务半径>平原小学的服务半径,山区初中的服务半径>平原初中的服务半径>丘陵初中的服务半径,平原高中的服务半径>丘陵高中>山区高中。① 固原地区小规模学校集中,但其分布较广,且均处村落分散地域。撤点并校政策颁布后,当地教育行政部门对实际状况缺乏科学论证,因而一味撤并村小、教学点,致使学生全部集中到中心校就读,间接导致学生上学路程变远、学校生源辐射范围大。调研中,6所样本学校情况类似,均存在"服务村落多、服务人口数量多"现象,学生上学路程远,无形中增加了上学路程时间与精力耗损,见表3-20。

表3-20　　宁夏固原地区农村小规模学校生源辐射范围

学校	辐射村落（个）	距离（千米） 最远	距离（千米） 最近	辐射人口（人）
宁夏固原市A小学	9	3.5	0.2	10500
宁夏固原市B小学	6	4.2	0.3	9200
宁夏固原市C小学	8	4.3	0.8	8500
宁夏固原市D小学	5	3.8	0.5	7200
宁夏固原市E小学	5	4.6	0.5	3500
宁夏固原市F小学	2	3.8	0.5	1600

---

① 范先佐等:《中国中西部地区农村中小学合理布局结构研究》,中国社会科学出版社2009年版,第131页。

(二) 三省（区）农村小规模学校生源质量总体偏低

1. 三省（区）农村小规模学校生源持续减少

生源质量是学校发展的重要保障与关键。研究表明，乡村学生数量逐年减少，教育质量得不到保障。统计数据显示，义务教育在校生数增加、学校数减少，学生继续向城镇集中；2017年义务教育在校生数达1.45亿人，其中城区、镇区人数均在增长，只有乡村减幅为3.93%，比2016年减少140万人；2017年义务教育城镇化率为76.48%；2017年义务教育学校数为321901所，比2016年减少6287所；其中，乡村为201633所，比2016年减少7741所，减幅为3.7%；2017年义务教育阶段进城务工人员随迁子女达1406.63万人，较2016年增加0.85%，占在校生总数的9.68%，其中，小学1042.18万人。①

三省（区）研究发现，宁夏固原地区义务教育阶段学生数量日益减少，历经十年农村教育布局调整，该地区原来的村小、教学点均被撤并，学生集中到乡镇中心校。最初并校后，中心校学生人数剧增，达到学校办学鼎盛时期，但随着城镇化进程加快，越来越多本地村民外出打工，很多儿童跟随父母进城就读；小规模学校大部分生源被抽离；其次是固原当地自然环境较为恶劣，经济发展较落后，整体教育发展滞后，条件稍好家庭选择将孩子送到县城教学质量相对较优质学校，中心校一度沦为不足百人的小规模学校。调研中，宁夏P县小规模学校中不足百人的小规模学校尤其凸显，见表2-13。

甘肃某学校学生人数从2006年的1586人逐年下降，到2015年，学校就仅剩245名学生，而到2017年，学校内有12个学生是在读状态，学校教师人数都要比学生人数还要多3个。② 以甘肃省X县为例，截至2015年12月，该地区共有5所村小是"一生一师"模式，10人

---

① 邬志辉、秦玉友：《中国农村教育发展报告2019》，北京师范大学出版社2020年版，第2—3页。

② 蔡晓红：《乡村小规模学校教师处境调查报告》，《考试周刊》2018年第37期。

第三章 西北地区农村小规模学校发展困境及原因探析

以下的村小共有33所。① 甘肃省X县以其优质的教育出名，相关数据显示，2017—2018学年，该县农村有小学14所，校均不足百人，一半以上的小学人数在60人以下，多数农村小学学生数量偏少，本来形成的规模化学校突然小班化，学生、老师和家长都无法接受。老师认为一些常规教学手段无法展开，学生感到学习没有氛围；学校领导觉得学校小，无法进行规模教学，正常活动无法开展，严重影响了教学质量。② 见表3-21。

表3-21　　2017—2018学年甘肃省X县农村小学人数统计信息

学生人数		30—40人	40—50人	50—60人	60—70人	70—80人	80—100人
学校数量（个）	19	2	3	7	4	2	1
学生占比（%）	—	11	16	37	21	11	5

注：数据来源于X县教育局统计。

资料来源：转引自范海燕《民勤县农村中小学"撤点并校"优化对策研究》，硕士学位论文，西北师范大学，2019年，第12页。

农村小规模学校生源的不断减少，导致"空壳学校"的出现，这样不仅浪费了国家教育资源，更难以保证农村后4%的学生入学问题。在调查过程中，甘肃省X小学的校长说道："我们学校还好，最起码有几十个学生，教师在教学的过程中可以按照上下午的课程进行教学，像我们这山上的一些学校，只有两名学生、一名教师，学校根本没办法进行教学，但因为种种原因，这些学校的学生无法合并到别的学校，造成诸多问题。"另一位校长谈道："我们学校距离镇中心较近，我来了有

---

① 清水县人民政府：《2017年政府工作报告》（https://www.tsqs.gov.cn/info/4830/45856.htm）。

② 范海燕：《民勤县农村中小学"撤点并校"优化对策研究》，硕士学位论文，西北师范大学，2019年。

20多年了，我刚来的时候这所学校的学生是周边学校里最多的。现在，周边的学校只有一个教师，没有学生。我们学校的学生也日益减少，家长们都把孩子转入城里了，今年开学又转走两名学生，没有转走的都是受家庭经济的影响，不然估计也会转走。教师们教学也提不起热情，我看不到学校发展的希望，更看不到留下的这些学生的希望。"小规模学校学生生源日益减少，这对小规模学校的自身发展产生了严重制约与影响。

2. 三省（区）农村小规模学校留守儿童占比高

"流动"是当前中国社会的重要特征。① 表面看，乡村人口的进城是城镇化推进的结果，究其实质是中国的乡村社会已从乡土中国向流动中国、城乡中国和迁徙中国。② 随着农业产业结构的调整和城市化进程的不断加快，东部沿海地区的快速发展与西部农村地区产生了鲜明对比与差距。在市场决定资源配置下，衍生出西北农村地区年轻一代人口资源的大量流动与流失，大批农村人口纷纷离开家乡涌向城市务工经商，大批留守儿童出现。农村留守儿童因缺乏直接有效的家庭教育与亲情关怀，在人身安全、心理疏导、道德品质、学习教育等方面存在一系列亟待解决的问题。研究发现留守儿童家庭大多数是隔代教养，老人对孩子的关爱大多停留在"饮食"供给层面，这种供给往往不是建立在营养判断基础上，而是建立在孩子的"需要"基础上，③ 农村留守儿童的增多为小规模学校的发展带来一定的负面影响，也附带产生了诸多教育管理的难题。

留守儿童是指父母双方或者一方外出流动，自身留在户籍登记地，且年龄在0—17周岁的儿童。2015年全国1%人口抽样调查显示，留守

---

① 金紫薇、邓友超：《中国教育的流动逻辑》，《清华大学教育研究》2023年第2期。
② 段成荣、吕利丹、王涵等：《从乡土中国到迁徙中国：再论中国人口迁移转变》，《人口研究》2020年第1期。
③ 汤颖、邬志辉：《乡村小规模学校发展之困向度分析——基于H省C县乡村小规模学校实地调研分析》，《当代教育论坛》2020年第5期。

第三章　西北地区农村小规模学校发展困境及原因探析

儿童数量为6876万人。大规模的留守儿童在生存和发展等方面都面临着诸多问题，使之成为迁徙中国关注的焦点。"21世纪以来，全国留守儿童数量急剧增加，从2000年的2904万人增加到2015年的6876万人，增长了近4000万人，增长了136%。其中，农村留守儿童的数量更是达到5493万人，占比将近80%，即每5个留守儿童中有4个来自农村。农村留守儿童在规模增加的同时，其内部结构也发生了巨大的变化。从民族构成来看，2010年，全国少数民族农村留守儿童为658万人，占全部农村留守儿童的10.8%，即与汉族农村留守儿童相比，少数民族农村留守儿童占比较低。从年龄结构来看，农村留守儿童的年龄结构呈现出低龄化的趋势。2015年，11岁及以下的农村留守儿童占比约75%。与此同时，农村留守儿童的男女性别比持续升高，从2000年的116.8%增加到2015年的119%。"①

陕、甘、宁三省（区）调查发现，三省（区）留守儿童均占比较高，截至2020年，陕西农村留守儿童数量达10.36万人，② 截至2019年，甘肃农村留守儿童5.8万人。③ 据统计，2020年宁夏全区义务教育阶段在校生中农村留守儿童共5264人，其中，在小学就读3783人，在初中就读1481人。④ 留守儿童多，对教育及教学的发展都会产生负面影响。作为留守儿童的重要他人，小规模学校教师既要教书育人，更要承担呵护、关爱留守儿童的角色，弥补这部分群体因亲情缺失而造成的精神家园的疏离及情感生活的孤寂，开展好各项教育工作。调研中，宁夏固原地区小规模学校在校生中留守儿童数量占近一半。家庭结构分散，

---

① 谢东虹、段成荣：《迁徙中国视野下流动儿童和留守儿童发展与乡村振兴》，《中国民族教育》2021年第12期。
② 西部网：《陕西已投入4.5亿元资金 保障关爱全省农村留守儿童、孤儿等群体》（http://news.cnwest.com/bwyc/a/2021/10/29/20058986.html?utm_source=UfqiNews）。
③ 中华人民共和国中央人民政府：《甘肃实现乡镇儿童督导员、村级儿童主任全覆盖》（http://www.gov.cn/xinwen/2019-10/18/content_5441538.htm）。
④ 宁夏回族自治区教育厅：《2020年宁夏回族自治区教育事业发展统计公报》（http://jyt.nx.gov.cn/zwgk/zfxxgkml/ywjy/zcwj/202112/t20211215_3225462.html）。

父母有效监督缺位，该地区留守儿童学业状况堪忧，均不利于其健康成长。由于当地没有特殊教育学校，目前只能将所有适龄学生编入一个教学班，在很大程度上严重影响了学校教学的有序进行。

（三）三省（区）农村小规模学校班级数量少、小趋势明显

三省（区）部分农村小规模学校总体分析看，学校班级数量整体趋于少、小状况明显，学校规模偏小现象突出，生源日益减少现象较突显。以宁夏固原地区学校为例，其中三个完全小学，1—6年级班级数量最少为一个，其余皆为非完全小学，1—4年级、1—5年级普遍都存在。

1. 农村小规模学校班级数量整体较少

班级数是衡量办学规模的重要指标。研究发现，固原地区6所小学整体班级数量较少，每个年级均为一个班级。其中原州区A小学为完全小学，一年级、二年级、三年级均有两个班级，但四年级至六年级均为一个班级，见表3-22、表3-23。

表3-22　宁夏固原六所小规模学校班师比、师生比状况统计（2018年）

（单位：个、人）

学校	班师比			师生比		
	班级数量	教师人数	比例	教师人数	学生人数	比例
宁夏固原A小学	9	31	1∶3	31	82	1∶2
宁夏固原B小学	7	26	1∶3	26	65	1∶2
宁夏固原C小学	8	28	1∶3	28	73	1∶2
宁夏固原D小学	6	24	1∶4	24	58	1∶2
宁夏固原E小学	5	22	1∶4	22	45	1∶2
宁夏固原F小学	3	6	1∶2	6	12	1∶2
合计	38	137	1∶3	137	335	1∶2

第三章 西北地区农村小规模学校发展困境及原因探析

表 3-23 宁夏固原地区六所农村小规模学校班级数量统计信息（单位：个）

学校	一年级	二年级	三年级	四年级	五年级	六年级	小计
宁夏固原市 A 小学	2	2	2	1	1	1	9
宁夏固原市 B 小学	2	1	1	1	1	1	7
宁夏固原市 C 小学	2	2	1	1	1	1	8
宁夏固原市 D 小学	2	1	1	1	1		6
宁夏固原市 E 小学	1	1	1	1	1		5
宁夏固原市 F 小学	1	1	1				3

2. 农村小规模学校班级规模"小微化"

班级规模人数从表中不难看出，最多人数为25人，最少人数为2人，高年级人数整体较少，明显要低于低年级人数。表明在固原地区农村小规模学校随着年级的增高，学生人数逐渐下降，隐形辍学或流失状况较为严重，见表3-24。

表 3-24 宁夏固原地区六所小规模学校班级规模人数统计信息

（单位：人）

学校	小计	一年级	二年级	三年级	四年级	五年级	六年级
宁夏固原市 A 小学	82	20	22	15	8	8	9
宁夏固原市 B 小学	65	22	12	5	10	9	7
宁夏固原市 C 小学	73	25	20	8	9	5	6
宁夏固原市 D 小学	58	18	10	10	9	11	
宁夏固原市 E 小学	45	10	12	10	7	6	
宁夏固原市 F 小学	12	6	4	2			

2001年,《国务院办公厅转发中央编办、教育部、财政部关于制定中小学教职工编制标准意见的通知》中规定的农村、城镇和城市的师生比分别为1∶23、1∶21和1∶19,2012国家提出城乡师生比统一标准为1∶19。有研究对2003—2012年乡村小学"教职工数"和"在校生数"的数据研究中得出,近十年乡村小学师生比分别为1∶19.64、1∶18.88、1∶18.13、1∶17.67、1∶17.17、1∶16.60、1∶16.06、1∶15.70、1∶16.64、1∶15.90。[①] 从数据比例上可以看出,乡村小学师生比要远高于国家的标准,数据反映全国乡村小学教师处于超编的状态,多数小规模学校师生比徘徊在1∶10到1∶3,处于超编状态。但如果按照班师比计算,多数在1.5∶1左右,即表明教师包班授课、工作量超负荷现象严重,缺编问题突出。恰恰是这种看似超编、实则缺编的状态导致小规模学校无法招收新教师,而且县域内教师交流没有形成长效机制,特别是县镇学校不仅缺乏帮扶动机,甚至还以优惠条件挖走小规模学校优秀教师,导致小规模学校师资愈加陷入困窘状态。

在学校教育中,生师比越小,表明教师工作量平均数越小,同时教学压力也越小。在农村小规模学校,按国家师生比例的标准衡量,小规模学校教师超编严重,师生比高于非小规模学校。教师数量充足,但由于学校学生人数少班级多,在实际运行过程中教师数量严重不足,有的教师身兼数职,有教师甚至会上整整一天的课,严重影响教师身心健康,见表3-25。

表3-25 宁夏固原地区六所小规模学校班师比、师生比统计信息

(单位:人、个)

学校	班师比			师生比		
	教师人数	班级数量	比例	教师人数	学生人数	比例
合计	137	38	1∶3	137	335	1∶2

---

① 周兆海、邬志辉:《工作量视角下义务教育教师编制标准研究——以农村小规模学校为例》,《中国教育学刊》2014年第9期。

第三章 西北地区农村小规模学校发展困境及原因探析

续表

学校	班师比			师生比		
	教师人数	班级数量	比例	教师人数	学生人数	比例
宁夏固原A小学	31	9	1∶3	31	82	1∶2
宁夏固原B小学	26	7	1∶3	26	65	1∶2
宁夏固原C小学	28	8	1∶3	28	73	1∶2
宁夏固原D小学	24	6	1∶4	24	58	1∶2
宁夏固原E小学	22	5	1∶4	22	45	1∶2
宁夏固原F小学	6	3	1∶2	6	12	1∶2

（四）三省（区）农村小规模学校师资结构不均衡

教师是小规模学校发展的中坚力量，更是关键所在。教师数量与质量决定着农村小规模学校发展的整体向度。农村小规模学校教师结构不均衡现象总体较突出。

1. 三省（区）农村小规模学校教师老龄化严重

教师队伍年龄结构合理是建设一支高素质教师队伍的必要前提，年轻教师充满活力，敢于大胆创新；中年教师年富力强，是学校的"中流砥柱"；老教师经验丰富，更能起到"传帮带"的作用，三类教师如果按一定合理的比例组成，达到老、中、青有效结合，对提高农村教育质量、推进农村教育发展有很大的作用。① 由于办学条件差，三省（区）小规模学校往往很难吸引优秀教师"留下来"，调研发现，小规模学校任教教师老龄化是较普遍现象，且学段越低，学校越偏远，教师老龄化程度越严重。三省（区）教师队伍年龄结构，51岁以上老龄化教师数量及比例高。

调查显示，农村小规模学校教师整体年龄偏大，群体老龄化现象严

---

① 范先佐、曾新、郭清扬：《义务教育均衡发展与农村中小学教师队伍建设》，《教育与经济》2013年第6期。

重。陕、甘、宁三省（区）调查发现，宁夏农村小规模学校教师51岁及以上教师占比达68%，留守在偏远村小教师年龄基本在50岁左右。教师年龄大，教学模式固化，相应会影响学校新教学方式、方法运用及其课程开设，宁夏地区41—50岁教师占比为43%，陕西地区41—50岁教师占比为40%，见表3-26。

表3-26　　　　陕、甘、宁三省（区）教师年龄统计信息　　　　（单位：人）

		年龄				合计
		20—30岁	31—40岁	41—50岁	51岁及以上	
省份	甘肃	9	24	7	8	48
		19%	50%	14%	17%	100%
		19%	55%	17%	17%	27%
	陕西	22	12	17	7	58
		38%	21%	29%	12%	100%
		46%	27%	40%	15%	32%
	宁夏	17	8	18	31	74
		23%	11%	24%	42%	100%
		35%	18%	43%	68%	41%
合计		48	44	42	46	180
		27%	24%	23%	26%	100%
		100%	100%	100%	100%	100%

注：三省（区）教师年龄统计，一列百分比为教师年龄占本省（区）教师（调研教师）比例；一列为教师年龄占比三省（区）（N=180人）教师比例。

资料来源：笔者调研所得数据。

2. 三省（区）农村小规模学校"小科目"教师紧缺

调研发现，陕西地区乡村小规模学校教师任教科目分析看，语文教师31人，占比23.5%；数学教师23人，占比17.4%；英语教师12人，占比9.1%；道德与法治教师22人，占比16.7%；科学学科教师人数

第三章 西北地区农村小规模学校发展困境及原因探析

10人，占比7.6%；美术教师人数11人，占比8.3%；音乐学科教师为10人，占比7.6%；其他为2人，占比1.5%。甘肃地区语文教师人数20人，占比19.8%；数学教师17人，占比16.8%；英语学科教师人数14人，占比13.9%；教授语文、数学、英语学科教师总占比最高，超过50%，但是教授美术、音乐与体育等小学科教师总人数14人，占比13.9%。宁夏地区小规模学校教师中，担任语文学科教师32人，占比23.0；数学教师32人，占比23.0%；英语学科教师3人，占比2.2%；道德与法治教师17人，占比12.2；科学教师17人，占比12.2；美术教师14人，占比10.1%；体育教师10人，占比7.2%，音乐教师8人，占比5.8%；担任其他学科任务教师6人，占比4.3%。由此表明教师教学任务繁重，一人承担多门学科，教师专业结构不尽合理，结构性矛盾较突出，尤其在英语、音乐、美术、体育和信息技术等"小科目"学科教师更紧缺，见表3-27。

表3-27 陕、甘、宁三省（区）农村小规模学校教师任教学科统计信息

	地区	人数（人）	百分比（%）
语文	陕西	31	23.5
	甘肃	20	19.8
	宁夏	32	23.0
数学	陕西	23	17.4
	甘肃	17	16.8
	宁夏	32	23.0
英语	陕西	12	9.1
	甘肃	14	13.9
	宁夏	3	2.2
道德与法治	陕西	22	16.7
	甘肃	17	16.8
	宁夏	17	12.2

续表

	地区	人数（人）	百分比（%）
科学	陕西	10	7.6
	甘肃	19	18.8
	宁夏	17	12.2
美术	陕西	11	8.3
	甘肃	7	6.9
	宁夏	14	10.1
体育	陕西	11	8.3
	甘肃	3	3.0
	宁夏	10	7.2
音乐	陕西	10	7.6
	甘肃	4	4.0
	宁夏	8	5.8
其他	陕西	2	1.5
	甘肃	—	—
	宁夏	6	4.3

注：a. 值为1时制表的二分组。

2020年《教育部等六部门关于加强新时代乡村教师队伍建设的意见》指出，乡村教师队伍还存在结构性缺员较为突出、素质能力有待提升、发展通道相对偏窄、职业吸引力不强等问题，必须把乡村教师队伍建设摆在优先发展的战略地位。① 前期调研中，宁夏固原地区6所小学语文、数学学科教师数量充足且均衡，其中，英语、科学、音乐、美术、体育等小科目教师数量严重不足，致使小科目教学难以为继。小规模学校小科目课程"开不齐、开不足"现象突出，致使教学质量无法有效保证。三省（区）小规模学校多由一两个教师负责学校所有年级及科目教学，面对英语、音乐、美术等专业性较强的科目则不得不取

---

① 中华人民共和国教育部：《教育部等六部门关于加强新时代乡村教师队伍建设的意见》（http://www.moe.gov.cn/jyb_xwfb/gzdt_gzdt/s5987/202009/t20200904_485110.html）。

消。此外，由于小规模学校缺乏相应后勤人员，有教师不仅承担繁重的教学任务，同时要承担起"保姆"职责，负责非教学事务，这都极大影响了教师教育教学精力与时间的支出，见表3-28。

表3-28　宁夏固原地区六所小规模学校教师专业结构统计信息（2018年）

（单位：人，%）

学校	合计	非师范类		语文		数学		英语		音乐		体育		美术		计算机	
		人数	占比	人数	占比	人数	占比	人数	占比	人数	占比	人数	占比	人数	占比	人数	占比
宁夏固原A小学	31	1	3.2	12	38.7	12	38.7	2	6.6	1	3.2	1	3.2	1	3.2	1	3.2
宁夏固原B小学	26	1	3.8	10	38.6	11	42.4	1	3.8	1	3.8	1	3.8	1	3.8	0	0
宁夏固原C小学	28	2	7.1	10	35.7	10	35.7	2	7.1	1	3.6	1	3.6	1	3.6	1	3.6
宁夏固原市小学	24	3	12.4	9	37.5	9	37.5	1	4.2	1	4.2	1	4.2	0	0	0	0
宁夏固原E小学	22	2	9.1	8	36.5	9	40.9	1	4.5	1	4.5	1	4.5	0	0	0	0
宁夏固原F小学	6	1	16.7	2	33.3	2	33.3	0	0	0	0	1	16.7	0	0	0	0
合计	137	10	7.3	51	37.2	53	38.7	7	5.1	5	3.6	6	4.4	3	2.2	2	1.5

同时，三省（区）小规模学校教师普遍"一人多科"，日常工作量明显超标，而且部分学校未能开齐、开足国家规定课程，尤其美术、音乐和体育等学科。在如此师资分配、课程设置的背景下，小科课程教学（音、体、美）一般由大科教师（语文、数学、英语）兼任完成，即音、体、美课程由非专业教师兼任，造成课程教学的非专业性与表面性，对口化教学也难以实现。产生此种现象的主因在于部分学校管理者与教师认为大科课程一般带有常识性知识色彩，学科的专业性特点相对较弱，具有一般学科专业基础的教师均能胜任。小科课程的专业性特点

相对突出，这是毋庸置疑的，教师如果缺乏相应专业学科背景则无法实现对口化教学水平，如此，在小规模学校，大科教师兼顾小科教学只能生成一种低水平的教学。

3. 三省（区）农村小规模学校教师整体缺编严重

教师是学校教育质量的核心影响因素。2016年，联合国教科文组织研究所对全球教师的预测数据显示，要实现2030年"普及中小学教育"目标，各国需要招聘6880万名教师，其中小学教师2440万名[①]，而位于偏远地区的小规模学校对教师的需求更大。[②] 教师数量短缺是农村小规模学校教师队伍建设面临的首要难题。

农村学校教师数量一般根据国家规定的师生比配置。对于农村小规模学校，特别是超小规模学校来说，按照国家师生比配置教师，一般都会超编，但从农村小规模学校教学需要看仍显得不足。[③] 研究发现，小规模学校生师比大多处于1∶10，与国家规定的师生比存在显著差异，最新中小学生师生比中指出，农村小学教职工与学生比例为1∶19，显然农村小规模学校教师存在超编状况。但如果按照不足百人学校的教师不按师生比计算，采用班师比1∶2计算，小规模学校仍存在"一班一师"状况，表明小规模学校教师配置不足问题凸显。有研究显示，宁夏回族自治区某县需配备正式教师445名，而事实上这些学校现有专任教师430名，其中代课教师就有82名，正式教师缺口有15名；另外，如果按照不足百人学校的教师不能按师生比，应按班师比1∶2计算，164所教学点共有教学班490个（一年级142个、二年级126个、三年级102个、四年级72个、五年级45个、六年级3个），需要配备教师960

---

① UNESCO Institute for statistics, "The World Needs Almost 69 Million New Teachers to Reach the 2030 Education Goals", https://uis.unesco.org/en/files/fs39-world-needs-almost-69-million-new-teaehers-reach-2030-education-goals-2016-en-pdf.

② 武芳、刘善槐：《乡村小规模学校如何突破教师队伍建设难题？——基于大国型、先发型、文化同源型国家的比较研究》，《教育学术月刊》2020年第2期。

③ 秦玉友：《农村小规模学校教育质量困境与破解思路》，《中国教育学刊》2010年第3期。

名，教师数量严重不足。① 三省（区）研究中，对某小学教师一天工作量研究发现，教师每天至少上6节课，语文课、数学课、辅导课循环进行，因学生人数少，语文、数学、作文等作业需要全批全改。因教师数量短缺致使工作量加大对教师教学效率、学生学习效果产生严重影响。见表3-29。

表3-29　　陕、甘两省部分小规模学校教师数量统计信息

学校	学生人数（人）	班级数（个）	教师人数（人）	生师比	班师比
陕西周至L小学	43	5	8	6∶1	1∶1
陕西周至A小学	90	6	10	9∶1	1∶1
陕西周至U小学	114	12	13	9∶1	1∶1
陕西周至W小学	153	12	14	11∶1	1∶1
甘肃静宁X小学	53	5	14	4∶1	1∶2
甘肃静宁Y小学	58	5	16	4∶1	1∶3
甘肃静宁Z小学	489	14	45	10∶1	1∶3
甘肃静宁B小学	83	5	17	5∶1	1∶3

（五）三省（区）农村小规模学校课程难开齐开足

"开齐开足"国家规定课程切实关系到农村教育质量的提升与中小学生的全面发展。近几年来，乡村学校，尤其小规模学校因诸多因素普遍存在未能按国家课程标准开齐课程和开足课时状况，均在一定程度上影响了当地基础教育质量和中小学生的健康成长。

1. 三省（区）农村小规模学校课程开设普遍难开齐开足

三省（区）研究中，虽然学校各班级课程设置均达到国家课程标准要求，但在实际执行过程中，各个学校课程表执行却并非如此。其中，未能开足的课程多为所谓的"副科"课程，即音乐、体育、美术、

---

① 邱芳婷、赵珍珍：《农村"小微学校"教师队伍建设的困境及出路——以宁夏回族自治区南部山区X县为例》，《宁夏师范学院学报》2019年第11期。

科学、综合实践等学科课程，这些课程对于培养学生的个性发展与创新思维等具有同等价值，碍于农村小规模学校现有师资条件与水平，这些课程无法开齐开足：一则缺乏专业师资；二则这些所谓"副科"并未纳入国家课程考试范围。小规模学校办学理念中"升学"倾向明显，在一定程度上忽视了学生的全面发展。

固原地区农村小规模学校集中且数量较多，在被问到学校课程开设上存在的问题最突出是哪些时，宁夏固原教育体育局 M 老师谈道，以固原市为例，按照自治区义务阶段教师配置标准，小规模学校教师的配置标准按照师生比远远超过了配置标准，小学 19：1，初中 13.5：1，目前，小规模学校教师配置标准 1—10 人是 2.3：1，11—50 人是 5.9：1，51—99 人是 8.7：1，但是按照班师比，教师数量和结构又无法满足小规模学校开齐开足课程的需要。研究通过教师任教学科人数比例，表明小规模学校小科目课程教师数量严重不足，课程开设开齐、开足的状况一目了然，见表3-30。

表3-30　　陕、甘、宁三省（区）教师任教学科状况

（单位：人）

		省份		
		甘肃	陕西	宁夏
学科	语文	20	31	32
		24%	37%	39%
		42%	53%	43%
	数学	17	23	32
		24%	32%	44%
		35%	40%	43%
	英语	14	12	3
		48%	42%	10%
		29%	21%	4%

续表

学科		省份		
		甘肃	陕西	宁夏
学科	道德与法治	17	22	17
		30%	40%	30%
		35%	38%	23%
	科学	19	10	17
		41%	22%	37%
		40%	17%	23%
	美术	7	11	14
		22%	34%	44%
		15%	19%	19%
	体育	3	11	10
		12%	46%	42%
		6%	19%	14%
	音乐	4	10	8
		18%	46%	36%
		8%	17%	11%
	其他	0	2	6
		0	25%	75%
		0	3%	8%

注：第二行百分比为任教学科教师占三省（区）本学科教师人数比。第三行百分比为任教学科教师占本省（区）教师比例。

学科结构是衡量教师队伍质量的重要因素之一，表明教师职前所学与职后任教关系的紧密程度。合理优化教师学科结构是建设优质教师队伍的关键，也是衡量一个学校教学质量的关键，关系学校"开齐、开足、开好"课程，关乎学生全面发展，更是实现教育公平和推动城乡教育一体化的重要因素。调查发现，三省（区）农村小规模学校在音乐、体育、美术等学科课程师资方面缺编严重，音乐、美术、体育等教师数量严重不足，语文、数学等教师兼任音、体、美学科课程的现象突出。有研究者调查甘肃某地区 48 所学校发现，专任教师共计 337 人，依此计算，每所学校平均只有 7 名教师，而且专任教师人数少于 10 人的学校共计 43 所，① 开齐所有国家规定的课程，上述教师数量明显不足。小规模学校缺乏专业的音、体、美教师，很多学校的艺术课程根本无法正常开展。现阶段，小规模学校"音乐课上跟着唱，体育课上随便跑，美术课上照着描"成为普遍现象。

2. 部分农村小规模学校授课方式仍显滞后

在部分省（区）农村小规模学校，教师教学方式仍遵循"讲述课本知识—课堂练习—巩固强化"模式，对于激发学生学习积极性、创造性调动上表现乏力；部分老师教学方式较单一，传统讲授法占据课堂主位。部分教师教学观念落后，有的学校虽然装有多媒体教学设施，但一些老教师运用并不多，更有甚者因为专业能力欠缺则不会使用。

3. 部分农村小规模学校各项活动开展缺乏力度

课堂教学是教育的主要阵地，丰富多彩校园活动是课堂教学的拓展与延伸。课程资源的作用不仅取决于客观课程资源的存在状态，而且取决于教师对课程资源开发利用的程度。小规模学校的优势在于"小"，更有利于其开展各种各样的活动，用以发展学生兴趣爱好，促进农村学生的健康成长。调研发现，目前小规模学校学生各种活动的开展频率少，各个小学不常开展活动的原因在于：一则学生少，活动无法有效开展；二则学生应努力学习课内知识，最终才能赢在"考试成绩"上。学校各项活动开展意在促进学生全面发展，目前部分小规模学校发展的"短视"行为，势必不利于学生素质的整体提升。

（六）三省（区）农村小规模学校校本教研活动开展乏力

校本教研是教师专业化成长的根本途径。通过校本教研，教师们才

---

① 牛倩：《西北农村地区小规模学校发展的作用、问题及对策研究——基于甘肃省 H 县的调查分析》，《西北成人教育学院学报》2014 年第 4 期。

第三章 西北地区农村小规模学校发展困境及原因探析

能围绕现实问题,将教育理论与实践充分结合,从而提升自身的专业结构与素养,拓展更新个人知识结构与能力。

调查显示,三省(区)小规模学校校本教研活动开展频率不一。陕西地区小规模学校教师"几乎不参加"校本教研活动人数占比7.22%,"一月一次"参加该活动人数占比14.45%,"两周一次"校本教研活动人数比例9.44%,"一周一次"校本教研活动人数占比1.11%。甘肃地区小规模学校教师"几乎不参加"校本教研活动人数占比1.11%,"一月一次"参加该活动人数占比1.67%,"两周一次"校本教研活动人数占比3.33%,"一周一次"校本教研活动人数占比20.56%;宁夏地区小规模学校"几乎不参加"校本教研活动人数占比3.89%,"一月一次"参加该活动人数占比7.22%,"两周一次"校本教研活动人数占比13.89%,"一周一次"校本教研活动人数占比16.11%。三省(区)中,宁夏、甘肃地区校本教研开展较多,参与教师人数占比较高;陕西地区校本教研活动开展频率较低,参与教师人数占比较低,见表3-31。

表3-31　陕、甘、宁三省(区)农村小规模学校教师参加教研活动频次统计信息

	地区	人数(人)	百分比(%)
几乎不参加	陕西	13	7.22
	甘肃	2	1.11
	宁夏	7	3.89
一月一次	陕西	26	14.45
	甘肃	3	1.67
	宁夏	13	7.22
两周一次	陕西	17	9.44
	甘肃	6	3.33
	宁夏	25	13.89

续表

	地区	人数（人）	百分比（%）
一周一次	陕西	2	1.11
	甘肃	37	20.56
	宁夏	29	16.11

五 三省（区）农村小规模学校教师隐性流失严重

近年来，国家持续实施"特岗计划""银龄计划""三区支教"和公费师范生计划等政策，通过加大新教师的补充力度以平衡乡村教师流失的缺口，但教师短缺困境依然无法有效解决。农村小规模学校更需要一批稳定、优质的教师，需要教师能够扎根乡土，即"下得去、留得住、教得好、扎根久"。《中国农村统计年鉴—2020》数据显示，2010—2020年中国乡村教师数量从546.4万降到244.8万，乡村教师数量的急剧减少给乡村教育振兴带来严峻挑战。①

1. 三省（区）农村小规模学校教师工作量大

《乡村教师支持计划（2015—2020年）》中明确提出："到2017年，力争使乡村学校优质教师来源得到多渠道扩充，乡村教师资源配置得到改善，教育教学能力水平稳步提升，各方面合理待遇依法得到较好保障，职业吸引力明显增强，逐步形成'下得去、留得住、教得好'的局面。"② 农村小规模学校，教师课时量越多，工作压力则越大，其主要原因是农村小学师资力量不足。有研究显示，目前农村小学教师呈现出流失率大、队伍不稳定、教师数量紧缺、课时量大等特点，部分农村小学老师不得不承担相对较重的课时负担。③

---

① 参见蔺海沣、张智慧、赵敏《学校组织文化如何影响乡村青年教师留岗意愿——组织承诺的中介效应分析》，《教育研究》2021年第8期。

② 中华人民共和国教育部：《广东省乡村教师支持计划实施办法（2015—2020年）》（http://www.moe.gov.cn/jyb_xwfb/xw_zt/moe_357/jyzt_2015nztzl/2015_zt17/15zt17_gdssbf/gdssbf_gd/201601/t20160115_228058.html）。

③ 王艳玲、闻正梅、张慧：《乡村教师离职意愿的实证分析——基于云南省5342位乡村教师的调查》，《教师教育研究》2022年第5期。

第三章 西北地区农村小规模学校发展困境及原因探析

研究发现，三省（区）小规模学校教师平均任教科目，陕西地区教师每周课时数安排上，教师承担 1—5 节/周的占比 3.4%，承担 6—10 节/周的占比 6.9%，承担 11—15 节/周的占比 20.7%，承担 16—20 节/周的占比 31.1%，承担 20 以上/周的占比 37.9%；甘肃地区教师承担 1—5 节/周的占比 4.2%，承担 6—10 节/周的占比 14.5%，承担 11—15 节/周的占比 52.1%，承担 16—20 节/周的占比 22.9%，承担 20 节以上/周的占比 6.3%；宁夏地区教师承担 1—5 节/周的占比 4.1%，每周 6—10 节/周的占比 20.3%，承担 11—15 节/周的占比 40.5%，承担 16—20 节/周的占比 29.7%，承担 20 节以上/周的占比 5.4%。由此看出，教师每周课时数量多，陕西地区大多数教师课时安排都超过了 16 节，教师平均每天上课超 3 节；甘肃地区教师每周课时量集中 11—20 节；宁夏地区农村小规模学校教师每周课时数 11—20 节。总体而言，三省（区）中陕西地区教师教学任务更重，超负荷运转，教师压力大，见表 3-32。

表 3-32　陕、甘、宁三省（区）农村小规模学校教师每周课时数信息

	周课时节数	人数（人）	百分比（%）
陕西	1—5 节	2	3.4
	6—10 节	4	6.9
	11—15 节	12	20.7
	16—20 节	18	31.1
	20 节以上	22	37.9
甘肃	1—5 节	2	4.2
	6—10 节	7	14.5
	11—15 节	25	52.1
	16—20 节	11	22.9
	20 节以上	3	6.3

续表

	周课时节数	人数（人）	百分比（%）
宁夏	1—5节	3	4.1
	6—10节	15	20.3
	11—15节	30	40.5
	16—20节	22	29.7
	20节以上	4	5.4

农村小规模学校教师常担任多门学科的教学任务及活动，调查发现，陕西地区教师平均每位教师任教约2.3门，甘肃地区平均每位教师任教约2.1门，宁夏地区平均每位教师任教1.9门。由此表明，目前三省（区）小规模学校教师任教科目数量较多，工作负担重，见表3-33。

表3-33　陕、甘、宁三省（区）农村小规模学校教师平均任教科目数

	教师人数（人）	任教科目数（门）	平均每位教师任教科目数（门）
陕西	58	132	2.3
甘肃	48	101	2.1
宁夏	74	139	1.9
总计	180	372	2.1

2. 三省（区）农村小规模学校教师日常工作紧张且忙碌

学校是最有秩序感的存在场域。在农村小规模学校，教师每日工作忙碌不已，有研究表明，教师课时量越多，工作压力则越大。

调查显示，陕西地区小规模学校教师一日工作安排上，教师备课上课所用时间0—2小时人数占比19.0%，2—4小时人数占比44.8%，4—6小时人数占比25.9%，6—8小时人数占比10.3%，陕西地区教师备课与

第三章 西北地区农村小规模学校发展困境及原因探析

上课时间所用时间多为 2—4 小时；甘肃地区教师每天备课上课时长 0—2 小时占比 16.7%，2—4 小时人数占比 58.3%，4—6 小时人数占比 22.9%，甘肃地区大部分教师备课时长集中于 2—4 小时；宁夏地区教师每日备课上课时长 0—2 小时人数占比 32.4%，2—4 小时人数占比 47.3%，4—6 小时人数占比 14.9%，6—8 小时人数占比 5.4%。总体看，三省（区）教师备课上课时间差异不大，都集中于 2—4 小时，见表 3-34。

表 3-34 陕、甘、宁三省（区）小规模学校教师一日工作安排
——备课上课情况

		时长（小时）	人数（人）	百分比（%）
备课上课	陕西	0—2	11	19.0
		2—4	26	44.8
		4—6	15	25.9
		6—8	6	10.3
		8—10	0	0
	甘肃	0—2	8	16.7
		2—4	28	58.3
		4—6	11	22.9
		6—8	0	0
		8—10	1	2.1
	宁夏	0—2	24	32.4
		2—4	35	47.3
		4—6	11	14.9
		6—8	4	5.4
		8—10	0	0

调查显示，陕西地区小规模学校教师一日工作安排上，陕西地区教师批作业与辅导花费时间 0—2 小时人数占比 44.8%，2—4 小时人数占

比51.8%，4—6小时人数占比3.4%；甘肃地区教师批作业与辅导花费时间0—2小时人数占比52.1%，2—4小时人数占比43.7%，4—6小时人数占比4.2%；宁夏地区教师批作业与辅导花费时间0—2小时人数占比48.6%，2—4小时人数占比41.9%，4—6小时人数占比8.1%，6—8小时人数占比1.4%。表明三省（区）小规模学校教师批改作业与辅导作业的时间多数集中在0—4小时，见表3-35。

表3-35　　陕、甘、宁三省（区）小规模学校教师一日工作安排—批改作业与辅导情况

	地区	时长（小时）	人数（人）	百分比（%）
批改作业与辅导	陕西	0—2	26	44.8
		2—4	30	51.8
		4—6	2	3.4
		6—8	0	0
		8—10	0	0
	甘肃	0—2	25	52.1
		2—4	21	43.7
		4—6	2	4.2
		6—8	0	0
		8—10	0	0
	宁夏	0—2	36	48.6
		2—4	31	41.9
		4—6	6	8.1
		6—8	1	1.4
		8—10	0	0

三省（区）教师用于非教学性事务的工作量状况，调查显示，小规模学校教师用于非教学性事务时间0—2小时人数占比53.5%，2—4小时人数占比34.5%，4—6小时教师人数占比8.6%，6—8小时教师人数占比3.4%；甘肃地区小规模学校教师用于非教学性事务的时长，0—

第三章 西北地区农村小规模学校发展困境及原因探析

2小时人数占比56.2%，2—4小时人数占比31.3%，4—6小时教师人数占比12.5%；宁夏地区小规模学校教师用于非教学性事务的时长，0—2小时人数占比44.6%，2—4小时教师人数占比40.5%，4—6小时人数占比12.2%，6—8小时人数占比2.7%。总体来看，三省（区）教师在非教学性事务时间多数集中在0—2小时。这种状况对于学校发展与学生成长会产生不利影响。总体上，三省（区）小规模学校教师平均一天工作时长较长，教师工作负担重，长期超负荷运转将加大损害教师工作的积极性，致使小规模学校教师在繁重的工作中懈怠其自身发展，势必不利于教师的个人成长与发展，见表3-36。

表3-36　陕、甘、宁三省（区）小规模学校教师一日工作安排
　　　　　——非教学性事务情况

		时长（小时）	人数（人）	百分比（%）
非教学性事务	陕西	0—2	31	53.5
		2—4	20	34.5
		4—6	5	8.6
		6—8	2	3.4
		8—10	0	0
	甘肃	0—2	27	56.2
		2—4	15	31.3
		4—6	6	12.5
		6—8	0	0
		8—10	0	0
	宁夏	0—2	33	44.6
		2—4	30	40.5
		4—6	9	12.2
		6—8	2	2.7
		8—10	0	0

3. 三省（区）农村小规模学校教师隐性流失严重

农村小规模学校大多处于经济条件不好，交通等受限的地区，陕、甘、宁三省（区）中以甘肃省为例，调查中的 4 所农村小规模学校距离县城最近也要 12 千米的距离，距镇中心 3 千米。因此，教师大多不愿意去任教，受各种因素的影响，即使有教师去农村小规模学校任教，但仅将其作为一个缓冲屏障，并没有打算长久在当地任教，尤其青年教师一旦有更好机会也会放弃乡村教师岗位，致使小规模学校教师严重紧缺，隐性流失现象严重。

加之受学校管理模式的影响，中心校或者更高一级学校会将农村小规模学校教师，尤其是一些优秀教师调去为其所用，致使一些小规模学校教师大量减少或流失，这些极不利于小规模学校的良性发展。还有部分青年教师因各种条件限制，一时无法进入理想地域工作，因而通过国家相应政策考取教师岗位，出现"上午来、下午走"的现象。调研中，宁夏固原地区小规模学校教师主要来源于民转公，撤点并校将村小撤并到中心校，村小的民转公教师都随之进入中心校任教，民转公教师不仅学历程度较低，同时年龄也较大，工作上力不从心，流失意愿较为强烈。再者，一些小规模学校青年教师由于缺乏教学经验，跨年级教学中有人同时承担三门教学任务，无形中加大这部分教师备课等教学负担，致使部分年轻教师产生流向中心校或城市学校任教的想法，加重且恶化小规模学校教师的隐形流失。

研究显示，陕西地区小规模学校教师平均任教学科达至三门，甚至四门。三省（区）小规模学校教师"被全科"现象已极为突出，见表 3-38。有研究显示，乡镇和村屯小学任教 2 门及以上学科的教师占比分别为 54.63% 和 53.39%，均超过一半以上。[①] 还有部分农村小规模学校，任教多学科教师的占比大、专业对口率低，跨学科跨年级教学的现

---

① 秦玉友、邬志辉：《中国农村教育发展状况与未来发展思路》，《东北师大学报》（哲学社会科学版）2017 年第 3 期。

第三章 西北地区农村小规模学校发展困境及原因探析

表3-37 陕、甘、宁三省（区）农村小规模学校教师身份类别统计信息

	选项	人数（人）	百分比（%）
陕西	公办在编教师	36	62.1
	特岗教师	10	17.3
	支教教师	2	3.4
	代课教师	9	15.5
	交流教师	1	1.7
甘肃	公办在编教师	38	79.1
	特岗教师	8	16.7
	支教教师	0	0.0
	代课教师	2	4.2
	交流教师	0	0.0
宁夏	公办在编教师	64	86.4
	特岗教师	5	6.8
	支教教师	1	1.4
	代课教师	2	2.7
	交流教师	2	2.7

象较为突出。与固定班额的班级里教学相比，教师学科分工极为明确，即完成"所学即所教"某一门学科就行。小规模学校教师通常面对几个学生，一方面要承担一个班级所有学科教学，另一方面进行几个班级的复式教学，教师教学不适应感增大、教学压力尤其大。

表3-38 陕西省周至县W小学教师任教科目统计信息

授课教师	教龄	教授课程
H老师	10年	三年级道法
Z老师	12年	五年级道法、四年级音乐、五年级音乐

续表

授课教师	教龄	教授课程
W老师	2年	二年级数学
Y老师	15年	六年级语文、英语、信息、美术
L老师	8年	三年级语文、美术、信息 二年级道法、校本
P老师	14年	六年级数学、道法、科学、音乐 三年级英语、书法、综合、
D老师	11年	五年级数学、五、六年级体育、二年级书法
Q老师	11年	五年级语文、英语、科学、美术、书法、信息
J老师	9年	四年级语文、英语、科学、美术、书法
F老师	7年	四年级数学、四年级道法、三年级音乐 四、五、六年级综合
C老师	10年	三年级数学、科学 三、四年级体育
W老师	12年	二年级语文、美术、科学、音乐、综合、阅读
R老师	10年	一年级语文 一、二年级体育、音乐、阅读
M老师	8年	一年级数学、科学、道法、综合、书法

农村小规模学校教师在工资待遇、专业发展、职称评聘、工作环境等方面与城市教师存在较大差距。与城市学校相比，小规模学校教师需要跨年级、跨学科进行教学，甚至实施复式教学、包班制教学，使得教师教学任务繁重。面对工作条件差、工作任务重、收入水平相对较低的现状，部分小规模学校教师流动愿望强烈，教师流失率较高，教师队伍稳定性差。

表3-39　　宁夏固原六所小规模学校教师身份结构统计信息

学校	合计(人)	公办教师		民转公		特岗、支教		代课	
		人数(人)	占比(%)	人数(人)	占比(%)	人数(人)	占比(%)	人数(人)	占比(%)
合计	137	57	41.6	65	47.5	5	3.6	10	7.3
宁夏固原A小学	31	6	19.3	18	58.1	2	6.5	5	16.1
宁夏固原B小学	26	13	50.0	10	38.5	1	3.8	2	7.7
宁夏固原C小学	28	13	46.4	13	46.4	0	0	2	7.2
宁夏固原D小学	24	14	58.3	8	33.3	1	4.2	1	4.2
宁夏固原E小学	22	9	40.9	12	54.6	1	4.5	0	0
宁夏固原F小学	6	2	33.3	4	66.7	0	0	0	0

六　部分省（区）农村小规模学校学生学业成绩不理想

学业成绩是学校教育质量的衡量指标，又是反映学生发展水平的指标。研究发现，农村小规模学校学生的学业成绩相较于城镇学校，三省（区）小规模学校学生成绩普遍较低，以下仅对宁夏固原地区7所学校进行了相应的学业成绩测查。研究采用小学生数学测试卷和语文测试卷，根据测试成绩分析学生的知识能力水平。数学测试题按照数学四个学习领域设计，由17道题组成；语文测试题按照语文四个领域设计，由14道题组成。① 选取宁夏固原市7所有代表性农村小规模学校，首先，研究聚焦固原市周边的两个乡镇学校；其次，基于每个乡镇小规模学校发展状况，选择两类农村小规模学校：完全小学和非完全小学（调研过程中了解到教学点没有四年级以上的学生，因而将教学点除外）。考虑到前期调研中发现部分农村小规模学校高段年级断层，尤

---

① 这两份测试题主要借鉴马云鹏、李广和刘学智三位学者撰写《新课程理念下学科素养评价研究》中的测试问卷。测试题目设计严格遵循了试卷编制原则，先后经过了教研员和实验学校的讨论和修改，反复测试最终形成的试题。参见马云鹏、李广、刘学智《新课程理念下学科素养评价研究》，东北师范大学出版社2006年版，第102—200页。

其是五、六年级学生因升学原因而转到城镇学校,故将这7所学校中四年级学生作为研究对象进行试卷测试、问卷调查。此外,本研究为了解农村小规模学校学生学业成绩现状与学生各方面能力差异,故选取城镇地区大规模学校S小学和农村中心校Z小学四年级学生作为研究对象进行比较研究。S小学四年级学生采用分层抽样方式从几个班中抽出相应人数展开测试。

(一)农村小规模学校学生语文与数学学业成绩状况

学生学业成绩是教育质量的重要衡量指标,是农村小规模学校发展质量评价的关键点。教育质量是当代中国教育发展的重中之重,学生学业成绩是代表学校教育质量的核心变量,评价学校改革有效性的最终标准也是以学生实际学业成绩的提高程度为基准。

1. 学生语文综合能力欠缺

研究将小规模学校学生语文学业成绩与这次调查所有学生的有效语文试卷每一个测试内容的平均成绩作为检验值进行比较分析。可看到农村小规模学校语文各领域的平均成绩均低于本次调查的有效学生平均成绩(T<0),尤其是识字写字领域(识字组词P=0、词语积累P=0.001)和交际写作领域(口语交际P=0.001、写作综合P=0.008),低于平均成绩的差异极其显著(P=0.001<0.05)。但也能看到农村小规模学校学生在识字写字领域的词义分辨部分学业成绩相对较高(T=0.29,P=0.775)。

表3-40　农村小规模学校学生语文测试内容成绩单样本T检验

	得分率	合格率(%)	优秀率(%)	均值差	T值	Sig.
拼音	0.71	92.16	9.8	−0.033	−2.87	0.775
识字	0.61	68.63	15.69	−0.952	−3.88	0.000
词语积累	0.63	52.94	13.73	−0.773	−3.50	0.001
词义分辨	0.67	58.82	25.49	0.066	0.29	0.775

续表

	得分率	合格率（%）	优秀率（%）	均值差	T值	Sig.
识字写字	0.65	72.54	7.84	-1.688	-3.46	0.001
古诗积累	0.56	33.33	3.92	-0.55	-1.63	0.110
工具应用	0.78	86.27	39.22	-0.105	-0.54	0.589
词义理解	0.50	29.41	7.84	-0.381	-1.34	0.185
综合理解	0.43	25.49	3.92	-0.688	-1.62	0.112
阅读综合	0.63	25.49	1.96	-1.722	-2.05	0.046
口语交际	0.25	7.84	5.88	-1.06	-3.72	0.001
写作综合	0.44	31.37	9.8	-1.442	-2.76	0.008
交际写作	0.37	19.61	3.92	-2.51	-3.62	0.001
总分	0.53	27.45	0	-5.928	-3.84	0.000

通过以上具体每一个测试成绩，并根据测试内容侧重考查学生能力，分为语文的识记、理解、应用三方面能力，[①] 本书发现农村小规模学校学生各方面的能力参差不齐（得分率：识记58%、理解53%、应用48%。标准差：识记3.61、理解5.29、应用5.40）且相对明显落后于平均成绩（$P<0.05$），尤其综合应用能力显著低于平均成绩（$P=0.001<0.05$），有较大的提升空间，见表3-40、表3-41。

表3-41　农村小规模学校学生语文测试的能力成绩单样本T检验

	总分	极小值	极大值	M±SD	得分率	均值差	T值	Sig.（双侧）
识记	29	7	22	16.76±3.61	0.58	-1.535	-3.04	0.004
理解	40	10	37	21.25±5.29	0.53	-1.775	-2.394	0.020
应用	31	6	26	14.86±5.40	0.48	-2.607	-3.448	0.001

---

① 刘善槐、史宁中：《农村小规模学校学生学业成绩问题研究——以西南某县为例》，《中国教育学刊》2011年第4期。

2. 语文学业成绩完全小学和非完全小学差异不显著

农村小规模学校语文平均成绩完全小学高于非完全小学 0.57 分，不存在显著性差异。完全小学相比于非完全小学学生学业成绩分布分散，水平不集中，非完全小学学生成绩更整齐，见表 3-42。

表 3-42 农村小规模学校之完小与非完小内容领域学业成绩独立样本 T 检验

内容领域	学校类型	均值	标准差	Levene 检验 F	Levene 检验 Sig.	T 值	Sig.	均值差值
拼音	完全小学	5.72	0.813	0.014	0.906	0.807	0.423	0.19
	非完全小学	5.53	0.841					
识字	完全小学	6.09	1.838	0.238	0.628	-0.125	0.901	-0.06
	非完全小学	6.16	1.642					
词语积累	完全小学	5.16	1.648	1.849	0.180	-2.985	0.004	-1.27
	非完全小学	6.42	1.071					
词义分辨	完全小学	4.66	1.578	0.388	0.537	-0.278	0.782	-0.13
	非完全小学	4.79	1.782					
识字写字	完全小学	21.63	3.705	0.526	0.472	-1.264	0.212	-1.27
	非完全小学	22.89	3.017					
古诗词积累	完全小学	4.09	2.131	0.068	0.796	-3.951	0.000	-2.43
	非完全小学	6.53	2.118					
工具应用	完全小学	6.38	1.212	0.843	0.363	0.668	0.507	0.27
	非完全小学	6.11	1.663					
词义理解	完全小学	4.75	2.064	0.556	0.459	1.011	0.317	0.59
	非完全小学	4.16	1.951					
综合理解	完全小学	6.31	3.197	0.926	0.341	-0.241	0.811	-0.21
	非完全小学	6.53	2.816					
阅读综合	完全小学	21.53	6.491	3.924	0.053	-1.026	0.310	-1.78
	非完全小学	23.32	5.067					
口语交际	完全小学	2.44	2.299	5.799	0.020	2.511	0.015	1.23
	非完全小学	1.21	1.182					

第三章　西北地区农村小规模学校发展困境及原因探析

续表

内容领域	学校类型	均值	标准差	Levene 检验		T值	Sig.	均值差值
				F	Sig.			
写作综合	完全小学	7.50	3.574	0.206	0.652	2.306	0.025	2.40
	非完全小学	5.11	3.604					
交际写作	完全小学	9.94	5.009	0.977	0.328	2.674	0.010	3.62
	非完全小学	6.32	4.042					
总分	完全小学	53.09	12.211	5.915	0.019	0.190	0.850	0.57
	非完全小学	52.53	8.971					

农村小规模学校中完全小学在交际写作领域均值9.94，显著高于非完全小学交际写作领域均值6.32，两类学校在这一领域相差3.62分（P=0.010<0.05），这个显著性差异归因于完全小学学生在写作部分有较高的成绩，完全小学学生写作平均成绩7.50，标准差3.574，非完全小学学生写作平均成绩5.11，标准差3.604，完全小学学生写作成绩显著高出非完全校2.40分（P=0.025<0.05），且完全小学学生写作成绩水平整体性较高，非完全小学学生写作水平较为分散。在识字写字和阅读综合两个领域，虽然完全小学学生成绩低于非完全小学，但其差异不具有显著性。此外，从具体数据分析中还可看出非完全小学学生相对优秀的学业成绩，在词语积累和古诗词积累部分，非完全小学学生平均成绩显著高于完全小学学生平均成绩，且在标准差比较中，也都是非完全小学低于完全小学，这就说明非完全小学学生古诗和词语积累整体较高，而完全小学学生则表现得更为分散。

3. 语文能力考察学业成绩完全小学和非完全小学各占优势

学生知识能力的平均成绩是非完全小学学生平均成绩分布集中，高于完全小学2.3分，且在知识能力方面两类学校之间学生学业成绩存在显著性差异（P<0.05）。学生语文应用能力的平均成绩是非完全小学低于完全小学3.89分，学业成绩的差距存在显著性差异（P<0.05）。学生语文理解能力方面的差距不存在显著性差异（P>0.05），见表3-43。

表 3-43　农村小规模学校之完小与非完小学生语文测试的
能力成绩独立样本 T 检验

	学校类型	均值	标准差	Levene 检验		T 值	Sig.	均值差值
				F	Sig.			
识记	完全小学	15.91	3.89	6.138	0.017	-2.543	0.014	-2.30
	非完全小学	18.21	2.57					
理解	完全小学	20.88	5.59	2.804	0.100	-0.661	0.512	-1.02
	非完全小学	21.89	4.84					
应用	完全小学	16.31	5.40	0.616	0.436	2.631	0.011	3.89
	非完全小学	12.42	4.56					

在语文学业成就方面，学生学业成绩存在问题为学生审题有障碍。有个别农村小规模学校学生的作文均偏题，题目要求的是一篇想象作文，学生都是在叙述自己与同学朋友之间发生的琐事，还有的写成了日记，以流水账的形式记录一天生活；学生口语表达未明确题目意图，抓不住主题，学生用一句话劝说父母不要吵架，没有具体写出自己以后在家要怎么做，很难体现出学生对父母的关心、体谅父母辛苦劳累、站在父母角度思考问题，例如有学生写道"妈妈，你以后只管穿，啥都不要管了"。学生学业方面还表现为缺乏想象力，写作构思难。写作过程中，清晰可见的涂改液、更正贴修改了一大段，使得卷面脏乱且内容潦草，重新写时也还是两句话就结束了，甚至有人一句都写不出来，只是把题目抄一遍。还有极少数学生的口语交际和作文都是空白，不知如何写起，由于学生视野局限，平常不善于表达，即便有学生作文字数相对较合理，但对故事中人物角色的前后安排混乱，缺乏逻辑性。

除此之外，学生语言表达口头方言化明显。学生不会灵活将方言转变成书面语言，而是倾向于用很直白的当地方言写出来，影响了句子的通顺和意思表达，尤其在礼貌用语方面，学生关于冲突的语句描写过于随意，不能体现出小学生基本语文素养，口语表达句意过于随意和地

第三章 西北地区农村小规模学校发展困境及原因探析

方化。

4. 学生数学的分析解决综合问题能力一般

研究中，将农村小规模学校学生数学学业成绩与本次调查所有学生的有效数学试卷每一个测试内容的平均成绩作为检验值进行比较分析，发现农村小规模学校学生数学学业成绩相对较好，数与代数领域和数据的统计领域成绩相对较高，图形与几何领域和综合实践领域成绩相对较低；具体到每一测试内容中，虽然多个测试内容成绩较低但成绩差异均不显著（$P>0.1$），而且数的运算（$T=4.84$）和统计（$T=2.48$）两个内容的成绩高于平均成绩的差异极其显著（$P<0.05$）。

研究发现，乡村小规模学校学生理解与分析综合能力较高（$T>0$），数学应用能力较低，但总体上学生的理解、应用、分析综合的能力既不明显高于平均成绩也未明显低于平均成绩（$P>0.05$），见表3-44、表3-45。

表3-44　　农村小规模学校学生数学学业成绩单样本T检验

	得分率	合格率	优秀率	均值差值	T值	Sig.
估算	0.84	0.86	0.86	-0.051	-0.328	0.744
逻辑推理判断	0.69	0.71	0.37	-0.309	-0.937	0.353
分数的意义	0.51	0.51	0.51	-0.131	-0.616	0.541
数的运算	0.87	0.96	0.73	1.802	4.837	0.000
数与代数	0.80	0.90	0.55	1.302	1.645	0.106
物体的方位	0.37	0.22	0.16	-0.244	-0.884	0.381
物体的变换	0.73	0.67	0.57	-0.154	-1.099	0.277
图形与几何	0.49	0.22	0.14	-0.398	-1.192	0.239
数据的统计	0.57	0.51	0.31	0.896	2.481	0.017*
简单数学应用	0.56	0.47	0.06	-0.019	-0.029	0.977

续表

	得分率	合格率	优秀率	均值差值	T值	Sig.
解决实际情境问题	0.33	0.20	0.02	−0.289	−0.629	0.532
综合与实践	0.47	0.29	0.04	−0.308	−0.318	0.751
总分	0.61	0.61	0.08	1.511	0.755	0.454

表3-45　农村小规模学校学生数学测试的能力成绩单样本T检验

	满分	极小值	极大值	M	SD	得分率	均值差	T值	Sig.
理解	40	18	40	31.92	5.65	0.80	1.31	1.65	0.105
应用	35	7	32	18.86	6.36	0.54	−0.41	−0.465	0.644
分析综合	25	0	25	10.65	5.42	0.43	0.62	0.811	0.421

5. 完全小学学生的数学学业成绩普遍较高

农村小规模学校数学平均学业成绩完全小学高出非完全小学9.24分，两类学校之间差异存在显著性（P=0.02<0.05）。完全小学学生数学学业成绩普遍较高，在数学各领域有较高的成绩，表现为数与代数、数据统计、综合与实践三个领域平均学业成绩完全小学高于非完全小学，分别是2.22分、1.96分、5.27分，且在数据统计（P=0.005）、综合与实践（P=0.006）两个领域的学业成绩差异存在显著性（P<0.05）。虽然在图形与几何领域，完全小学学生的成绩均较低，但两类学校的差异不具有统计学意义，差异不显著，见表3-46。

表3-46　农村小规模学校之完小与非完小学学生数学学业成绩差异

因变量	(I)学校	均值	标准差	(J)学校	均值	标准差	均值差(I-J)	显著性
等式计算	完小	10.38	1.07	非完小	9.63	1.535	0.743	0.069
脱式计算	完小	10.84	2.112	非完小	10.79	2.123	0.054	0.948
分数的意义	完小	1.69	1.512	非完小	1.26	1.522	0.424	0.332

续表

因变量	(I)学校	均值	标准差	(J)学校	均值	标准差	均值差(I-J)	显著性
估算	完小	2.53	1.107	非完小	2.53	1.124	0.005	0.988
逻辑推理判断	完小	7.31	2.221	非完小	6.32	2.496	0.997	0.130
数与代数	完小	32.75	5.0418	非完小	30.526	6.4495	2.22	0.215
物体的变换	完小	2.13	1.07	非完小	2.32	0.885	-0.191	0.518
物体的方位	完小	2.19	2.292	非完小	2.21	1.316	-0.023	1.000
图形与几何	完小	4.3125	2.8106	非完小	4.526	1.467	-0.213	1.000
数据的统计	完小	6.44	2.663	非完小	4.47	1.926	1.964	0.005**
简单数学应用	完小	15.63	4.233	非完小	12.53	5.316	3.099	0.024*
解决实际情境问题	完小	5.75	3.51	非完小	3.58	2.341	2.171	0.064
综合与实践	完小	21.375	6.272	非完小	16.105	6.8223	5.269	0.006**
成绩总分值	完小	64.88	13.497	非完小	55.63	14.025	9.243	0.020*

6. 完全小学学生数学能力成绩均高于非完全小学学生

农村小规模学校的完全小学学生在理解、应用、分析综合三方面能力成绩均值分别是 32.75 分、19.94 分、12.19 分，非完全小学学生在理解、应用、分析综合三方面能力学业成绩均值分别是 30.53 分、6.21 分、8.05 分，均值差相比之下非完全小学学生理解、应用、分析综合能力平均成绩均低于完全小学，尤其是在分析综合能力方面，完全小学和非完全小学之间差异存在显著性（P=0.019<0.05），见表 3-47。这表明两类学校学生在理解和应用能力差异不显著的情况下，完全小学学生的综合能力更强，凸显出了完全小学的优势，也即意味农村小规模学校的非完全小学数学教学应在学生基础知识的掌握理解上，更应该拔高一个层级，培养学生综合能力，而不是仅在基础知识的层级打转。

表 3-47　　　　　　　　数学测试的能力成绩差异分析

因变量	(I)学校	均值	标准差	(J)学校	均值	标准差	均值差(I-J)	显著性
理解	完小	32.75	5.04	非完小	30.53	6.45	2.220	0.215
应用	完小	19.94	6.29	非完小	17.05	6.21	2.880	0.103
分析综合	完小	12.19	5.68	非完小	8.05	3.84	4.13	0.019*

从中可以看到，农村小规模学校中的完全小学学生平均学业成绩相对较好，尤其是数学学业成绩完全小学显著高于非完全小学，语文学业成绩完全小学虽然高于非完全小学，但差异不显著。此外，本书还探究了城乡不同规模学校学生学业成绩，发现学校规模与语文成绩正相关，但与数学学业成绩不相关。这也说明了为农村小规模学校提供优质教育资源，实现教育资源公平，更有利于学生的语文学业发展。

在数学学业成绩方面，学生知识点薄弱。学生在做应用分析综合题目时，未认真仔细审题发现题目中的信息差别，找出题目知识点，例如长度单位和面积单位换算是四年级阶段重要知识点，学生却忽视之间的关系；应用题的单位和回答等基本的做题格式从二年级的解决实际问题教学开始每次此类题都会强调，而农村小规模学校四年级学生却还有这样失误，足见学生对基本知识点掌握不扎实；第一题简单口算题和脱式计算题，学生会在草稿纸上详细认真地计算每一个步骤致使后面做题时间不够，与其说学生不自信，不如说是学生基础知识不牢固，不敢直接在卷子上写答案。而且，学生思维定式明显。对于数学应用题和解决实际问题的解答，大多数学生倾向于用新学习的知识作答。例如对于和倍应用题，学生在没有确定题目中所给数字之间关系的情况下直接用最近新学的有余数除法随意列式计算，即便有部分学生能很好地综合以前所学内容选择正确的方法解答，但还是采用分步列式计算的方法，不能列出综合算式。

（二）农村小规模学校学生成绩（语文与数学）未达标

研究显示，宁夏固原地区小规模学校学生学业成绩合格率较低，优

第三章 西北地区农村小规模学校发展困境及原因探析

秀率未达标。通过将农村小规模学校学生学业成绩与所有学生有效成绩分析，小规模学校学生语文和数学总成绩平均分（114.31）低于合格分数（120）。[①] 单科合格率是64.71%，两门科目都合格比率为23.5%，单科优秀率是7.84%，两科都优秀比率为0。依据各年级合格率优秀率达标标准，[②] 农村小规模学校学生学业成绩不达标。表明农村小规模学校学生学业现状距离课程标准规定目标设定还有很大差距，见表3-48。

表3-48　　　农村小规模学校学生测验总成绩统计

	合格率（%）		优秀率（%）		M±SD	极小值	极大值	F	T值	P
	单科	两科	单科	两科						
有效学生	64.71	23.5	7.84	0	114.31±21.2	76	155	—	—	—
男生	65.52	17.24	3.92	0	111.62±18.69	78	141	1.09	1.04	0.302
女生	63.63	31.82	3.92	0	117.86±24.11	76	155			

（三）农村小规模学校学生成绩女生优于男生

从总成绩来看，经差异分析女生总体成绩平均分高于男生6.24分，但差异不具有统计学意义（P=0.302>0.05）。男生成绩单科合格率（65.52%）高于女生成绩单科合格率（63.63%），且单科合格率在各自性别占比都在60%以上；女生两科合格率（31.82%）高于男生成绩两科合格率（17.24%），且男生和女生两门科目都合格的比率很低（见上表）。划分学科来看，语文学科女生成绩显著高于男生（P=0.045<0.05），数学学科女生成绩高于男生但差异不显著，见表3-48。

（四）农村小规模学校学生普遍存在偏科现象

从前面分析，可以明确农村小规模学校多数学生都是单科合格而

[①] 完美作业网：《小学优秀率计算标准》（https://www.wanmeila.com/question/f644dfd6f2350532253.html）。

[②] 中华人民共和国教育部：《基础教育各年级优秀率及格率达标标准》（https://doc.docsou.com/bbd1650c531a0d0b89e3ed17a.html）。

两门科目却不能同时合格。又进一步分析发现农村小规模学校学生数学的合格率（61%）与优秀率（8%）均比语文高（27.45%和0%）。数学平均成绩（61.43分）高出语文8.6分，且男生和女生的数学合格率（62.07%和54.54%）、优秀率（6.89%和9.09%）均高于语文的合格率（17.24%和36.36%）、优秀率（均为0%），表明农村小规模学校学生的语文和数学学业并不是同步发展，存在严重的偏科现象，见表3-49。

表3-49　　农村小规模学校学生语文和数学测试成绩统计信息

科目	类别	合格率（%）	优秀（%）	M	SD	Sig.	均值差值
语文	总	27.45	0	52.88	11.02	—	-5.928
	男	17.24	0	50.21	9.72	0.045	-6.202
	女	36.36	0	56.41	11.85		
数学	总	61	8	61.43	14.29	—	1.511
	男	62.07	6.89	61.41	13.91	0.992	-0.041
	女	54.54	9.09	61.45	15.10		

注：均值差的显著性水平为0.05。

（五）农村小规模学校学生综合能力较弱

1. 农村小规模学校学生语文综合能力欠缺

将农村小规模学校学生语文学业成绩与这次调查所有学生的有效语文试卷每一个测试内容的平均成绩作为检验值进行比较分析。可以看到，农村小规模学校语文各领域的平均成绩均低于本次调查的有效学生平均成绩（T<0），尤其是识字写字领域（识字组词 P=0、词语积累 P=0.001）和交际写作领域（口语交际 P=0.001、写作综合 P=0.008），低于平均成绩的差异极其显著（P=0.001<0.05）。但也能看到农村小规模学校学生在识字写字领域的词义分辨部分学业成绩相对较

第三章 西北地区农村小规模学校发展困境及原因探析

高（T=0.29，P=0.775），见表 3-50。

表 3-50　　农村小规模学校学生语文测试内容成绩单样本 T 检验

	得分率	合格率（%）	优秀率（%）	均值差	T 值	Sig.
拼音	0.71	92.16%	9.80%	−0.033	−2.87	0.775
识字	0.61	68.63%	15.69%	−0.952	−3.88	0.000***
词语积累	0.63	52.94%	13.73%	−0.773	−3.50	0.001***
词义分辨	0.67	58.82%	25.49%	0.066	0.29	0.775
识字写字	0.65	72.54%	7.84%	−1.688	−3.46	0.001***
古诗积累	0.56	33.33%	3.92%	−0.55	−1.63	0.110
工具应用	0.78	86.27%	39.22%	−0.105	−0.54	0.589
词义理解	0.50	29.41%	7.84%	−0.381	−1.34	0.185
综合理解	0.43	25.49%	3.92%	−0.688	−1.62	0.112
阅读综合	0.63	25.49%	1.96%	−1.722	−2.05	0.046
口语交际	0.25	7.84%	5.88%	−1.06	−3.72	0.001***
写作综合	0.44	31.37%	9.80%	−1.442	−2.76	0.008**
交际写作	0.37	19.61%	3.92%	−2.51	−3.62	0.001***
总分	0.53	27.45%	0.00%	−5.928	−3.84	0.000***

注：均值差的显著性水平为 0.05。

通过以上具体每一个测试成绩，研究根据测试内容所侧重考查学生能力，划分为语文的识记、理解、应用三方面能力，[①] 发现农村小规模学校学生各方面的能力参差不齐（得分率：识记 58%、理解 53%、应用 48%。标准差：识记 3.61、理解 5.29、应用 5.40）且相对明显落后于平均成绩（P<0.05），尤其综合应用能力显著低于平均成绩（P=0.001<0.05），有较大的提升空间，见表 3-51。

---

① 刘善槐、史宁中：《农村小规模学校学生学业成绩问题研究——以西南某县为例》，《中国教育学刊》2011 年第 4 期。

表3-51　农村小规模学校学生语文测试的能力成绩单样本 T 检验

	总分	极小值	极大值	M±SD	得分率	均值差	T 值	Sig.（双侧）
识记	29	7	22	16.76±3.61	0.58	-1.535	-3.04	0.004**
理解	40	10	37	21.25±5.29	0.53	-1.775	-2.394	0.020*
应用	31	6	26	14.86±5.40	0.48	-2.607	-3.448	0.001***

2. 农村小规模学校学生数学的分析解决综合问题能力一般

将农村小规模学校学生数学学业成绩与本次调查所有学生的有效数学试卷每一个测试内容的平均成绩作为检验值进行比较分析，可看到农村小规模学校学生数学学业成绩相对较好，数与代数领域和数据的统计领域成绩相对较高，图形与几何领域和综合实践领域成绩相对较低；具体到每一测试内容中，虽然多个测试内容成绩较低但成绩差异均不显著（P>0.1），而且数的运算（T=4.84）和统计（T=2.48）两个内容的成绩高于平均成绩的差异极其显著（P<0.05），见表3-52。

表3-52　农村小规模学校学生数学学业成绩单样本 T 检验

	得分率	合格率	优秀率	均值差值	T 值	Sig.
估算	0.84	0.86	0.86	-0.051	-0.328	0.744
逻辑推理判断	0.69	0.71	0.37	-0.309	-.937	0.353
分数的意义	0.51	0.51	0.51	-0.131	-0.616	0.541
数的运算	0.87	0.96	0.73	1.802	4.837	0.000***
数与代数	0.80	0.90	0.55	1.302	1.645	0.106
物体的方位	0.37	0.22	0.16	-0.244	-0.884	0.381
物体的变换	0.73	0.67	0.57	-0.154	-1.099	0.277
图形与几何	0.49	0.22	0.14	-0.398	-1.192	0.239

续表

	得分率	合格率	优秀率	均值差值	T值	Sig.
数据的统计	0.57	0.51	0.31	0.896	2.481	0.017
简单数学应用	0.56	0.47	0.06	-0.019	-0.029	0.977
解决实际情境问题	0.33	0.20	0.02	-0.289	-0.629	0.532
综合与实践	0.47	0.29	0.04	-0.308	-0.318	0.751
总分	0.61	0.61	0.08	1.511	0.755	0.454

通过以上具体每一次测试成绩，又根据测试内容所侧重考查学生能力，划分为数学的理解、应用和分析综合三方面能力，[①] 可看到学生的理解和分析综合能力较高（T>0），数学应用能力较低，但总体上学生的理解、应用、分析综合的能力既不明显高于平均成绩也不明显低于平均成绩（P>0.05）。

表3-53　农村小规模学校学生数学测试的能力成绩单样本T检验

	满分	极小值	极大值	M	SD	得分率	均值差	T值	Sig.
理解	40	18	40	31.92	5.65	0.80	1.31	1.65	0.105
应用	35	7	32	18.86	6.36	0.54	-0.41	-0.465	0.644
分析综合	25	0	25	10.65	5.42	0.43	0.62	0.811	0.421

农村教育发展不充分主要表现为农村教育质量不高。一些农村学校学生学业成绩达不到国家规定的及格标准，且随着年级的提升逐渐丧失了对学习的兴趣和对知识的渴望。学习成绩落后与学习兴趣衰减的积累效应与非良性互动相关，致使农村小规模学校学生后期学习面临更大的挑战。可以说，目前制约农村教育质量提升的阻碍性因素在各地不同程

---

① 刘善槐、史宁中：《农村小规模学校学生学业成绩问题研究——以西南某县为例》，《中国教育学刊》2011年第4期。

度地存在着,进一步加剧了小规模学校教育质量提升的困境与难度。

第三节 西北地区农村小规模学校发展困境的原因探析

《国务院办公厅关于全面加强乡村小规模学校和乡镇寄宿制学校建设的指导意见》明确指出:农村小规模学校地处分散偏远区域,其总体办学条件差,教师队伍较薄弱,教育质量低,发展好农村小规模学校切实关系教育公平。在乡村振兴战略背景下,小规模学校能否改变"小而优""小而弱"的局面,实现"小而优""小而美",关乎美丽新农村建设的成败之举。小规模学校作为中国基础教育体系的"神经末梢",发展好、建设好小规模学校是乡村振兴应有之义,西北地区农村小规模学校总体办学条件差,既有自然环境因素束缚,更有社会经济发展水平的掣肘,以陕、甘、宁三省(区)为例的农村小规模学校困境入手,深度剖析西北地区农村小规模学校的深层制约因素,尤为必要。

一 西北地区恶劣自然环境先在束缚本地区小规模学校发展

自然地理环境上,中国地形复杂,综合了山地、高原、盆地、平原和丘陵等各种地形。在各种地形中,山地、高原和丘陵的比例总和高达69.27%,而平原只占到11.98%。从海拔高度看,全国海拔在500米以上的区域总共占到74.82%,从海拔高程地带对应的区域看,中西部及青藏地区的海拔都在500米以上,华中地区平均海拔为525米,西北地区平均海拔为1877米,西南地区1865米,内蒙古地区1062米,青藏地区4536米。[①] 此外,具体区域往往具有其特殊的地形地貌和气候特点,如西部沙漠高寒山区(包括新疆、青海、西藏三省的沙漠地区和帕米尔高原条件恶劣区)、秦巴山地生态恶化区、贵州喀斯特高原丘陵环

[①] Feng Zhiming, Tang Yan, Yang Yanzhao, Zhang Dan, "Relief Degree of Land Surface And Its Influence on Population Distribution in China", *Journal of Geographical Sciences*, Vol. 18, No. 2, May 2008.

第三章　西北地区农村小规模学校发展困境及原因探析

境危急区、横断山脉高山峡谷封闭区（川滇）、蒙古高原东南边缘风蚀沙化区和东北沿边地带平原洼盐碱地区革命根据地（冀鲁、豫皖及淮河中上游，沂蒙山、大别山、井冈山、闽赣地区）。① 这些地区不仅海拔较高，而且往往一个区域内多种地形交互存在，气候恶劣。由于西北地区大多数居民居住区域山大沟深、气候寒冷、交通不便，因而学生就读的学校大多是村小或教学点，甘肃以及宁夏固原一些小规模学校低年级学生只能在离家较近的村级教学点上学，以克服特殊自然地理环境带来的"上学难"问题。

三省（区）调研中，宁夏回族自治区固原市地处宁夏南部山区，坐落于六盘山东麓。该地区地势复杂，自然条件恶劣，居民大多散居为主，该地区为国家级贫困区。固原地处黄土高原暖温半干旱气候区，是典型的大陆性气候，形成冬季漫长寒冷、春季气温多变、夏季短暂凉爽、秋季降温迅速，昼夜温差大，春季和夏初雨量偏少，灾害性天气多，区域降水差异大等气候特征。平均年日照时数2518.2小时，年平均气温6.1℃，年平均降水量492.2mm。固原主要气象灾害有干旱、大风、沙尘、低温冻害、高温、局地冰雹、暴雨雷电等。春季大风、扬沙天气频繁发生，干旱、低温冻害等气象灾害等相继发生，夏季局地冰雹等强对流天气较多，秋季干暖降水偏少，冬季干暖现象十分明显。这样的地理环境与地形条件对当地社会经济发展有更多阻碍，对于原本家庭经济状况较为薄弱的适龄儿童"就近入学"带来了极大困难。截至2018年，该地区农村低保人数达18.09万人，发放低保资金3.72亿元。本书第一阶段实地研究于宁夏回族自治区固原市展开，与自然条件及经济发展相对较好的城镇相比，固原市六所小规模学校均分布在交通极为不便利、荒芜凋敝、环境萧然的偏僻地域，很多学校住宿条件并不尽如人意，学生上学距离太远，无形中加剧了上学的成本，尽管近几年当地生源有回落，但学校生源总体趋于大幅减少是普遍现象，极大地影响了农村小规模学校的教育质量提升。

---

① 张善余：《中国人口地理》，商务印书馆1997年版，第17页。

二　城乡二元结构加剧农村小规模学校弱势地位

工业化城镇化是人类社会走向现代化的必然进程，是中国经济社会发展的基本走向。① 这不可避免地带来了农村劳动力向城市的流动，数据显示，2022年中国城镇化率达到65.22%。② 随着城镇化进程的加快，城镇地区经济发展有了质的提升。但同时带来了城乡间发展不平衡等一系列问题，城乡二元趋势日益明显。西北地区农村小规模学校大多分布在自然条件恶劣、经济条件相对落后、交通极不便的偏远地区。这些地区不仅是二元经济结构下一元经济结构的缩影，而且其经济、教育发展都呈现出相对落后状况与趋势。长期以来，城乡教育二元结构与城乡二元经济结构相对应，主要表现在优质教育资源集中在城市，导致乡村学校教育质量与城市学校存在巨大差距。小规模学校受城乡教育二元结构的影响极为强烈。首先，学校办学长期处于较弱势地位。在教育资源配置过程中，以一些地方政府简单地以规模效益为主要价值取向，将优质资源集中于城镇大规模学校。大部分地区对农村小规模学校采取"暂时保留或恢复，但不增加投入"的策略，有些地区甚至截留小规模学校办学经费、抽调其优秀教师，致使小规模学校发展举步维艰。其次，城乡教育二元结构加剧了"乡—城"人口流动，很多经济条件较好的农村家庭主动选择让其子女进入教育质量更好的县镇学校就读，放弃小规模学校，导致小规模学校办学规模日益萎缩，办学质量不断下滑。

目前农村学校呈现格局样态为"乡村小规模学校+乡镇寄宿制学校+县镇大规模学校"的格局基本形成。③ 乡村学校的数量与规模的骤减，一些农村小规模学校逐渐消逝，导致了乡村文化的凋敝与衰落。一

---

① 刘丽群、熊燕妮：《"学校离村"与"教育进城"：新时代乡村学校发展的格局转变与治理转型》，《湖南师范大学教育教学科学学报》2023年第6期。
② 中华人民共和国中央人民政府：《中华人民共和国2022年国民经济和社会发展统计公报》（https://www.gov.cn/xinwen/2023-02/28/content_5743623.htm）。
③ 二十一世纪教育研究院：《农村教育向何处去：对农村撤点并校政策的评价与反思》，北京理工大学出版社2013年版，第13页。

方面，一直以来中国农村教育始终追寻着城市的脚步，"城市化倾向"致使农村学校中学生教材的编写、教学目标的制定及考试标准等均以城市学生为主，远远偏离农村学生的现实生活，致使学校教育教学活动与乡村学生生活经验相互脱节。农村教育的培养目标不在"为农"而是"离农"的价值取向，致使农村学生对于知识的理解与学习更加困难，升学考试成绩也不尽人意，由此加剧了乡村小规模学校教学质量下滑。另一方面，随着城镇化加快，城市就业机会增多，许多年轻教师不愿长期扎根农村教学，有的甚至愿意放弃教师编制回到城市另寻工作，导致农村教师流失严重，师资力量薄弱，小规模学校发展更为窘迫。

三 财政性教育经费投入总量以及分配结构欠完善

农村小规模学校教育经费不足的原因与中国财政性教育经费投入总量相对不足的现实分不开。一直以来，中国始终把教育摆在优先发展的战略地位上，不断加大对教育经费投入的力度。尽管中国的财政性教育经费不断增长，财政性教育经费支出占国民生产总值的比重却不是一直保持稳定增长的状态。人们日益增长的美好生活需要体现在教育上就是对优质教育的需要，而中国4%的财政性教育经费投入与实现优质教育发展目标所需经费相比则明显不足。

1. 区域间教育经费投入存在差距

近年来，随着国家、地方对基础教育的重视，对教育投入力度的整体加大，中国教育事业尤其是乡村教育取得长足发展。各地教育基础设施基本完善，能够满足教育的基本需求。从整体办学投入看，"东部强、西部弱，城镇强、乡村弱"的现状依然明显。从2019年中国统计年鉴看，2018年教育经费各省份支出（见表3-54），东西部地区相差较大。从2016年全国各省份15岁及以上文盲人口（见表3-55）的情况看，与表3-54呈现正相关可见，民众接受教育的程度与各地教育投入也呈正相关。

表 3-54　　2018 全国部分地区一般公共预算支出

（单位：亿元）

地区	地方一般公共预算支出	教育支出	一般公共服务支出	科学技术支出	文化体育与传媒支出
地方合计	188196.32	30438.24	16871.01	5206.38	3256.73
北京	7471.43	1025.51	512.40	425.87	245.43
天津	3103.16	448.19	231.06	106.68	52.92
河北	7726.21	1385.59	712.40	77.04	115.17
山西	4238.91	668.03	362.60	59.08	92.85
内蒙古	4831.46	576.33	355.98	26.05	109.27
辽宁	5337.72	653.88	423.03	75.05	71.59
吉林	3789.59	513.82	308.88	41.10	70.24
黑龙江	4676.75	544.38	307.61	39.52	46.20
上海	8351.54	917.99	367.16	426.37	186.52
江苏	11657.35	2055.56	1124.06	507.31	197.22
浙江	8629.53	1572.47	875.33	379.66	174.59
安徽	6572.15	1113.26	506.13	294.81	79.77
福建	4832.69	925.06	429.47	115.25	84.73
江西	5667.52	1054.41	525.27	147.09	79.10
山东	10100.96	2006.50	943.35	232.74	153.52
河南	9217.73	1664.67	972.55	155.67	103.04
湖北	7258.27	1065.64	739.21	268.49	113.15
湖南	7479.61	1186.72	797.30	129.94	134.54
广东	15729.26	2792.90	1556.29	1034.71	321.84
广西	5310.74	933.22	527.25	64.43	63.59
海南	1691.30	248.98	139.49	15.04	47.37
重庆	4540.95	680.99	322.02	68.59	49.31

第三章 西北地区农村小规模学校发展困境及原因探析

续表

地区	地方一般公共预算支出	教育支出	一般公共服务支出	科学技术支出	文化体育与传媒支出
四川	9707.50	1461.78	897.00	147.91	154.91
贵州	5029.68	985.95	496.47	102.88	60.80
云南	6075.03	1077.43	643.28	54.94	72.20
西藏	1970.68	232.15	283.04	8.12	46.02
陕西	5302.44	871.44	490.33	87.22	126.11
甘肃	3772.23	592.96	339.05	25.74	72.52
青海	1647.43	199.10	132.58	12.80	35.49
宁夏	1419.06	170.47	91.31	34.02	23.33
新疆	5012.45	812.88	459.11	42.25	73.39

注：数据来源于 2019 年中国统计年鉴教育经费支出事项数据。

资料来源：国家统计局编《中国统计年鉴 2019》（https://www.stats.gov.cn/sj/ndsj/2019/indexch.htm）。

在财政性教育经费总量相对不足的情况下，只有实现财政性教育经费的优化配置，才能提高教育经费的配置效率和使用效益，使有限的教育资源能够最大限度地满足人们对各级各类教育的需求。而在中国财政性教育经费的分配过程中，也存在着分配结构不合理的问题。农村小规模学校大都位于偏远地区的义务教育小学学校，所以也将教育经费在农村小学与全国普通小学的分配情况进行对比，对财政性教育经费在各级教育之间以及不同地区之间分配结构的分析可以从生均一般公共预算教育经费入手，具体包括生均一般公共预算教育事业费和公用经费。对处于义务教育小学阶段的农村小规模学校的教育经费分配，虽然在原先不足 100 人按 100 人核定公用经费的标准上增加了对超过 100 人不足 200 人实行按照 200 人划拨教育经费的新标准，在一定程度上对其放宽了教育经费的限制，但是相较于实现农村小规模学校这一类义务教育学校的优质发展目标来说，划拨的教育经费仍然不充足，教育经费始终是制约学校发展的一大关键因素。综上所述，农村小规模学校在教育经费上的紧缺局面与中国财政性教育经费投入总量相对不足且分配结构在各级各类不同教育间、城乡不同区域间存在不均衡、不合理的原因分不开。财政性教育经费是支撑15岁及以上不识字或识字很少人口的农村小规模学校运行和发展的重要经费来源，只有不断完善教育投入稳定增长的长效机制，在促进财政性教育经费投入持续稳定增长的同时逐步提高相关拨款标准和投入水平，才能为农村小规模学校的运行和发展提供足够的教育资金支持。

2. "以县为主"的教育管理体制和财政体制的影响

中国实行"地方政府负责、分级管理、以县为主"的义务教育管理体制，由此也形成了"以县为主"的义务教育财政体制。在"以县为主"的义务教育管理体制和财政体制的运行之下，县级政府是义务教育发展的责任主体，承担学校关于校舍建设、教育教学设施设备等各项教育经费的支出，成为县域内义务教育学校教育经费的主要承担者。县级政府的财力水平对义务教育学校教育经费的分配具有重大影响，但纵观县级政府的财政权力发展历程，财政权力却屡次变动，极大地影响了对义务教育的保障水平。

2001年农村税费改革的实施取消了农村教育费附加和农民教育集资，这使得县乡两级政府的财力水平降低，进一步加剧了县级政府的财政压力。在分税制和税费改革的综合作用下，县级政府对义务教育的保障作用一定程度地减弱。县级政府承担义务教育经费投入的绝大部分，省级和中央政府只对此进行少量补充、提供少量补助，这种义务教育财政主体重心过低的运行模式在执行中难免会存在着县级政府因自身财力的不足而对义务教育的财政经费投入不够的问题。虽然国家加强了对农村义务教育的重视并提供了许多支持，但是相比于城镇地区，农村义务教育仍处于相对薄弱的位置，而农村小规模学校又是农村义务教育的短板，因此农村小规模学校在财政性教育经费上是否充足的问题更容易被忽视，访谈中也了解到县级政府对农村小规模学校的经费投入也只是保证学校能够保持基本运转，对于学校的优质发展则无暇顾及。另外，中国区域间经济发展不平衡的问题仍然广泛存在，在一定程度上造成了在"以县为主"的义务教育管理体制运行下的各地区义务教育发展不均衡问题。经济发达地区的地方政府财力较强，因此在义务教育财政性教育经费的投入上相对充足，对义务教育系统中比较薄弱的陕、甘、宁等省（区）等西北农村小规模学校来说，其经费投入也能很好地兼顾到，能较好地为农村小规模学校的优质发展提供各种条件支持。对于经济欠发达地区的地方政府，因自身财力的不足无法完全兼顾到农村小规模学校的发展，为了减轻自身的财政负担大多对农村小规模学校采取撤校合并的做法，致使农村小规模学校保障农村地区学生"就近入学"的价值与意义被掩埋。

综上，在"以县为主"的义务教育管理体制和财政体制的影响下，不同区域的农村小规模学校会因地区间经济发展水平的不同、各地方政府财力水平的不同而呈现出不同的发展程度和水平。如何从健全"以县为主"的教育管理体制和财政体制出发，公平地为农村小规模学校提供财政性教育经费的支持是维持其不断发展的根本之策。

四 农村"小规模学校联盟"作用发挥有限

农村小规模学校联盟主要是指在同一区域内的多所农村薄弱学校联合起来，相互支援，结成联盟，以此寻求协同发展的一种创新模式。农村小规模学校联盟产生的内在驱动力是小规模学校寻求发展的强烈意愿以及多元发展模式的创新需求，而提升农村小规模学校办学质量的现实需要是农村小规模学校联盟产生的直接动因。现阶段，三省（区）农村小规模学校抱团发展，实现结盟共赢是其发展的有效方式。西北地区农村小规模学校要在困境中实现突围，校长和教师首先要树立办学自信，明确自身优势和办学目标，激发办学积极性，就要积极联盟，实现共赢发展。为促进农村小规模学校更好地发展，三省（区）教育部门统筹城乡教育发展、实现教育均衡，当地教育部门陆续推出了"城乡教育联合体""教育共同体""中心校""1+1"牵手计划等多种管理模式，目的在于以城镇带动乡村，以中心带动片区，以此带动小规模学校"小而强"发展，进而实现城乡优质资源共享。这就要求农村小规模学校积极与其他学校建立联盟关系，成立学校发展共同体，在共同体之内补充自身缺乏的教育教学资源以更好更快地实现优质发展。目前在学校联盟的建立方面，农村小规模学校确实分别与不同层级、不同种类的学校形成了教育共同体和教研共同体，然而这些学校联盟形式真正对农村小规模学校的发展所发挥的作用仍是有限的，农村小规模学校需要更多依靠自身资源开展相应工作。

教育共同体是农村小规模学校与其所对接的初中学校成立的学校联盟，因为农村小规模学校所培养学生的质量直接影响到所对接初中学校的教育教学工作，所以初中学校也有提高农村小规模学校教育教学质量的责任与义务。然而实际上，教育共同体对农村小规模学校所起的支持作用却是十分有限的，借用学校相关人员的表述就是"教育共同体的设立形同虚设"。因为初中已经向县城集中，而农村小规模学校大都处于偏远的农村地区，两者之间遥远的距离使得初中学校对农村小规模学校的支持鞭长莫及。调研中有教师谈到，初中学校并不为农村小规模学校提供资金、师资、教学等方面的支援，学校与初中学校基本处于平行、无交集的状态，因此农村小规模学校与初中学校成立的联盟比较形式化。

现阶段，农村小规模学校的联盟形式除了教育共同体外，还有教研共同体。相较于教育共同体，在义务教育小学阶段学校间成立的教研共同体对农村小规模学校的作用较大，且能够为农村小规模学校发展提供一定的资源支持和技术帮助。不论是在同质的农村小规模学校间形成的教研共同体，还是与异质的城区和镇区的中大规模学校组成的教研共同体，都能通过共享资源、开展活动等方式使得农村小规模学校从孤立无援的状态中摆脱出来，学校由此获得了更多支持和帮助。然而研究也发现,"教研共同体形式"的学校联盟依然是在不同学校主体间形成的,尽管是在共同体内,但学校之间仍处于一种相对隔离的状态,学校之间各种形式的交流活动开展得还不是很多,尤其是直接面对面的教研活动。学校间面对面的教研活动因为场地、时间、距离等原因并不能频繁地开展,对于其他学校先进的教学经验,部分农村小规模学校大都借助多媒体设施设备获得,使得教学效果大打折扣。另外,教研共同体在农村小规模学校教师学科结构性缺乏的问题上也未能发挥很好的补充支持作用。例如,在"联校走教"教学组织形式上,在共同体内基本没有"联校走教"的形式,学科教师尤其是紧缺学科的专业教师仍固定在一所学校教学,对于专业教师紧缺的农村小规模学校只能无奈地选择非专业教师兼任,致使部分学科的教学质量无从保证。

五 教师配置政策偏离小规模学校实际

优秀师资是促进乡村小规模学校发展的重要基础。一直以来,中国中小学教师编制标准长期实行城市与农村两套标准,导致城乡教师不均衡困境难以得到缓解。尽管在2012年各地开始实施城乡统一的教师编制标准(小学师生比为1∶19),但实际上对于仅有几名或几十名学生的农村小规模学校而言,这一标准远不能满足其需要。有研究通过陕西省K县岸门口镇许家河小学调查显示,该校现有69名学生(6个年级)、7名老师,超过国家规定编制2名。因此,该校按要求无法再增加新教师,但实际上这7名教师工作量每周都超过20节课,而且还同时承担班主任、学校卫生打扫、食堂采买、财务管理、护送学生回家等大量额外工作,工作压力非常大,根本没有精力也没有能力用于提升教育教学质量。可见,这种以单一的"生师比"作为标准的教师配置方式,在一定程度上加剧了中小学教师编制的"城乡倒挂"问题。此外,从管理体制来看,教师编制人权、财权和事权"三权分立",即教育部门只有教师管理权,没有招录权;财政部门按照编制部门核定的编制数下拨教师经费;编制部门按照上级文件规定的师生比严格把关。尽管学校每年都会向教育部门上报教师需求数量,但都得不到满意回复,尤其是农村小规模学校,几年补充不到一名新教师,其根源就在于三个部门相对独立,各行其是。

1. 小规模学校欠缺合理的教师调配交流政策

现阶段,农村县域内优秀教师逆向流动、流失的政策性诱因在于农村学校欠合理的教师调配交流政策,直接加剧了农村学校教师的短缺程度。第一,从县域内教师调配政策来看,一般是由教育行政部门根据学校的编制余缺和需求情况,由教师个人申请、集体研究、教育人事部门下调令,对农村调往县城学校的教师进行考试,公开选拔。其中,教职工在本镇内的调动,由中心小学负责;教职工跨乡镇调动及初中、县直学校教职工调动,由县编办核编、教育局办理调动手续。乡镇学校教师调往县城学校通过公开考试,择优选调,由县编办核编,调动手续经县人保局办理。该政策虽然一定程度上促进了优秀教师通过公平竞争获得公正待遇,但是很大程度上造成大量优秀农村教师由村流向镇、镇流向县城。偏远农村学校能留住的基本属于城镇学校落聘的教师,使城乡学校师资差距越来越大。第二,从教师交流政策来看,很多县在管理上并没有制定出完善的"教师交流机制",而且由于缺少经费、人员等方面配套措施,部分县甚至出现敷衍或架空政策,导致一些农村小规模学校得不到优质教师资源的支持。第三,从学校层面来说,县镇学校不仅不愿意派骨干教师到农村教学点帮扶任教,反而以优惠条件吸引农村优秀骨干教师到县镇学校,有部分学校甚至将支教或交流作为惩罚手段,导致县镇学校师资越来越好,农村小规模学校越来越差的"马太效应"。"整个教师的流动,从村里到镇上,从镇上到城区,从普通城区到省会城市、发达地区。这是一个不符合教育公平的流动,优秀教师不断流动向上走,就会导致城乡差距越来越大。"[①]

---

① 中国新闻网:《拿什么留住你?聚焦中国 330 万乡村教师的"去与留"》(http://www.xinhuanet.com/politics/2015-09/10/c_128215345.htm)。

2. 教师激励政策虚化导致学校难以留任优秀教师

教师激励（总报酬）水平决定了教师与其他职业相比所具有的吸引力，其内容不仅包括教师的实得薪水，还包括福利、工作条件、社会地位等多项内容。① 当前部分农村地区教师激励政策的虚化直接导致农村教师总报酬远低于城镇教师，导致大量农村优秀教师流失。

首先，在保健层面激励，如绩效工资、住房公积金、社保基金、周转房建设等政策在实施过程中往往落空。研究发现，在工作条件艰苦、教学任务本来就很繁重的情况下，农村教学点教师年平均实际收入仅为21131元，为非教学点教师收入的80%左右，其绩效工资得不到保障。② 在很多偏远山区，很多教师只能住校，办公所在地兼用作卧室和厨房，办公及住宿条件较为简陋，教师生活保障条件不足，对年轻教师的吸引力小，因其基本公共服务难以保障，工作条件十分艰苦，教师生活条件水平较低。联合国教科文组织专家萨瓦尔萨也提出，"因为教学器材缺乏，或者在乡村地区职业上或社会上被孤立时，经常会打消合格的人才想进入或者留在教学队伍中的念头"。

其次，在激励层面，教师职称晋评定体系不利于乡村教师发展，让小规模学校教师产生职业倦怠，职称要求的课题论文、教学大赛成绩、公开课等，在一些农村都难以实现，很多教师工作几十年也难晋升职称，极大地影响了学校教师的工作积极性；部分因工作多年难以取得荣誉与职称晋升的教师逐渐产生逃离感。三省（区）研究发现，有小规模学校教师甚至认为作为乡村教师很没有尊严。总体上，教师激励政策在实践过程中被地方教育行政部门虚化，导致大量小规模学校教师对自身职业产生犹豫、消极、倦怠心理，最终离开农村流向城镇学校。研究发现，三省（区）小规模学校教师职业倦怠原因分析，陕西地区教师职业倦怠首要原因为农村教师工资太低，其次为非教学性工作打扰，第

---

① ［加］J.P. 法雷利、［瑞典］T. 胡森、［德］T.N. 波斯尔斯韦特：《教育大百科全书：教育政策与规划》，刘复兴译，西南师范大学出版社2011年版，第167页。

② 马敏：《五招破解农村教学点师资难题》，《中国教师报》2015年3月11日第3版。

三为工作繁忙、压力大。甘肃地区教师职业倦怠原因分析中,首要原因为非教学性事务较多,影响教师正常教学工作;其次为薪资待遇较低,教学评价欠合理等。宁夏地区教师职业倦怠原因分析,首要原因是工作繁忙、压力大,其次为非教学性工作打扰,最后是工作缺乏成就感。综上,教学任务繁重、工作压力大、非教学性工作消耗教师精力、薪资待遇较低,成为三省(区)教师无法安心任教、产生隐形流失意愿的主因所在,见表3-55。

表3-55 陕、甘、宁三省(区)教师职业倦怠原因

	教师职业倦怠原因	人数(人)	百分比(%)
陕西	工作繁忙、压力大	12	20.7
	工作缺乏成就感	7	12.1
	教师流动频繁,人心不稳	6	10.3
	非教学工作打扰多	14	24.1
	农村教师工资待遇低	17	29.4
	教育教学评价不合理	0	0
	学校管理制度不严格	0	0
	教师外出学习培训机会少	1	1.7
	其他	1	1.7
甘肃	工作繁忙、压力大	12	25.0
	工作缺乏成就感	2	4.2
	教师流动频繁,人心不稳	5	10.4
	非教学工作打扰多	17	35.4
	农村教师工作待遇低	7	14.6
	教育教学评价不合理	5	10.4
	学校管理制度不严格	—	—
	教师外出学习培训机会少	—	—
	其他	—	—

续表

	教师职业倦怠原因	人数（人）	百分比（%）
宁夏	工作繁忙、压力大	24	32.4
	工作缺乏成就感	7	9.5
	教师流动频繁，人心不稳	7	9.5
	非教学工作打扰多	28	37.7
	农村教师工作待遇低	1	1.4
	教育教学评价不合理	2	2.7
	学校管理制度不严格	1	1.4
	教师外出学习培训机会少	4	5.4
	其他	0	0

三省（区）调研中，从陕西地区小规模学校教师"流动至城镇学校任教原因"统计看，排在首位的主因是"本地区工资待遇差"，该项占比为26.6%；其次为"子女教育资源差"，占比为23.9%；排在第三位的是"学校办学条件落后"，其占比为15.9%；其他原因排在前位的有"异地而居，要兼顾家庭"及"自我发展实现难"，占比分别为12.4%和8.8%，"职称晋升困难""工作量大、任务重"以及"人际关系差"等因素影响较低。甘肃地区小规模学校数据分析发现，"教师竭力流动至城镇学校原因"，选择最多的是"子女教育资源差"，其占比为30.6%；"异地而居，要兼顾家庭"是另一重要原因，占比为29.5%；"自我发展实现难"亦是主因，其占比为12.5%；"本地区工资待遇差"与"学校办学条件落后"占比分别为8.0%和9.1%；"职称晋升困难"占比为5.7%。宁夏地区小规模学校教师认为，主要原因为该地区"子女教育资源差"，占比21.2%；其次为"本地区工资待遇差"，占比17.1%。研究显示，有25人因"工资待遇"想要转校；最后为"教师自我发展"，有20名教师认为"自我发展实现难"因而产生流动意愿，占比13.7%；"职称晋升困难"与"异地而居"是教师想要转校任教的又一原因，其占比为11.0%，见表3-56。

表3-56　陕、甘、宁三省（区）农村小规模学校教师转校任教原因

	选项	人数（人）	百分比（%）
陕西	本地区工资待遇差	30	26.6
	学校办学条件落后	18	15.9
	人际关系复杂	2	1.8
	职称晋升困难	7	6.2
	工作量大、任务重	5	4.4
	子女教育资源差	27	23.9
	自我发展实现难	10	8.8
	异地而居，要兼顾家庭	14	12.4
	其他	0	0
甘肃	本地区工资待遇差	7	8.0
	学校办学条件落后	8	9.1
	人际关系复杂	2	2.3
	职称晋升困难	5	5.7
	工作量大，任务重	2	2.3
	子女教育资源差	27	30.6
	自我发展实现难	11	12.5
	异地而居，要兼顾家庭	26	29.5
	其他	0	0
宁夏	本地区工资待遇差	25	17.1
	学校办学条件落后	18	12.3
	人际关系复杂	5	3.4
	职称晋升困难	16	11.0
	工作量大，任务重	15	10.3
	子女教育资源差	31	21.2
	自我发展实现难	20	13.7
	异地而居，要兼顾家庭	16	11.0
	其他	0	0

a. 值为1时制表的二分组。

第三章 西北地区农村小规模学校发展困境及原因探析

城镇化是中国社会结构的一个历史性巨变，对经济社会各方面都产生了深刻影响。作为事关国计民生的农村义务教育，在城镇化进程中经受了前所未有的影响，并逐步发生重大变革。一方面，农村地区人口减少，大量适龄儿童为追求更高质量的教育到城镇学校就读，导致大量农村小规模学校萎缩甚至撤并。另一方面，由于城乡之间生活设施与便利程度、教育质量等的差异，导致了大量优秀教师涌向城区学校，农村小规模学校成为优秀教师的"培训基地"。教师是教学质量保证的重要条件。在农村小规模学校中，教师不论其数量或质量都深刻影响学校教育教学质量。近年来教师培养与招聘政策出台在一定程度上对农村教师的乡土认同带来了一定减损，农村教师并不一定来自本乡本土，并不一定熟悉和认同本地的文化，对其教育教学造成了一定的影响，而且这些"外来教师"也在不断寻找机会流向城市，对农村小规模学校内生式发展带来了不小的影响。①

六 农村小规模学校办学优势挖掘不足

早在1995年，联合国教科文组织便提出小规模学校的办学优势，包括以学生为中心的教学模式、较高的课堂参与率、更紧密的师生关系、课余活动更丰富、弱势儿童学业发展水平更高、管理方式更灵活等，在中国农村，小规模学校的"小班小校"始终是劣势凸显，优势更无法显现。

1. "规模与效率至上"的均衡发展观影响小规模学校长远发展

在发展中国家，通常因为政策支持不够导致小规模学校无法发挥其天然的优势，中国也不例外。三省（区）研究发现，受地方政府"规模和效率至上"的均衡发展观影响，部分小规模学校校长往往仅看到学校地理位置偏远、基础教育底子薄弱、办学资源不足、学习氛围不浓等

---

① 黄静、陈国华：《乡村小规模学校内生式发展的逻辑与路径选择》，《当代教育科学》2020年第11期。

劣势，他们在学校治理过程中过于关注与大规模学校趋同的办学目标，包括规模化办学、学生成绩提升等，导致小规模学校长期在追赶大规模学校的过程中力不从心，找不到适切的教育质量提升路径。

2. 小规模学校特色化发展优势挖掘不足

农村小规模学校发展需要树立特色化发展理念与定位。尽管调研中已有少数校长和教师发现了"小班小校"的优势，但由于师资队伍薄弱、教育信息化水平低、教学技能不足等实际困难，学校的特色课程及多元化教学方式方法难以落地实施，见表3-14。研究中，三省（区）小规模学校中还有一部分学校采用复式教学，但由于教师缺乏复式教学知识基础和授课经验，效果差强人意；多数学校学生在课余甚至是体育课时间，仅是在操场上自由玩耍，对于小规模学校，传统的复式教学法在课堂上以教师为主体，不能激发学生学习的主动性，为配合教育部颁发的新课标，传统方式教学法需要适当的调整和改革，但是调研中，多数学校未能有效探索课堂创新的模式，一味守旧。因此，当前小规模学校尚未从教学形式、教学设计、教学方法应用、教育技术创新、课程多元化等多元视角挖掘其办学优势。上述诸多问题仍是制约小规模学校教育质量提升的现实瓶颈。

三省（区）研究发现，还有部分小规模学校自身发展定位始终呈"弱势"思维导向，这些学校并未探索到适合自身特色的发展，始终处于"等、靠、要"的被动发展模式。有些学校将自身"精准"定位为"薄弱"学校，一味等待各方资源的支持与帮扶。改善西北地区农村小规模学校办学条件差的困境，不仅需要政府发力，树立前瞻性教育发展观，采取倾斜政策着力扶持；同时还需要小规模学校自身发力。三省（区）部分小规模学校未能深入挖掘自身特色与优势，借助本地区特色优势以及民族文化习俗等特点，借助社区资源的融入，充分利用社会力量办学，进而构建学校与农村社区互惠双赢的共生模式，使原先纯粹的地缘关系变为互利合作的伙伴关系，进一步促进乡村与学校的共同发展。现阶段一些小规模学校反而"故步自封"，一味等待国家及地方资

第三章 西北地区农村小规模学校发展困境及原因探析

源的支持与帮扶,对自身办学特色与定位不清,"小而弱""小而差"是其发展的先在束缚,未能真正担起微小学校的职责使命与责任担当。总之,西北地区小规模学校务必要充分利用地处西北地区的优势,认识到民族教育特色发展与质量提升之间的关联,深化西北地区小规模学校特色发展的意识,打造特色精品学校,才能有内涵式的高质量发展。

第四章

西北地区农村小规模学校发展需求与精准帮扶

《中国教育现代化2035》提出，到2035年，中国要总体实现教育现代化。① 实现教育现代化的难点和重点主要在农村。农村教育的现代化，才能真正实现中国教育现代化。中国总人口约14亿，其中超过半数生活在农村，而一半以上的学龄儿童均在农村。改革开放四十多年来，中国农村基础教育取得了巨大的成就。习近平总书记在十九大报告中提出要"坚决打赢脱贫攻坚战""注重扶贫同扶志、扶智相结合"，确保到2020年农村贫困人口全部脱贫。② 教育在扶志、扶智中具有扶贫的基础性作用。从政策内涵上看，精准帮扶是基于扶贫政策和措施针对真正的贫困家庭和人口，通过对贫困人口有针对性的帮扶，从根本上消除导致贫困的因素和障碍，达到可持续脱贫的目标。③

教育扶贫领域，教育精准帮扶可以理解为针对不同贫困地区教育发展现状和不同贫困人口的教育需求，运用有针对性的帮扶措施，从而提高贫困人口的基本文化素质和劳动者技术技能，以促进贫困人口掌握脱

---

① 中华人民共和国教育部：《中共中央、国务院印发〈中国教育现代化2035〉》（http://www.moe.gov.cn/jyb_xwfb/s6052/moe_838/201902/t20190223_370857.html）。

② 习近平：《决胜全面建成小康社会 夺取新时代中国特色社会主义伟大胜利——在中国共产党第十九次全国代表大会上的报告》（https://www.12371.cn/2017/10/27/ARTI1509103656574313.shtml）。

③ 汪三贵、郭子豪：《论中国的精准扶贫》，《贵州社会科学》2015年第5期。

贫致富本领，实现可持续脱贫的目标。陕、甘、宁三省（区）教育发展表明，西北地区农村教育基础设施不断改善，随着义务教育的普及，适龄儿童不会因为经济条件困难而无法上学。但由于中国幅员广大，地区间社会经济发展极不平衡，在西北偏远山区的农村，由于地理条件的限制，教育发展水平不高、发展不充分，教育精准帮扶西北地区农村教育有内涵、高质量发展是其应有之义。

第一节 西北地区小规模学校发展需求与精准帮扶

"小规模学校首先出现在学龄人口较少的自然村，之后在小一些的行政村出现，接着在较大的行政村、在一些教育发展水平相对较低的乡镇政府所在地也出现了。从农村小规模学校出现的顺序看，宏观上沿着'自然村—小行政村—大行政村—乡政府所在地—镇政府所在地'这个发展轨迹，重心逐渐上移。"① 现阶段，宁夏、陕西、甘肃三省（区）农村小规模学校主要困境在于教育经费投入有限，教育观念相对落后，师资力量匮乏，课程无法全部开齐开足，教师专业发展水平相对较低等方面。尽管随着义务教育均衡化实施，西北地区许多农村小规模学校办学条件有了翻天覆地的变化，但是陕、甘、宁三省（区）小规模学校教育发展水平与质量仍有待提高。

一 坚持底线思维，加大对小规模学校发展的倾斜力度

2011年到2020年是中国农村小规模学校改革发展的创新阶段，从2011年到2020年这十年间有关完善教育改革的事件有《中华人民共和国国民经济和社会发展第十二个五年规划纲要》《中华人民共和国国民经济和社会发展第十三个五年规划纲要》。此十年间，国家发布有关农

---

① 秦玉友：《农村小规模学校发展的基本判断与治理思路》，《教育研究》2018年第12期。

村小规模学校的政策是四十年中最多的,农村小规模学校的政策内容也呈现出一个不断完善的发展态势。① 小规模学校是中国基础教育的基石,全面提升陕、甘、宁三省(区)小规模学校教育教学质量是现阶段精准帮扶的艰巨任务,这对中国农村义务教育"底部攻坚"具有重要意义,是事关教育公平的国家战略。

(1)加大中央财政对西部欠发达地区农村教育财政转移支付力度。当前,中国城乡教育的财政性投入差距已逐渐缩小,但差距并未消除,更没有通过对农村教育投入的反超以消解长期以来农村教育投入不足所造成的资源劣势。② 总体上,长期以来城乡教育投入差距所形成的累积效应,现阶段加大对农村教育投入是农村教育扶贫的第一要义,也是农村精准扶贫的必然要求。中央财政要加强对中西部经济欠发达省域农村教育财政转移支付力度,否则在省域经济存在巨大差距的情况下通过省政府主导下的增加农村教育投入可能会陷入"让贫困者支持贫困者"的困境。另外,还要通过制度性安排解决好贫困家庭子女的教育援助问题,重点解决因经济贫困造成的教育支持和意愿不足问题,使不同经济能力的城乡家庭都能够接受平等的教育并为通过教育改变家庭及其子女命运提供同等的可能性。这一制度性安排主要指涉在精准扶贫工作中通过连续的、稳定的、多元的援助机制帮助农村贫困家庭提升对子女教育的支付能力,确保任何一位学生不因家庭经济困难而失学、辍学和丧失公平发展的机会。③

(2)考量学校规模效益,基于小规模学校教育需求配置人财物资源。2018年国务院颁布的《国务院办公厅关于全面加强乡村小规模学校和乡镇寄宿制学校建设的指导意见》等,促使农村小规模学校发展势

---

① 李雪、陈国华:《我国农村小规模学校发展的政策工具选择与优化研究——基于1980~2020年农村小规模学校政策文本分析》,《上海教育科研》2021年第8期。

② 金久仁:《精准扶贫视域下推进城乡教育公平的行动逻辑与路径研究》,《教育与经济》2018年第4期。

③ 金久仁:《精准扶贫视域下推进城乡教育公平的行动逻辑与路径研究》,《教育与经济》2018年第4期。

第四章 西北地区农村小规模学校发展需求与精准帮扶

头良好,相较之前得到极大提升,改善了办学条件,优化了教师队伍结构,使学校教育质量和规模效益得到提高,促进教育均衡发展,给予小规模学校在办学条件、师资、交通寄宿等方面的基本保障。农村教育贫困的重要原因是教育资源短缺,也最外化地体现出了农村教育事业基础薄弱,主要包括在人力资源、财力资源和物资资源方面的短缺。① 在硬件设施等物质资源方面,农村小规模学校拥有的办学条件远不及城镇学校。学校基础设施建设是办好高质量教学的前提,部分三省(区)小规模学校校舍与教室,不仅面积小、数量少,而且多媒体等设备、图书室、实验室等更是稀缺。虽然近年来,国家和地方政府在财政投入上,对农村教育事业发展做出了一定倾斜,但是做好、做强农村教育事业,仍然需要不断拓宽多元化的专项资金渠道,汇集更多的社会教育资源,优先保障教育投入,统筹城乡教育均衡发展,仍是教育精准扶贫亟待解决的问题。

小规模学校师资配置上,如果仍遵循生均相等原则,三省(区)农村小规模学校无疑均处于劣势地位。现阶段,在人、财、物配置上,结合各个地区现实情况,基于学校规模特征进行区域教育资源配置。第一,公用经费配置层面,国家提出"对学生规模不足100人的村小学和教学点按100人核定公用经费"的政策,对于小规模学校发展极具重大价值意义。第二,深入细化小规模学校公用经费配置标准,从学校、班级、学生三个方面核算小规模学校公用经费。第三,专任教师分配层面,建立以校际教师教学工作量均等为原则的义务教育师资配置政策:(1)对教师教学工作量进行合理分类,明确以学生为单位产生的教学工作量和以班级为单位产生的教学工作量;(2)计算每个学校的教学工作量和一个区域内所有学校的教学工作量;(3)基于校际教师教学工作量均等原则进行校际师资分配。第四,在办学条件上,全面推进学校标准化建设:(1)按照学生人数、班级数量配齐教学用房、功能用

---

① 杨晨:《构建教育精准扶贫长效机制探究》,《湖北科技学院学报》2021年第5期。

房等教学设施设备;(2)按照学校类型(走读学校、校车学校、寄宿制学校)与配套服务功能,配齐其他用房和设备工具,所有学校都要配备饮水机等日常设施设备,保证合格的水供应;对走读学校,如果切实需要,要为学生提供制作或加热午餐的设施设备或相应服务;对提供校车接送服务的学校,要为学生准备符合规定的交通设施设备及相应服务;对寄宿学校,要为学生提供宿舍、要有合格的场所与设施设备为学生提供学习条件以及餐饮服务。①

三省(区)中,甘肃省为确保百人以下"小学校",特别是更小的"麻雀学校"正常运转,甘肃打破公用经费拨付"惯例",给8000多所中小学增补1.55亿元经费,以体现教育公平。截至2013年年底,甘肃省百人以下学校有8113所,学生数322424人,其中5人以下的学校就有853所,学生人数仅2648人。这些"小学校"大多是分布在偏僻山村的村小和教学点,其存在确保了当地孩子在家门口就近有学上。可现行中小学公用经费按生均拨付,其结果造成不少学校运转困难,如5人的教学点,按生均每年600元的标准,一年全部经费才3000元,根本不够用。为此,针对这一现实而具体的"经费困难",在下达2014年公用经费时,甘肃省财政和教育部门积极协商,决定增加农村100人以下小规模学校和教学点的公用经费,在按生均每年小学生600元、初中生800元划拨经费的基础上,再按平均每校19000元标准增拨补助资金,共增补资金1.55亿元。②

甘肃省在确保小规模学校正常运转的前提下,正在全面推动小规模学校发展。2015年甘肃省义务教育阶段学校和教学点共有1.3万余个,包括义务教育阶段学校9500多所、教学点4000多个,其中,义务教育阶段百人以下的小学包括教学点达8300个,只有一个学生的教学点有219个,只有一个教师的教学点有1190个,而且这些数字

---

① 秦玉友:《不让农村教育成为中国未来发展的短板》,《教育与经济》2018年第1期。
② 中国教育网:《甘肃给8000多所中小学增补1.55亿元经费》(https://xiaoxue.eol.cn/zx/gansu/xiaoxue/201407/t20140724_1154889.html)。

第四章 西北地区农村小规模学校发展需求与精准帮扶

呈增长趋势。① 近年来,甘肃省出台了《甘肃省人民政府办公厅关于规范农村义务教育布局调整的实施意见》,明确要求保留和设置必要的教学点,防止因布局调整造成学生辍学。在这样的背景下,如何办好小规模学校成了义务教育发展的重要课题。目前甘肃省对小规模学校实行重点项目倾斜、经费倾斜、师资倾斜等一系列扶助措施。"全面改薄"资金按120%向贫困地区拨付,并优先改造农村小规模学校的教学设施。对农村地区不足100人规模的学校按百人标准核定经费,对高寒阴湿地区学校按照其他地区的两倍标准拨付经费。② 同时,考虑边远山区学校规模小、取暖周期长,特别是23个深度贫困县实行温暖工程后,供暖费用增幅较大,公用经费增长后,取暖费出现较大缺口,在提高公用经费的同时增拨取暖费补助。2020年,甘肃省财政厅、甘肃省教育厅指出,各地要按《甘肃省城乡义务教育补助经费管理办法》(甘财教202031号)规定,将两项资金(城乡义务教育公用经费补助和边远困难学校取暖费补助资金)统筹使用,在保障学校正常运转的同时,重点保障边远山区小规模学校和煤改电学校的供暖需要。③

二 小规模学校管理模式结合实际灵活、持续改进

农村小规模学校发展的背后潜藏着管理模式的困境,在城镇化持续推进下,农村小规模学校管理模式已发生了深刻变化,如果对农村小规模学校的管理环境缺乏深入解析,任何制度安排都可能"水土不服"。为促进农村小规模学校的发展,有必要对其所面临的管理困境进行细致考察,这样才能更好地对症下药,推动农村教育均衡发展,为乡村振兴规划的有效实施提供全面支持。乡镇中心校一体化管理模式是农村小规模学校外部管理的主要形式。在实践中,这种模式存在重形式管理轻实

---

① 中华人民共和国中央人民政府:《甘肃省全面推动小规模学校发展》(https://www.gov.cn/xinwen/2016-10/26/content_5124335.htm)。
② 李欣瑶:《甘肃省全面推动小规模学校发展》,《甘肃日报》2016年10月26日第1版。
③ 甘肃省财政厅、甘肃省教育厅:《甘肃省财政厅 甘肃省教育厅关于印发〈甘肃省城乡义务教育补助经费管理办法〉的通知》(https://czt.gansu.gov.cn/doc/2020_05/%7B584BB5CE-2C1F-4C9B-8284-3B11CE0C731C%7D.pdf)。

质发展、管理价值取向失衡、管理行为缺乏监督、管理责任主体错位的问题。[①] 农村小规模学校由于环境、资源等的影响，尤其是陕、甘、宁三省（区）农村小规模学校受经济发展制约，在管理方式、管理机制及管理评价上不能采用"一刀切"的模式。三省（区）农村小规模学校生源不断减少，教师资源也相较于城市差别较大，一味使用统一管理标准则不符合人性化管理方式。我们需要结合现代管理新方式改进现有管理模式，在"以县为主"管理方式下结合农村小规模学校进行特殊性调整，从而使得教师及学生、学校等得到更好的发展。

随着义务教育"面"的普及，"质"的不公平成为现阶段的突出问题，集中表现在城乡差异、区域差异和校际差异等方面。[②] 因此，要注意克服解决问题中出现的"过度解读、过度解决"所造成的极端化、片面化问题。[③] 该重建的重建，该融入城市的融入城市，该特色保护的进行特色保护，该撤并的撤并。基于美国、澳大利亚、韩国以及其他国家关于农村小规模学校发展研究看，实际上，农村学校小规模化才是未来趋势。城镇化发展已不可逆转，农村小规模学校与寄宿制学校是农村学校的常态与基本格局。因此，不应过度追求学校规模，不是把农村小规模学校办成与城区学校一样的大规模学校，而是办成满足本地本乡本土学生教育需求的"让人民满意"的适合农村特点的学校。[④] 陕、甘、宁三省（区）历史上就是少数民族聚居地区，是历史上各个少数民族"你来我往，相互交融"的重要舞台，三省（区）农村小规模学校是基于本地区、面向本地区、服务本地区的本土化学校，在学生上学覆盖半径较大的西北地区教育发展中居于主导地位。一方面，大力保障西北地区小规模学校建设和发展。各民族地方政府应积极落实《国务院办公厅

---

① 王吉康、吉标：《新时代农村小规模学校外部管理的困境与突破》，《教育科学研究》2019年第11期。

② 吕立杰、马云鹏：《基于教育公平的基础教育课程发展质量考察维度构建》，《教育研究》2016年第8期。

③ 郝德永：《教育综合改革的方法论探析》，《教育研究》2018年第11期。

④ 段兆兵：《农村小规模学校全面振兴：攻坚难点与路径选择》，《教育科学研究》2021年第9期。

第四章　西北地区农村小规模学校发展需求与精准帮扶

关于全面加强乡村小规模学校和乡镇寄宿制学校建设的指导意见》，将小规模学校列为各西北地区重点发展与保障的对象，并纳入教育部门考核工作。要建立以实际需求为导向的经费保障机制，完善县级政府主管的经费保障与使用管理办法，合理统筹安排公用经费，实行账目单列、规范管理。另一方面，促进小规模学校与当地社区资源共享。随着精准扶贫政策的有序开展，一些西北地区村落建成了大批文化体育场所和设施，有效弥合了小规模学校办学场地欠缺的困境。学校与村落可共享这些资源，构建以小规模学校为中心，以公共设施为纽带，辐射民族社区的文化共同体。①

三　建立健全小规模学校办学的"管理标准"

2014年教育部出台了《义务教育学校管理标准（试行）》，该标准以四个层面为基本理念，进一步提出从平等对待学生、促进学生全面发展、引领教师专业发展、提升教育教学质量、营造和谐安全环境和建设现代学校教育制度的六大维度，对义务教育管理提出了92条具体的管理标准。四个层面的基本理念为"育人为本、全面发展；促进公平、提高质量；安全和谐、充满活力；依法办学、科学治理"②。

有研究者结合浙江省C县、江西省P县、贵州省L县为样本区进行研究，将之分别作为中国东部、中部、西部地区的代表，以教育部《义务教育学校管理标准（试行）》为基准制定农村小规模学校办学的管理标准，同时结合实地调研对其进行了建构。③本书认为此乡村小规模学校办学标准的"管理标准"建构符合西北地区农村小规模学校发展现实，现阶段三省（区）农村小规模学校办学标准也可参考借鉴，见下表4-1。

---

① 中国教育信息化网：《民族地区教育脱贫攻坚着力点》（https://web.ict.edu.cn/news/jrgz/jydt/n20200924_73223.shtml）。

② 中华人民共和国教育部：《教育部关于印发〈义务教育学校管理标准（试行）〉的通知》（http://www.moe.gov.cn/srcsite/A06/s3321/201408/t20140804_172861.html）。

③ 钟振国：《乡村小规模学校的标准化建设研究》，浙江大学出版社2021年版，第241—271页。

表 4-1　　　　　　　　农村小规模学校管理的各阶段标准

一级指标	二级指标	学校类型	具体指标 阶段一	阶段二	阶段三
上级管理	管理机制	非完全小学	1. 在县教育局层面成立乡村小规模学校管理机构，统筹协调其他部门对学校的管理，减少无序、多头管理，减轻学校管理压力； 2. 理顺教学点、完小与中心小学的关系，中心小学以业务指导为主，不能大包大揽乡村小规模学校与教育局及其他外界交流的机会； 3. 形成日常规范的档案和电子文档管理；采用信息一体化管理，减少信息的重复收集和报送		
学生管理		完全小学			
学生管理	学生事务管理	非完全小学	1. 按国家标准和上级部门要求，做好学生日常事务性管理工作，关爱学生、尊重学生； 2. 做好留守儿童、贫困学生的信息统计以及补助发放等管理工作； 3. 开展不同形式的课外活动，丰富乡村学生的生活，尤其是寄宿制学生的学校生活等		
		完全小学			
	学生安全管理	非完全小学	1. 加强生命安全教育，开展日常急救演习等； 2. 加强上下学日常安全教育	—	
		完全小学	1. 加强生命安全教育，开展日常急救演习等； 2. 加强上下学日常安全教育，有条件地区配备校车接送，由县财政承担		1. 加强生命安全教育，开展日常急救演习等； 2. 加强上下学日常安全教育，配备校车接送，费用由县财政承担
	学生健康管理	非完全小学	1. 设置卫生保健室，配备基本药品； 2. 由乡镇卫生院派人定期给学生做健康体检； 3. 制定规范细致的"营养餐"管理制度，确保食品安全； 4. 关心乡村学生尤其是留守儿童心理健康； 5. 加强日常健康教育，使学生养成良好的饮食、作息习惯，不吃不健康零食，阳光生活，快乐成长	—	
		完全小学			1. 完善的健康管理制度； 2. 均衡的膳食管理； 3. 完备的身体检查和心理咨询制度与人员保障

第四章 西北地区农村小规模学校发展需求与精准帮扶

续表

一级指标	二级指标	学校类型	具体指标		
			阶段一	阶段二	阶段三
课程与教学管理	拓展（校本）课程	非完全小学	开发至少1门具有本地区特色的校本课程	开发若干门形式丰富、学生喜爱的校本课程	—
		完全小学	开发若干门形式丰富、内容多样、学生喜爱的校本课程	发挥教师特长，开发以主题为单元的系列校本课程	发挥教师特长，开发以主题为单元的系列校本课程，也可以"请进来"，传授本地区非物质文化和手工技艺，培养乡土情怀
	教学质量管理	非完全小学	1. 落实课堂管理，完成教学任务；2. 加强作业反馈，做到精选、先做、全批；3. 个别辅导及时到位，补差效果佳；4. 定期组织公开课，加强教师间的学习与交流	1. 探索教学组织形式，鼓励开展微班课堂教学研讨，提高教学质量，体现小规模学校的教学优势；2. 制定乡村小规模学校教学质量单独考核机制，加强乡村小规模学校间的互动与交流，形成学习联盟	—
		完全小学			1. 成立"乡村名师工作室"，发挥名师教学的带头作用；2. 增加与其他优质学校交流的机会
师资队伍管理	教师管理考核	非完全小学	1. 形成规范、合理、公平、科学的学校教师内部考核管理机制，与绩效挂钩，增加教师工作动力；2. 加强对乡村教师，尤其是外地教师生活上的关心，让乡村教师能安心工作	1. 完善教师交流机制，使乡村教师上得去也下得来；2. 乡村教师的职称晋升和聘任工作在上级的指导下进行，要让小规模学校有更大的自主权	
		完全小学			赋能教师的工作，提高教师工作积极性，提升乡村教师的职业幸福感

续表

一级指标	二级指标	学校类型	具体指标		
			阶段一	阶段二	阶段三
师资队伍管理	教师培训	非完全小学	1. 每年按公用经费的10%提取教师培训经费，保证教师3年内轮到一次培训机会； 2. 定期组织集体备课、说课、评课等活动，提升教师的基本功； 3. 因地制宜，定期组织去片区内的小学交流，组织观看优质的在线网络课程，向名师学习，提升教师的信息技术能力	1. 加强对教师科研意识和能力的培养，加快教师的专业发展； 2. 强化对教师职后培训的效果监督与反馈，使培训能真正起作用	—
		完全小学			采用"走出去"、"请进来"的方式，学习先进的教育教学理念和方法
校园安全管理	安全制度和措施	非完全小学	1. 建立健全校园安全管理的规章制度； 2. 加强校园安全巡逻，排除安全隐患； 3. 加固校园大门和围墙，安装覆盖校园的监控探头	1. 设置门卫，加强安保； 2. 配备必要的防暴装置	—
		完全小学			校园安全网络领与乡镇派出所联网，加强校园安全应急机制

资料来源：钟振国：《乡村小规模学校的标准化建设研究》，浙江大学出版社2021年版，第271页。

第二节 西北地区小规模学校教师发展需求与精准帮扶

"教育的发展和质量的提高，是和一支稳定的、训练有素的、积极性

第四章　西北地区农村小规模学校发展需求与精准帮扶

高又可靠的教师队伍分不开的。"① 习近平总书记指出："各级党委和政府要满腔热情关心教师，让广大教师安心从教、热心从教、舒心从教、静心从教，让广大教师在岗位上有幸福感、事业上有成就感、社会上有荣誉感。"② 现阶段，西北地区教育在教师队伍建设上已经得到极大发展，但与发达地区师资质量和专业水平还存在极大差距。加强农村小规模学校教师建设，最核心的举措就是补齐教师队伍建设的不足与短板，既要立足长远，培养适合西北地区教育实际的优质教师，也要观照当下，依托关注教师切实发展需求，提升西北地区教师的整体"教育力"。③

一　三省（区）小规模学校教师专业知识、能力需求与帮扶

教师是学校教育工作的中坚力量。乡村教育最重要的不是硬件设施，而是乡村教师，没有人才的乡村学校，教学器材再多也只能吃尘蒙灰。④ 有高质量的教师，才会有高质量的教育。做好老师，就要执着于教书育人，有热爱教育的定力、淡泊名利的坚守，就要有理想信念、有道德情操、有扎实学识、有仁爱之心。⑤ 对于农村小规模教师来说，能克服种种困难，坚守在农村、扎根农村、奉献农村教育是非常可贵的。近年来，国家利用乡村教师"特岗计划""银龄讲学计划"等政策确保农村教师需求。对于农村小规模学校的师资需求方面有较大改善，但仍有一些需要关注与切实帮扶的问题与需求。

（一）三省（区）小规模学校教师专业知识需求

农村教师专业发展关乎乡村学校教育教学的高质量发展。知识素养

---

① ［法］雅克·哈拉克：《投资于未来——确定发展中国家教育重点》，尤莉莉等译，教育科学出版社1993年版，第118页。
② 本书编写组：《习近平总书记教育重要论述讲义》，高等教育出版社2020年版，第224页。
③ 周国斌、杨兆山：《论城乡教师交流政策的完善与落实》，《教育研究》2017年第38期。
④ 宁夏教育厅：《宁夏教育厅：实施6个专项计划 助推乡村教育振兴》（http://cdce.eol.cn/xiangcunzhenxing/342530.html）。
⑤ 中国法院网：《习近平看望参加政协会议的医药卫生界教育界委员》（https://www.chinacourt.org/article/detail/2021/03/id/5847599.shtml）。

高低是教师专业发展中具有决定性作用的关键因素，离开专业知识的教师发展必然陷于形式与虚浮。农村小规模学校教师是支撑学校发展的支柱，但这些教师面对的困难远比别的学校教师多。

1. 三省（区）教师个人专业知识需求状况

教师肩负着教书育人的重任，教师熟练掌握并运用教学所需知识是其有效教学的前提与基础，更是教师基本素养的体现。教师专业知识薄弱则意味着其无法高效开展教学，更无法保证教学质量。从三省（区）教师对自我知识素养的认知与评价中看到，教师的本学科专业知识掌握最好，现代信息技术知识、心理健康知识、班级管理知识等最为缺乏，见图4-1。

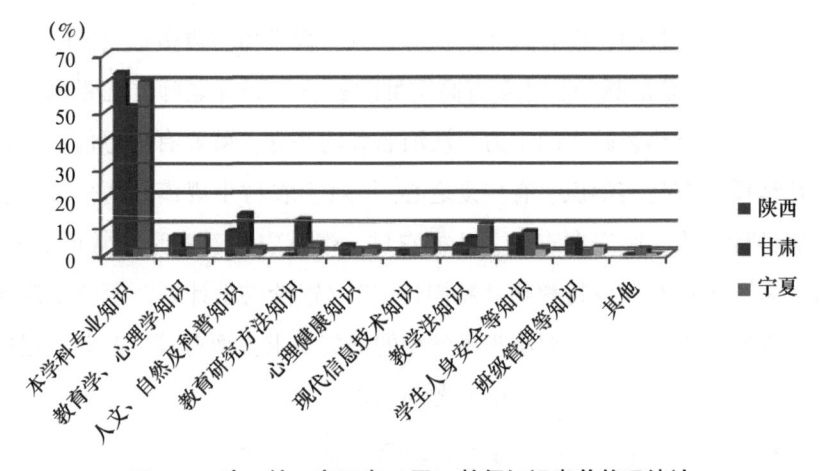

图4-1 陕、甘、宁三省（区）教师知识素养状况统计

三省（区）研究发现，教师最缺乏的知识素养集中在现代信息技术知识与心理健康知识层面，教育研究方法知识素养为其次，教育学、心理学知识素养也欠缺明显，见图4-2。

2. 三省（区）教师专业知识状况与性别相关性

三省（区）研究发现，教师最缺乏的知识素养集中在教育学、心理学知识、心理健康知识、现代信息技术知识。在个人欠缺知识素养问

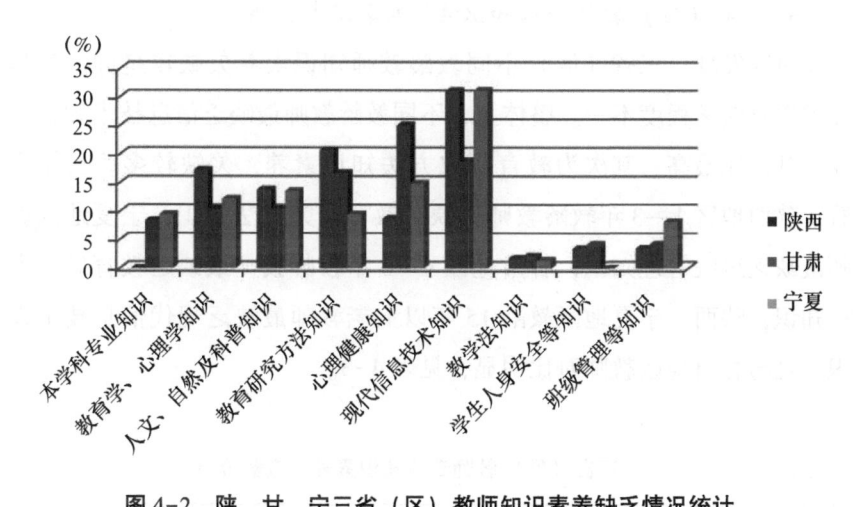

图 4-2 陕、甘、宁三省（区）教师知识素养缺乏情况统计

题上，陕西、宁夏地区男、女教师认为其信息技术知识素养均缺乏；其次为教育学、心理学知识等；陕西、甘肃、宁夏地区女教师认为，其最缺乏现代信息技术知识素养与教育研究方法等知识，甘肃、宁夏地区女教师认为其心理健康知识素养也较为缺乏。见表4-2。

表 4-2　　　　三省（区）教师专业知识素养与性别分析表

			个人最缺乏的知识素养								
			本学科专业知识	教育学、心理学知识	人文、自然及科普知识	教育研究方法知识	心理健康知识	现代信息技术知识	教学法知识	学生人身安全等知识	班级管理等知识	其他
			计数	计数	计数	计数	计数	计数	计数	计数	计数	计数
性别	男	教师来自的省份 甘肃	3	3	2	2	4	6	1	0	0	0
		陕西	0	6	1	4	0	10	1	1	0	0
		宁夏	2	4	5	1	2	15	1	0	2	0
	女	教师来自的省份 甘肃	1	2	3	6	8	3	0	2	2	0
		陕西	0	4	7	8	5	8	0	1	2	0
		宁夏	5	5	5	6	9	8	0	0	4	0

3. 三省（区）教师个人知识素养与教龄相关性

研究发现，三省（区）不同教龄教师知识素养欠缺较趋同。教师知识素养缺乏程度不一。整体上，不同教龄教师最缺乏信息技术知识素养，其占比最高；其次为教育研究方法知识素养，欠缺较多。具体来看，陕西地区1—3年教龄教师最缺乏教育研究方法知识；宁夏地区教师最缺乏班级管理知识；甘肃地区4—6年教龄教师最缺乏教育研究方法知识；陕西、宁夏地区教龄15年以上老教师最缺乏现代信息技术知识，且与甘肃地区教师对比明显，见表4-3。

表4-3　　　　三省（区）教师专业知识素养与教龄分析

			个人最缺乏的知识素养									
			本学科专业知识	教育学、心理学知识	人文、自然及科普知识	教育研究方法知识	心理健康知识	现代信息技术知识	教学法知识	学生人身安全等知识	班级管理等知识	其他
			计数	计数	计数	计数	计数	计数	计数	计数	计数	计数
教龄	1—3年	甘肃	0	0	1	1	0	0	0	0	0	0
		陕西	0	2	4	5	2	3	0	2	1	0
		宁夏	1	3	3	2	1	1	0	0	4	0
	4—6年	甘肃	1	0	1	4	2	2	0	0	0	0
		陕西	0	1	1	2	1	1	0	0	1	0
		宁夏	0	0	0	1	3	0	0	0	0	0
	7—10年	甘肃	0	1	0	1	1	1	0	0	1	0
		陕西	0	1	1	3	2	0	1	0	0	0
		宁夏	0	1	1	0	1	2	0	0	0	0
	11—15年	甘肃	0	1	2	1	2	1	1	2	1	0
		陕西	0	0	1	2	0	0	0	0	0	0
		宁夏	0	0	0	0	1	0	1	0	0	0
	15年以上	甘肃	3	3	1	2	7	5	0	0	0	0
		陕西	0	6	1	0	0	14	0	0	0	0
		宁夏	6	5	6	4	5	20	0	0	2	0

4. 三省（区）教师专业知识素养与职称相关性

研究发现，在教师个人知识素养层面，不同职称教师缺乏的知识素养不尽相同。三省（区）教师未评职称与初级职称教师缺乏知识素养集中体现在教育研究方法、心理健康类知识等层面；陕西地区中级职称教师最缺乏现代信息技术知识，与宁夏地区副高级教师趋同。总体上，三省（区）不同教龄教师最缺乏的知识集中在现代信息技术知识层面，见表4-4。

表4-4　　　　三省（区）教师专业知识素养与职称分析

			个人最缺乏的知识素养								
			本学科专业知识	教育学、心理学知识	人文、自然及科普知识	教育研究方法知识	心理健康类知识	现代信息技术知识	教学法知识	学生人身安全等知识	班级管理等知识	其他
			计数	计数	计数	计数	计数	计数	计数	计数	计数	计数
教师职称	未评	甘肃	0	0	1	4	1	0	0	0	0	0
		陕西	0	2	2	3	3	4	0	2	0	0
		宁夏	3	2	3	1	2	1	0	0	4	0
	初级	甘肃	1	2	3	5	5	1	2	2	0	
		陕西	0	2	3	4	1	3	0	0	2	0
		宁夏	0	2	0	2	3	1	0	0	0	0
	中级	甘肃	3	2	1	0	6	2	0	0	0	0
		陕西	0	4	3	5	1	11	0	0	0	0
		宁夏	4	3	2	1	2	8	1	0	0	0
	副高	甘肃	0	1	0	0	0	2	0	0	0	0
		陕西	0	2	0	0	0	0	0	0	0	0
		宁夏	0	2	5	3	4	13	0	0	2	0

续表

			个人最缺乏的知识素养								
			本学科专业知识	教育学、心理学知识	人文、自然及科普知识	教育研究方法知识	心理健康知识	现代信息技术知识	教学法知识	学生人身安全等知识	班级管理等知识	其他
			计数	计数	计数	计数	计数	计数	计数	计数	计数	计数
高级	省份	甘肃	0	0	0	0	0	0	0	0	0	0
		陕西	0	0	0	0	0	0	0	0	0	0
		宁夏	0	0	0	0	0	0	0	0	0	0

（二）三省（区）小规模学校教师能力发展需求

专业能力是教师专业发展的核心。新一轮基础教育课程改革在教育目标调整、教育观念转变、教育教学手段方法和技术的更新等方面对教师提出了更高的要求，三省（区）调研发现，教师教学能力发展现状与需求存在明显不同。

1. 三省（区）教师教学能力发展需求状况

教师教学能力主要包括教师分析教材能力、设计教法、语言组织表达、评价能力、现代信息技术能力等，教师教学能力是教师专业素养的重要构成。三省（区）研究显示，教师普遍缺乏应用现代信息技术能力，其中，宁夏地区因老龄化教师比重较高，故数据显示在现代信息技术能力应用上，宁夏地区教师比例也最高，其次为甘肃、陕西地区教师。其次，三省（区）教师教学研究能力最缺乏，陕西地区教师比例最高，甘肃、宁夏紧随其后，表明三省（区）小规模学校教学能力的缺乏与不足状况较为一致。

2. 三省（区）教师教学能力与性别相关性

研究发现，三省（区）教师最缺乏教学能力上，男性与女性教师

第四章 西北地区农村小规模学校发展需求与精准帮扶

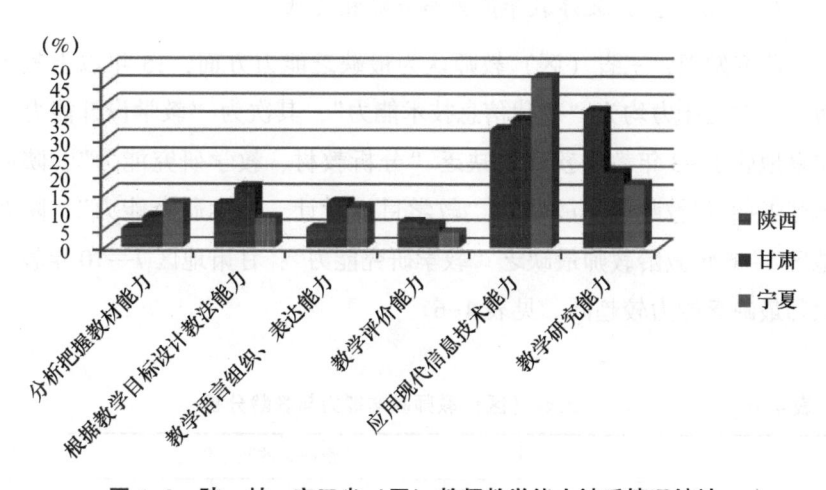

图4-3 陕、甘、宁三省（区）教师教学能力缺乏情况统计

认知无差别，甘肃、宁夏地区男、女性教师均认为现代信息技术能力最缺乏，其次为教学研究能力，见表4-5。

表4-5　　　三省（区）教师教学能力与性别分析表

			最缺乏的教学能力						
			分析把握教材能力	根据教学目标设计教法能力	教学语言组织、表达能力	教学评价能力	应用现代信息技术能力	教学研究能力	其他
			计数	计数	计数	计数	计数	计数	计数
性别	男	教师来自的省份							
		甘肃	0	4	5	2	7	3	0
		陕西	1	1	0	2	9	10	0
		宁夏	1	2	4	1	22	2	0
	女	教师来自的省份							
		甘肃	4	4	1	1	10	7	0
		陕西	2	6	3	2	10	12	0
		宁夏	8	4	4	2	13	11	0

3. 三省（区）教师教学能力与教龄相关性

研究发现，三省（区）教师认为最缺乏能力方面，15年以上教龄教师最缺乏能力均为"现代信息技术能力"，其次为"教学设计能力"；宁夏地区1—3年教龄教师最缺乏"分析教材、教学研究能力"；陕西地区1—3年教龄教师最缺乏"教学目标设计、教学研究能力"；陕西地区4—6年教龄教师最缺乏"教学研究能力"；甘肃地区7—10年教龄教师最缺乏能力较趋同。见表4-6。

表4-6　　　　　三省（区）教师教学能力与教龄分析

				最缺乏的教学能力					
			分析把握教材能力	根据教学目标设计教法能力	教学语言组织、表达能力	教学评价能力	应用现代信息技术能力	教学研究能力	其他
			计数	计数	计数	计数	计数	计数	计数
教龄	1—3年	甘肃	0	1	0	0	1	0	0
		陕西	2	6	1	2	4	4	0
		宁夏	5	1	2	1	2	4	0
	4—6年	甘肃	1	2	0	1	4	2	0
		陕西	0	1	0	0	1	5	0
		宁夏	1	1	1	0	0	1	0
	7—10年	甘肃	0	0	0	1	2	2	0
		陕西	0	0	2	0	2	4	0
		宁夏	0	0	2	0	2	1	0
	11—15年	甘肃	3	2	1	0	0	5	0
		陕西	0	0	0	1	1	1	0
		宁夏	0	0	0	0	1	0	0
	15年以上	甘肃	0	3	5	1	10	1	0
		陕西	1	0	0	1	11	8	0
		宁夏	3	4	3	2	30	6	0

（注：教师来自的省份）

3. 教师教学能力与职称相关性

研究发现，三省（区）不同职称教师，中级职称教师普遍认为其应用现代信息技术与教学研究能力最为缺乏。宁夏地区未评职称教师认为其最缺乏"分析把握教材能力"，陕西中级职称教师认为其最缺乏"信息技术应用、教学研究能力"，甘肃地区中级职称教师认为其最缺乏"教学语言组织、表达能力"，见表4-7。

表4-7　　　　三省（区）教师教学能力与职称分析

			最缺乏的教学能力						
			分析把握教材能力	根据教学目标设计教法能力	教学语言组织、表达能力	教学评价能力	应用现代信息技术能力	教学研究能力	其他
			计数	计数	计数	计数	计数	计数	计数
教师职称	未评	教师来自的省份 甘肃	1	2	0	0	2	1	0
		陕西	0	4	1	1	5	5	0
		宁夏	7	1	1	1	2	4	0
	初级	甘肃	3	2	1	2	9	7	0
		陕西	2	3	1	1	3	5	0
		宁夏	1	1	2	0	2	2	0
	中级	甘肃	0	3	5	1	4	2	0
		陕西	1	0	1	2	11	10	0
		宁夏	1	3	3	0	11	3	0
	副高	甘肃	0	1	0	0	2	0	0
		陕西	0	0	0	0	0	2	0
		宁夏	0	1	2	2	20	4	0
	高级	甘肃	0	0	0	0	0	0	0
		陕西	0	0	0	0	0	0	0
		宁夏	0	0	0	0	0	0	0

(三) 三省（区）小规模学校教师专业知识、能力发展帮扶

1. 小规模学校要精准定位"全科教师"培养

基础教育具有基础性、全科性、启蒙性等特征，这些特殊性要求从事基础教育的教师必须具有"全科"性质。全科教师的培养是基于农村小规模学校自身发展逻辑而进行的主动探索，它更符合农村小规模学校实际需求，理应成为其师资配备的首选。[①] 三省（区）农村教育的现实状况决定了对小学全科教师培养的迫切性。当前，城镇化进程中的农村小规模学校，随着生源日益减少，班级少、小状况日益突出。如前所述，小规模学校教师学科结构矛盾与多学科胜任力之间的境况，都决定了其教学无法再延续传统的分科教学模式。结合各地区学校实际，采取"小班化""复式班""包班制"等教学形式才能真正突显小规模学校"小而优"的优势所在。现阶段，小规模学校"一师几科"已成为既定事实，三省（区）部分农村小规模学校需面对"一师一校"和"一班一师"现状，这必然要求教师能够扮演"全科"或"全职"的教师角色。研究发现，与城镇大规模学校相比，小规模学校教师要能够承担起多门学科的教学任务，跨学科、跨年级教学已是常态。因此农村小规模学校教师的培养要做出相应的变革。精准帮扶背景下的农村小学全科教师培养，其基本特色在于国家对义务教育精准扶贫的高度重视，将义务教育列入扶贫的重要标准三保障之中。

第一，小规模学校"全科教师"的培养，需创新农村小学师资培养模式，以政策扶持和社会公益为重要手段，根据"面向农村、服务小学"的培养定位和办学理念，着力破解农村小学教师队伍建设的"短板"。(1) 全科教师培养目标设置上以"农村社会"为基础，以"农村小规模学校"定位，以"全科"为知识导向。"为更好服务农村小规模学校，农村小学全科教师培养目标是：面向农村小学培养德智体美全面发展，热爱农村教育事业、具有良好的师德修养、先进的教育理念、扎

---

① 邬志辉：《破解乡村教育发展症结的良药》，《中国教育报》2015年6月10日第1版。

第四章 西北地区农村小规模学校发展需求与精准帮扶

实的专业知识、熟练的教师职业技能,能够同时胜任语文、数学及其他部分科目教学的'双科多能'的农村小学全科教师。"① 需要阐明的是,"双科"即语文与数学两门学科,这是作为一名农村小学全科教师的必要条件;"多能"是根据当地学校需要、地方院校特点和全科师范生自身实际情况,加强音、体、美等方面的训练。因此,"双科"是基本底线,重点要突出"多能"。农村小学生全面发展,需要培养其各方面的兴趣与爱好,具备必要运动技能和一定艺术才能;小学全科教师所拥有的广泛兴趣与特长,必然能潜移默化地影响学生发展,促使小学生综合素养有效提升。(2)加强全科师范生的综合素养,并着重培养"关键能力"。所谓"关键能力"即知识、技能与态度的结合,是作为整体而存在的素养,也是个体必备的品格和核心胜任力。② 2017 年中共中央办公厅、国务院办公厅印发的《关于深化教育体制机制改革的意见》中十分明确地提出"要注重培养支撑终身发展、适应时代要求的关键能力"③。对于农村小学全科教师而言,要想在农村小规模学校长期任教必须具备一些关键能力,例如"农村生活力""课程整合能力"等。当前的农村社会,在城镇化进程中人口外流、逐渐凋敝或没落,缺乏活力与生机。因此,农村小学全科教师肩负着为乡村注入新鲜活力的使命,不仅给乡村学生带去希望,也为美丽新农村建设贡献力量。再者,拥有跨学科、跨年级的"课程整合力"也是全科教师作为综合性人才的必备素养。同时,计算机网络及现代信息技术能力也是培养的重点。

甘肃省于 2021 年起启动乡村小学全科型教师招生计划,这就意味着从 2021 年开始,每年通过定向委托培养、在职教师在岗培训等方式,为甘肃省乡村学校特别是小规模学校和教学点培养补充一批能胜任多门

---

① 余小红:《以全科教师培养突破农村小规模学校"超编缺岗"困境》,《教育发展研究》2017 年第 24 期。
② 张权力、杨小微:《在"深度学习"与"自由课堂"之间保持张力》,《教育科学研究》2017 年第 7 期。
③ 中共中央办公厅、国务院办公厅:《中共中央办公厅 国务院办公厅印发〈关于深化教育体制机制改革的意见〉》(http://www.gov.cn/xinwen/2017-09/24/content_5227267.html)。

学科教学的小学全科型教师,使乡村学校拥有一批知识和专业结构合理、"下得去、留得住、教得好"的小学教师队伍,甘肃省为农村小规模学校安排乡村小学全科型教师招生计划。为进一步加强乡村教师队伍建设,有效解决乡村教师队伍结构性缺员问题,甘肃省努力为乡村学校造就一批热爱乡村、数量充足、素质优良、充满活力的"一专多能"的教师队伍,着力提升乡村学校教育质量。该计划采取"指标到县、倾向招生、签订协议、合格聘用、定向服务"的培养模式,培养院校为西北师范大学、兰州城市学院、天水师范学院、河西学院、陇东学院、甘肃民族师范学院、陇南师范高等专科学校,培养专业为小学教育专业,服务方向为乡镇及乡镇以下学校。在招录条件方面,须为志愿从事乡村学校教育事业的甘肃籍高考考生;定向就业的乡村小学全科型教师属特殊岗位,鼓励热爱教育事业,具有乡村教育情怀,有志于长期从教、终身从教的优秀高中毕业生报考。定向就业的乡村小学全科型教师在身体方面应具备适应未来教育教学工作需要的身体条件。报考小学教育专业定向培养方向的学生参加普通高招统一录取后,要与报考的设岗县(市)和培养院校签署培养就业协议,明确权利、义务和责任,并承诺毕业后到乡村学校从事教育教学工作时间不少于六年。小学全科型教师培养计划纳入普通高等学校年度招生规模。定向培养的小学全科型教师所在专业名称为小学教育,方向为小学全科型教师,本科层次学制四年,专科层次学制三年。师范教育类,小学教育全科型教师实行计划单列,安排在各院校相应批次平行投档段录取,录取面向全省考生,按照报考志愿从高分到低分择优录取。拟被录取的小学教育专业定向生,必须按规定签订经协议地县级人民政府(报考的设岗县、市)和被录取学校(培养学校)签字盖章的定向就业协议书。若不签订本协议,视为放弃录取资格。被录取的小学教育专业定向生在校学习期间户籍仍保留在原户籍所在地。小学教育专业定向生在校期间可享受其他非义务性奖学金。鼓励设岗市(州)、县(市、区)为小学教育专业定向生提供保障政策,对被录取的小学教育专业定向生学习期间的学费、住宿费和生活补助费适当补助。①

第二，农村学校要以"全科教师联合培养"作为实施路径，为农村小规模学校培养全科教师，需要由地方院校、当地政府、农村小规模学校、农村社区和民间组织五个利益主体共同承担起培养任务。地方院校作为"培养主体"，要为所在地区量身定做富有地方特色的全科教师人才培养方案，包括全科教师培养目标的制定、全科课程体系的设置和教育教学方式的改革。当地政府则是"参与主体"，作为培养的主要责任人，为了能够收获更多、更优秀的农村小学全科教师，需根据当地的实际需求在贯彻好国家相关政策的基础上进行制度创新，如给编制定向包分配、免大学学费并发放助学金等优惠或奖励性政策，吸引当地大学生进入乡村教师队伍。而农村小规模学校可以看作"受益主体"，也是农村小学全科教师的"接收单位"，更要深度参与培养过程，如主动向地方院校反馈自身需求，并长期提供教育、教学实践基地，确保培养人才的对口性。最后，则是农村社会作为"支持主体"的介入，以便使农村小学全科教师的培养更有针对性。②

2. 部分省（区）小规模学校坚持师资"乡土化+定向化"联合培养

国务院办公厅下发《乡村教师支持计划（2015—2020年）》（以下简称《支持计划》），鼓励地方政府和师范院校在五年内根据当地实际需求培养教师，填补农村义务教育的教师缺口。《支持计划》公布后，全国各级各地教育行政部门开始制定符合本地特色的乡村教师培养政策，把定向化、本土化培养作为农村中小学教师补充的主要渠道。针对农村学校问题，加大地方高校"全科型小学教师"的培养力度，科学制订全科型小学教师的人才培养方案，根据当地实际加强乡村教师本土化培养。"采取定向委托培养等特殊招生方式，扩大小学全科教师培养

---

① 兰州日报社：《甘肃省今年起招收乡村小学全科型教师》（https://xw.qq.com/cmsid/20210615A0D6T700.html）。
② 余小红：《以全科教师培养突破农村小规模学校"超编缺岗"困境》，《教育发展研究》2017年第24期。

规模，为农村培养'下得去、留得住、干得好'的高素质教师。"①

陕西省为确保乡村教师"下得去"，不断创新资源配置。近年来，陕西地区坚持存量挖潜，灵活用好现有编制，优先用于中小学教师补充，扩大特岗实施范围和规模，鼓励引导公费师范生到乡村学校任教，从特岗计划和事业单位招教中拿出一定比例用于音、体、美等学科教师补充，于 2020 年全面摸清了全省 56 个贫困县短缺的音、美、体教师共计 3220 名，通过完善教师公开招聘制度、加大"特岗教师"招聘力度、教师交流轮岗、培训转岗、政府购买服务等多种途径、多举措保障乡村中小学体、音、美教师配备，到 2020 年年底已经补充到位体、音、美教师 3017 名，今年将继续完成剩余指标任务。将实施好特岗计划作为积极优化乡村教师队伍学科结构，不断改善乡村教师学历、年龄和知识结构的重要抓手；其次，指导市县做好"县管校聘"，采取走教、支教、交流轮岗等多种形式，盘活师资，确保义务教育学校特别是偏远乡村学校能够开齐开足国家规定的相关课程；持续用好"三区人才"教师专项计划、"优秀乡村青年教师奖励培养计划"和"银龄计划"等中央扶持政策，最大限度发挥教育人才资源优势，推进城乡义务教育一体化均衡发展。②

3. 小规模学校"科—师"导向的精准师资补充

针对农村小学教师，三省（区）中部分省区积极响应国家政策，开始建立教师与学科间的精准补充机制。第一，严格把控乡村教师的"公开招聘"和"特岗招聘"的质量，按照学校学科岗位实际需求进行定岗定人，改革招聘考试方式，加强教师资格准入审核。省级教育行政部门加大对专科及以上学历教师的招聘规模，采取直接考核的方式招

---

① 中华人民共和国教育部：《教育部 中央编办 国家发展改革委 财政部 人力资源社会保障部关于大力推进农村义务教育教师队伍建设的意见》（https://www.moe.gov.cn/srcsite/A10/s3735/201211/t20121108_145538.html）。

② 中华人民共和国教育部：《教育部等六部门关于加强新时代乡村教师队伍建设的意见》（http://www.moe.gov.cn/srcsite/A10/s3735/202009/t20200903_484941.html）。

聘。对招录的人员应当强化岗前培训，按照学科教学要求和教师职业要求开展有针对性的实践训练，确保他们尽快转变角色，适应乡村小规模学校的教学环境，从而为乡村小规模学校输送一批素质优良、热爱乡村教育的优质专任教师。第二，根据人才培养需要，加强小规模学校的"三级课程"体系建设。优先确保开齐开足国家规定课程，特别是体育、音乐、美术、科学技术、心理健康、双语等师资紧缺课程，并按照专业对口原则，补充音、体、美等专业教师，实现乡村小规模学校全学科师资建设与全学科育人。第三，创建优质师资轮岗交流平台，根据学科师资建设需要，采用以"学科"为导向的精准支教方式，为乡村小规模学校输送城区优质师资，发挥其"传、帮、带"作用。既要为小规模学校师资建设"输血"，也要"造血"，切实提高其专任教师队伍素质水平。

二 三省（区）农村小规模学校教师培训需求与帮扶

教师是承担教育教学职责的专业人员，相较于其他职业，教师专业的自我学习发展与培训则显得尤为必要。农村小规模学校教师培训的供需矛盾集中体现在两方面。一是有培训需求但是没有培训机会的矛盾；二是有培训安排但是并非教师实际所需的矛盾。教师培训有短期培训与较长期培训，一般以县为组织中心，通过组织遴选学校优秀教师接受培训，这部分教师培训结束后再对县里教师进行培训。在小规模学校，教师培训的机会分配，相对于中心学校而言，属于村小和教学点的校长、老师们获得的培训机会非常少。

（一）三省（区）小规模学校教师校本教研活动需求

校本教研是教师为解决学校教育实践中出现的具体问题而进行的教研活动，是中小学教师重要研究方式和工作方式。校本教研是教师基于学校发展的需求，为解决教育教学实践中出现的问题而开展的研究，校本教研是促进教师的专业成长与发展的主要形式与途径。三省（区）研究发现，农村小规模学校教师校本教研活动内容欠丰富，教师对校本教研活动形式与内容均有不同需求。

1. 教师评价校本教研活动实效与教龄相关性

研究发现，农村小规模学校教师针对校本教研活动实效评价方面，三省（区）教师普遍聚焦于"公开课观摩教研"，认为该教研活动最具实效，对于教师专业发展最有助益；陕西、宁夏地区1—3年教龄教师认为"同行听课、评课的校本教研"实效性较好，利于个人成长；三省（区）15年以上教龄教师较为赞同"课例探讨""集体备课"这两种教研形式，认为其对于教师专业发展具有重要价值意义，见表4-8。

表4-8 三省（区）教师评价教研活动实效性与教龄分析

			课例研讨	集体备课	专家讲座指导	公开课观摩	同行听课、评课	教研员进校指导	兄弟学校间交流学习	其他
			计数	计数	计数	计数	计数	计数	计数	计数
教龄	1—3年	甘肃	1	0	0	1	0	0	0	0
		陕西	4	1	2	6	4	1	1	0
		宁夏	3	2	1	4	5	0	0	0
	4—6年	甘肃	4	0	0	4	1	1	0	0
		陕西	0	0	0	3	1	1	2	0
		宁夏	1	1	1	1	0	0	0	0
	7—10年	甘肃	1	1	0	3	0	0	0	0
		陕西	0	0	0	3	2	2	1	0
		宁夏	2	1	0	2	0	0	0	0
	11—15年	甘肃	1	2	3	1	1	2	1	0
		陕西	1	0	1	0	0	0	1	0
		宁夏	0	0	1	1	0	0	0	0
	15年以上	甘肃	3	6	2	1	3	2	1	0
		陕西	5	5	3	3	2	1	2	0
		宁夏	12	8	8	12	3	0	5	0

2. 教师评价校本教研活动实效与职称相关性

校本教研活动既有利于教师间加强彼此沟通、交流，更能增进教师教学水平的提升。无论从事教学经验丰富的老教师还是新手教师，校本教研活动都能有效地提升自己。三省（区）研究中，不同职称教师均对公开课观摩、课例研讨实效性及其助益做出评价；其次为集体备课，其中，宁夏地区副高职称教师评价校本教研活动的实效性比例较为均衡，依次为公开课观摩、课例研讨、集体备课、交流学习等教研活动，见表4-9。

表4-9　　　三省（区）教师评价教研活动实效性与职称分析

			课例研讨	集体备课	专家讲座指导	公开课观摩	同行听课、评课	教研员进校指导	兄弟学校间交流学习
			计数	计数	计数	计数	计数	计数	计数
职称	未评	甘肃	1	0	0	4	0	1	0
		陕西	2	1	0	6	2	2	3
		宁夏	4	3	1	3	5	0	0
	初级	甘肃	5	4	2	6	2	2	3
		陕西	2	0	2	5	5	1	0
		宁夏	3	1	1	3	0	0	0
	中级	甘肃	4	4	3	0	2	1	1
		陕西	6	3	4	4	2	2	4
		宁夏	6	4	5	4	1	0	1
	副高	甘肃	0	1	0	0	1	1	0
		陕西	0	2	0	0	0	0	0
		宁夏	5	4	4	10	2	0	4

研究显示，三省（区）教师在"个人专业发展需要进一步学习提升专业发展与路径选择"上，陕西地区教师认为，"观摩优秀教学"切

实提升个人专业发展，其人数比例为 26.7%；其次为"参加教研活动"，人数比例为 17.2%；其后依次为"理论学习与反思"，其人数比例 15.5%，"听专家讲座"人数比例 12.1%，"同事间交流、切磋"与"参加课题研究"人数比例均为 10.3%。甘肃地区教师认为，"观摩优秀教学"对于提升专业发展最具实效性，人数比例 29.1%，其次为"参加课题研究"，其人数比例 20.8%，"参加教研活动"人数比例 18.8%。宁夏地区教师认为促进教师专业发展中，"观摩优秀教学"为首要关键活动，其人数比例 27.0%；其次为"听专家讲座"，其人数比例 18.9%，参加"教研活动"人数比例为 16.2%，最后则为"同事间交流、切磋"其人数比例 12.2%，见表 4-10。

总体上，三省（区）小规模学校教师均一致认同，观摩优秀教学是促进教师专业发展的有效方式与最佳路径，小规模学校教师对于优秀教学观摩与学习的诉求极高，期望通过此方面助力教师专业发展与成长，陕西地区教师认为还需进一步创新形式与内容才能更好助力乡村教师成长，见图 4-4。

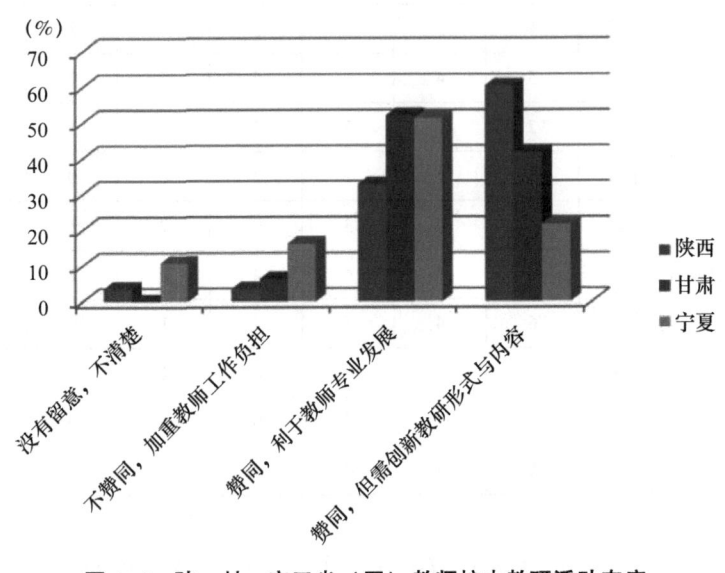

图 4-4 陕、甘、宁三省（区）教师校本教研活动态度

表 4-10　陕、甘、宁三省（区）教师专业发展最迫切需求

		人数（人）	百分比（%）
陕西	听专家讲座	7	12.1
	参加教研活动	10	17.2
	同事间交流、切磋	6	10.3
	参加课题研究	6	10.3
	以老带新、传帮带	3	5.2
	教学评优评先	0	0
	理论学习与反思	9	15.5
	观摩优秀教学	16	26.7
	其他	1	1.7
甘肃	听专家讲座	4	8.3
	参加教研活动	9	18.8
	同事间交流、切磋	3	6.3
	参加课题研究	10	20.8
	教学评优评先	4	8.3
	理论学习与反思	3	6.3
	观摩优秀教学	14	29.1
	其他	1	2.1
宁夏	听专家讲座	14	18.9
	参加教研活动	12	16.2
	同事间交流、切磋	9	12.2
	参加课题研究	6	8.1
	以老带新、传帮带	8	10.8
	教学评优评先	1	1.4
	理论学习与反思	4	5.4
	观摩优秀教学	20	27.0
	其他	0	0

(二) 三省（区）小规模学校教师信息技术学习需求

三省（区）研究发现，农村教师因其使用信息技术频率低，且教师对信息技术的掌握程度及能力严重不足，需要进一步提升农村小规模学校教师信息技能。

1. 教师利用多媒体教学频率与教龄相关性

"多媒体的利用"表明乡村教师对于现代信息技术基本能够掌握，随着教学技术不断提升，教师需要借助多媒体等教学设备不断提升教学质量。15年以上教龄教师，宁夏地区教师使用多媒体教学的比例最高，其次为1—3年教龄的新教师，见表4-11。

表4-11　　三省（区）教师利用多媒体教学与教龄分析

				多媒体教学的频率			
				没有多媒体	一周1—2次	一周3—5次	每天都用
				人数	人数	人数	人数
教龄	1—3年	教师来自的省份	甘肃	0	0	1	1
			陕西	1	5	6	7
			宁夏	1	1	1	12
	4—6年	教师来自的省份	甘肃	1	1	2	6
			陕西	0	0	3	4
			宁夏	0	0	0	4
	7—10年	教师来自的省份	甘肃	0	2	1	2
			陕西	0	1	1	6
			宁夏	1	1	1	2
	11—15年	教师来自的省份	甘肃	1	0	4	6
			陕西	0	1	1	1
			宁夏	0	0	1	1
	15年以上	教师来自的省份	甘肃	0	9	8	3
			陕西	0	9	7	5
			宁夏	6	6	11	25

2. 教师利用多媒体教学频率与职称相关性

研究发现,三省(区)教师对于运用多媒体教学的使用状况不一。陕西地区未评职称教师运用多媒体教学频率不一;宁夏地区未评职称教师每天运用多媒体教学频次最高;三省(区)初级、中级职称每天运用多媒体教学频率稍高;其次为每周3—5次运用频率教师,副高职称教师每天运用多媒体进行教学比例最高,见表4-12。

表4-12 三省(区)教师利用多媒体教学与职称分析

				多媒体教学的频率			
				没有多媒体	一周1—2次	一周3—5次	每天都用
				人数	人数	人数	人数
职称	未评	教师来自的省份	甘肃	0	0	2	4
			陕西	1	4	4	7
			宁夏	3	0	0	13
	初级	教师来自的省份	甘肃	1	3	7	13
			陕西	0	1	6	8
			宁夏	0	1	2	5
	中级	教师来自的省份	甘肃	1	6	7	1
			陕西	0	9	8	8
			宁夏	4	2	4	11
	副高	教师来自的省份	甘肃	0	3	0	0
			陕西	0	2	0	0
			宁夏	1	5	8	15
	高级	教师来自的省份	甘肃	0	0	0	0
			陕西	0	0	0	0
			宁夏	0	0	0	0

(三)三省(区)小规模学校教师科研状况及需求

研究发现,三省(区)教师在参与科研项目方面,陕西、宁夏地区小规模学校教师参与科研课题比例较高，甘肃地区相对较低。陕西地区农村小规模学校教师参与县级以上课题比例32.9%，参与校级课题比例为31.5%，市级课题以上比例13.7%，其中没参加任何课题人数比例21.9%。甘肃地区教师，参与市级以上课题研究比例为33.3%，校级课题人数比例19.7%，没参加任何科研课题人数比例33.3%。宁夏地区教师参与校级课题比例40.2%，参加县级及以上课题比例12.2%，市级课题参与人数比例11.0%，未参加任何科研项目比例36.6%。有相当一部分教师从未参与任何课题，而且三省（区）参与市级以上的课题人数均较低，见表4-13。

表4-13　　　　陕、甘、宁三省（区）教师参与课题情况

		人数（人）	百分比（%）
陕西	没参加	16	21.9
	参与校级课题	23	31.5
	参与县级课题	24	32.9
	参与市级课题及以上	10	13.7
甘肃	没参加	17	33.3
	参加校级课题	10	19.7
	参加县级课题	7	13.7
	参加市级课题及以上	17	33.3
宁夏	没参加	30	36.6
	参与校级课题	33	40.2
	参与县级课题	10	12.2
	参与市级课题及以上	9	11.0

（四）三省（区）小规模学校教师培训内容及形式需求

三省（区）研究发现，小规模学校教师培训需求亟待关注。三省（区）小规模教师从未参加培训人数比例为47.2%，参加一学期一次培

训的教师比例为26.7%，表明农村小规模学校教师总体培训人数非常少，这无论对小规模学校教师个人专业发展，还是对教师教学方式、方法革新均带来不利影响，见表4-14。

表4-14 陕、甘、宁三省（区）农村小规模学校教师参加培训情况频次统计

	人数（人）	百分比（%）
一月一次	11	6.1
两月一次	36	20.0
一学期一次	48	26.7
从来没去过	85	47.2

三省（区）教师对培训形式与内容评价方面，陕西地区教师认为教师培训针对性、时效性较差，其人数占比34.5%，19.0%的教师认为培训方式内容较为陈旧，教师缺乏兴趣，有22.4%的教师认为培训为硬性任务而不得不参加。甘肃地区教师认为"培训方式、内容新颖，利于教师专业发展"，其人数占比31.2%；认为"培训针对性、实效性较强，切合教师发展需求"，其人数占比29.1%，16.7%的教师认为培训实效性较差，10.4%的教师认为"培训方式、内容较陈旧，教师缺乏兴趣"。由此表明，教育部门需要改进培训方式，创新培训内容，真实有效切中小规模学校教师发展需求。

甘肃地区教师对于总体培训效果评价趋于向好，培训总体切合教师真实发展需求。宁夏地区教师认为"培训方式、内容新颖，利于教师发展"的人数占比45.9%；认为"培训针对性、实效性较强，切合教师发展需求"人数占比24.3%。同时也有教师认为"培训针对性、实效性较差，对教师提高不足"，其人数占比23.0%；只有少数教师认为培训针对性、实效性差，对教师提高不足。见表4-15。

表4-15　三省（区）小规模学校教师对"现有农村教师培训形式与内容"评价

	选项	人数（人）	百分比（%）
陕西	培训方式、内容新颖，利于教师发展	4	6.9
	培训方式、内容较陈旧，教师缺乏兴趣	11	19.0
	培训针对性、实效性较差，对教师提高不足	20	34.5
	培训为硬性任务，不得不参加	8	22.4
	培训针对性、实效性较强，切合教师发展需求	13	13.8
	其他	2	3.4
甘肃	培训方式、内容新颖，利于教师发展	15	31.2
	培训方式、内容较陈旧，教师缺乏兴趣	5	10.4
	培训针对性、实效性较差，对教师提高不足	8	16.7
	培训为硬性任务，不得不参加	3	6.3
	培训针对性、实效性较强，切合教师发展需求	14	29.1
	其他	3	6.3
宁夏	培训方式、内容新颖，利于教师发展	34	45.9
	培训方式、内容较陈旧，教师缺乏兴趣	2	2.7
	培训针对性、实效性较差，对教师提高不足	17	23.0
	培训为硬性任务，不得不参加	3	4.1
	培训针对性、实效性较强，切合教师发展需求	18	24.3
	其他	0	0

研究发现，三省（区）近50%的小规模学校教师不能外出培训。究其原因，小规模学校教师外出学习培训名额有限，极大限制了小规模学校教师继续学习与专业更新，"学习培训名额有限"，无法外出培训人数占比达60.0%；"教师教学任务重，无法脱身"参加培训的占比30.6%。研究表明，小规模学校教师亟待培训与学习发展，但碍于教学任务繁重，无法进一步交流学习，极大影响到小规模学校教师的专业知识更新与继续学习意愿，见表4-16。

第四章 西北地区农村小规模学校发展需求与精准帮扶

表4-16 影响三省（区）小规模学校教师外出培训的因素统计

	人数（人）	百分比（%）
教师教学任务重，无法脱身	55	30.6
教师对学习培训缺乏兴趣	8	4.4
教师个人原因	7	3.9
学习培训名额有限	108	60.0
其他	2	1.1

三省（区）中，小规模学校教师因学习名额有限无法外出培训学习，宁夏地区教师占比最高，其次为甘肃、陕西地区教师；在因"教师教学任务重，无法脱身"的选项上，陕西地区教师认为主要源于教学负担重，其人数比例为41.4%；其次为甘肃、宁夏地区教师，见表4-17。

表4-17 影响陕、甘、宁三省（区）小规模学校教师外出培训的因素统计

	地区	人数（人）	百分比（%）
教师教学任务重，无法脱身	陕西	24	41.4
	甘肃	13	27.1
	宁夏	18	24.3
教师对学习培训缺乏兴趣	陕西	2	3.4
	甘肃	6	12.5
	宁夏	0	0
教师个人原因	陕西	2	3.4
	甘肃	1	2.1
	宁夏	4	5.4
学习培训名额有限	陕西	28	43.4
	甘肃	28	58.3
	宁夏	52	70.3
其他	陕西	2	3.4
	甘肃	0	0
	宁夏	0	0

(五) 三省（区）农村小规模学校教师培训需求帮扶

乡村教师精准培训就是改变传统采用的大课方式，依据乡村教师的培训需求，通过精准选择，确定培训目标、主题、内容、方式等，实施精准教学，以满足乡村教师培训需求，这是促进乡村教师专业发展的一种非常有效的培训方式。①与传统教师培训不同，乡村教师精准培训具有以下几个特点。一是精准性。注重培训的起点、过程、结果的精准性，精准了解参训教师已有水平，掌握教师内在需求。二是实效性。注重培训的内外实效性，注重培训结果与教学实践有机结合。三是多元性。注重参训教师作为培训主体，获取多元化培训资源、培训形式，并对培训进行多元化评价。四是生成性。注重已有知识建构的同时，注重参训教师学习能力与品质养成，激发教师专业内在发展动力。五是深刻性。依据教师实际，采取深度教学的培训模式，促进教师走向深度研修，进而实现教师对知识的深度理解。新时代乡村教师精准培训作为全新的培训模式，不仅是为了传授教学理念、思想、知识、技能等，还可以充分激发参训教师专业发展的内生力。精准的教师培训有助于培训模式的成功转型，实现由粗放型向精准型转变、由灌输式向生成式转变、由封闭式向开放式转变。同时，经过精准培训后，教师专业发展的意愿得到明显提升，实现"要我培训"向"我要培训"的深层转型。

1. 基于乡村教师内在需求，开展形式多样精准培训

乡村教师培训的核心在于提高师德素养和业务能力。《陕西省教育厅 陕西省财政厅 陕西省人力资源和社会保障厅关于加强中小学教师培训工作的实施意见》提出②，教师培训以提高师德素养和业务能力为核心，坚持"以德为先、能力为重、按需施训"的原则，有计划、分步

---

① 黄清辉、张贤金、吴新建：《新时代乡村教师精准培训的实现路径与保障措施》，《中国教师》2021年第1期。
② 陕西省教育厅：《陕西省教育厅 陕西省财政厅 陕西省人力资源和社会保障厅关于加强中小学教师培训工作的实施意见》（http://jyt.shaanxi.gov.cn/news/jiaoyutingwenjian/201309/10/6972.html）。

第四章 西北地区农村小规模学校发展需求与精准帮扶

骤、分层次开展中小学教师全员和骨干培训，确保全省60余万名中小学和幼儿园教师每人每五年接受不少于360学时（120学分）的培训；具体实施要面向全员、突出骨干、倾斜农村、关注薄弱，强化校本研修在全员培训的主阵地地位；教师培训实行学分制管理。同时注重提升培训能力，从培训体系、培训基地、培训专家团队、专项研究与课程资源、培训模式与方法等方面加强培训能力建设；建立"3+1"职责体系和学分管理制度，明确省、市、县三级教育行政部门和中小学校长在教师培训工作中的责任划分，力求构建一个职责明确、分工合理的教师培训责任体系。注重培训实效。根据年度培训任务明确经费标准，教育督导部门督导和监督教师培训和培训经费落实。

同时，乡村教师培训亟须全面提升乡村教师能力素质。在甘肃地区，省各市（州）及县（市、区）政府切实履行主体责任，把乡村教师培训纳入基本公共服务体系予以保障。在加强省级教师培训机构建设的同时，市州建设教师培训中心，县市区建设教师发展中心，乡村要建设教师活动中心，积极构建乡村教师、校长专业发展支持服务体系。到2020年前，对全体乡村教师、校长进行每人360学时的培训。将师德教育作为乡村教师培训的首要内容贯穿培训全过程，推动师德教育进教材、进课堂、进头脑。全面提升乡村教师信息技术应用能力，积极利用远程教学、数字化课程等信息技术手段，破解乡村优质教学资源不足的难题，同时建立支持学校、教师使用相关设备的激励机制并提供必要的保障经费。加强乡村中小学和幼儿园音、体、美等师资紧缺学科教师和西北地区双语教师培训。按照乡村教师实际需求改进培训方式，采取送培下乡、顶岗置换、专家指导、校本研修、网络研修等多种形式，增强培训的针对性和实效性。加强革命老区和藏区学前教育转岗教师、藏区双语教师培训，不断丰富培训内容，着力提高教师教育教学水平。开展"巡回支教"活动，每年安排一批城市优秀教师、校长到革命老区和西北地区中小学以及幼儿园支教挂职。每年选派一批优秀大学生赴藏区开展双语"顶岗支教"。鼓励乡村教师在职学习深造，提高学历层次。从

2015年起,"国培计划"集中支持乡村教师校长培训;从2016年起,"省培计划"新增经费倾斜支持乡村教师培训。①

再者,部分省(区)通过提升"国培"实效,帮助乡村教师"看得远"。陕西地区通过科学设置国培计划和省培项目,其中80%用于乡村教师素质提升,实现贫困县区乡村教师全覆盖。通过"国培"项目区县教师发展中心、乡村教师培训团队、实习实训基地和网络平台的"四大建设",为县域乡村教师培训和专业提升的常态化提供有力保障;通过名师送教、名校浸入、名点示范的"三名示范",精准发挥国培项目"育种子、探路子、打模子"作用,使广大乡村教师身在乡村,放眼世界,开阔国际视野,更新教育理念,有效提升乡村学校研修品质和乡村教师专业能力。②

2. 扎根乡土文化,开展校本特色培训

中国乡土文化源远流长,而广大农村则是滋生、培育乡土文化的根源和基地。乡土文化具有以下特征:一是依托乡村生态系统,具有空间和时间两种属性;二是不同于"城市文化",具有典型的乡村气息;三是呈现动态演化过程,是人们不断的提炼过程。乡土文化主要包括生产生活、传统文化、地理文化、民间艺术、思想观念等。乡村教师的专业成长离不开乡土文化的滋养,对乡土文化的了解与掌握,非常有助于乡村教师开展教育教学活动。一方面,有利于教师与学生、家长进行沟通交流,拉近教师与学生、家长之间的距离;另一方面,有利于小规模学校教师结合乡土资源开展教学活动,提高教学质量。乡村教师一定要建立乡土文化自信,扎实开展具备学校特色的课程。乡村教师对乡土文化比较熟悉,但是如何将熟悉的乡土文化转化为校本课程,是乡村教师培训的重点,也是难点。校本课程是由学校依据乡土文化,结合学校发展理

---

① 甘肃省人民政府办公厅:《关于印发甘肃省〈乡村教师支持计划(2015—2020年)〉实施办法的通知—专项工作计划》(http://jyt.gansu.gov.cn/jyt/c107286/201306/394caf84e1ba48c988c7e2dda7047e14.shtml)。

② 中华人民共和国教育部:《教育部等六部门关于加强新时代乡村教师队伍建设的意见》(http://www.moe.gov.cn/srcsite/A10/s3735/202009/t20200903_484941.html)。

念而确定的,是国家、地方课程的重要补充。校本课程的研发正是小规模学校教师较薄弱的地方,教师培训部门要深入乡村学校开展送教下乡活动,并通过以下方式加以优化和完善。第一,树立正确的乡村校本课程理念;第二,完善校本课程研发机制;第三,挖掘本土化的教育知识,开发课程资源;第四,从乡村教学实践中提炼课程结构和课程设计;第五,提升教师校本课程研究能力;第六,指导研发多元化的乡土培训课程;第七,开展扎实有效的校本教研活动,提高教师校本教研水平。

3. 精准定位,开展教师职业规划培训

现阶段,农村小规模学校面临较为复杂的现实动因,城镇化进程中的人口密集流动,部分家长追求城镇化的优质教育资源,使得农村学校生源不断流失。研究发现,部分家长对乡村教师的教育教学水平、教师专业素养等方面持怀疑态度,这在很大程度上影响乡村教师教育教学的积极性、主动性,不利于教师专业水平、专业能力的提升,进而影响教师职业生涯。为了提高乡村教师教育教学水平,教师培训部门要制订切实可行的乡村教师职业规划的培训方案,以实现乡村教师队伍的职业化、专业化发展目标。教师专业发展包括知识、能力、理想、思想、品格、智慧等内容,专业发展离不开职业规划,在新时代背景下,国家对教师的要求更加全面,农村小规模学校教师必须做好自己的职业规划,不断提升自己的专业水平。

做好农村小规模学校教师职业生涯规划培训:一是帮助教师明确专业发展方向;二是帮助小规模学校教师从自身找问题,避免职业倦怠;三是帮助小规模学校教师进行自我反思,树立终身学习的观念;四是帮助小规模学校教师适应未来的竞争与社会需求;五是帮助小规模学校教师确立发展目标;六是促进小规模学校更好、更快发展。因此,做好农村小规模学校教师职业规划培训需要从以下着手:第一,引导教师从职业兴趣、职业发展水平、职业价值观等方面认识自我;第二,引导教师确立自己的人生目标、长期目标、中期目标、短期目标等,制定专业发展的路线图与时间表;第三,引导教师按照自己的目标,明确符合自身专业成长的相关举措。小规模学校教师培训除了培训学科知识、学科教学知识、论文撰写、课题研究外，还应基于每位教师的专业发展，做好教师职业生涯培训。农村教师只有具备良好的生涯规划，才能促进自身专业的持续发展和成长，建立教育专业的地位与形象，进而促进小规模学校教学水平的提升与发展。

三 三省（区）农村小规模学校教师工资福利需求与帮扶

工资待遇是教师劳动价值在经济层面的体现，农村义务教育阶段教师薪酬待遇体现了社会公平价值诉求的实现，保障农村义务教育阶段教师工资待遇直接关乎是否能提供人民满意的教育。[①] 教师的工资待遇虽然只是躺在银行账户上冰冷的数字，却是维系教师家庭正常运转、保证教师安心从教的基础。

（一）三省（区）小规模学校教师薪资待遇及工作环境需求

调查发现，小规模学校教师对工作环境的满意度（M=3.27）要好于工资（M=2.88）和福利待遇（M=2.71）。在教师工作环境满意度方面，非常满意占比32.2%，比较满意占比62.8%，超过总人数的一半，不满意人数占比5.0%。在工资满意度方面，比较满意人数占比69.4%，非常满意人数比例10.0%。在福利待遇满意度方面，比较满意占比为56.2%，不满意占比为30.0%，非常满意占比为9.4%，工作满意度整体良好。在工资待遇方面，虽然农村小规模学校教师工资待遇逐步增长，生活状况得到了较大改善，但农村教师群体与其他参照群体在经济和社会地位上的差距仍较大。三省（区）调查显示，小规模学校教师"对自己工资收入、福利待遇感到满意"的均值为2.88、2.71，属于中等偏下水平。虽然教师个体工资待遇等各项需求呈基本满足状态，但小规模学校教师整体寻求专业发展、交流学习机会的诉求则较为迟滞，教

[①] 钟婉娟：《制度创新，突破农村义务教育阶段教师工资待遇困境》，《教育与经济》2018年第1期。

师个人专业发展成长的需求对于小规模学校教师更为困难。因外出培训和交流学习机会少，学习平台相对缺乏，兄弟学校间相互切磋机会少，上述困境极大地限制了小规模学校教师专业成长，并由此加剧小规模学校教师的身份认同困境。小规模学校工作环境较差，部分教师办公条件实属简陋，难以满足教师教育教学需求。小规模学校教师"对工作环境的满意度"的均值为3.27，属于中等偏上水平，表明农村小规模学校教师工作环境改善得到了教师认同，见表4-18。

表4-18　三省（区）农村小规模学校教师工作条件满意度状况统计

项目		人数（人）	百分比（%）	平均值
教师工作环境	非常不满意	—	—	3.27
	不满意	9	5.0	
	比较满意	113	62.8	
	非常满意	58	32.2	
工资满意度	非常不满意	3	1.7	2.88
	不满意	34	18.9	
	比较满意	125	69.4	
	非常满意	18	10.0	
福利待遇满意度	非常不满意	8	4.4	2.71
	不满意	54	30.0	
	比较满意	101	56.2	
	非常满意	17	9.4	

研究发现，陕西地区小规模学校教师在工作环境、教师工资、福利待遇方面大多处于较满意状况。近年来，国家加大力度改善农村学校教学环境，加之地方政府的积极改善与投入，小规模学校教师工作环境改善显著，多数教师对其持比较满意态度，占比达74.1%，有10.3%的教师对其不满意。教师工资应当等于甚至高于地方公务员的工资水平，通过调查发现，陕西地区60.3%的教师对其工资持比较满意，53.4%的教师对福利待遇持满意态度，46.5%的教师对福利待遇呈不满意态度。见表4-19。

表4-19　陕西地区农村小规模学校教师工作条件满意度状况统计　（N=58）

维度		人数（人）	百分比（%）
工作环境	非常满意	9	15.5
	比较满意	43	74.1
	不满意	6	10.3
	非常不满意	—	—
教师工资	非常满意	1	1.7
	比较满意	35	60.3
	不满意	20	34.5
	非常不满意	2	3.4
教师福利待遇	非常满意	1	1.7
	比较满意	30	51.7
	不满意	21	36.2
	非常不满意	6	10.3

研究发现，甘肃地区小规模学校教师在工作环境方面，非常满意人数占比52.1%，超过总人数的一半，比较满意人数占比45.8%；在工资满意度方面，比较满意教师占比68.8%，非常满意占比14.5%；在福利待遇满意度方面，满意教师人数占比64.5%，不满意人数占比31.3%，非常不满意人数比例4.2%。见表4-20。

表4-20　甘肃地区农村小规模学校教师工作条件满意度状况统计　（N=48）

维度		人数（人）	百分比（%）
教师工作环境	非常不满意	—	—
	不满意	1	2.1
	比较满意	22	45.8
	非常满意	25	52.1
工资满意度	非常不满意	—	—
	不满意	8	16.7
	比较满意	33	68.8
	非常满意	7	14.5

第四章　西北地区农村小规模学校发展需求与精准帮扶

续表

维度		人数（人）	百分比（％）
福利待遇满意度	非常不满意	2	4.2
	不满意	15	31.3
	比较满意	24	50.0
	非常满意	7	14.5

研究显示，宁夏地区小规模学校教师在工作环境方面满意度，非常满意当前教学环境人数占比32.4％，比较满意人数占比64.9％；在教师工资方面，非常满意教师人数占比13.5％，比较满意人数占比77.0％，不满意目前工资人数占比8.1％；在教师福利待遇上，非常满意教师人数占比12.2％，比较满意人数占比63.5％，不满意人数占比24.3％。见表4-21。

表4-21　　宁夏地区农村小规模学校教师满意度状况统计　　（N=74）

维度	选项	人数（人）	百分比（％）
工作环境	非常满意	24	32.4
	比较满意	48	64.9
	不满意	2	2.7
	非常不满意	0	0
教师工资	非常满意	10	13.5
	比较满意	57	77.0
	不满意	6	8.1
	非常不满意	1	1.4
教师福利待遇	非常满意	9	12.2
	比较满意	47	63.5
	不满意	18	24.3
	非常不满意	0	0

三省（区）研究发现，在教师最不满意状况方面，陕西地区教师表示，相比于职称晋升、专业发展等问题，教师们最不满意的仍是"薪

资待遇",其人数占比为57.0%;其次为"职称晋升""工作量大,压力重"等,其人数占比分别为12.1%以及8.6%;再次,不满意的依次为"子女享受的教育资源""工作环境""交通问题""社会地位"以及"教学条件"方面等。甘肃地区小规模学校教师最不满意的方面,其中"职称晋升"不满意人数最多,其人数占比37.5%;其次为"薪资待遇",不满意人数占比20.8%;"工作量大,压力重""工作环境""专业发展""子女享受的教育资源"等不满意人数占比较少。宁夏地区小规模学校教师统计显示,最不满意的为"工作量大,压力重",其人数占比29.6%;其次为"职称晋升",人数占比28.4%;"薪资待遇"不满意占比为16.2%;"子女享受的教育资源"不满意人数占比9.5%;"社会地位"不满意人数占比6.8%。总之,三省(区)教师不满意主要体现在"工作量大,压力重""职称晋升""薪资待遇"这三方面,对于农村小规模学校来说,减轻教师压力、倾斜职称晋升、提高薪资待遇是小规模学校让教师"留得住、教得好"亟须解决的重要问题。见表4-22。

表4-22 陕、甘、宁三省(区)农村小规模学校教师最不满意状况统计

	选项	人数(人)	百分比(%)
陕西	薪资待遇	33	57.0
	工作环境	2	3.4
	工作量大,压力重	5	8.6
	职称晋升	7	12.1
	专业发展	1	1.7
	住房条件	0	0
	交通问题	3	5.2
	子女享受的教育资源	4	6.9
	教学条件	1	1.7
	社会地位	2	3.4
	其他	0	0

续表

	选项	人数（人）	百分比（%）
甘肃	薪资待遇	10	20.8
	工作环境	3	6.3
	工作量大，压力重	4	8.3
	职称晋升	18	37.5
	专业发展	4	8.3
	住房问题	0	0
	交通问题	1	2.1
	子女享受的教育资源	4	8.3
	教学条件	1	2.1
	社会地位	2	4.2
	其他	1	2.1
宁夏	薪资待遇	12	16.2
	工作环境	0	0
	工作量大，压力重	22	29.6
	职称晋升	21	28.4
	专业发展	3	4.1
	住房条件	2	2.7
	交通问题	0	0
	子女享受的教育资源	7	9.5
	教学条件	2	2.7
	社会地位	5	6.8
	其他	0	0

三省（区）教师"安心任教"原因分析上，陕西地区教师认为，"安心任教并安心从教"主因为"就近照顾父母、家庭"，人数占比为51.7%。排在第二位的原因是"工作、生活压力较小"，人数占比为24.1%。其余因素为"教师工资、福利待遇较好"，人数占比12.1%，表明小规模教师稳定从教根本主因在于侧重照顾家庭生活，并且学校工作压力相对小。甘肃地区教师认为，"工作、生活压力较小"是主因，人数

占比27.1%;"教师工资、福利等待遇较好"和"没有机会转到其他学校"人数占比均为20.8%;"就近照顾父母、家庭"与"对乡村学校有情感"人数接近,其占比分别为14.6%和12.5%。宁夏地区小规模学校教师认为,"教师工资、福利等待遇较好"人数占比50.0%,其次,"工作、生活压力较小"人数占比20.2%。"对乡村学校有情感"人数占比20.2%,见表4-23。

表4-23 陕、甘、宁三省(区)小规模学校教师"安心任教主因"

	选项	人数(人)	百分比(%)
陕西	工作、生活压力较小	14	24.1
	教师工资、福利等待遇较好	7	12.1
	就近照顾父母、家庭	30	51.7
	学校领导重视	0	0
	对乡村学校有情感	3	5.2
	没有机会转到其他学校	4	6.9
	其他	0	0
甘肃	工作、生活压力较小	13	27.1
	教师工资、福利等待遇较好	10	20.8
	就近照顾父母、家庭	7	14.6
	学校领导重视	0	0
	对乡村学校有情感	6	12.5
	没有机会转到其他学校	10	20.8
	其他	2	4.2
宁夏	工作、生活压力较小	15	20.2
	教师工资、福利等待遇较好	37	50.0
	就近照顾父母、家庭	5	6.8
	学校领导重视	1	1.4
	对乡村学校有情感	15	20.2
	没有机会转到其他学校	1	1.4
	其他	0	0

第四章 西北地区农村小规模学校发展需求与精准帮扶

研究发现，三省（区）小规模学校教师的激励策略方面，陕西地区教师认为"提高农村教师工资待遇"人数占比最高为30.2%；其次为"提高农村教师补助"，其人数占比24.1%，其三则是"改革职称晋升条件"占比为18.1%，其余为"减轻教师工作负担"以及"增加外出培训学习机会"，人数占比均为6.0%。甘肃地区小规模学校教师认为，"提高农村教师工资待遇"即可激励教师投入工作，其教师人数占比24.9%，其次为"改革职称晋升条件"，其人数占比23.4%，最后则为"提高农村教师补助"，其人数占比16.8%，"改革教师评价制度"与"增加外出培训学习机会"分别占比为8.0%、7.3%。宁夏地区教师关于"有效激励教师投入工作"举措上，与陕西地区教师看法较为一致，即"提高农村教师工资待遇"，人数占比26.6%，其次为"提高农村教师补助"与"改革职称晋升条件"，其人数占比均为17.0%，第三为"减轻教师工作负担"，其人数占比12.8%。三省（区）研究结果表明，激励小规模学校教师安心任教、焕发工作热情的最主要激励举措集中在三个方面：提高农村教师工资待遇，提高教师工作补助，改革职称晋升条件。见表4-24。

表4-24 陕、甘、宁三省（区）小规模学校对于激励教师工作的举措

	选项	人数（人）	百分比（%）
陕西	提高农村教师工资待遇	50	30.2
	提高农村教师补助	40	24.1
	营造融洽积极工作氛围	4	2.4
	改革职称晋升条件	30	18.1
	减轻教师工作负担	10	6.0
	改革教师评价制度	9	5.4
	增加外出培训学习机会	10	6.0
	解决教师住房交通问题	5	3.0
	学校领导的认可与赏识	1	0.6
	实行教师荣誉制度	1	0.6
	加大农村学校投资力度	6	3.6
	其他	0	0

续表

	选项	人数（人）	百分比（%）
甘肃	提高农村教师工资待遇	34	24.9
	提高农村教师补助	23	16.8
	营造融洽积极工作氛围	6	4.4
	改革职称晋升条件	32	23.4
	减轻教师工作负担	7	5.1
	改革教师评价制度	11	8.0
	增加外出培训学习机会	10	7.3
	解决教师住房交通问题	4	2.9
	学校领导的认可与赏识	0	0
	实行教师荣誉制度	5	3.6
	加大农村学校投资力度	4	2.9
	其他	1	0.7
宁夏	提高农村教师工资待遇	58	26.6
	提高农村教师补助	37	17.0
	营造融洽积极工作氛围	19	8.7
	改革职称晋升条件	37	17.0
	减轻教师工作负担	28	12.8
	改革教师评价制度	8	3.7
	增加外出培训学习机会	13	6.0
	解决教师住房交通问题	9	4.1
	学校领导的认可与赏识	1	0.5
	实行教师荣誉制度	4	1.8
	加大农村学校投资力度	4	1.8
	其他	0	0

总体上，陕、甘、宁三省（区）农村教师队伍建设问题较复杂，教师发展环境不理想等问题较为凸显，这些都将导致小规模学校教师队伍不稳定、流失现象日益突出。首先，现阶段，陕、甘、宁三省（区）农村教师队伍向"城市"单向流动趋势明显，尤其是骨干教师、教学能手等优秀教师，其流向城镇、教育系统外部日趋明显，进而寻求城镇

第四章 西北地区农村小规模学校发展需求与精准帮扶

优质教学环境与发展空间等现象逐渐增多。其次,由于教学投入有限,部分小规模学校教师发展内在动力不足,尤其是教学能手、学科带头人等优秀师资的流动意愿更为强烈,而基于本校、立足本校、以此挑战高质量教学的劲头与干劲则始终欠缺。再次,小规模学校普遍存在学科结构不合理,教师梯队结构断层的问题,致使小规模学校整体教学水平与质量难以恒定,流失的优秀教师中尤其以青年教师居多,小规模学校师资队伍老龄化严重,老龄教师教学经验丰富,但教育教学观念相对滞后,知识结构相对老化,对于小规模学校教育教学的发展制约严重。最后,当地流失的优秀教师多以语文、数学等文化基础课学科为主,加之乡村学校体、音、美、劳和综合活动课学科教师本来就奇缺,使乡村学校教师队伍整体结构失衡,整体教学水平和教学质量无法保证。[①]

(二) 三省 (区) 小规模学校教师薪资待遇及工作帮扶

农村教师是发展更公平、高质量农村教育的基础支撑,是推进乡村振兴、建设社会主义现代化强国、实现中华民族伟大复兴的重要力量。当前,改变小规模学校薄弱局面、提高小规模学校质量发展水平,关键在于义务教育教师队伍建设。就目前而言,由于历史与现实原因,中国农村义务教育学校的教师队伍还相对薄弱,要建立一支高质量的乡村义务教育教师队伍,还需解决乡村义务教育教师素质偏低、严重缺编、流失严重等问题。其中,大力改善农村义务教育学校教育环境、提高义务教育质量是加强农村义务教育教师队伍建设的重要任务。针对农村小规模学校,需重点解决学校教师数量不足、质量偏低、教学质量不高的难题,积极探索有效途径,完善教师补充机制,提高教师整体水平。

1. 三省 (区) 着力加强乡村教师队伍建设的政策落实

教育优先发展是国家的战略需要,提升教师素质是教育发展的关键

---

① 陕西省教育厅:《陕西省教育厅关于开展"农村教师队伍建设年"活动的实施意见》(http://jyt.shaanxi.gov.cn/news/jiaoyutingwenjian/200904/16/4641.html)。

所在。在陕西省，《中共陕西省委　陕西省人民政府关于贯彻〈国家中长期教育改革和发展规划纲要（2010—2020年）〉的实施意见》《陕西省人民政府关于加强中小学教师队伍建设的意见》《陕西省中长期发展规划（2010—2020年）》等一系列政策出台，均系强化师资队伍建设的根本举措。教师是立教之本、兴教之基、强教之源，更是陕西省教育大省地位的人才支撑、教育强省战略的基本保证、教育富民工程的生力军。2010年以来，全省教师队伍建设按照省委省政府教育发展战略规划和2014年全省教师工作会议的部署安排，在战略设计、制度建设、机制创新、保障水平等方面，做了大量卓有成效的工作，形成了陕西省教师队伍建设的政策体系。其中不少创新举措，走在全国前列。编制方面，《关于深入推进义务教育学校教师校长交流轮岗工作促进义务教育均衡发展的意见》《陕西省人民政府关于统筹推进县域内城乡义务教育一体化改革发展的实施意见》《陕西省乡村教师支持计划（2015—2020年）实施办法》等政策出台颁布，均在推动教师有效交流，同时，实施校长教师交流轮岗制，各县区每学年教师交流比例一般不低于符合交流条件教师总数的10%，其中名师（特级教师、教学能手、学科带头人和教学名师等）、高级教师和一级教师不低于交流总数的30%，力争实现教师由"学校人"变成"系统人"，达到县域内教师、校长资源的均衡配置。

陕西省近些年为保证各乡村学校、各学段专业学科教师足额配备和有效补充，不断提高乡镇学校教师的师德素养、教育教学实践能力和专业素养；在生活待遇、个人发展、评职评优和社会地位方面实施政策倾斜，实现乡村教师有序、有度、有效流动；全面支持乡村教师校（园）长专业发展；建立优秀农村教师表彰奖励制度，评选"最美乡村教师"，支持乡村教育。这些政策和举措，为有效补充数量、完善队伍结构、强化教师管理、激励更多优秀人才从事教师工作，全面提升教师队伍整体水平提供了有力保障。教师队伍整体面貌得到改善，中小学教师队伍整体素质显著提升，特殊教育师资的培养培育力度明显加强，职业

第四章　西北地区农村小规模学校发展需求与精准帮扶

教育队伍结构更加优化,"双师型"教师比例迅速提高,高等院校"两院"院士、教学名师、三秦学者英才荟萃,全省教师队伍建设呈现出前所未有的良好局面。

甘肃省为加强中小学教师队伍建设、提高教师队伍整体素质,2012年和 2015 年,甘肃省先后出台了《甘肃省人民政府关于加强教师队伍建设的意见》《甘肃省乡村教师支持计划(2015—2020 年)实施办法》《中共甘肃省委 甘肃省人民政府关于全面深化新时代教师队伍建设改革的实施意见》等一系列政策文件,不断完善政策举措,重点加强乡村教师队伍建设,提升全省乡村教师队伍整体能力和水平,促进教育均衡公平发展。今年,甘肃省紧抓脱贫攻坚决战阶段,深入推进乡村教师队伍建设,使乡村教师队伍结构更加趋于合理,积极推进乡村基础教育教师队伍整体素质的提高。① 甘肃省教育厅积极落实,精心组织实施,努力为甘肃省中小学校培养一支业务精湛,素质优良,结构合理、乐于奉献的教师队伍。② 关于精准扶贫精准脱贫,各地政府及有关部门发挥教育在推进精准扶贫、精准脱贫中的重要作用,坚持定点、定向的原则,深入实施《甘肃省教育厅支持革命老区教育跨越发展行动计划(2015—2020 年)》《甘肃省精准扶贫教育支持计划实施方案》,选拔最优秀的青年教师到贫困村任教,培养最适合的骨干教师到贫困村从教,让贫困家庭孩子享受优质的教育,阻止贫困现象代际传递。③

宁夏回族自治区为深入贯彻、落实习近平总书记关于教育的重要论述,切实落实党的十九届五中全会精神,推进《中共中央国务院关于全面深化新时代教师队伍建设改革的意见》与《教育部等六部门关于加

---

① 甘肃省教育厅:《关于对省十二届政协三次会议第 31 号提案的答复(2020)》(https://jyt.gansu.gov.cn/jyt/c107322/201306/f971b3ef26e4a55b8b44158d3a06784.shtml)。
② 甘肃省教育厅:《对甘肃省十一届政协五次会议第 252 号提案的答复(2018)》(http://jyt.gansu.gov.cn/jyt/c107322/201306/df0c4ed99c9648028a79626deeb7178c.html)。
③ 中华人民共和国教育部:《甘肃省乡村教师支持计划(2015—2020 年)实施办法》(www.moe.gov.cn/jyb_xwfb/xw_zt/moe_357/jyzt_2015nztzl/2015_zt17/15zt17_gdssbf/gdssbf_gs/201511/t20151112_218755.html)。

强新时代乡村教师队伍建设的意见》落细落实，2021年11月20日，教育部在宁夏石嘴山市召开人工智能助推教师队伍建设暨加强新时代乡村教师队伍建设现场推进会。会议总结近年来各地利用人工智能助推教师队伍建设和促进乡村教师队伍建设助力打赢脱贫攻坚战的经验成果，分析当前中国教育面临的新形势新任务，对下一步运用人工智能等新技术破解教师队伍建设突出问题、全面深化新时代乡村教师队伍改革等工作进行了部署，以此构建新时代、对标新要求、探索新方法，全面深化新时代教师队伍建设改革，促进高质量教育体系建设。一是坚定认识，深刻领会党和国家对于教师队伍发展的殷切期望，紧扣立德树人根本任务，积极探索新时代教育教学方法，发挥教育阻断贫困代际传递的重要作用。二是面向未来，自觉抓住人工智能助推教师队伍建设的战略机遇，通过人工智能等新技术与教育的深度融合，破解教师编制不足、师资质量不高不均衡等瓶颈问题，提升教师教育教学能力和教育扶贫实效。三是筑牢底部，准确把握填平补齐乡村教师队伍短板的重要时机，强化供给改革，提高地位待遇，加强培养培训，注重人文关怀，切实让优秀乡村教师"下得去、留得住、教得好"。[①]

2. 三省（区）创新农村教师引进机制

农村小规模学校教师在补齐城乡教育一体化的短板上意义重大。然而，当前小规模学校师资虽然总量较之前比较充足，实际上却并不能满足小规模学校教学需求，根源在于教师补充的精准性不足。教师编制政策的僵化导致了小规模学校教师总体充足却实际缺乏，教师供需失调导致科目与教师专业难以匹配，加之教师专业化发展机制不健全导致师资难以优质均衡的同时也存在教师职业吸引力不足导致补充措施缺乏持续性等问题。

第一，部分省（区）建立健全教师准入环节。近年来，陕西省教

---

① 中华人民共和国教育部：《教育部召开关于人工智能助推教师队伍建设暨加强新时代乡村教师队伍建设现场推进会》（http://www.moe.gov.cn/jyb_xwfb/gzdt_gzdt_/moe_1485/202011/t20201122_501131.html）。

第四章 西北地区农村小规模学校发展需求与精准帮扶

育系统严格落实《中华人民共和国教师法》《教师资格条例》等相关法律法规，实行中小学教师资格国家统一考试制度、教师资格认定制度和定期注册制度，严把教师入口关，进一步提高教师职业准入门槛，规范教师从业行为，在招聘过程中，坚持严格把好思想政治关、职业资格关、学历关、考录关、合同关，提升教师队伍整体素质，严禁无教师资格证的人员从事教育教学工作。① 甘肃省教育厅始终把补充农村中小学教师作为推进农村教育事业发展的重要工作来抓，实行学历、专业、岗位"三步走"递进战略。2012 年严把学历关，提高门槛保质量，高定位"起步"；2013 年严把相关相近专业，提升教学实践能力，高标准"走步"；2014 年严把岗位需求，提促供需一体，高精准"正步"。统筹实施教育部和省政府教师招考项目，以"农村中小学补短板、学前教育补数量，按岗按需招聘"为原则，严把教师招考，着力深化改革，突出实践能力，不断完善农村中小学教师补充机制，切实解决数量不足、学历不高、结构不合理等突出问题。②

第二，部分省区完善特岗、支教等实施计划。甘肃省建立省级统筹规划、统一选拔、严格标准、精准招考、优中选优的乡村中小学和幼儿园教师补充机制，着力破解结构性矛盾，补足配齐音体美等紧缺学科教师，为农村中小学校和幼儿园持续输送大批优秀高校毕业生。积极争取扩大国家农村义务教育教师特岗计划实施范围与规模，参照农村义务教育阶段学校特岗教师政策，重点支持贫困地区、革命老区、少数西北地区补充乡村教师，适时提高特岗教师工资性补助标准。高校毕业生取得教师资格并到乡村中小学和幼儿园任教一定期限，按有关规定享受学费补偿和国家助学贷款代偿政策。统筹省内师范院校招生计划，改革培养模式，精准免费培养"小学全科""中学一专多能"的乡村教师。实施精准扶贫教育支持计划，每年选拔一批家庭困难、学业优秀、有志从事

---

① 陕西省教育厅：《陕西省教育厅等八部门关于印发〈陕西省新时代基础教育强师计划实施方案〉的通知》（http://jyt.shaanxi.gov.cn/news/jiaoyutingwenjian/202303/24/21866.html）。
② 甘肃省教育厅：《对省十一届政协五次会议第 252 号提案的答复（2018）》（http://jyt.gansu.gov.cn/jyt/c107322/201306/df0c4ed99c9648028a79626deeb7178c.shtml）。

乡村教育的优秀高中毕业生到师范院校就读，定向培养、协议服务。根据健康状况，采取自愿原则，通过协议返聘退休特级教师、高级教师到乡村中小学和幼儿园支教讲学，并给予一定经费补助。① 为精准补充乡村教师，甘肃省教育厅按照"按需设岗、按岗招聘、精准补充"的原则，针对全省乡村学校布局分散、教师结构性矛盾突出的现实，在深入调研、摸清拟设岗县教师队伍实际情况的基础上，通过实施"特岗计划"向乡村学校补充了一批合格教师，优先满足村小、教学点的教师补充需求。② 实施"三区"人才支持计划教师专项计划。落实《甘肃省边远贫困地区、边疆民族地区和革命老区人才支持计划教师专项计划实施办法》相关精神，每年从全省优质师资资源丰富的学校选派优秀教师到乡村学校支教一年。"三区"人才支持计划教师专项计划项目的实施，进一步提高了"三区"教师队伍整体素质，为推动"三区"教育均衡发展提供了人才支持。积极实施"银龄讲学计划"。自 2018 年秋季学期开始，从优秀退休教师中遴选符合条件的退休教师到乡村中小学开展讲学服务工作，充分利用退休教师优势资源，提高农村教育质量，进一步缓解了农村学校优秀师资不足的问题。以政策为导向，激励优秀教师到农村学校任教。在特级教师、陇原名师、省级学科带头人、省级骨干教师等评优选先条件中，设定有 1 年及以上在农村学校任教经历。在中小学教师晋升高级教师职称（职务）条件中，设定需在乡村学校或薄弱学校任教累计 1 年以上工作经历。

第三，部分省（区）积极推进交流轮岗工作计划。诸如，陕西省积极推进义务教育教师校长交流轮岗工作，该省通过全省范围内实施教师校长交流轮岗工作计划，印发了《关于深入推进义务教育学校教师校长交流轮岗工作促进义务教育均衡发展的意见》，重点推进县城教师校

---

① 中华人民共和国教育部：《甘肃省乡村教师支持计划（2015—2020 年）实施办法》（www. moe. gov. cn/jyb_xwfb/xw_zt/moe_357/jyzt_2015nztzl/2015_zt17/15zt17_gdssbf/gdssbf_gs/201511/t20151112_218755. html）。

② 甘肃省教育厅：《对省十二届政协二次会议第 818 号提案的答复（2019）》（http://jyt. gansu. gov. cn/jyt/c107322/201306/e0d6392c1acb455ab79878b4857629cd. shtml）。

长到乡村学校、乡镇中心校教师到村小和教学点的交流,要求各市(区、县)每年教师交流比例不低于10%。2020—2021学年,全省共交流轮岗教师1.82万人次,占符合交流条件教师数的18.5%。名师、高级教师和一级教师交流5663人次,占交流轮岗教师总数的31.2%。从城镇学校到农村学校交流教师9100人次,推进县城优秀教师到乡村学校流动成效明显。同时,积极推进中小学教师"县管校聘"管理改革,全面落实县级教育行政部门对教师的归口管理,对县域内教师和校长统一管理、按需配备。近期,陕西省教育厅起草了《关于推进中小学教师"县管校聘"管理改革的指导意见(征求意见稿)》,正在征求省级相关部门的意见建议,有序推动城乡教师合理流动。全面推进义务教育教师队伍"县管校聘"管理体制改革,为组织城市教师到乡村学校任教提供制度保障。积极探索"大学区"管理体制,推行学区走教制度,进一步加大教师交流轮岗力度,促进优质教师资源特别是音、体、美等紧缺薄弱学科教师在学校之间、乡县之间、城区之间、县际之间合理流动。各地要采取定期交流、跨校竞聘、学区一体化管理、学校联盟、对口支援、乡镇中心学校教师等多种途径和方式,重点引导优秀校长和骨干教师向乡村学校流动。县域内重点推动县城学校教师到乡村学校交流轮岗,乡镇范围内重点推动中心学校教师到村小学、教学点交流轮岗。①

3. 部分省(区)不断强化教师激励力度

农村教师的需求应被重点关注。陕、甘、宁三省(区)小规模学校的需求更应被关注。当下,针对农村教师各项激励,如仅以"工资福利"缓慢增加作为激励农村教师的激励方式,这种单一且效果不显著的激励方式则会大大降低教师工作积极性,最终导致农村优秀教师的"显性""隐形"流失。现阶段,应对农村教师各种需求加以重视,物质与

---

① 陕西省教育厅、中共陕西省委机构编制委员会办公室、陕西省财政厅、陕西省人才资源和社会保障厅:《关于推进中小学教师"县管校聘"管理改革的指导意见》(http://jyt.shannxi.gov.cn/news/jiaoyutingwenjian/202108/27/19492.html)。

非物质激励缺一不可，采取有针对性的方式满足教师的需求。①

　　陕西省作为西北地区的教育大省，近年来，省委、省政府将教师队伍建设作为推进义务教育均衡发展的头等大事，全力抓好推动落实。2020年，为贫困地区招聘特岗教师5700名，全部补充到乡镇以下农村中小学校；建立特岗教师工资全部实现按月足额发放的长效机制，落实兑现资金7.26亿元，解决了9个市50个县（区）1.6万名特岗教师工资待遇落实问题。全面落实乡村教师生活补助政策，共覆盖60个县（区）4012所学校及教学点，补助教师7.98万人，月人均补助381元。其中，43个集中连片特困县共覆盖学校3242所，补助教师5.69万人次，月人均补助418元，全国排名第6位。高质量实施"国培计划"和省培项目，29个贫困县全部列入"国培计划"项目县，累计投入培训经费8091.19万元，培训教师7.12万人次。积极实施"三区"人才支持计划教师专项计划，向贫困地区、革命老区等"三区"县薄弱学校选派优秀骨干教师与退休骨干教师1.2万余人次。通过评选"最美乡村教师"、实施"乡村优秀青年教师培养奖励计划"、组织"乡村中小学首席教师岗位试点"以及组织乡村优秀教师学术休假等，加大对乡村中小学优秀教师的激励，进一步提升广大乡村教师的职业自豪感。下一步，陕西省将持续提高教师待遇，进一步扩大乡村教师生活补助政策覆盖范围，保障义务教育教师年平均工资收入水平不低于当地公务员。再次，深化教师管理综合改革，启动教师教育振兴行动，完善教师资格考试政策，实施中小学教师资格定期注册制度，开展师范专业认证，提高教师教育质量。深化义务教育教师"县管校聘"管理制度改革，推进教师、校长交流轮岗，抓好"特岗计划"，实施"银龄讲学"计划，加大欠发达地区教师定向培养和精准培训力度。大力推进体、音、美教师补充配备工作，加强中小学骨干教师和骨干校（园）长队伍建设，推

---

① 唐松林、王祖霖：《"厚"乡村教师之"生"：城乡教师均衡发展之策略》，《湖南师范大学教育科学学报》2015年第3期。

进中小学校长职级制建设,加强职业教育"双师型"教师队伍建设,加强高校教师队伍建设。①

甘肃地区为落实好乡村教师工资待遇。一是确保义务教育教师平均工资收入水平不低于或高于当地公务员平均工资收入水平,建立义务教育教师工资收入长效增长联动机制,实现义务教育教师工资收入随当地公务员工资收入同步调整、同步增长。二是落实好乡村教师生活补助政策。甘肃省从2015年起开始实施乡村教师生活补助政策,经过多次"提标扩面",截至2020年年底,全省共有71个县(区)实施了乡村教师生活补助,覆盖教师9.19万人,月人均补助425.73元。在此基础上,省教育厅鼓励和支持各市、县进一步扩大乡村教师生活补助实施范围,逐步提高补助标准,依据学校艰苦边远程度实行差别化补助。三是足额落实特岗教师工资性补助政策。明确要求特岗教师三年聘任期内执行国家统一的工资制度和标准,享受与当地公办学校在编教师同等待遇。建立特岗教师工资待遇"年年清"机制,确保教师工资足额按时发放。四是继续组织优秀乡村教师疗休养活动,坚持每年选派百名优秀乡村教师参加学术休假,不断激发乡村教师的职业荣誉感和自豪感。② 以上均有力地稳定了本地区乡村教师队伍,促使教师"留得住、教得好"。

4. 部分省(区)实行"动态入编"教师编制调整模式

为了保证乡村小规模学校的师资稳定,部分省(区)从编制角度切入,实行基于教学能力等综合考量的动态入编模式。各级教育主管部门在保障区域教育有序发展的同时,赋予乡村学校更多的自主权力空间。一定程度的"赋权"能使农村小规模学校在建设师资队伍方面更加贴合实际,使农村教师支持政策的设计与实施,更加体现"乡村特点",尤其农村教师编制设置可以更加具有灵活性和适宜性。

---

① 陕西省教育厅:《关于实现巩固拓展教育脱贫攻坚成果同乡村振兴有效衔接的实施方案》(http://jyt.shaanxi.gov.cn/news/jiaoyutingwenjian/202108/04/19417.html)。
② 陕西省教育厅:《陕西省教育厅关于开展"农村教师队伍建设年"活动的实施意见》(http://jyt.shaanxi.gov.cn/news/jiaoyutingwenjian/200904/16/4641.html)。

甘肃省H县，地方教育部门实施举措如下。第一，编制部门与教育行政部门相互协调，对乡村教师"虚假超编"与"实质缺人"的情况进行充分了解，为制定编制政策提供依据。第二，省级教育行政部门加快推进乡村教师编制标准的改革力度，建立起以乡村学校教育教学实际岗位需求为基石的编制标准，按岗设编，动态调整，让"在编不在岗者退出"，让"优秀者优先入编"。第三，在当前乡村教育可持续发展的长效保障机制尚未完全形成、地方政府主体责任的落实主要是受制于上级宏观政策和政府绩效考核的硬性要求、乡村小规模学校主动发展的内驱力仍然严重欠缺、所需各种资源依然匮乏、提质升级面临着重要挑战的情况下，县级政府需要给予乡村小规模学校更大的自主权限，以"赋权"形式激活办学积极性。同时各级政府积极转变角色，切实履行主体责任，对教师管理职责权限进一步清晰梳理。第四，由县级教育行政部门主导，对乡村小规模学校教师编制进行测算，并将测算方案提交省级教育行政部门与编制部门共同审核，做好对小规模学校教师编制数量、类型、结构层次需求的动态监测，防止混编。[①] 政府需要切实履行乡村小规模学校教师队伍建设的"兜底线"和"保基本"的主体责任，根据实际情况灵活实行"动态入编"的乡村教师编制调整模式，按学科岗位、学生人数、工作量分配等科学设置编制，配足配齐乡村小规模学校各学科师资。

陕西省深入实施乡村教师支持计划，关心乡村教师生活，在培养培训、骨干选拔、职称评聘、表彰奖励等方面继续向乡村青年教师倾斜，优化乡村教师发展环境，加快乡村教师成长步伐。[②] 首先，重新核定乡村教师岗位编制。乡村中小学教职工编制按照城市标准统一核定，其中村小学编制按照生师比和班师比相结合的方式核定，教学点编制按班师

---

① 陈坤、秦玉友：《农村小规模学校师资结构性失衡的问题研究》，《现代基础教育研究》2019年第1期。

② 中国教育信息化网：《陕西省教育厅副厅长王海波：把乡村教师队伍建设作为关键环节》（https://web.ict.edu.cn/news/gddt/jydt/n20200908_72774.shtml）。

第四章 西北地区农村小规模学校发展需求与精准帮扶

比的方式核定。县级教育部门在核定的编制总额内,按照班额、生源等情况统筹分配各校教职工编制,并报同级机构编制部门和财政部门备案。逐年合理消化、多渠道解决 2003 年以前县级政府聘任的代课人员问题,到 2020 年力争实现无代课人员的目标。通过政府购买服务的方式解决乡村中小学校和幼儿园炊事员、校医、保安等工勤人员配备问题。通过调剂编制、加强人员配备等方式加大对人口稀少的教学点、村小学和幼儿园的倾斜支持力度,重点解决教师全覆盖问题,确保乡村学校开足开齐国家规定课程。严禁在有合格教师来源的情况下"有编不补"、长期使用临聘人员;严禁任何部门和单位以任何理由、任何形式占用或变相占用乡村中小学和幼儿园教职工编制。其次,稳步推进乡村教师职称制度改革。各地研究完善乡村教师职称(职务)评聘条件和程序办法,加大对乡村中小学和幼儿园教师的倾斜支持力度,保证指标分配乡村教师所占比例不低于人数比例;建立以同行专家评审为基础的评价机制,并公示评聘结果、主动接受社会监督,实现县域内城乡学校教师岗位结构比例总体平衡。改革乡村教师职称(职务)评聘制度,实行评聘合一,动态管理,将分设的中学和小学教师职称(职务)系列统一为初、中、高级。乡村教师在评定职称(职务)时,达到初级、中级职称(职务)晋升年限的,经师德考核和课堂教学能力测试合格后可直接认定相应职称。在晋升高级职称(职务)时,不作外语成绩(外语教师除外)、发表论文的刚性要求,坚持育人为本、德育为先,注重师德素养、教育教学工作业绩、教育教学方法和教育教学一线实践经历。城市中小学教师晋升高级教师职称(职务),应有在乡村学校或薄弱学校任教 2 年以上(累计)的经历,县域内教师职称评定,中级以上必须有乡村任教 3 年以上经历。[①]

---

① 中华人民共和国教育部:《甘肃省乡村教师支持计划(2015—2020 年)实施办法》(www.moe.gov.cn/jyb_xwfb/xw_zt/moe_357/jyzt_2015nztzl/2015_zt17/15zt17_gdssbf/gdssbf_gs/201511/t20151112_218755.html)。

5. 三省（区）学校不断推进乡村教师评价改革

教师评价在教师专业发展中正发挥着越来越重要的作用。《乡村教师支持计划（2015—2020 年）》在师德水平、职业吸引力、职称评聘、教师能力素质和教师荣誉制度等方面对现有乡村教师评价制度提出了诸多挑战。[①] 当前乡村教师评价制度中存在评价标准通用化、评价主体单一化、评价目标短视化、评价方式绝对化等现实问题，需要从适应乡村教育特点、多元评价主体参与、促进教师专业发展、加强过程性评价以及重视"软指标"等方面改进乡村教师评价制度。尤其注重丰富考核评价的方式，避免单一化。除传统的问卷调查、心得体会，还可增加受训者之间的相互评价等方式，增强考核评价方式的灵活性和客观性。其次，考虑到教师培训的实效性和针对性，需重视过程性评价，针对小规模学校教师在培训过程中出现的问题以及发生的改变及时进行相应的考核评价，并注意记录，以便后期进行分层、分段分析。最后，加强后期的跟踪指导，考虑到小规模学校教师教学工作的特殊性，可以充分利用网络等资源进行有效的跟踪指导，避免受训者在后续的教学实践过程中缺乏有效指导。

三省（区）调研发现，陕西地区教师认为农村教师职称晋升存在最大问题是"评聘制度未倾斜农村教师"，此项人数占比 48.4%；其次为"评定条件不合理"，占比 41.4%。其余则为"评定指标名额少"，"评定条件年年变"等问题占比均为 3.4%。甘肃地区教师认为，"教师职称晋升"最大问题是"评定指标名额少"，其人数占比 68.7%；其次为"评定条件不合理"，其人数占比 18.8%；其三"评定制度未倾斜农村教师"人数占比 10.4%。宁夏地区小规模学校教师认为，"评定指标名额少"是首因，此项人数占比 55.4%；其次为"评定条件不合理"，其人数占比 17.6%；第三则为"评分条件年年变"，其人数占比

[①] 参见彭冬萍、曾素林《乡村教师评价制度改革的挑战及其应对——基于〈乡村教师支持计划（2015—2020 年）〉的思考》，《基础教育研究》2016 年第 11 期。

16.2%。其中,"职称晋升"是三省(区)教师普遍关心且极度关注的问题,目前小规模学校教师职称晋升问题原因趋同性明显,即农村教师职称晋升主因为评定名额少,其次为"评定条件不合理"。由此,教育部门需积极改善农村地区教师职称晋升评定数量核定及其条件倾斜问题,积极优化农村教师职称评定条件,见表4-25。

表4-25 陕、甘、宁三省(区)小规模学校教师对职称评定的观点统计

	选项	人数(人)	百分比(%)
陕西	评定条件不合理	24	41.4
	评定指标名额少	2	3.4
	评分条件年年变	2	3.4
	评定制度未倾斜农村教师	28	48.4
	其他	2	3.4
甘肃	评定条件不合理	9	18.8
	评定指标名额少	33	68.7
	评分条件年年变	1	2.1
	评定制度未倾斜农村教师	5	10.4
	其他	0	0
宁夏	评定条件不合理	13	17.6
	评定指标名额少	41	55.4
	评分条件年年变	12	16.2
	评定制度未倾斜农村教师	4	5.4
	其他	4	5.4

为适应《支持计划》要求,提高乡村教师的职业吸引力,让乡村教师"下得去、留得住、教得好",就必须发挥评价对乡村教师专业发展的长效激励作用。因此,对于农村小规模学校教师发展的精准帮扶:首先,需要弱化学校的奖惩性目的,要求教师在评价过程中襟怀坦白,

开诚布公，表现真实的自己，使评价结果更具可靠性；其次，学校在获取评价结果后，详细分析差异，了解教师个体特点，从而确定教师个人的专业发展要求，制定教师个人的专业发展目标，为教师提供个性化培训等发展机会；再次，让教师充分了解学校组织的发展目标以及学校领导对他们的期望，意识到自己工作的价值所在，培养教师的主人翁意识，给小规模学校教师以归属感，而不是仅仅将学校当成通往城市的跳板，以此激励教师促进自身专业发展。对于已经获得一项或多项荣誉的教师，要注重对教师的"荣誉后"管理，教育机构要建立定期的跟踪考核制度，限制荣誉时间，防止教师产生一劳永逸的腐败思想，保障其模范带头作用，同时，也可将部分物质奖励转换成支持教师后续发展所需的费用，保障教师荣誉的可持续性。[①] 在这一点上，甘肃省教育厅通过逐级建立乡村教师荣誉制度，对教师进行表彰与鼓励。建立与待遇水平相挂钩的荣誉制度，对乡村教师予以鼓励。省政府对在乡村学校从教20年以上的教师予以表彰，市县政府要分别对在乡村学校从教10年以上的教师给予表彰。引导和动员社会力量建立专项资金，对长期在乡村工作的优秀教师予以物质奖励，适当扩大省政府"园丁奖"表彰数量，名额分配重点向基层一线和乡村教师倾斜。对乡村从教20年以上教师的子女，在省内教师招考时，同等条件下优先招录，市（州）及县（市、区）政府要结合实际制定本地区高中升学照顾政策。[②]

[①] 王志勇：《国外教师荣誉制度的特点及借鉴》，《现代中小学教育》2015年第6期。
[②] 中华人民共和国教育部：《甘肃省乡村教师支持计划（2015—2020年）实施办法》（www.moe.gov.cn/jyb_xwfb/xw_zt/moe_357/jyzt_2015nztzl/2015_zt17/15zt17_gdssbf/gdssbf_gs/201511/t20151112_218755.html）。

第五章

西北地区农村小规模学校发展精准优化策略

教育减贫是全人类共同面对的重大课题。"'确保包容和公平的优质教育'是消除贫困的重要基础。联合国 2030 年可持续发展议程中，消除贫困是促进全球走向可持续发展的首要目标。"① 教育之于反贫困、社会公平的意义如此重大，使得人们对教育阻断贫困机制的探索日益增强。西北地区农村小规模学校数量大、分布广，是基础教育最薄弱的环节，且偏远地区农村家庭经济贫弱人群子女大多就读于此。陕、甘、宁三省（区）小规模学校由于所处偏僻的地理位置，相对落后的教学方式及堪忧的教育教学质量，都成为限制三省（区）数量庞大的小规模学校高质量发展的绊脚石。

第一节 西北地区农村小规模学校发展宏观策略导向

由于国家政策具有整体性与统一性，加之政策制定与实施需要一个过程，西北地区特殊的自然地理、历史发展、经济社会发展不均衡等各项复杂原因促动，三省（区）小规模学校发展困境，往往很难通过统

---

① 谭敏：《教育精准扶贫推进教育公平的中国经验与未来走向》，《教育与经济》2023 年第 3 期。

一的政策部署及时有效地得到解决。①作为践行教育公平的重要手段，"办好人民满意的教育"，教育精准扶贫必须直面中国农村教育发展不平衡不充分的现实，精准分析西北地区农村小规模学校发展面临的现实困境，坚持底部攻坚，针对小规模学校的发展困境，精准探寻提升小规模学校"小而优"、"小而强"的优化策略。

一 强化省级政府财政责任，确保小规模学校经费投入

教育财政经费的投入是学校开展教育教学活动的先决性条件，将教育经费配置到最需要的地方，才能发挥最大的效用。2021年，财政部、教育部印发了《城乡义务教育补助经费管理办法》，要求补助经费管理遵循"城乡统一、重在农村，统筹安排、突出重点"的原则，兼顾不同规模学校运转的实际情况，向乡镇寄宿制学校、农村小规模学校和教学点、薄弱学校倾斜。从2021年4月开始，统一城乡义务教育学校生均公用经费基准定额：生均公用经费基准定额为小学650元/年·人、初中850元/年·人；在此基础上，对寄宿制学校按照寄宿生年生均200元标准增加公用经费补助，继续落实农村地区不足100人的规模较小学校按100人核定公用经费和北方地区取暖费（逐省核定取暖费补助标准）等政策。各地的补助经费按照在校生数、补助标准和分配系数计算。② 这一政策极大地照顾了农村小规模学校，保障了小规模学校的基本教育经费支出。因此，农村小规模学校资源配置要体现"小规模"特征，充分考虑农村小规模学校实际，多维度核算学校公用经费。

（一）明确经费支出，形成动态经费拨付机制

农村小规模学校位于社会特质贫乏和社会资源分配体系末梢的农村社会，因其特殊的"地缘"抑或"农村"属性，以致其公用经费开支

---

① 卢同庆、范先佐：《农村小规模学校自主发展策略研究——基于资源依赖理论和实践经验的视角》，《湖南师范大学教育科学学报》2016年第6期。

② 中华人民共和国财政部、中华人民共和国教育部：《财政部 教育部关于印发〈城乡义务教育补助经费管理办法〉的通知》（http://www.moe.gov.cn/jyb_xxgk/moe_1777/moe_1779/202112/t20211223_589725.html）。

更加依赖于公共财政的供给与支持，但若依循既有生均公用经费的拨付逻辑，那么当前农村小规模学校的公用经费管理问题根本上在于其"小规模"：一是"小规模"导致其无法形成规模效应，以致其无法获得充足的经费支持；二是"小规模"导致其存在多样性与变动性，规定临界点"100人"以下的学校在校生数和年级数均有不同的样态，并会因年段出现波动；三是"小规模"导致其具有维持学校规模与提升教育质量的紧迫性，经费支出范围较广且额度较大。这些均使得强调均等、公平与普惠的现有生均公用经费政策落地时大打折扣，无法实现切实有效的供给。因此，如何推动现有经费政策由"兜底保障"的刚性不足向"提质攻坚"的弹性应对的转变，是破解问题的前提与关键。简言之，农村小规模学校公用经费的拨付政策应改变以"学生规模不足100人的村小学和教学点按100人核定公用经费"的实施路径，从根本上摆脱"生均公用经费+在校生数"的理念桎梏，而应回归政策本旨——提供足够的经费支持以满足学校发展需求，即由规模与规定取向转为需求与动态取向，在具体操作上，由过往"自上而下"的单向经费拨付方式转变为"上下互动"的双向调适的经费支付方式。具体而言，充分考虑到农村小规模学校办学的地方性、灵活性与多变性特征，从"基本+拓展+机动"的公用经费支出结构模块来厘清支出范畴，"不仅考虑到学生数量，还考虑到校园校舍面积、学校基础设施、学校规模和师资编制等反映学校实际运行成本的多种政策参数"[①]，同时综合依据地方实际购买力、学校发展阶段、年级数和在校生数等情况来明确其公用经费需求，并以此为监测指标来收集数据，形成不同地区、不同学段和不同规模的农村小规模学校办学经费支出数据库。在此基础上，形成科学和动态的农村小规模学校公用经费拨付机制。

（二）增强经费管理权，建立体系分立的经费保障机制

既定的农村小规模学校公用经费管理不足之处的核心是"自上而下

---

① 付卫东、董世华：《当前美国支持小规模学校的重要举措及对我国的启示》，《外国中小学教育》2011年第7期。

配置教育资源体系,适合于数量型增长,不利于创新型增长"[①],有限的经费支持加之烦琐的等级性报账程序,极大地窄化公用经费的"腾挪"空间和使用效率,束缚其办学自主性,抑制其发展内驱力。因此,为提高经费使用的效率和效益,应弱化层级性管理的行政色彩和依附关系,扩大农村小规模学校的经费管理权限,建立体系分立的经费保障机制。一是"简政",即缩小中心校对农村小规模学校的经费管理范围,实行公用经费和其他项目经费的分类管理,作为办学保障性经费的公用经费由农村小规模学校直接管理,仅是其他项目经费由中心校统筹配置,同时简化经费管理程序和报销环节,搭建网络平台,公布相关程序和环节,削减经费管理和报销的时间成本。二是"放权",增强农村小规模学校的公用经费管理权,包括经费的预算、使用和核算权等,充分给予其在地和在校的经费裁决权和决定权,同时给予其部分经费开支的支配权,根据办学实际需要,可在规定的经费支出项目范围外,自主开支部分经费。三是明晰责权关系,建构监督体系。组织的有限理性强化了其自利性,而多组织的存在更是加剧相互间的冲突。为让系统内多组织协作共生,有效策略是限定组织职能,同时建立共同目标,推行"主体分工,职能互补"的管理体系,即农村小规模学校为经费支出主体,中心校为经费监督主体,而教育局为统领主体。通过此,渐次扭转"农村小规模学校—中心校—教育局"科层制隶属的行政管理格局,逐步建立"农村小规模学校的事权与财权一致—中心校行使监察督导权—教育局总领协同统筹"体系分立的经费保障机制,充分确保经费管理与使用的立体化、精细化与精准化。

(三)逐步确立办学主体,保障经费精准管理的持续性

坚持治理重心下移是"精准治理"的重要条件。管理重心越低,越能够感知基层需求和把握关键问题。公用经费管理具有"两极"特性:一"级"为经费拨付主体的国家财政;另一"级"为经费受体的

---

① 卢现祥:《供给侧结构性改革:从资源重新配置追赶型经济转向创新驱动型经济》,《人文杂志》2017年第1期。

学校。对于前者，国家财政已意味着实体国家公共服务的最高经费支付能力；对于后者，则有着较大的校际差异。受行政和教育管理末端的双重管束，尤其在注重学校"规模体量"和"教学质量"的背景下，农村小规模学校总是被管理和忽视的一方，以致在公用经费管理过程中缺乏话语权和决定权，自然而然成为教育体系中的弱势"发展极"。正如有学者指出，"农村小规模学校长期被漠视，被边缘化的处境导致它也无法获得应有的资源和权利"[1]。因此，农村小规模学校只有从层级式管理和"重城轻乡"的发展体系中解放出来，实现办学的整体性和相对独立性，才能一方面跨越中心校和教育局的行政干扰，有效对接国家层面公用经费的拨付程序，另一方面鉴于学情、校情，实现公用经费的精准管理。鉴于此，一是转变办学经费拨付逻辑，由效率取向转为平等共享与弱势补偿，提升对农村小规模学校的经费支持的广度与深度。二是恢复和维护农村小规模学校办学的整体性功能。长期的隶属管理关系使其办学功能"萎缩"。在新的发展阶段下，急需重塑农村小规模学校的法人地位，恢复和维护其人权、财权和事权等主体功能，让其办学功能得到充分发挥。如此，将教学点等小规模学校视为与其他学校具有同等法人地位的学校，在人、财、物方面给予同等的政策和制度安排，农村小规模学校才有可能可持续地发展。[2]

二 明确小规模学校建设的责任主体，切实提升其办学地位

西北地区农村小规模学校公平而优质发展，对实现西北地区农村教育教学高质量发展具有重要意义，对促进本地区乡村振兴有着不可低估的现实价值。农村小规模学校不仅为本地区的学生提供了就近入学的机会，也在很大程度上降低了其教育成本，对本地区学生接受教育具有重要推动作用。因而明确农村小规模学校建设的责任主体，切实提升小规

---

[1] 雷万鹏：《城镇化进程中农村小规模学校发展》，《全球教育展望》2014年第2期。
[2] 雷万鹏、张雪艳：《农村小规模学校的资源配置与运行机制调查》，《人民教育》2014年第6期。

模学校办学地位，优化学校布局网络，就能够切实有效提升农村地区的教育教学质量。

（一）强化各级地方政府责任

随着城镇化进程的加快和人们对美好教育的需求驱动，农村教育同时呈现出两种并行趋势，即乡镇大规模学校的爆发式涌现与农村小规模学校小班化的自然形成。研究发现，农村人口向城镇的大迁徙直接导致城镇大规模学校的出现，在一些乡镇中心小学，学生人数有2000人甚至3000人之多。而与此同时，村小与教学点的学校规模却日渐萎缩，100人以下的小规模学校日益增多并广为存在。即使在农村小规模学校内部也分化出三种不同类型的学校，即行政村的完全村小、不完全村小和自然村的教学点。显然，乡村教育这种日渐分化的发展格局，不能简单地用"乡村教育"概而论之，国家宏观政策更不能"一刀切式"地将其全盘纳入乡村教育范畴而笼统对待。乡村教育的分化，需要国家顶层设计差异化政策来区别对待并针对性解决。

农村小规模学校的特殊性需要政策的特别重视和特殊关注。近年来，国家对农村教育给予了较多的关注和支持，但农村小规模学校基本处于政策盲区。如国家为了解决乡村教师"下不去"的问题，推出了"特岗计划""免费师范生政策""乡村教师支持计划"等系列倾斜性政策。但这些政策的触角最多延伸至乡镇一级学校，基本无法惠及农村小规模学校，而这类学校却恰恰是最需要关注的。在优质教育资源稀缺的整体背景下，特岗教师、免费师范生基本被乡镇中心校"截留"或"抽空"。虽有个别政策提及要向村小与教学点倾斜，但究竟如何倾斜并无明确的政策举措和可操作性的政策安排。同样，国家为了让乡村教师真正"留得住"和"教得好"，也推出了多层面、多类型的培训计划以促进教师的专业成长。但就小规模学校而言，往往"一个萝卜一个坑"甚至"一个萝卜几个坑"，教师参加培训即意味着一个班甚至整个学校停课，教师根本抽不出时间参加培训。即使能去培训，也大多只能参加一些较低端的培训，因为很多培训直接涉及国家级、省级、市级骨干教师培训,农村小规模学校教师根本达不到高层次培训的甄选标准。而且,目前大多数的教师培训基本都是"城市中心"取向,很少结合小规模学校包班、全科,甚至复式教学的实际开展针对性培训,培训的针对性不强、实效性较低。

在帮扶共同体中,首先应强化地方政府责任意识,加大教育投入力度,逐步增加农村学校的生均教育经费。对农村小规模学校的生均经费除了按照"不足100人也以100人的标准进行划拨"的标准划拨,还应从多个维度划拨经费,如基础项目建设费用、教师办公、学生教学需求等实际费用,可以依据农村小规模学校的实际发展需要加大经费拨款额度。一方面,设立专门的农村小规模学校发展项目资金,将资金直接划拨给薄弱学校特别是农村小规模学校,而这部分资金不再由中心校进行分配,以保障经费能够足额及时地用到实处,让农村小规模学校拥有足够的发展经费来完善学校基础设施与更新教学设施设备,改善学校的办学条件。另一方面,地方政府严格按照地方性相关教育文件要求,在各项发展资金中,足额计提教育资金并完善教育管理制度,确保计提的教育专项资金能够足额落实并投用于教育发展中。

(二) 加强和改善农村小规模学校管理

中国实行的"自上而下"的中央制定——地方执行的政策体制,中央政府与地方政府之间构成事实上的"委托—代理"关系,即中央政府及其行政机构(委托人)出台原则性的指导方案,地方政府及其行政机构(代理人)基于中央政府的要求制定具体的实施细则,以实现中央政府的政策意图和目标。委托代理理论认为,"代理人的目标在于追求自身利益最大化,而非委托人的利益优先,再加上代理人因为实际操作具体工作而比委托人掌握更充分的信息,即信息不对称。因此代理人可能会因为追求自身利益而放弃委托人利益,产生逆向选择和道德风险"[1]。所以,中央政府必须克服信息不对称的困难,尽力掌握足够

---

[1] 姚翔、刘亚荣:《建立政策菜单模式优化乡村小规模学校师资配置机制》,《继续教育研究》2018年第5期。

多的信息，对地方政府活动进行有效监管，才能规避地方政府的自利行为，提高中央政策的执行效力。对小规模学校师资配置政策的执行进行动态、立体的监测与评估，通过及时获取有用的政策执行信息，并以此为基础，对政策执行情况进行科学的分析，来准确判断执行情况、结果与预期政策目标之间的关系，及时发现并纠正政策执行过程中的偏差，继续完善政策执行过程，以实现更优的教师配置结果。① 政策目标以及政策措施是农村小规模学校发展过程中的总体安排以及具体的实施方法，主体责任明确才能够有下一步的具体安排，然而单纯的政府责任主体和学校责任主体都有其局限性。

作为满足乡村儿童入学近、安全性高、教养功能强的教学场域，农村小规模学校是无法代替的存在，各级政府应做好角色定位。首先，要加大经费的投入力度，满足农村小规模学校的基本发展需求。各级政府在进行经费拨付时要立足农村小规模学校的实际需求，进行相关的调研，因校制宜，确保各项政策与农村小规模学校的需求高效匹配。其次，政府应积极进行农村小规模学校财政管理自主权的探索研究，将经费的支配权逐渐放开到学校手中，确保财政经费的有效拨付，支撑学校进行改善性建设，提高教师教学与生活条件，促进优秀乡村教师在学校长足发展。最后，农村小规模学校的校长与教师是学校的中坚力量，各级政府应加强对教育行政部门的监督，督促其做好小规模学校相关的培训项目，尽可能缩减教学任务，将教学任务与行政任务剥离开来，为校长和教师提供更多学习的机会，有效增强校长领导力与教师胜任力，逐步构筑起农村小规模学校坚固的管理力量与强劲的师资队伍，从本源上解决农村小规模学校教育教学质量差的问题。

三 优化农村小规模学校布局

农村小规模学校政策实践中，布局调整是达成标准建设相关考核指

---

① 范国睿、孙翠香：《教育政策执行监测与评估体系的构建》，《教育发展研究》2012年第5期。

第五章 西北地区农村小规模学校发展精准优化策略

标的重要手段。农村小规模学校的布局优化须立足城乡教育一体化发展的大背景,以"公平优先、兼顾效率和质量提升"为核心目标。在公平与效率之间,义务教育阶段应是公平优先基础上兼顾效率,学校布局调整必须在公平与效率之间寻求一种动态的平衡。[①]

（一）布局统筹中恰当处理"公平、效率与质量"的关系

农村小规模学校布局规划中,县域教育行政部门必须处理好"公平、效率、质量"的关系。首先,应充分认识到义务教育公共产品的基本属性,坚持公平优先、兼顾效率,即在优先保障学生"就近入学"的前提下再综合考虑教育投资效率的问题。小规模学校的适度分散虽然需要更高的教育成本,但它是确保教育公平、超越了单一效率目标的必然选择。其次,坚持以质量提升为导向的城乡学校发展观。当前城乡学校办学质量整体提升是城乡教育一体化发展的关键,也是教育效率评估中最需要考虑的产出指标。因此,各地方政府应站在县域一盘棋的高度,将小规模学校布局纳入城乡学校协同发展的整体问题来统筹考虑,即其合理布局既能保证学生就近入学,也要为校际协同发展奠定基础。[②]

（二）实施科学规划程序与调整模式,合理撤并和保留小规模学校

其一,科学规划实施,学校布局规划程序主要包括诊断和方案设计,建立健全学校布局调整教育承载力的监测机制。在小规模学校布局调整上,首先,建立健全学龄前人口预测机制与学龄人口预警机制。相关部门要根据人口户籍与临时居住证等信息,对学龄前人口与学龄人口进行信息采集,并对其变动及时进行追踪与核查。[③] 对不同类型、规模学校的教育承载力进行测算。依据学龄前人口与学龄人口信息,为区域

---

① 范先佐、郭清扬:《我国农村中小学布局调整的成效、问题及对策——基于中西部地区6省区的调查与分析》,《教育研究》2009年第1期。
② 范先佐:《农村学校布局调整与新型职业农民培育问题研究》,《中国农业教育》2018年第1期。
③ 秦玉友:《中国城镇教育扩容压力传递机制与应对策略研究》,《教育研究》2017年第1期。

间、学校间教育承载量调整和学校扩建、新建与改建提供决策参考。其次，通过建立数据库诊断基准年度的教育供给与需求之间的匹配情况。教育部门需要将各村镇人口分布、分年龄组儿童数据、学校地理位置、地势情况、道路网络环境、现有学校建筑和设备、覆盖范围、学生上学距离、保持率、教室和实验室使用小时数等具体信息收集并录入系统，以此判断现有小规模学校教育供需情况及其布局合理性。最后，通过估算未来学龄人口数量测算学校入学人数，作为小规模学校设置的需求依据，在此基础上，确定合理的学校服务范围，并采用 GIS 技术设计合理的学校布局方案。

其二，在规划过程中，应特别关注小规模学校所处的特殊自然地理环境，坚持分散与集中相结合。进一步完善学校布局调整中的资源协调机制。一方面，强化规划部门、建设部门与教育部门联席制度，在旧城区改造与新区建设中，需前瞻设计、优先规划，留足学校发展后备用地。避免城镇化过程中因学龄人口增加和用地紧张导致原有设计难以满足学龄人口就近入学的需求。另一方面，积极疏导，避免民众盲目追逐优质教育。① 三省（区）调研中，大部分小规模学校均地处偏远，故应在偏远、生源较少的地方设置低年级学段的小规模学校，可以适度分散，确保适龄儿童都能就近入学，也便于保证他们的入学安全和生活照料；对于人口密度较高、生源有保障的村庄，可以单独或与邻近村联合设置完全小学；在乡镇地区采取集中模式，设置寄宿制学校。②

(三) 加强政策支持，补偿偏远地区儿童求学成本

义务教育是应由政府提供的具有非排他性和强外部性的纯公共产品。著名经济学家米尔顿·弗里德曼也曾提出，义务教育是一种具有"正邻近影响"的教育方式，儿童受到的教育不仅有利于自己或者家

---

① 陈坤、秦玉友：《教育现代化背景下中小学布局调整的挑战及应对》，《教育科学研究》2020 年第 9 期。

② 赵丹、郭清扬、Bilal Barakat：《城乡教育一体化背景下乡村小规模学校布局调整与优化建议——基于陕西省宁强县的案例分析》，《中国教育学刊》2021 年第 5 期。

长，也会促使社会其他成员受益。孩子受到的教育能促进一个稳定和民主的社会进而有助于增进他人的福利，由于无法识别受到利益的具体个人或家庭，所以不能向他们索取报酬。① 这种"邻近影响"表明义务教育不以盈利为最终目标，属于公共服务的范畴。

目前，在乡镇中心学校一体化管理模式下，小规模学校主要受到乡镇中心校、县级教育管理部门等主体的管控，小规模学校布局的实际情况掌握在乡镇教育部门或是中心学校校长手中，县级教育主管部门主要通过各乡镇负责人了解小规模学校的布局情况，再结合实地调研等方式，评估、商讨、制定小规模学校布局的工作方案。小规模学校布局工作是否能够达成优化目标，取决于布局工作方案的科学性、合理性和可持续发展性。其中，可持续发展程度是检验小规模学校布局优化工作成效的重要保障，科学性和合理性是顺利开展小规模学校布局优化工作的基本条件。

（1）科学预测区域内学龄儿童增减趋势。地方政府应对区域内学龄儿童的增速进行预判，了解当地未来三至五年的学龄人口，并将此作为优化小规模学校布局的重要参考依据，包括学龄人口、留守儿童数量、流动人口数量、人口增长趋势等信息，以科学方法作为保障小规模学校布局优化工作可持续发展性的重要支撑。其次，因地制宜，把握布局环境变化。政府部门在规划小规模学校布局工作的过程中，应不限于了解有关学校布局的必要因素，要对县域内政府有关经济建设、农业改革、工业生产等方面的发展规划保有敏感度，特别要对那些可能影响学校布局工作的重要决策或工作进行密切关注。例如，一些工厂的迁入、场地建设可能会影响当地居民的生活乃至学校的运行；还有一些助农帮扶措施的实施，可能会助推外出务工人员回流进村，在增加农村地区劳动力的同时也必然会影响该地区适龄儿童的数量。实际上，存与留的问题并不应该在学龄儿童开始流失时才被发现，乡镇政府有关部门应当保

---

① ［美］米尔顿·弗里德曼：《资本主义与自由》，张瑞玉译，商务印书馆2004年版，第84页。

持前瞻性，时刻关注工厂征地的相关信息，提前预判可能造成的学龄儿童变动情况，对附近的或可能造成影响的学校进行实地考察，提前做好班级规模、校址变动、教师调动、校舍建设、设施维护等工作的未来规划，避免布局工作过于被动，进而造成不必要的浪费。

（2）加强配套政策的扶持。农村小规模学校布局优化工作不只考虑学校位置问题，更牵涉农村教育发展的方方面面，布局工作并非一劳永逸，它的可持续发展性还需要其他相关政策协同参与。一方面，关于小规模学校的后续建设问题，在经费分配、教师轮岗、校长聘任等方面都应予以专项政策支持。例如，在乡镇中心校一体化的管理机制下，公有经费的分配应赋予小规模学校灵活的使用权，提高经费的使用效率，教育资源的配置工作应为小规模学校制定对应的配置标准，守住底线，科学评估校际、县域内的教育均衡水平，避免"因改善而消亡"的现象；在教师轮岗、交流等政策上，适当向小规模学校倾斜，保障小规模学校的师资力量，避免小规模学校因"软建设"问题阻断布局优化工作的进行。另一方面，关于优化小规模学校布局的辅助型措施，如校车制的运行规划。政府有关部门应因地制宜，为需要的小规模学校开设校车，完善有关校车安全问题、交通道路规划、校车收费条例等方面的管理制度，合理规划校车运行的次数与时间段，保障校车的运行效率，防止学生花费过多的时间用于等待校车。通过增设农村客运班线及站点、增加班车班次、缩短发车间隔、设置学生专车等方式，满足学生的乘车需求。公共交通不能满足学生需求的，要组织提供校车服务。同时，在切实贯彻"两免一补"政策的基础上，从管理体系、机构建设、经费投入、资助途径、常态管理、考核评价等方面制定贫困儿童资助针对性政策，加大对其经济补偿力度。[①]

（四）构建校际合作网络，促进小规模学校共享优质资源

联合国教科文组织专家卡约迪斯也提出："对于学校入学人数太少

---

① 侯钰婧：《Z县农村两类学校布局的现状与优化研究》，硕士学位论文，湖南科技大学，2020年，第51页。

而不适合以合理的成本建立一所完全学校的地方，必须考虑特殊的措施，如在一个中心学校周围建立一个非完全的卫星学校网。"[1] 农村小规模学校是满足偏远地区适龄人口教育需求不可替代的教育形式，但它同时面临规模经济和办学质量低下的争议。为克服这一问题，必须打破固有思维，寻求创新性的教育变革，即在学校布局规划中，在合理的距离范围内构建邻近小规模学校与大规模学校合作网络，通过校际资源共享提升其办学质量。因此，县级教育部门应将校际距离和学校合作网络构建纳入学校布局规划，应在合理预测乡村学龄人口分布及学校服务范围的基础上，合理设定小规模学校与邻近学校的距离（一般在 5—15 千米），并综合制订学校布局以及财政经费、物资设备、师资等办学资源配置的微观规划，同时对教师走教、共同使用经费、共享设施设备的实施路径进行具体设计。这种教育资源共享的理念与路径是能够打破学校边界、变革教育资源配置的一种创新，将成为未来小规模学校布局优化和可持续发展的关键。

四 加快推进农村小规模学校办学标准建设

学校办学条件对学生成绩和行为具有直接和间接的影响，办学条件较好学校学生的学业能力测试分数普遍高于条件较差学校学生，而且条件较好学校学生的违纪行为也相对要少。[2] 尽管当学校的办学条件达到一定水平后，其对学习活动质量的影响并不明显，但办学条件的象征意义远远大于其实质意义。办学条件及其象征意义影响着优秀教师在农村小规模学校任教，影响着优质生源在农村小规模学校就学。为此，必须加大支持力度，多种举措并重，切实改善农村小规模学校办学条件，促进农村小规模学校的建设。

---

[1] ［加］J. P. 法雷利、［瑞典］T. 胡森、［德］T. N. 波斯尔斯韦特：《教育大百科全书：教育政策与规划》，刘复兴译，西南师范大学出版社 2011 年版，第 98—103 页。

[2] Cash, Carol Scott, "Building Condition And Student Achievement And Behavior", *Doctoral Dissertation*, Virginia Polytechnic And State University, Blacksburg, April 1993.

(一) 积极推进农村小规模学校标准化建设

办学条件是学校安全和正常运转的基本保障,农村小规模学校办学条件标准是改善农村小规模学校办学条件的制度保障。因此,应加快研究制定农村小规模学校办学条件标准,积极推进农村小规模学校标准化建设。首先,依据"师生安全是第一责任、教育质量是第一要务"原则,在义务教育学校办学条件标准的基础上,充分了解和结合农村小规模学校特点和实际需要,研究和制定农村小规模学校办学条件标准,将涉及师生安全和身心健康的内容确立为底线标准,保证小规模学校的基本办学条件。在此基础上,基于安全舒适的原则建设学校建筑,按照学生人数、班级规模标准与政策要求,配齐教学用房和功能用房;基于身心健康的原则配备学校设施,按照师生数量、学校类型与配套服务功能配齐教学和生活设施设备;基于教育教学需要的原则完善教学资源,切实加强可移动和对教育质量贡献度大的资源配置,保证必要教育教学活动的全面开展,全面提升农村小规模学校学生的教育教学质量和学生的综合素质。同时,在推进农村小规模学校标准化建设过程中,要细化问责机制,对达不到办学条件底线标准的责任主体问责,具体到人。

(二) 制定符合农村小规模学校实际的办学条件投入模式

农村小规模学校教育资源规模效益低下,使得按生均标准配置的教育资源配置模式难以适应当前农村小规模学校的实际需要,影响了农村小规模学校的办学条件改善。为此,应制定符合农村小规模学校实际的办学条件投入模式。一方面,在专项经费投入上,按照农村小规模学校办学条件标准,充分考虑学校实际需要、现有条件、建筑竣工(投入使用)时间、设备配备时间和设施设备的使用年限,合理核算和规划农村小规模学校的办学条件专项经费投入。另一方面,在公用经费核拨上,改变单一按学生数量核拨公用经费的做法,从学校、班级和学生三个层面分别计算学校运转、课堂教学和学生学习所产生的费用,建立以班级数量为基础、适当考虑学生数量的教育经费配置模式,多维度核算和拨付农村小规模学校公用经费，① 保障农村小规模学校有相对充裕的经费用于学校办学条件的改善。

(三) 提高农村小规模学校设施设备使用和维修水平

积极使用是充分发挥设施设备作用的前提，科学使用和维护是避免设施设备功能弱化的保障。许多农村小规模学校的设施设备由于长时间不用，致使设备性能下降甚至损坏。为此，应提高农村小规模学校设施设备的使用和维修水平。首先，加强对农村小规模学校教师的专项培训，让教师尤其是年龄偏大的教师接受相对系统的数字教育资源、多媒体设备、音乐、体育及美术器材和教学仪器使用的培训和学习，鼓励和引导其转变观念，积极、科学地使用相应设施设备；其次，学校应安排专人负责管理和维护学校的设施设备，及时发现和维修设施设备故障，同时进行预防性维护以延长设施设备的使用寿命。如确实必要，可由中心校或上级教育行政部门指派专人负责区域内各学校设施设备的看护和维修。

(四) 建立农村小规模学校办学条件动态监测系统

不同学校的基础设施建设、设备配备时间不同，而且使用和更新周期不同，实行同步化的办学条件改善会造成部分学校改善不及时，部分学校进而出现浪费。为此，应建立农村小规模学校办学条件动态监测系统，加强监管和评估。一方面，教育部门应协同建筑、督导等其他相关部门，定期对农村小规模学校现有办学条件进行普查，掌握不同学校建筑、设施设备的配备时间和更新周期等信息，建立动态监测系统，加强对办学条件的监管；另一方面，在充分考虑学校设施设备的更新周期的基础上，相关部门要合理制定不同学校办学条件建设和改善计划，为上级部门安排专项资金提供依据；同时制定全面的设施设备维护和更新计划，坚持适度原则，进行学校设施设备的维护和更新，既要避免更新不

---

① 秦玉友：《农村小规模学校教育质量困境与破解思路》，《中国教育学刊》2010年第3期。

及时,也要避免更新频率过度,造成资源浪费。

(五) 推动农村小规模学校与社区共享共管资源

农村小规模学校教育资源使用率低,地方政府缺乏对其办学条件更新投入的相应动力。但农村小规模学校扎根乡村社区,在与社区互动方面有天然的优势,应充分发挥这一优势,统筹农村小规模学校与社区其他公共服务部门,共同参与农村小规模学校办学条件改善,推动小规模学校与社区共享、共管资源。一方面,整合资源,通过实现社区内资源共享,增加设施设备使用频率。如,学校的体育运动场地和设施等可定期对社区成员开放,在提高资源使用率的同时,可分担设施设备的使用和维护成本。另一方面,完善社区义工制度,调动社区成员志愿参与学校办学条件改善的积极性和能动性,让他们积极参与制定学校办学条件改善规划;同时充分利用社区成员能力优势,改善学校办学条件。①

五 加强学校—社区互动,促进小规模学校特色化发展

学校是社区的学校,社区是学校生存的物质载体,与社区有着密切的联系,学校和社区之间的关系彼此不可分割。"学校—社区互动"成为学校与社区生活紧密结合的实践样态,是促进农村学校改进的有效路径。② 事实证明,越是偏远和贫穷的乡村,其村民与学校的关系越密切,各方面依赖学校程度越深。总之,农村学校在当地居民眼中不仅仅是教学场所,同时还是社区中心。一所农村社区的学校往往是一个社会的文化和文明的象征,它为社会的成员提供了一个聚集的地方,艺术、音乐、体育活动的中心。这就是乡村学校最大的特色。③

(一) 积极利用学校—社区资源,促进小规模学校特色发展

通过与社区的合作,使农村学校和社区的发展有机结合,可以助推

---

① 曾文婧、秦玉友:《乡村小规模学校办学条件问题分析与建设思路》,《教育科学研究》2018年第8期。
② 李广:《"学校——社区互动"促进农村学校改进研究》,《教育研究》2018年第4期。
③ Alan J., & De Young, *Dilemmas of Rural Life And Livelihood: Academics And Community*. Wor/cing paper, oct., 2002.

第五章 西北地区农村小规模学校发展精准优化策略

农村小规模学校的发展。在西北地区农村，小规模学校要凝聚当地的社会资源，积极凝聚乡镇政府及社会组织等外部社会力量发展自身。学校是农村社会中的一个重要的社会团体，它是学生社会责任和社会融入的中心，而非其唯一的组织。对于偏远农村"走不出去"的学生，学校尤其要注重培养其健全的社会发展意识，主动连接其他社会组织，整合周边地方性社会资源，重在建立一个融合性的社会教育情景。[1]

乡村教育在硬件设施等方面逐步改善的情况下如何从外延式发展走向内涵式发展，必须靠激活内生力量和内在动力，即从向外寻求突围转向向内寻求突破。[2] 社区是乡村小规模学校自主发展可以利用的重要社会资源之一，汲取社区力量是推进村级学校可持续发展的重要保障。[3] 相较于城市的交通便利、教育资源优质、基础设施完善而言，农村学校在这些方面都欠缺许多。但是，农村学生对于农业、手工艺等知识的了解要远远优于城市学生，其生存能力也更强。针对陕、甘、宁三省（区）农村小规模学校发展现状来说，应该充分认清地区特色。比如说丰富的自然资源、生态环境与民族文化。以甘南藏族自治州来说，其文化旅游、工业旅游、红色旅游资源都是极为丰富的。有全国文物保护单位夏河拉卜楞寺、卓尼禅定寺等藏传佛教寺院；还有红军长征经历的天险腊子口、俄界会议遗址等历史遗迹。学校、教师与学生应当充分了解本地区的优势所在，增强对当地文化的认同感。只有对当地文化充分地了解，才能产生自豪感，继而弘扬与宣传地方文化与特色。促进小规模学校与所在社区的有效互动，可以利用其根植于乡土环境的独特优势，组织联系社区内对本地风俗文明理解

---

[1] 马莹、曾庆伟：《乡村小规模学校"自我边缘化"的困境与突围》，《教育发展研究》2021年第24期。

[2] 刘丽群、任卓：《美国乡村学校的历史跌宕与现实审视》，《教育研究》2018年第12期。

[3] 尹浩宇、赵丹：《依附理论视域下乡村小规模学校的发展困境及突破》，《教育理论与实践》2020年第31期。

深入的村民对学生进行乡土文化授课，助力乡村文化振兴。① 农村小规模学校要从走进社区、家庭，以及学生的经验入手，进行生活、乡土、社区教育，把社区作为校外教育基地，把学校变成文化、精神的乐园。这既是防止贫困代际转移，又是解决乡村教育问题的关键，也是实现教育现代化的重要途径。其次，推进当地教育部门集中编写富有地方特色的课程。编写校本课程不仅可以加深本地学生对于民族文化的了解，同样也可以成为吸引城市学生来此游学访问的基石。在游学的过程中，学生不仅感受当地风土人情，也能促进其对于中华优秀文化的认同。而对于农村学生来说，可以学习到城市学生处理事情的态度、交流沟通的能力与自信。也可设计一些农村特色的教学课程，以现有的教学环境作为基础，创设学生感兴趣的课程，也可以结合当地的村庄文化开展一些特色文化活动。一般情况下，农村有丰富的农业资源，教师可以带学生走入田间地头进行采风活动，教会学生认识农作物，让学生体验劳作的艰辛，为学生讲述科技对农业的帮助，通过此类活动也能够让学生感受到学习的幸福，从而有效激发学生的学习动力。此外，在此类活动结束后，教师可以让学生以日记或者作文的方式将自己在此次活动中的所见、所闻、所感都写出来，引导学生懂得反思的重要性。也可以采取一些树叶收集活动、爬山活动等，既丰富学生的业余生活，在体验中也能够让学生亲身体验自然的魅力、运动的快乐，促使学生能够全面得到提升。② 特色化教育不仅可以有效提升小规模学校内涵发展，也可成为学校受益、增加经费的渠道，更有利于促进当地经济的发展。例如，贵州榕江县高扒小学和苗兰小学开办了芦笙、侗歌等"民族文化进课堂"的项目，由此进一步开设了乡土文化课程。充分利用民族特色与优势是保证农村小规模学校实现可持续发展的重要途径。

---

① 尹浩宇、赵丹：《依附理论视域下乡村小规模学校的发展困境及突破》，《教育理论与实践》2020年第31期。
② 王晓锋：《农村小规模学校内涵式发展的有效措施研究》，《考试周刊》2020年第88期。

(二) 抱团发展，推动"小规模学校联盟"协同共赢

农村小规模学校联盟是校际合作发展的组织形态之一，以联盟学校的共同发展进步为愿景和目标，由同一区域内发展水平大致相当的农村薄弱学校联合而成。与城乡学校合作发展模式不同，学校联盟主要是在同质学校之间进行，旨在寻求学校的更好发展。如果说城乡学校合作发展是为了促进城乡学校之间的均衡发展，那么学校联盟则是为了寻求学校的优质发展。[1]

农村小规模学校不是一个过渡形态，其必然会长期存在并且高质量发展。[2] 但它的发展依然困难重重。"学校联盟"在面临资源配置、管理、师资、课程设置、生源等诸多困难的情况下，被视为一种新型的乡村学校发展模式。学校联盟能够探寻学校发展动力、促进教育均衡发展、实现教育现代化。[3] 农村小规模学校联盟可以促进乡村社会的共建共治，缓解乡村人才供需矛盾，加快优质资源的交流与共享，共享物质技术资源的同时，交流借鉴学校发展经验，共享师资培训计划和学生培养方案，以实现农村教育机构之间彼此独立又互助的发展。[4] 第一，"联校走教"模式是农村小规模学校联盟的一种形式，可以使小规模学校实现最大限度的资源共享。所谓"联校"就是打破学校之间的界限，以一所完全小学为主体，按地理位置、生源范围将附近初小、教学点作为其分部，几个学校联合组织"教学联合体"，实现人事统一调配、财务统一管理、教学统一协调，让区域内的孩子同享教育资源。"走教"即在教师资源调配上，教师到各校上课，以满足学生就近入学的要求。[5] 第二，成立小规模学校发展联盟是一种手段。在社团组织的支持下，组建农村

---

[1] 杜芳芳：《校际互动：学校优质与均衡发展的新思路》，《教育发展研究》2009年第24期。

[2] 秦玉友：《农村小规模学校发展的基本判断与治理思路》，《教育研究》2018年第12期。

[3] 朱许强：《农村小规模学校联盟的原因、问题与展望》，《教学与管理》2020年第19期。

[4] 尹雪娇、秦玉友：《俄罗斯农村小规模学校发展的挑战与模式探索》，《外国教育研究》2018年第7期。

[5] 冲碑忠：《甘肃泾川"联校走教"破解农村师资短缺困局——"小智慧"盘活均衡"大棋盘"》，《中国国教育报》2015年5月12日第7版。

小规模学校发展协会，组建乡村小型学校发展联盟，为小型学校、政府部门与社团组织搭建沟通的桥梁，对农村小规模学校发展进行深入研究，形成小规模学校发展共同体，推动小规模学校间的内部交流、经验分享，实现资源对接，凝聚力量办好农村小规模学校。[①] 在教育实践中，已有一些地区在学区化建设的基础上尝试了这种集群发展模式，如四川省广元市积极探索"小规模学校""同质横向联盟""异质纵向联盟"等联盟模式，捆绑式发展，不断提高教育质量。[②] 除学校努力之外，政府和行政部门是协调各方行为、平衡各方利益、确保政策执行的重要枢纽，是确保各方参与、协调各方利益、确保政策实施的关键。在政策制定中，做到城乡统筹、利益分享、各学校协同、保证政策的实际导向作用。只有这样，才能使农村学校的需要与政策的方向保持一致，既能使政府治理主体明晰，又能达到政府的利益。[③] 除了学校之间的联盟与政府部门的协调之外，小规模学校之间的联盟与协同发展，离不开教师的配合。教师发展是培养人才的重要支撑，它既是农村地区学校合作与发展的基础和保障要素，又是振兴乡村教育人才的重要基础。教师要改变教学观念，主动地打破隔阂，以促进师生之间的合作；构建多元的教师发展模式，建构新型的乡村伙伴学习共同体。[④] 第三，在网络技术广泛普及下，农村小规模学校的空间由封闭式空间向流动开放的空间过渡，"网络+教育"已成为打破空间限制、分享优质教育资源、引领学校教育发生深刻变化的有力推手。具体来说，第一，可以利用网络实现全球优质教育资源的共享，从而弥补乡村优质教育资源的匮乏；第二，利用网络，优化教师教学与研究的生态环境，拓宽教学研究领域，

[①] 郝媛：《乡村振兴战略中的乡村小规模学校建设及发展研究》，硕士学位论文，陕西师范大学，2019年。

[②] 四川省人民政府：《广元市探索"小规模学校"联盟模式促进农村学校发展》（http://www.sc.gov.cn/10462/10464/10465/10595/2017/10/9/10435303.html）。

[③] 纪德奎、王倩：《农村区域学校联盟助力乡村振兴的价值、困境与方略》，《天津师范大学学报》（基础教育版）2022年第2期。

[④] 纪德奎、王倩：《农村区域学校联盟助力乡村振兴的价值、困境与方略》，《天津师范大学学报》（基础教育版）2022年第2期。

创新教学研究方式，推动教师专业化发展，从而破解单一学校、单一学科教师不能进行教研活动的尴尬局面；第三，利用"互联网+"连接与整合，改变传统的学习空间、课程形态、教学组织方式、营造体验学习环境、改善留守和寄宿儿童的孤独等，从各个方面提升了联盟学校的教学效率。[1]

第二节 西北地区农村小规模学校发展师资配置精准优化

近年来，国家推进"乡村振兴战略"为体现地区差异的农村小规模学校教师编制、收入、职称提供了战略预期。积极推进师资配置，找准农村义务教育教师编制政策、收入政策、职称政策的侧重点与切入点，充分关注农村教育的特征与发展诉求，不断突破小规模学校的教育瓶颈。

一 完善农村小规模学校编制政策

农村小规模学校教师编制问题极大地阻碍了小规模学校的进一步发展，教师编制问题亟待解决。《乡村教师支持计划（2015—2020年）》中特别强调，要着力"加强乡村地区优质教师资源配置，有效解决乡村教师短缺问题，优化乡村教师队伍结构"。可见，破解小规模学校教师"编制上不缺，实际教学短缺"的困境，多种渠道补充教师资源，是补齐农村教育短板、全面提升农村教育质量的治本之策。现行的小学教职工编制标准不适合乡村学校，特别是农村小规模学校，按照生均教育资源投入标准，小规模学校教师的数量和结构无法保障最基本的教学需求，建议编制部门基于"每个学生获得均等教育服务"的原则，根据小规模学校年级多、班额小的特点，建立以班

---

[1] 朱许强：《农村小规模学校联盟的原因、问题与展望》，《教学与管理》2020年第19期。

级数量为基础,充分考虑各年级科目数量的师资配置模式,保证小规模学校正常开齐课程。

1. 提升政府及教育部门政策理性,合理配置教师

在教师资源的配置中,主导一方是政府,农村小规模学校在师资配置的过程中,扮演着客体的角色,政府怎么配置学校就只能怎么接受,只能顺从与适应。而作为主导一方的各政府部门,在资源配置的过程中总会有意或无意地产生"经济人"的行为,即追求自身利益最大化的行为,使得处于财力和权力底端的农村小规模学校在编制配置的过程中,总是成为多部门博弈下的牺牲者。长此以往,必定会阻碍小规模学校的发展,与国家促进教育公平和提高教育质量的战略相违背。因此,一方面要正视政府"经济人"的角色行为,满足其合理的利益需求,切断不正当利益对"经济人"负面行为的驱动作用。另一方面各级政府应建立相应的制度规范体系,充分发挥政府政策的理性。具体到教师编制配置的行为,各政府部门要从农村小规模学校的特殊性出发,合理进行教师配置。如小规模学校的特殊性要求增加一定比例的附加编制。一是设置一定比例的流动人员编制。这种设置主要是为了解决教师外出培训和学习的问题。因此,地方政府应制定机动账户,以进行人员流动,实现学校人员的动态调整。二是建立专业化特色编制。农村小规模学校存在一些常规化的非教学工作,如需要对留守儿童进行照顾、对学生进行管理等。因此,县级政府层面应该为这些工作设置一定的专业化编制,避免教师承担过多的非教学任务,面对教学任务,没有足够的精力去完成,从而影响教学。三是以市场为导向,按市场化方式,招聘部分合同制教师。小规模学校的生源总量存在一定的波动性,仅通过增加教师数量来应对目前的教师紧缺,将来会面临教师退出难的问题。因此,可以聘用合同制教师,确定合理的工资标准,保证合同制的教师和在职教师"同工同酬"。四是向社会购买服务,弥补专项规划所需配套服务人员的不足。"营养餐计划"实施以来,许多小规模学校的配套服务人员由专任教师兼任,增加了教师额外的工作负担。因此,应设立专

项资金，向社会购买服务，提供所需要的服务人员。

2. 因地制宜：制定符合小规模学校的教师编制标准

农村小规模学校教师"编制虚超"与"实缺"的矛盾是隐藏在乡村教育内部的顽疾，亟待从根源上解决问题，教育部门需利用制定符合小规模学校的教师编制标准这一支利箭，巧妙化解"超编"与"缺人"的问题。

制定编制标准时，要充分认识到，不同规模、功能不同的学校，对教师编制的需求也存在差异。因而要明确小规模学校规模小的特性，并根据小规模学校的实际，科学预测其对教师的基本需求。充分考虑小规模学校的规模消耗型需求增量与功能扩展型需求增量，保障小规模学校超越简单师生比的教师需求增量得到满足，即要满足小规模学校"兜底性"教师需求，以班师比和生师比为参考，明确在这一比例下教师背后所需要背负的工作量，并以这一工作量作为这所学校所需教师数额的依据。当然，上述只是教师的部分基本工作量，而非工作总量。在小规模学校，因学生过少，往往一个年级组成一个班级，班级数将决定课程开课数，而教师的主要工作是围绕课程计划来开展相应的教学，在开展教学的过程中，教师需要完成备课、教研、批改作业、辅导学生、家访等一系列教育教学工作。其中，上课的课程数量决定了教师的备课和教研活动量，而学生人数则决定了教师批改作业、辅导学生等活动的量。因此，学校的在校生数、班级数（年级数）、课程数以及围绕所开课程教师需要完成的备课、教研、批改作业、辅导学生等综合起来就是学校教师的总工作量，对于农村小规模学校来说，依据总工作量，而非班师比或生师比背后所附着的工作量来确定小规模学校所需要配备的教师数，这一方法可能更适合小规模学校的教师需求，进而可以在更有效、更高质量开展学校教育教学活动的同时，教师也不用那么辛苦。

3. 健全教师质量保障体系，提升教师专业发展

教师质量问题与乡村教育的质量息息相关，高质量的教师配置才能保证乡村教育高质量的发展。因此，要通过建立教师质量保障体系，着力提高小规模学校教师的质量。

（1）优化教师准入制度，引入优质教师。在小学阶段，任课教师需要专科及以上的学历，且这一比例需达到98%，而本科及以上学历人员比例需达到60%。显然，就调查情况而言，当前小规模学校的教师学历层次仍然还未完全达到这个标准。因此，要着手提高农村小规模学校教师编制的学历层次，引入高学历的优质教师，必须从源头入手，优化教师准入制度，从源头上拔高教师来源的起点。最主要的办法，便是适当拔高教师资格认定的学历层次要求，完善教师资格制度，严把教师准入关口，改变以往中等师范学校毕业的人员就可以进行教师资格认定的局面，乡村教师整体学历的提升，可以为乡村教师队伍的建设从源头上带来质的提升。农村小规模学校只能等到"民转公"的这一批教师全部退休完之后，才能整体上实现教师队伍学历水平整体拔高的愿望。当然，在预见的一段时期内，农村小规模学校教师的学历问题会得到一定程度的解决。

（2）以质量为核心，重视乡村教师专业发展。由前所述，提升人力资源质量的重要途径就是在职培训。因此，教师质量必须依靠在职培训方能得到有效提升。相关部门要依据农村小规模学校教师实际状况，实施专门的培训计划，才真正切实提升教师培训的有效性。首先，增加相应的机动编制，使小规模学校的教师从繁重的工作中解脱出来，有精力和时间去参加培训。其次，在培训形式上，结合农村小规模学校的实际，采取形式多样的培训方式。农村小规模学校教师数量少，不能随意离开工作岗位，且地处偏远，外出培训面临着费时费力且费财的问题，因此，要依据"省时、省力、省物"的原则，尽量减轻农村小规模学校的培训负担，组织优秀教师及相关专家去农村小规模学校进行授课或指导。在增加教师培训机会的同时，减少不必要的负担。最后，在培训内容上，减少枯燥且脱离现实的理论知识的培训，而要结合农村小规模学校的教育教学实际，在培训前针对小规模学校教师需求和教学中亟待关注的知识、能力素养等进行全面调查，将这些知识糅合在培训的内容中，让培训内容具有针对性和实效性。如针对农村小规模学校教师跨年级、跨学科教学的普遍现象，需培养教师对不同教材的理解和自主处理能力的内容培训。对于乡村教师"留不住"的现象，在培训内容上，要增加或增强乡土适应性的内容。让乡村教师既"留得下"又"教得好"。

二 通过多方协同优化教师编制结构

在国家号召机构编制管理要严控总量的情况下，当前农村小规模学校存在的教师编制结构失衡问题的解决，已经不能单纯着眼于增加教师编制的数量，而要在现有的编制存量上入手，有效地进行教师编制的结构优化，培养"一专多能"的小学全科教师，且不能影响教育部全面提升教育教学质量的要求。当前，根据中国现行的教师编制标准和基础教育课程标准，农村小规模学校的实际呈现出教师数量少、学校规定需要上的课程门类和正常的完小一样多的现状，而这一现状将在很长一段时期内持续存在。农村小规模学校"教师少、课程多"的这一尴尬现状要求农村小规模学校教师能够身兼多职，跨学科、跨年级任教。因此，农村小规模学校对教师的需求在量不能达到要求的现实状况下，在质的方面有了更高的要求。基于此，需师范院校在进行师范生培养时应做出相应的改革，定向为农村小规模学校培养了解乡村实际的"一专多能"的全科教师。

全科教师，从字面意义上来说，即课程标准所规定的全部科目都可以教学的教师。但从更深层次的意义上而言，全科教师是指经过专门的教育和培训，从事小学教育教学工作的专业人员，在实际的教育教学过程中能够综合运用多方面的知识和能力激发学生的潜质，全过程、全方位地促进学生成长。目前全科教师培养主要针对小学。[①] 对于中国全科教师的培养，2015年，出台了《教育部关于实施卓越教师培养计划的

---

① 李婧玮：《小学全科教师的内涵、特征及培养的必要性》，《教育导刊》2018年第2期。

意见》，其中卓越教师的培养实质上就是指全科教师的培养，其培养模式分为大综合与小综合两种模式。"小综合"模式是指小学教师具备语文、数学和英语的教学能力。"大综合"模式则是指基础教育课程包含的所有门类。通过全方位的培养，全科教师在教育内容的把握、教育的视角、教学的方法以及自我发展等方面，比传统教学培养出来的教师更具有全面性。全科教师的这种全面性，可以让他们在面对不同的学生发展需要、现实情境和社会发展的需求时，根据具体情况来进行合适的教学。因此，培养全科化教师对于改善教师编制学科结构性失衡有着举足轻重的地位。由此，高校要在把握"全科"内涵的前提下，明确培养目标，即"一专多能"的目标，在培养过程中，坚持以实践性为导向，为农村小规模学校培养出"能上课、上好课"的全科型教师，使其能够承担多门课程的教学任务，有效缓解农村小规模学校教师结构性失衡现象。

三 逐步完善农村小规模学校教师收入政策

2018年2月印发《中共中央国务院关于全面深化新时代教师队伍建设改革的意见》，把其中有关中小学教师工资待遇的规定与《教师法》中的相关条文相比，从中可以发现政策话语的转变——提出"工资收入水平"，以往"工资"一说不能完全代表实际收入水平，加入"收入"两字，有利于克服以往教师工资待遇被过度虚化现象，是比较实事求是的说法。国务院教育督导办印发的《2020年把义务教育教师平均工资收入水平不低于当地公务员作为督导检查重点》通知强调，各地要做好统筹安排，按照国务院关于保障义务教育教师工资待遇的工作部署，加大工作力度。在年终为公务员发放奖励性补贴及安排下一年度财政预算时，务必统筹考虑义务教育教师待遇保障问题。[1] 相关政策的

---

[1] 中华人民共和国教育部：《国务院教育督导委员会办公室再次发出提醒函 要求各地切实落实义务教育教师工资"不低于"政策》（http://www.moe.gov.cn/jyb_xwfb/gzdt_gzdt/s5987/202205/t20220519_628606.html）。

第五章 西北地区农村小规模学校发展精准优化策略

落实必然加速推进提高教师待遇的日程，未来乡村教师工资收入和相关待遇相信将会具有充分的竞争力。基于政策看，提高乡村教师收入的问题被一再提及，国家试图通过不断提高乡村教师收入来逐步消除教师经济方面的担忧。从政策上可以看到，国家和政府对乡村教师队伍建设做出了很大的努力，但政策的具体落实情况如何，当前乡村小规模学校教师实际收入水平与预期还存在一定落差。针对乡村小规模学校的实际情况，让教师得到基本的薪资保障。物质需要是教师最基本的需要，要想让教师能够安心任教，就应该满足教师的物质需要，满足教师的生活需求，提高教师的收入水平，以此来稳定教师队伍。

表 5-1　　　　　　　　　　乡村教师收入具体政策

年份	政策	内容
2003 年	《国务院关于进一步加强农村教育工作的决定》	落实乡村义务教育"以县为主"管理体制的要求，完善经费保障机制
2005 年	《教育部关于进一步推进义务教育均衡发展的若干意见》	要改善乡村地区教师待遇
2008 年	《关于义务教育学校实施绩效工资的指导意见》	依法保障中西部地区乡村义务教育教师的工资待遇，提高教师地位，吸引和鼓励各类优秀人才长期从教、终身从教
2010 年	《筑巢关爱辛勤园丁——边远艰苦地区乡村学校教师周转房宿舍建设项目综述》	新建和改扩建一批乡村学校教师周转房宿舍，改善教师工作和生活条件
2011 年	《全国教育人才发展中长期规划（2010—2020 年）》	完善乡村边远地区教师的工资分配激励机制；建设教师周转宿舍
2012 年	《国务院关于深入推进义务教育均衡发展的意见》	1. 确保绩效工资能够合理落实； 2. 工资向在艰苦边远地区工作的教师倾斜； 3. 支持教师周转宿舍
2015 年	《乡村教师支持计划（2015—2020 年）》	1. 建设乡村教师周转宿舍； 2. 做好重大疾病救助工作； 3. 落实生活补助政策
2018 年	《中共中央国务院关于全面深化新时代教师队伍建设改革的意见》	1. 确保中小学教师平均工资收入水平不低于或高于当地公务员平均工资收入水平； 2. 加强乡村教师周转宿舍建设

续表

年份	政策	内容
2020年	《教育部等六部门关于加强新时代乡村教师队伍建设的意见》	1. 确保平均工资收入水平不低于或高于当地公务员平均工资收入水平； 2. 对乡村小规模学校、寄宿制学校、西北地区学校、艰苦边远地区学校给予适当倾斜

1. 实行差别化待遇政策，提高乡村教师整体收入水平

各地结合地方实际情况进一步提高农村学校财政拨款标准，多渠道多方位增加农村教育经费，提高教师经济待遇，优化教师生活环境，改善教师生活条件。经济社会的发展，整个社会的稳定，都离不开乡村教育的发展。因此一定要对乡村教师的待遇予以足够重视。要完善津补贴标准，实施乡村教师待遇差别化原则，要体现出越是艰苦、贫困的地区待遇应当越高。通过差别化的待遇政策，让乡村教师得到社会的重视，让教师的付出得到该有的收获，愿意留在乡村，并能吸引更多的优秀教师愿意去乡村任教。同时要提高代教的工资水平，在调研过程中发现，不少代教业务素质强，兢兢业业，任劳任怨，但工资水平却达不到当地最低工资标准，生活没有保障。因此，要尽最大努力提高代教工资水平，提高代教职业认同感，将合格的代教转为公办教师并且为年龄较长的代教做好养老保障工作。

2. 实行特殊津贴制度，提高教师福利待遇

农村小规模学校大多位于偏远地区，交通不便，生活水平低，工作条件差，因此需要增加教师的收入，为偏远地区学校提供特殊的津贴补助，形成合理的等差梯度，对农村小规模学校教师不利工作条件、超额工作量进行补偿。① 城乡教师在福利待遇上存在差异，因此实行特殊津贴制度，提高乡村教师福利待遇具体应做到：首先，乡村教师面临交通不便的现实状况，应当为其提供相应的交通补助；其次，满足不同乡村

---

① 李跃雪、邹志辉：《城镇化背景下乡村教育发展策略：国际经验与启示》，《比较教育研究》2016年第3期。

教师的不同需求。每位教师面临的问题是不一样的,所看重的东西也不同。有些教师更看重自身的发展,有些教师更看重薪资待遇,还有些教师更注重未来子女的教育,因此应当根据现实状况满足每位教师的不同需求。总之,根据不同地区乡村教师的实际需要满足他们生存与发展的各种津贴补助等。同时,更要关注到乡村教师的实际问题,如教师的子女教育问题、教师的重大疾病救助问题等,能够让小规模学校教师安心从教。

3. 完善教师住房保障体系,解决教师安居问题

切实保障农村小规模学校教师的生活条件,为在学校住宿的教师提供标准化宿舍,提供水电暖、卫生间等设施设备,提高教师的日常生活水平。① 住房对于乡村教师来说,是最基本的保障,切实保障教师能够有居住的地方,才能让教师心里踏实,安心任教。因此,完善、解决乡村小规模学校教师住房保障,具体可以有以下几种方式。一是实行中央、地方政府分担制,所建住房,产权归学校,教师居住在一定期限内不收租金。二是面对学校一些不用或废弃的地方,应当进行维修,改成教师住房,让教师居住。三是落实周转房的建设,解决教师的住房问题,让乡村教师能够有家的感觉,能够安心在乡村任教。

四 提升小规模学校教师的整体发展水平

长期以来,农村小学一直是中国中小学教育的薄弱环节,也是基础教育的薄弱环节。提高农村教师的素质,可以有效地缩短农村和城市的差距,提高农村教育的公平性,提高农村基础教育的整体水平。据统计,到2015年,全国仍将有118,400所乡村小学和初中学校,其中818,000所是农村小规模的小学。农村教师素质是农村教育发展的一个重要内容。2015年,国务院出台《乡村教师支持计划(2015—2020年)》,明确提

---

① 张晓娟、吕立杰:《整体性缺失与个体性阻抗——农村小规模学校师资建设困境研究》,《教育理论与实践》2019年第28期。

出"以乡村教师为中心""到2020年,培育一支素质优良、甘于奉献、扎根乡村的教师队伍",这表明中国对农村教师队伍的高度重视。① 加强农村教师队伍建设,提升教师水平能够保证小规模学校的发展。

1. 拓展师资补充渠道

解决广大农村地区的教育问题,是实现中国教育现代化的关键。西北地区农村教师队伍的发展与其他农村地区相比存在着较大的差距,地理环境、民族语言、风俗习惯的不同,对教师的培养提出了更高的要求。教师是提高西北地区教育质量的关键,提高西北地区的教师素质是提高西北地区教育质量的关键。从2018年起,中国全面深化了新时期的教师队伍建设,实施了一系列重大的教育政策,促进了师资队伍的发展。少数西北地区教师的问题与普通农村教师存在着类似的问题,但也存在着差异:一方面,教师队伍的普遍性问题在西北地区更为突出和集中;但另一方面,由于地理环境的特殊性,语言和风俗习惯的不同,教师的补充也面临着更大的挑战。21世纪以来,中国实施了《乡村教师支持计划(2015—2020年)》等一系列重要的政策措施,使中国的教育水平不断提高。然而,由于受经济、地理、文化等因素的制约,西北地区的教育发展还存在着很大的差距,农村教师的补充还存在三大困境。首先,教师编制供给不足。其次,由于自然环境艰苦、文化差异大、双语教学难度大等原因导致外来教师适应性偏弱。最后,由于全科教师需求量大、全科教师培养质量有待提高等原因导致的师资供求结构失衡。针对存在的问题可采取以下措施。首先,要促进地方政府的编制供应,在不增加财政供养人口、不增加县域教师数量的情况下,要想提高县域教师的数量,必须建立省级教师编制统一的制度,以打破县域教师编制的"天花板效应";改革西北地区的编制标准,少数西北地区的乡村小规模学校将会长期存在,而且双语师资短缺,教师的编制仅根据师生比例来计算,很难达到现实的要求。为此,必须改革和完善少数西

---

① 易洪湖:《农村小规模学校教师队伍建设探新》,《教学与管理》2019年第33期。

北地区小规模的乡村小学、教学点师资配备,省级政府根据师生比例、班师比、最低需求量等因素,动态确定民族县的教职工数量,确保民族县、边疆县的师资配置;建立教师编制的调配机制,建立省域内"机动编制""预借编制""专项编制"和跨县域使用机制,盘活全省编制资源,解决"空间错位"的问题,重点支持少数民族县,实行动态管理,重点解决少数西北地区师资队伍结构的结构性短缺。其次,要在本地高校中形成以定向培养为主的补充通道,充分利用本地高校的地域优势,提高本地学校教师的供应意愿和能力,建立以"区域"定向培养为主、外部补充为辅的补充机制。最后,要推动基础教育和职业教育的融合发展。不同类型的学校存在着教师短缺的情况,总体上,小学的短缺严重,农村小学和教学点的短缺最为严重,这是由教师与学生比例决定的。在不能彻底突破编制限制的情况下,全职小学教师成为最现实的解决办法。① 因此,要加快西北地区教育的发展,就需要加大师资队伍的建设。我们要坚持西北地区的改革政策,坚持"一个民族、一个地区不落后"的改革思想,在少数西北地区培养一支"下得去、留得住、教得好"的高素质教师队伍。

2. 探索小规模学校"全科教师"培训模式

学科结构是衡量教师素质的重要指标,它反映了其与职后教育的紧密关系,具体表现在农村小规模学校教师所从事的专业领域。教师的学科结构是由全体教师所掌握的专门知识构成的。在国家制订的《义务教育课程方案和课程标准(2022年版)》中,教师的职业结构最能反映出本地学校的师资素质。以西部边远乡村小学为例,其办学条件基本良好,但小规模学校的师资专业结构却很不平衡,专业类别的分配也很不均衡。具体而言,小规模学校教师"一人多科",每天的工作量已经超过了正常水平,许多学校都无法开齐开足国家指定的学科,尤其是美术、

---

① 吴宏超、高敏:《民族地区乡村教师补充机制的困境与对策》,《教师发展研究》2020年第3期。

音乐、体育等学科。面对这样的师资配置和课程设置，一般小科课程（音、体、美等）都是由大科教师（语文、数学、英语）承担，即音、体、美课程是由外行教师担任，导致课程教学缺乏专业性和深入性，同时也很难达到对口教学的目的。究其根源，在于教师与校方的错误认识，认为大学的课程具有一般的常识色彩，而其专业性相对较弱，只需具有一般专业背景的教师即可。但与之形成鲜明对比的是，小科专业的特色就比较明显了，没有专业背景的老师是不可能做到对口教学的，所以大科老师要兼顾小科，就会产生一种低效教学。目前，"一师多科"在三省（区）小规模学校十分普遍，这不但影响到小规模学校教师的专业发展，而且导致学校教育教学的低水平。中国现行的教师比例是以理想的学校规模为基础的，但在农村小规模学校中并不能完全适应。据此，各地政府要对小规模学校的学生比例进行适当的调整，并在一定程度上对其进行合理的调整。

　　从根本上解决小学师资队伍不平衡的问题，可采取以下措施。首先，注重培养具有不同教学方式、不同专业知识的全科教师；全科教师培养应在当地师范院校的支持下，开设并探索以主科为主的多学科培养模式，从而达到培养乡村教师跨学科、综合素质的目的。全科师范生的课程设置与城市大型学校"单科培养"不同，后者只需要在特定的领域内尽可能地学习和掌握，而普通教师要同时注重语文、数学等方面的教学技巧。因此，应以"全科培养"为中心，设置与之相适应的各种专业课程。但是，由于四年的时间限制，全科师范生要学的科目很多，而且每个科目的教学内容都很丰富，教材和资源也是五花八门。为此，必须做出合理的取舍，精心策划和精心安排。为了更好地反映学科间的联系，以及同一门学科的内在逻辑，地方高校必须对现有的课程进行重构。从最初的"应急性混搭"——"综合化恰适"——"特色性安排"，以及最终所要达到的"现实性关照"，遵循的是由量的增加或减少到内部结构的调整再到运行方式的彻底改变，在整体上构建起一个"立体网状式"的课程图谱。同时，教学上采用最有效的"校内练功+校外实践"

途径，基于整合理念开展"教学做合一"，以培养出能够适应农村小规模学校多学科教学的全科教师。① 其次，在课程设置上，地方师范院校应将地方人文历史融入教材。只有当教师深刻理解当地民俗文化与历史后，才能在真正意义上实现全科教师的教育意义。② 最后，要将"联合培养"作为一条有效的途径。农村小规模学校的全科师资培训工作，必须由地方院校、地方政府、乡村学校、农村社区、社会团体等五大利益主体来承担。其中，以当地大学作为"培养主体"，要针对不同地区的特点，制定全科教育的目标，构建全科教育体系，并进行全科教育的改革。作为"参与主体"，当地政府是教育的主导力量，要想吸引到更多优秀的农村学校的教师，就必须通过定向分配、免学费、提供助学金等政策来吸引更多的优秀人才。而农村小规模学校既是"受益主体"，又是"接收单位"，应积极参与到教育实践活动中去，例如积极主动地将自己的需要反馈给当地的教育、教学实践基地，保证培养对象的适口性。乡村小学的全科师资培训要有针对性，必须要有"支持主体"乡村社会的参与。与此同时，仅依靠国家、政府和学校的力量，很明显不足以支撑乡村小学全科教师的培养，必须借助民间和非政府组织的力量，发挥"协作主体"的功能，从而提高乡村小学教育的整体素质。③

3. 提高教师福利待遇

制约乡村教育发展的根本问题在教师，发展乡村教育的关键要提高教师的经济待遇。④ 教师队伍建设是农村小规模学校发展的关键，教师队伍不稳定，小规模学校则很难获得强大的内生力。恢复小规模学校的

---

① 余小红：《以全科教师培养突破农村小规模学校"超编缺岗"困境》，《教育发展研究》2017年第24期。
② 易洪湖：《农村小规模学校教师队伍建设探新》，《教学与管理》2019年第33期。
③ 余小红：《以全科教师培养突破农村小规模学校"超编缺岗"困境》，《教育发展研究》2017年第24期。
④ 范先佐：《乡村教育发展的根本问题》，《华中师范大学学报》（人文社会科学版）2015年第5期。

生命活力，提升其内涵发展，进一步完善落实面向小规模学校教师待遇是关键着力点，即通过待遇提升留住教师，稳住教师队伍，提升师资队伍整体素质。三省（区）研究发现，西北地区农村环境恶劣，有的地方交通不便，教师生活费用也随之提高。在小规模学校任教的老师，除增加工资外，还应给予他们一定的生活费，减轻其生活负担，做好他们的"后勤保障"，确保教师将注意力集中在改善农村的课堂教学质量上。为教师提供强有力的薪酬支撑，在一定程度上能够稳定教师队伍、减少教师的流失，是吸引教师、稳固教师队伍和留任教师的有效手段。① 首先，应改善小规模学校教师的基本生活条件。教师的衣食住行是生活之本，应确保教师在较为舒适的环境下健康生活。地方政府在教育经费上应有意识地倾斜，尝试采用"加权拨款法"来确保小规模学校的基本开支，充分给予学校经费使用的自主权。其次，建立小规模学校教师岗位补偿机制。中西部地区，有关教师的岗位补偿政策应拓展政策的涵盖面。在政策实施方面，严格按照小规模学校教师的工龄进行等级性的岗位补助，是教师获得的补助与其任教时间呈正比，而且一旦教师终身或在规定任教期限内坚守岗位，则将岗位补助延伸至其退休之后。② 最后，加大省级财政支持，在确保教师实际工资不低于县镇同职级工资的基础上，试点实施"小规模学校教师工资倍增计划"，将其基本工资增加到 2—3 倍，按照越往艰苦地区补助越高的原则，增加津补贴，特别对于高寒山区，应按照地理远近、海拔高低，高于城区教师基本工资 2—5 倍的系数发放艰苦津贴。如陕西省财政分别落实资金 8.98 亿元、2.77 亿元、1.3 亿元，用于补助乡村教师绩效工资、生活补助和教师培训计划。③ 县域内的教师经常与和自己临近的公

---

① 孙闻泽、范国睿：《乡村小规模学校发展的国际经验与启示》，《全球教育展望》2020 年第 6 期。

② 易洪湖：《农村小规模学校教师队伍建设探新》，《教学与管理》2019 年第 33 期。

③ 中华人民共和国中央人民政府：《陕西省财政 17.31 亿元支持中小学幼儿园教师队伍建设》（http://www.gov.cn/xinwen/2018—09/26/content_5325384.html）。

务员相比，认为教师的待遇水平、社会地位普遍低于公务员。为避免这种比较带来的消极影响，应将教师也纳入公务员体制中。① 同时全面落实集中连片特困地区乡村教师生活补助政策；做好乡村教师重大疾病救助工作；按规定将符合条件的乡村教师住房纳入当地住房保障范围，逐步形成"越往基层、越是艰苦，地位待遇越高"的激励机制。此外，有些地方还对遭遇突发事故或突患重大疾病，造成家庭生活特别困难的乡村教师进行救助帮扶；推进乡村教师定期体检。② 上述针对小规模学校教师待遇与福利上的举措，能够撬动经济杠杆，有效提升小规模学校教师的留任率。

4. 稳定教师队伍，促进教师合理流动

教师资源的分配是促进义务教育均衡发展的关键，在合理范围内促进教师的流动能够在很大程度上稳定教师队伍。教师是城乡义务教育一体化发展的支持者，也是城乡义务教育一体化发展的中坚力量。城乡教师共同体是城乡教师、教育管理者和教育专家等共同参与的，以促进乡村教师专业发展为目标，以解决教育教学问题为内容，通过交流、协作等形式建构起来的学习共同体。③ 构建城乡教师共同体。通过开展"名师共享""影子跟岗""送教下乡""工作坊研修"等多种形式的培训交流活动，定期邀请德才兼备的名师名校长、优秀教师、教学能手等到乡村小规模学校献计献艺，帮扶指导，形成命运共同体，为乡村教师的成长搭建实验舞台的"最后一千米"，从而带动农村小规模学校持续优良向上的发展。④ 2014年，教育部、财政部、人力资源和社会保障部联

---

① 武芳、刘善槐：《乡村小规模学校如何突破教师队伍建设难题？——基于大国型、先发型、文化同源型国家的比较研究》，《教育学术月刊》2020年第2期。

② 中华人民共和国教育部：《河北：乡村教师生活补助将向村小学和教学点倾斜》（http://www.moe.gov.cn/jyb_xwfb/s5147/201603/t20160321_234538.html）。

③ 伊娟：《公共精神：城乡教师共同体建构的应然诉求》，《当代教育科学》2021年第12期。

④ 徐继存、张丽：《乡村小规模学校教师留岗意愿及影响因素研究——基于工作特征模型》，《山西大学学报》（哲学社会科学版）2020年第6期。

合发文，规定义务教育阶段公办学校的在编在岗专任教师在同一所学校连续任教达到地方教育行政部门规定的年限后，均应交流轮岗，以全面推进义务教育教师队伍"县管校聘"的管理改革。① 因此，为促进教师间合理流动，交流轮岗中应增加一线和骨干教师的比例，将优秀教师流动至小型乡村小学。县（区）教育主管部门应掌握每一次交流轮岗教师的总体状况，保证一线教师和骨干教师达到一定比例，并对派去小规模学校教师的业务素质、师德、品行等予以重点核查，确保派去小规模学校任教教师具有较高专业水平和职业素养的教师。② 除此之外，建立严格的教师交流轮岗考核制度。无论教师出于什么目的参加教师交流轮岗，凡教师交流轮岗考核不合格者，此次交流轮岗经历则无效，不能以此作为参加职称评聘、评优评先的条件，并且交流轮岗时所发放的经济补助也要全部退回。③ 促进教师群体的合理流动，也可以积极地与公益组织进行合作，为教师引进、专业发展寻求更多机会。同时，农村小规模学校也可与邻近学校共享师资。④ 如四川广元利州区 14 所小规模学校建成联盟，将 23 名管理干部、50 余名教师集中到一起管理，打通编制，自由调换，联校走教，有效解决了教师短缺问题。⑤ 除去上述方式与方法外，为鼓励城区教师到农村学校任教，国家相继实施了"送教下乡""顶岗支教""互派交流"等多项政策。鉴于农村小规模学校位置

---

① 中华人民共和国教育部、财政部、人力资源和社会保障部：《教育部 财政部 人力资源和社会保障部关于推进县（区）域内义务教育学校校长教师交流轮岗的意见》（http://www.moe.gov.cn/srcsite/A10/s7151/201408/t20140815_174493.html）。

② 曾新、高臻一：《赋权与赋能：乡村振兴背景下农村小规模学校教师队伍建设之路——基于中西部 6 省 12 县〈乡村教师支持计划〉实施情况的调查》，《华中师范大学学报》（人文社会科学版）2018 年第 1 期。

③ 曾新、高臻一：《赋权与赋能：乡村振兴背景下农村小规模学校教师队伍建设之路——基于中西部 6 省 12 县〈乡村教师支持计划〉实施情况的调查》，《华中师范大学学报》（人文社会科学版）2018 年第 1 期。

④ 赵丹、陈遇春：《乡村小规模学校教师资源优化配置研究——基于美国的经验和启示》，《中国教育学刊》2019 年第 7 期。

⑤ 四川省人民政府：《广元市探索"小规模学校"联盟模式促进农村学校发展》（http://www.sc.gov.cn/10462/10464/10465/10595/2017/10/9/10435303.html）。

第五章　西北地区农村小规模学校发展精准优化策略

偏远、办学条件差的现实状况，实行让地理位置更接近、相互熟悉度更高的学区内中心小学、示范小学的优秀教师到小规模学校交流轮岗更有可操作性。① 随着县管校聘制度的深入展开，教师由单位人转变为体制人，双向流动一定能实现。②

---

① 曾新、高臻一：《赋权与赋能：乡村振兴背景下农村小规模学校教师队伍建设之路——基于中西部6省12县〈乡村教师支持计划〉实施情况的调查》，《华中师范大学学报》（人文社会科学版）2018年第1期。

② 曾新，高臻一：《赋权与赋能：乡村振兴背景下农村小规模学校教师队伍建设之路——基于中西部6省12县〈乡村教师支持计划〉实施情况的调查》，《华中师范大学学报》（人文社会科学版）2018年第1期。

第六章

西北地区农村小规模学校精准实践探索

长期以来，中国农村小规模学校始终处于运行乏力的发展样态，外部资源的补给与国家政策倾斜是维持农村小规模学校发展的支柱与支撑，但其总体评价效果需要政策执行与实践的印证。陕、甘、宁三省（区）农村小规模学校的实践表明，国家层面以及诸多外部支援仅仅能够维持农村小规模学校的基本生存，却不能从根本上解决学校的发展问题，未来农村小规模学校必须走内生式发展道路。学校内生式发展是指学校主动自发地立足于学校自身实际，立足于师生身心发展现状，统筹利用校内外优质教育资源，最终促进学校的全面发展。[①]与外援式发展相比，小规模学校内生式发展体现出主动性、特色化、创新性的特点，是精准式自我发展的实践探索，小规模学校必须由依赖政府的被动发展转向依靠自我的主动发展，坚决走内生式发展道路，才有高质量发展。

西北地区农村小规模学校要内涵发展、绿色发展，需要明确的是政府主导的外援式发展对学校的短期发展确实能够起到较大帮扶作用，但如若权力让渡不足，主导过度，政府与小规模学校的管理边界划分不清，则会从某种程度上削弱学校的办学自主权。"政府大包大揽式的过度干预不利于学校的稳定发展，学校盲目依赖政府引导也不利于学校的

[①] 周靖毅、王牧华：《学校内涵发展的嬗变与路径选择》，《当代教育科学》2015年第6期。

健康发展。只有学校的内部力量才更了解学校的发展问题与症结、障碍与需求，也有着更强烈的发展愿望。"[1] 三省（区）农村小规模学校的实践探索表明，这些学校是在充分了解学校办学优势与劣势的情况下，自主自发地寻求适合学校自身情况的内生式发展道路，创造性地探索具有自身特色的发展路径，真正地实现了教育个性化、办学特色化，将特色创建作为提升学校办学品位、树立学校形象的重要抓手，体现出了西北地区农村小规模学校自我发展的实践智慧与责任担当。

第一节 三省（区）农村小规模学校精准实践模式

习近平总书记在东西部扶贫协作座谈会上指出："贫穷并不可怕，怕的是智力不足、头脑空空，怕的是知识匮乏、精神委顿。脱贫致富不仅要注意'富口袋'，更要注意'富脑袋'，扶贫既要扶智，也要扶志。"[2] "事物发展的根本原因，不是在事物的外部而是在事物的内部，在于事物内部的矛盾性，任何事物内部都有这种矛盾性，因此引起了事物的运动和发展。"[3] 农村小规模学校要实现从弱到强，获得吸引力和成就感，亟须激活其内在发展的动力，增强自我发展能力，推动自身高质量发展。三省（区）研究发现，西北地区小规模学校高质量内涵发展在于创新学校发展模式及提升路径。这必然要求西北地区小规模学校就学校教学模式更新、学校文化建设、课程开发、教师专业能力提升等方面进行深刻变革和转型，进而稳定生源，增强小规模学校的教育吸引力，打造小规模学校的独特优势，创建"小而美""小而强"的学校。

---

[1] 安晓敏、邬志辉：《农村小规模学校联盟发展模式探究》，《中国教育学刊》2017年第9期。

[2] 中共中央党史和文献研究院：《十八大以来重要文献选编（下）》，中央文献出版社2018年版，第50页。

[3] 毛泽东：《毛泽东选集》（第1卷），人民出版社1991年版，第30页。

一　农村小规模学校创新"复式教学"模式

复式教学，一所学校同时有几个复式或者复式和单式混合编班的方式，这两种情况现在习惯上统称复式教学。① 针对一些边远山区小规模学校的发展困难，甘肃省教育行政部门、高校、小规模学校联合探索复式教学改革，以创新的复式教学模式改善山区小规模学校的教育质量。

（一）复式教学：甘肃华亭草窝小学的教学探索

草窝小学，位于甘肃省华亭市南部神峪回族乡草窝村下庄社，是一个教学点。曾经的草窝小学也是一所完全小学，始建于1952年。随着时代的发展，它逐渐萎缩并成为一所教师少、班额小的"麻雀学校"。目前，草窝小学有在职教师6名，一至五年级学生38人（其中一年级7人、二年级7人、三年级10人、四年级2人、五年级7人），共设立了3个教学班，包括2个复式教学班（一、二年级复式，三、四年级复式）和一个单式教学班，另有"校中园"学前保教幼儿17名。在省教育行政部门、高校、小规模学校联合探索复式教学改革中，以期改善农村小规模学校教育质量。草窝小学的创新复式教学模式成为其中的典范，实施改革后其教学质量名列全县村级小学教学点前茅，颠覆了人们对"复式教学就是落后低效的教学方式"的陈旧看法。

1. 起步：传统复式教学的困境

复式教学历史久远，即将两个或两个以上年级（或年龄）的学生编成一班，由一位教师用不同的教材，在同一节课里对不同年级或年龄的学生进行教学的组织形式。"解放战争期间，各地党组织和政府着手进行教育正规化工作。1949年3月，《太行教育》一卷三期发表的《复式教学几点经验和实例》介绍，晋察冀农村小学90%以上采用复式教

---

① 刘冬梅：《中国近代复式教学研究》，硕士学位论文，陕西师范大学，2008年。

学"①。"1956年统计,全国复式班级占全国小学班级总数的3.9%"②。"经过调整学校布局,到90年代中期,复式教学班仍占总教学班的10%以上"③。因此,复式教学在边远山区普及初等教育的过程中发挥了重要作用,但长期以来一直在师资力量差、教学条件差的情况下勉强维持教学开展的不得已之举,甚至成为落后教学方式的代名词。

长期以来,草窝小学由于班额小、教师少,为了落实国家课程标准、开齐课程,主要以传统的复式教学作为主要教学形式:在编班方式上采用"隔年编班",如将一、三年级编为一个班,将二、四年级编为另一个班。课程安排采用"异科搭配",将学生的座位"背向安排",教师给一个年级的学生上完课后,再到教室的另一面给另一个年级的学生上课。学生则采取部分上课、部分自学的学习方式,即"动静搭配"模式。虽然"动静搭配"模式解决了山区教学点师资少的难题,但对教师教学挑战性极大:一方面,教师在面向一个年级进行直接教学时,难以对背向年级的学生进行有效调控,甚至两个年级之间的教学活动还会互相干扰;另一方面,对学生来说,因为各个年级直接教学的时间有限,往往出现"优生吃不饱、学困生吃不透"现象,甚至学生学习几乎是个人行为。面对传统复式教学模式,小规模学校教师教得吃力、学生学得吃力,浪费了不少可能存在的学习机会和教育资源,进而影响了教学质量的提升。

2. 转身:参与甘肃省复式教学改革

面对农村小规模学校教学难点之急,兰州大学于2013年开始实施推广复式教学"同动同静"新模式。所谓"同动同静",即两个或两个以上年级的学生在教师的合理调控之下同时进行直接教学和自动作业

---

① 李光伯:《中国复式教学史》,南京师范大学出版社2013年版,第180页。
② 李光伯:《中国复式教学史》,南京师范大学出版社2013年版,第180页。
③ 马培芳、马钧、董小梅:《关注教育弱势群体——复式教学创新模式实验研究报告》,《甘肃教育》2006年第10期。

(间接教学)。①"同动"是指在某个教学情境下，针对某些具体内容，教师和各个年级共同参与、共同思考、共同交流的教学过程。"同静"是指不同年级针对各自不同的学习内容，分别同时独立探究的过程，这个过程中，教师根据学生的学习需要给予指导和支持，保证各个年级顺利完成任务，达到学习目标。②

"同动同静"模式是相对于传统复式教学"一动一静"模式而言的，这种新模式让不同年级的学生融入同一课堂活动，在教学过程中起到"以大带小""以小促大"的作用。新模式大大减少了不同年级学生间的相互干扰，增加了不同年级学生间的互动，使有限的教学资源得到了更大限度的利用。

（1）在培训中转变教师观

2013年，兰州大学复式教学改革团队主持开展"国培计划"（2013）中西部农村骨干教师培训项目——农村小规模学校教师培训，草窝小学获得了三个学习名额。这次培训成为草窝小学"华丽转身"的转折点。2013年12月，华亭县推进农村小规模学校复式教学改革现场会在草窝小学所属的神峪学区举行。③ 会上，县教育局依据华亭农村基础教育的现状，决定在神峪学区率先进行"同动同静"复式教学模式的试点工作，并逐步推广到各个学区。此后，神峪学区各个村级小学拉开了"同动同静"复式教学改革实践的大幕。草窝小学以此为抓手，使每一位教师成为教学改革的实践者。

第一，在专家团队的支持下学习。兰州大学复式教学改革专家团队为草窝小学提供了长期的合作指导，这种共同研讨、陪伴式的教师培训不仅逐渐提高了教师们对新复式教学模式的认识，也坚定了教师们对进行复式教学改革的信心。

第二，现场指导与教学。专家团队数次在华亭和草窝小学开展教学

---

① 孙冬梅：《复式教学新论》，兰州大学出版社2016年版，第23页。
② 孙冬梅：《复式教学新论》，兰州大学出版社2016年版，第23页。
③ 华亭县于2018年升格为华亭市。

指导和交流活动。2013 年，在华亭举办复式教学观摩交流现场会；2014 年，华亭首届复式教学讲赛研讨活动在草窝小学举行。赛后，专家团队就现场课例进行深入研讨；2016 年，华亭小规模学校复式教学改革现场会在草窝小学举办，教师们听取和学习了专家团队开展的《复式教育是一种终身学习》《小规模学校课堂教学改革与创新》等专题讲座。

第三，远程学习。兰州大学专家团队在"国培"项目后建立了一个远程学习平台，提供复式教学的示范课、课件等资源，要求参与学习的教师定期提交学习心得、教学实践成果和反馈意见。另外，协助各地区的教师分别建立复式教学 QQ 交流群，教师们可在 QQ 群中与同行相互交流彼此的经验和困惑，有助于形成学习共同体。教学改革刚开始时，教师们普遍感到心理上不适应、教学设计上有困难，借助远程学习平台和 QQ 交流群，能够随时和复式教学专家及同行探讨交流，及时获得教学和情感上的支持。

第四，在校内开展互帮互助活动。除了从外界获得支持，草窝小学注重在学校内部以互助、研讨等制度化形式来巩固教学改革的成效，推动教师将所学真正落实在每一堂课上，落实在每一位学生身上。一是开展"一帮一带活动"，即一名外出参训教师"一对一"帮助一名在校复式班教师，从理念辨析、备课、上课的每一个流程进行全方位的指导。二是定期开展复式教学研讨交流活动，包括推行"三课"、"三抓"和"三落实"。所谓"三课"：接受过"国培"、经验较为丰富的教师上示范课，"被帮带"的教师上汇报课，教学水平较低的教师上公开课。"三抓"：抓备课，看教学内容安排是否合理，"动、静"环节安排是否科学；抓说课，看课标是否明确，措施是否有效，课堂教学存在的问题是否被逐步消除；抓评课，看评得准不准，建议好不好。"三落实"：考察"动"环节师生合作交流是否落实，重、难点突破是否解决，教学目标是否落实；考察"静"环节学生自主学习的方式是否多样，自主学习内容是否科学合理，是否解决低年级尖子生吃不饱、高年级学生吃不透的问题。三是积极参与赛课。参与赛课、打磨经典课、接受专家点评，是促进教师快速成长的方式，赛课的目的在于"以赛促教、以赛促研、以赛促改"。草窝小学每年积极参加复式教学赛课，精心准备，努力创优。同时，通过观摩其他同行的展示课，学习新教法和做法。自从开展复式教学改革以来，草窝小学坚持每学期开展复式教学校本培训2次、专题研讨2—4次、专题板报2期、复式教学赛讲课15节。学校包揽了从学区到县上再到市上的多个奖项，多年来累计撰写有质量的复式教学论文10多篇。

(2) 新复式教学模式在草窝小学的实践

有了师资和专业技能的支撑，草窝小学仔细琢磨复式教学新模式的内涵和操作要领，从一开始的"手忙脚乱"到后期"有条不紊"，从"模仿"到"独创"，教师们对"同动同静"复式教学的理念及操作技巧有了越来越深刻的认识。

第一，编班排课变模式，座位摆放促交流。与传统复式教学"动静搭配"的编班模式不同，草窝小学按"同动同静"模式要求将相邻的两个年级编为一班，即一、二年级为一个班，三、四年级为一个班，实施同科目搭配和同向式座位安排开展教学。由于同一班级的两个年级实施同科目搭配，能最大限度地降低两个年级之间学习内容的差异，使得教师能够打破年级的界限，让两个年级学生在教学过程中同时"动"或同时"静"。这样做不仅可以增加每个年级的直接教学时间，保证每个年级的学生有充足的时间理解和掌握新知识和新技能，为每个学生参与学习提供更多的机会；同时，可以让教师根据教学需要，灵活摆放学生的座位，如马蹄式、饭桌式等，为不同年级的儿童创造更多相互交流的机会，也便于"以大帮小""以小促大"。这与传统的"动静搭配"完全不同，它不是尽力将一个班级中的不同年级学生分隔开来，而是充分利用这种现实条件，重新组织学习内容，重新安排课堂座次，更加充分地利用教学时间。

第二，备课细心析异同，教学联盟共努力。复式教学与单式教学的最大区别是，教师要在一节课的时间内上两个或更多年级的课，因此在备课上需要比单式教学花费更多的心思。在"同动同静"模式下，教师仅对教材内容进行一般研究和理解还远远不够，还需对同一教学班涵盖的两个年级的教材进行异同分析，并且将之合理地安排于教学的各个环节中。草窝小学对两个年级在教学内容、教学目标、教学重点、"动""静"内容安排、教学用具运用的异同方面进行了具体分析，逐渐掌握了新模式的操作要领。最初，为了使学校每位教师学会并掌握"同动同静"复式教学模式，学校利用校本教研的时间，由本校复式教学"能手"兰雪艳老师为大家开设讲座，进行"同动同静"复式教学模式解读以及"同动同静"复式教学理论培训。初步培训理论后，先由骨干教师上示范课，让新教师学习、体会、感受"同动同静"复式教学模式；再由新教师上汇报课，让大家对新教师的课堂进行问诊把脉。后来，由于部分教师课堂问题多、效率不高，同时教师反映关于"同动同静"复式教学的资料少之又少，而且缺乏参考书、教案等借鉴参考。由于学校教师人数太少，集体备课又无法实现。于是，学校于2018年6月发起了"同动同静"复式教学联盟。在复式教学联盟中，联盟成员校利用网络手段，共享"同动同静"复式教学的优秀教案、课件案例和视频课，尝试通过网上集体备课减少教师工作，提高教案质量。例如三年级第一课安排三个学校的三名教师，利用QQ群，微信等进行集体备课，备好之后将教案传至QQ群共享，八所联盟成员校的三年级教师可以参考或者择优选用。此外，联盟定期同出题、共检测，出成绩后共同进行质量分析研讨。

第三，教学过程同"动""静"，"讲堂"变身为"学堂"。"同动同静"新模式的关键在于教学过程的重要变化。它要求教师根据教学目标和教学内容，或按照同年级组合小组，或按照跨年级混合分组，以小组形式组织教学和开展年级互动。这样组合的优势体现在：既给低年级学优生搭建了发挥学习潜能的平台，又给高年级学困生提供了二次学习巩固的机会。

"同动同静"教学组织的基本原则是:"动"时,教师兼顾高、低年级,启发得当,学生之间"大帮小""小促大";"静"时,各年级在小组内自主学习,合作交流,教师进入小组指导。两个相邻年级的学生在教师的合理调控下,同时进行直接教学和间接教学。以一、二年级的语文复式教学为例:在第一环节"同静"时,教师出示一、二年级各自的自学任务,学生自学探知,教师检查指导;在第二环节"同动"时,一年级学生展示、交流自学结果,二年级学生参与、倾听、帮助、评价,教师根据一年级学生反馈,讲授一年级的新知,突破难点,突出重点;之后二年级学生展示、交流自学结果,一年级学生参与倾听、表达,教师根据二年级学生反馈,讲授二年级的新知,突破难点,突出重点。

这样避免某个年级学生静坐而耗时的现象,同时也让二年级学生温习了一年级的知识,一年级学生预先领略了二年级的知识。在第三环节"同静"时,教师安排两个年级学生各自完成自己的巩固练习,教师进入小组进行个别指导。具体教学结构见图6-1。[①]

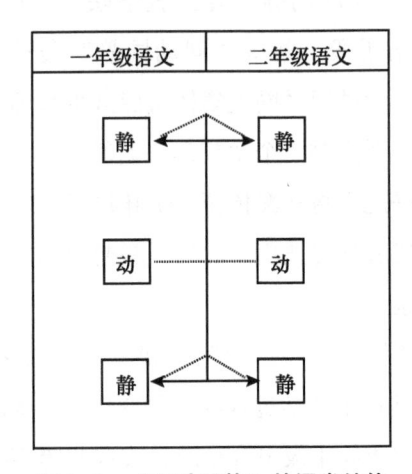

图6-1 "同动同静"的课堂结构

[①] 孙冬梅:《复式教学新论》(第二版),兰州大学出版社2016年版,第24页。

从上述案例中可以看到,"动"的过程包含了教师面向全体学生进行新知识、新技能的讲解,并提供反馈和指导。"静"的过程,包含了学生的课堂作业和以小组为中心的自主学习、合作交流。无论是"动"还是"静",高、低年级的学生都会以不同方式主动参与学习,而教师就要根据学生的年龄特征和认知规律,充分利用时机,为学生创设学习情境,激发他们的求知欲望,对其进行学法指导和习惯培养。新模式调动了不同类型学生的学习积极性,培养了他们的判断与评价能力,让他们体会到共同学习的快乐。"同动同静"模式还要求教师利用身边唾手可得的纸盒、木棍、玉米粒、碎布等废旧材料制作简易朴素的教学用具,如大书、模型、卡片、计数器等。大书是一种承载了教学信息的厚纸板,容量大、长久保存、使用方便、易于接受,是"同动同静"新模式中有特色的教学手段。大书内容根据教学要求的不同而不同,它既可以单独表现一个年级的教学内容,也可以表现已经经过整合的、各复式年级共同学习的教学内容,因而它可以是一个有效包含了各年级学习内容的巧妙设计的情境。教师可以运用大书组织全体学生共同学习,学生也可以利用大书分享自己的所学所获。

3. 绽放:其他教育活动的综合变化

自推行复式教学"同动同静"新模式以来,草窝小学以实际行动彻底颠覆了"复式教学就是落后低效的教学方式"的陈旧看法,在课堂教学实现华丽转身的同时,学校教师教的方式与学生学的方式也发生了自内而外的变化,进一步引发了学校教学管理的系列内部改革。

(1) 教学评价方式改革

随着复式教学新模式强调学生自主发展这一理念的渗透,学校的监测与评估体系也悄然发生了变化。长期以来,学校对学生的评价只看重期末考试成绩;教学改革之后,学生评价从终结性评价逐渐转为过程性评价,既包括教师对学生日常表现的评价,又包括学生之间的评价。以校园阅读活动为例,学生每读一篇文章、每记一篇读书笔记、每写一篇习作、每画一幅古诗配图、每参加一次读书分享活动,在"检察员"

检测后，都可以在"阅读存折"上存入"阅读金币"。每月学校举行阅读成果展的时候，学生们一个个喜笑颜开地拿着"阅读存折"到班主任处兑换自己的"梦想礼品"：有些是学生的手工作品，有些是学习用品和图书等，有些是个人"小心愿"。学生互评，主要是利用复式课堂教学，不同年级学生之间相互做出的评价。尽管有时低年级学生对高年级学生的学习内容不完全理解，但他们可以评价高年级学生"谁更加投入""谁朗读得更流利""谁更有感情"，而高年级学生对低年级学生不但可以评价其学习掌握程度，还能给予指导和帮助。新的学生评价方式有效地监督和评价了学生的自主学习活动，起到了很好的养成教育作用。

（2）阅读与课外活动改革

草窝小学教学改革的涟漪很快扩散到校园阅读、课外活动。以校园阅读活动为例，学校结合学生年龄段和认知特点，将一、二年级学生分为一组，三、四、五年级分为一组，在小组内开展"复式"阅读指导讲座。同时，开展与阅读相关的创意性活动，如"阅读存折""书签制作""古诗配图""低年级写字高年级读书"等富有校本特色的活动。来草窝小学参观的人们常常惊艳于学生们自制的书签等作品，称赞这里的师生是"教育的有心人"。草窝小学将教室划分为学习区和活动区两大块。学习区用于上课、阅读、微作业；活动区用于课间开展益智棋类等体育游戏活动。室外大课间坚持开展抖空竹、跳绳、跳皮筋、打沙包、踢毽子等乡土体育活动，变校园为乐园。校园健康排舞在神峪学区风靡已久，但最早刮起这股风的还是草窝小学。这套健康排舞分室内和室外两种，特点是节奏感强、融入舞蹈律动、富有活力、强度适中、不受场地限制。在大课间，伴随着铿锵乐曲，学生们集体到室外跳健康排舞，每到雨天和小课间，学生就在室内活动区活动。这些促进儿童身心健康发展的举动已成为一道独特的校园风景。

（3）学校管理方式改变

草窝小学"麻雀虽小，但五脏俱全"，学校的日常管理工作并不轻松:"三级课程"必须开齐开足,常规工作按部就班运行,上级下达的临时性工作必须落实,还有和家长、社区的沟通及校园文化建设等。这些仅仅依靠学校的六位教师,真是让他们感到力不从心。

学校从复式教学运用"小助手"的组织方式中受到启发,着力培养教学点运作治理的"小助手",培养学生自我管理和自我服务的意识与能力[①];课间广播、整队、卫生打扫评比、上下学路队管理、营养餐发放、图书管理等,学生在老师引导下分工负责,俨然成了"小老师""小管理者"。学校郭鹏校长感慨道:"这样,我就不怕跟在同事后面催促,让同事们有意见了。'小助手'效果还要优于老师亲自动手过问呢!"

(4) 长在村庄里的学校

草窝小学是和村庄长在一起的。平日,学校里的劳动是家长们一同帮忙完成的。学校还会经常组织一些亲子关系的家长培训,有些留守儿童的爷爷奶奶非常信任和依赖学校,每次培训都积极参加。村委会也为学校的发展提供了力所能及的支持。每年,联系相关帮扶单位和学校对接,举办适合学校的捐赠活动,帮助学校硬化操场,解决实际物质问题。学校师生们也尽其所能,主动帮助维修村里的体育设施设备,打扫村里的卫生,帮助村庄管理农家书屋。这些活动使得草窝小学与学生家庭、村庄的关系日益密切,回归到学校教育和社区发展互相促进的本质。

4. 愿景:新希望与新活力

复式教学改革为原本逐渐乏力的草窝小学注入了新的活力。草窝小学的教师们在这项改革中付出了极大的努力,迸发出极大的热情。记得改革最初时,教师们在办公室里根据第二天要上的复式课分工协作:设计方案、准备教具、试教、审定、修改。就这样,教师们逐渐掌握了

---

① 复式课堂时间紧、任务重、头绪多,教师往往会感到顾此失彼。故不少复式教师通过培养和使用有一定能力的学生作为复式班的"小助手"协助教师做好教学工作。学校从这一点受到启发,着力培养教学点运作治理的"小助手"。

"同动同静"的操作要领。学校老教师安生宏颇有感触地说:"那段时间,我们的校本培训或者说校本教研活动搞得最扎实,最有成效。我感觉,自那以后,我们老师的教学都变得严谨、细心、上进多了。"

现在,走进草窝小学教师的办公室,黑板上是"同动同静"新模式的板报,办公桌上是兰州大学复式教学项目组编写的培训用书。青年教师自己打印和存档电子教案,老年教师工工整整地手抄教案,学生的作业也改为新模式的导学作业。"同动同静"复式教学改革的初见成效,使草窝小学声名鹊起,得到了教育局和社会各界的关注和推动。这是草窝小学当前不懈努力的外部动力之一。但一旦外力撤去后,草窝小学"同动同静"复式教学理念及应用还能不能坚持和保持辉煌,是全体教师应该深思的问题。研究呼吁对草窝小学此类小规模学校予以更多资源配置、更多师资培训和补充,从而源源不断地为其改革长久蓄力。

二 农村小规模学校"教学改革创新"模式

特色化发展是农村小规模学校内生式发展的必由之路。甘肃地区小规模学校,主动结合各自实际情况,创造性地探索有自身特色的发展道路,实现教育个性化、办学特色化,教育精准帮扶小规模学校发展的最终指向也是基于此。据甘肃省教育厅统计,截至2016年年底,全省10人以下的学校有887所,占全省义务教育学校总数的6.18%;10人以下的学校有2766所,占全省义务教育学校总数的2.17%;有284所学校仅剩1名学生,甚至有792所学校已空无一人,农村小规模学校数量之大,面临困难之多,都亟待关注。"乡村小规模学校仍然是农村义务教育的主要力量,研究100人以下乡村小规模学校的小班教学、多科教学是发展农村教育的当务之急。"[①]

农村小规模学校应适时变革,总结经验,用现代的、个性化的教学形式,不断提高教学质量。在教学方法上,不仅可采用讲授、对话等传

---

① 陈鹏:《城镇化发展中的教育问题不可忽视》,《光明日报》2016年12月27日第9版。

统的教学方法，也可采用自主、合作、探究等方法，还应提倡用项目式、问题式、参与式、互动式、分布式等多种方法，引导学生通过深度学习、混合学习、翻转课堂、在线同步教学等新的学习方式，提高课堂教学质量，增强人们对农村小规模学校的信心。①

(一)崇信县野雀小学"小班化"教学改革

崇信，位于甘肃省平凉地区东部，东靠泾川、灵台两县，西与华亭县接壤，北连平凉市，南与陕西省陇县毗邻。崇信地形属黄土高原丘陵沟壑区，地势西南高，东北低，气候属暖温、半干旱大陆性气候区，冬季寒冷干燥，夏季温热、多雨。天然植被稀疏，水土流失剧烈，该地区经济以农业为主。崇信县共有农村小学53所，324个教学班，教职工372人，学生总数3931人，平均班额12人左右。在崇信，共计有46所学校学生人数在百人以下，占农村学校总数86.8%，小规模学校已成为崇信县教育工作的重要组成部分。2017年，全县农村小学共有306个教学班（其中10人以下141个班，11—15人74个班，15—20人46个班），"小班化"的学校占到全县小学的85%以上。2009年开始，崇信县围绕农村小学"班小、人均空间大，人少、人均资源多"的特征，进行"小班化"教学的研究探索，并在新窑镇柏家沟、祁家川，锦屏镇的薛家湾，柏树乡的秦家庙等小学进行试点。由于当地农村小规模学校各班人数少，教室显得较空旷。因此，各学校不再设置单独的器材室、仪器室，而是将这些几乎每天都用得到的仪器设备、图书和玩具搬进教室，让每个教室成为多功能室。这样的改变效果出乎意料地好。最明显的变化是孩子们变得有活力了，学校变得生动了，老师们也慢慢地积极起来。②

为解决农村学校因生源锐减产生的自然小校、小班给办学带来的困难与窘境，为提升小规模学校活力，野雀小学开始进行"小班化"教

---

① 段兆兵：《农村小规模学校全面振兴：攻坚难点与路径选择》，《教育科学研究》2021年第9期。

② 贺迎春、熊旭：《"小班化"改革让平凉农村"麻雀"学校逆袭》(http://www.mnw.cn/edu/xiaoyuan/1544898.html)。

学改革。野雀小学成立于1936年,地处黄土高原丘陵沟壑区,以前以土坯教室为主,办公教学条件都比较差。自国家"薄改"项目实施以来,该校教学环境得到明显改善。2011年学校盖起了教学楼,配备了实验仪器、体育器材、图书等,学生也可以通过网络了解外面的世界。① 野雀小学"小班化"教学的特色是教室被分成功能齐全的彩色多功能室。在野雀小学三年级教室,课桌呈扇形排列,将老师半包围在中央,十四个孩子上英语课时能够边看电子白板,边跟着老师一起大声朗读。教室后半部分,左侧靠墙的书桌上摆放着各学科需要用到的教学仪器,中间摆放着彩色小桌椅供学生课间阅读,靠墙的图书角里放置着各类课外书,右侧是一些益智玩具,下课或放学后,孩子们可以自由选取。②

(二) 平凉地区小规模学校阅读教学改革

长期以来,受制于地理条件的局限性,平凉市农村学校布点多、规模小、分布散的现象比较突出。就崇信县而言,在56所农村学校中,85%的学校属于小规模学校。在一些学校,几十平方米的教室里坐着十来个学生,甚至七八个学生,教室里冷冷清清。学生不爱学,老师也提不起兴趣教,向城市流动趋势明显。硬件落后、师资缺乏让农村小学的人数越来越少,校园越来越萧条。近年来,平凉以农村小规模学校为重点,采取"以点带面,重点突破"的阅读推广方式,着力构建内涵丰富、特色鲜明的全市各级各类学校阅读文化,为培育学生核心素养奠定人文基础。平凉农村小规模学校的阅读推广活动主要从以下五个方面着手开展。

一是强化引领,着力推进校长读书引领工程。通过指定阅读书目,开展"校长阅读论坛",组织校长读书成果展评,使校长成为阅读推广活动的引领者和示范者。

---

① 贺迎春、熊旭:《"小班化"改革让平凉农村"麻雀"学校逆袭》(http://www.mnw.cn/edu/xiaoyuan/1544898.html)。
② 贺迎春、熊旭:《"小班化"改革让平凉农村"麻雀"学校逆袭》(http://www.mnw.cn/edu/xiaoyuan/1544898.html)。

第六章　西北地区农村小规模学校精准实践探索

二是典型示范，着力做好种子教师队伍建设。通过在全市范围内进行课堂教学观摩、探讨和学习"酷思熊"儿童哲学阅读、日有所诵、整本阅读、群文阅读、绘本阅读等阅读特色课程，结合村小实际，实现阅读推广"校本化"。

三是引入公益组织，助力阅读推广。近年来，心和公益基金会在平凉建立第一批蓝天爱心图书室 32 个，担当者行动建立"班班有个图书角"项目 650 个，海外教育基金会建立图书室 35 个，蓝天助学建立爱心图书室 100 个，深圳小书有爱公益组织先后向崆峒区 55 所农村小规模学校捐赠儿童读物近 30000 册。在捐建图书的同时，先后开展了 10 余次阅读推广骨干教师培训活动，近 3000 人次接受了不同规格、不同形式的阅读教学公益培训。

四是以点带面，着力推进村小阅读工程。2017 年在全市遴选 100 所（"酷思熊"儿童哲学阅读试点学校）农村小规模学校，作为全市第二批农村小规模学校阅读推广试点学校，借助公益组织的力量，把学校图书室、班级图书角、楼廊图书文化阵地建设和系列阅读推广活动有机结合起来，以种子校长和骨干教师为引领，着力开展系统化阅读活动实验工作，使阅读推广与乡村学校课程改革结合起来，形成推广阅读的整体力量。

五是活动展示，着力办好阅读推广系列活动。村小特色阅读观摩研讨、课本剧展演、"阅读改变平凉教育"年度评选、平凉校长与作者对谈、校长读书成果展评、"大夏书系 2017 年平凉阅读节"等活动与华亭县"四叶草自由自主阅读"联盟、"三色堇"村小联盟等这些草根式村小联盟开展的阅读系列活动，拓宽了教师阅读视野，提升了教师阅读品质，平凉农村小规模学校内涵式发展，提升村小孩子的核心素养，为使他们将来能够有自信、有能力、有尊严地融入主流社会打下了比较坚实的阅读基础。①

---

① 曹宁子：《"美丽乡村"建设与农村小规模学校内涵发展的"平凉实践"》，《文化创新比较研究》2018 年第 10 期。

三 "互联网+"助力农村小规模学校发展模式

"互联网+教育"是利用教育信息化手段补短板、促均衡、提质量,实现优质教育资源互通共享的有效方式,也是助力教育扶贫和乡村教育振兴的强有力举措。① 宁夏回族自治区以建设全国"互联网+教育"示范区为契机,遵循教育规律和学生身心发展规律,坚持育人为本、关注师生发展,坚持建用并重、提升信息素养,坚持问题导向、促进公平发展,实现从学前教育到高等教育、从教学科研到评价管理、从学校师生到家长、社会的全覆盖,取得了积极成效。

(一)利用信息技术促进小规模学校精准"扶志"

2016年4月在网络安全和信息化工作座谈会上,习近平总书记指出,要发挥互联网在脱贫攻坚工程中的作用,让山沟里的孩子也能接受优质教育。目前,中国扶贫开发工作已经大规模采用信息化这个重要的方式。② 利用"互联网+教育",助力义务教育脱贫。对于教育的扶贫也是对思想理念的扶贫,根据人力资本理论,教育可以提高人口的质量和素质,要想以教育实现脱贫,就要"改输血为造血"。农村教育教学面临着各种资源不足等问题,推进"互联网+教育"。这是进一步促进教育均衡发展和教育公平的重要手段,将城市的优质教育资源带向农村,也是促进教育现代化的关键举措。"互联网+教育"是一种借助互联网平台开展的教育,让学生和教师都受益的精准实践,利用"互联网+教育",让老师与学生通过网络全面提升专业能力,更好地用好优质的教育资源,从而更加有效地提升教育水平。

宁夏是全国"互联网+教育"示范区,做好这项工作没有现成经

---

① 中华人民共和国教育部:《打破教育资源的跨时空传递瓶颈,实现优质教育资源在东西部之间的互通共享——从一块屏到一片天》(https://www.moe.gov.cn/jyb_xwfb/s5147/202011/t20201120_500888.html)。

② 胡依然:《信息技术促进农村小规模学校发展——以崇阳县联校网教为例》,硕士学位论文,华中师范大学,2019年。

验，也不能套用过去的工作方法，必须走创新之路。实践、总结，再实践、再总结，以常态化应用为抓手，在宁夏泾源县总结出了"建设、培训、应用、监管"四轮驱动工作模式，夯实硬件建设，注重设备之间相互兼容，实现了校与校在设备资源上的无缝对接，并与网络运营商、设备供应商建立协作机制，定期对软件、硬件进行维护、更新，确保设备运用的正常化和网络联通的顺畅化。同时，泾源县还建立了技术保障机制，借助"国培计划"及县级培训成立了县级信息技术应用学科指导组，培养本土化专家38人，对全县在线课堂硬件建设、软件维护、课堂融合等方面进行技术指导和信息技术与课堂教学深度融合专题培训，特别是对小规模学校和教学点教师群体开展"一对一"手把手培训，使他们能够熟练运用设备并进行教学。目前，已培养"互联网+教育"种子教师150人、卓越教师50人，全县85%的教师都能够熟练运用信息化设备开展高效教学。

理论来自实践，理论指导实践。泾源县围绕"经济欠发达地区区域间信息化协作促进教育教学模式变革"这一主题，从信息技术与课堂教学的深度融合、信息技术环境下如何激发学生学习兴趣等7个方面展开专题研究，泾河源镇的《"一拖二"在线网络互动课堂实践与应用研究》、泾源高级中学的《信息技术与各学科教学的有效整合研究》等7个子课题研究已经取得初步成果。西吉县农村教学点数量较多，教学点"一师一班"现象较为常见，部分课程开设水平较低。为更好地发挥互联网在教育精准扶贫、脱贫攻坚中的重要作用，今年西吉县在全区"互联网+教育"项目中申报了20组"一拖二"在线互动课堂，通过在县城学校教学班主讲，在乡镇小学、农村教学点搭建接收设备，全面实施农村学校（教学点）"智慧教学"项目，实现优秀教师教育教学资源共享，有效缓解了农村教学点专业师资短缺问题，提升了农村学校教育教学质量。[①] 2019年，西吉把网络学习空间作为"互联网+教育"应用的

---

① 宁夏教育厅：《"互联网+教育"成为破解西吉教育资源不均"密钥"》（https://www.cernet.edu.cn/xxh/focus/df/201912/t20191219_1699955.shtml）。

主要突破口和抓手,在全县开通教师空间 4911 个、班级空间 1604 个、学生空间 38323 个、家长空间 74022 个,形成校本资源 10252 件。乡镇以上学校在宁夏教育云开通了"智慧校园",学校管理的信息化水平能力得到明显提升,"校校用平台、班班用资源、人人用空间"的信息化教学新常态正在逐步形成。享一片智慧云,城乡教育零差距,如今,西吉县教育系统正在积极争取项目支持,打造信息化教育示范县。2019 年建成在线互动课堂教室 66 间,覆盖全县 15 个乡镇。通过"一拖二"或"一拖三"的方式与各接收课堂之间开展互动教学和教研。"互联网+"就像血管与神经网络,将无数孤立的教师和学生结网联通,实现了教育资源的"营养"均衡。

(二)宁夏泾源县的"一拖二"网络在线课堂

宁夏泾源县,全县共有小学 48 所,其中小规模学校 21 所、教学点 18 个,为了弥补优质师资不足的短板、扩大优质资源辐射范围、促进教育公平,泾源大力推动"互联网+教育"。

长期以来,泾源县部分偏远贫困农村学校教师由于受生活环境、发展机会等因素影响,出现"离乡"倾向,优秀乡村教师向城市单向流动,使得农村学校师资匮乏,教师队伍出现结构性短缺,部分学科课程无法开齐,优质教学资源无法辐射到农村学生,师资不均衡问题成为困扰泾源县教育事业发展的瓶颈。基于这种现状,泾源县以信息化手段在区域间实现优质资源共享为突破口,定期组织专家深入学校实地调研、收集资料,针对农村偏远小规模学校,尤其是教学点学校存在的实际问题召开专题研讨会。经过反复调研论证,最终确立"一拖二"在线课堂模式试点工作,分别在泾源县泾河源镇中心小学搭建具有远程互动功能的主课堂,在泾河源镇高峰、白吉两个教学点搭建远程互动辅课堂。通过中心校与教学点小区域间的信息化协作,破解教学点和小规模学校课程开设不齐的难题,实现了优质教育资源共享。在探索"一拖二"在线课堂试点模式的基础上,开展"强校帮弱校"在线互动教学研究,区域内教师整体教学水平明显提高,试点学校学生的学习兴趣和学业成绩显著提高。①

白面民族小学坐落于六盘山下，泾水河畔，距县城约 20 千米，学校历史悠久，始建于清光绪三十二年（1906 年），学校服务于泾河源镇街西、余家、马家、南庄、河北五个行政村，在校学生已达 610 名，现有教学班 14 个。学校占地面积 18324 平方米，生均占地面积 30.8 平方米，建筑面积为 7204 平方米，学校教学仪器达到教育局的一类配发标准，学校有图书 20008 册，生均 32 册。学校现有远程教育设备和微机室（50 台微机）一个。全面改善贫困地区的教育状况需要"软硬兼施"，补齐基本设施是第一步，提高教学质量，展现学校特色，提升学生素质，增强各方面的"软实力"是第二步。由于泾源县通过宽带网络为教学点开设的"一拖二"网络在线课堂，泾源县白面民族小学二年级学生可以与白吉教学点和高峰教学点的学生同步聆听同一堂课。一个教师同时上三个班的课，学生在课堂上互相走班，产生更多互动。这种信息化教学形式不仅突破了传统意义上的班级界限，而且打破了传统课堂中教师对知识的垄断。

（三）甘肃秦安等县的"网助"模式

研究显示，2015 年甘肃省全省义务教育阶段学校包括教学点共 1.3 万所（义务教育阶段学校 9543 所、教学点 4000 多个）。义务教育在校学生 271.17 万人，其中 100 人以下的中学和小学 864 所。从小学来看，校均规模 224 人，其中城镇小学有 1365 所，有 999 万名学生，占全省小学生总数的 55.3%，校均规模 730 人；有农村小学 6687 所，学生总数 80.33 万人，校均规模 120 人。如果将数字细分，目前，只有一个学生的学校有 219 所，只有一个教师的学校有 1190 所。100 人以下的小学包括教学点达 8300 所，比 2014 年增加了将近 400 所，增长的速度非常

---

① 黄珊珊：《奠基教育公平——宁夏"全面改薄"工作纪实》，《宁夏教育》2018 年第 12 期。

快。时任甘肃省教育厅厅长王嘉毅认为,小规模学校是农村教育的重要支撑,办好小规模学校是促进教育公平、推动义务教育均衡发展的关键举措。甘肃省农村小学的情况具有典型性,是中国广大农村小学现状的缩影,特别是中西部经济欠发达地区所共同面临的尴尬处境。面对这一事关教育公平、事关中国实现教育现代化的战略主题,甘肃省根据中国教育信息化发展提供的技术条件,充分利用本省教育信息化的研究成果,通过"走教"+"电教"、"阳光课堂"等方式,打响农村小学发展的攻坚战。

1. "走教"+"电教"模式

"走教"+"电教"模式,是甘肃省秦安县、泾川县等县在教育精准扶贫背景下采取的一种农村小学发展模式。在当地政府和教育主管部门推动下,农村学校通过"走教"+"电教"的教育精准扶贫模式,破解了今天农村小学"办学难"的问题。"走教"就是以中心学区(园区)为依托、选拔区内英语、美术、音乐、科学等小学科优秀教师,为其提供统一的住宿条件和交通工具,教师按区内统一的教学计划和课表。轮流给农村小规模小学和教学点上课,而村小和"教学点"教师专心教好语文、数学等主课;同时,利用"电教"手段构建数字化、智慧化的教学环境,实现优质教育资源的城乡共享,打通城乡教师、学生间的交流渠道,促进城乡基础教育均衡发展。农村学校利用政府统一配备的硬件设备和软件资源,构建城乡智慧课堂系统,通过"实时"和"非实时"的方式实施城乡互动教学,既可以有效促进城市优质教育资源与乡村学校、教学点的共享,也能够构建学校教育、家庭教育及社会教育三者有机融合的教育协同共享机制体制。[①]

2. 阳光课堂

"阳光课堂"是甘肃省定西市安定区李家堡学区探索的基于现代信

---

① 杨学良、谢斌、汪海燕:《"走教"+"电教":破解西部山区农村小学发展困境的有效途径》,《电化教育研究》2018年第7期。

息技术的一种课堂改革模式。① 李家堡学区位于甘肃省定西市安定区东南部，距离市区 18 千米，包括 8 所小学和 1 个学前班。2016 年 10 月，第二届中国农村小规模学校联盟年会在该区召开。据李家堡学区校长邵锦堂在会上介绍，他们实行"阳光课堂"的初衷是想让农村的孩子有学上、有课上，像城里、镇里的孩子一样，能够享受到优质的教育资源。在李家堡的阳光课堂，有国家课程中的音乐、美术，有地方课程中的安全教育、国防教育、心理健康教育、信息技术、综合实践活动等、有校本课程中的阅读等方方面面的课程。利用国家配齐的硬件和网络设备以及免费的平台 CCtalk，搭建"阳光课堂"并以"一校带多校"的形式让乡村教学点不再匮乏素质类课程资源。"阳光课堂"启动以来，已经开设了超过 340 节网络直播公益课程，覆盖宁远学区、杏园学区、团结学区等数十所乡村学校及教学点，彻底解决乡村学校/教学点难以持续开设素质类课程的教育难点，影响深远。

2017 年 5 月，安定区教体局发布的《李家堡宣言》指出："阳光课堂"是网师课堂，打通线上与线下，用网络联结心灵，用流量唤醒生命，以全新的双向实时高清互动直播系统，帮助教师端与学生端实现高清视讯互联，突破时空，节约成本；"阳光课堂"是双师课堂。线上专业老师和线下助学老师相互合作的"1+N 教学模式"，即一名专业老师在一间教室授课。另外 N 名助学老师在 N 间教室管理教学现场，全程陪伴，实时助学。"阳光课堂"有效解决了小规模学校专业老师不足的问题，是保障农村最弱势群体的子女接受公平教育的新的路口，是促进区域教育均衡发展的有力举措。②

四 农村小规模"学校—社区"共建模式

甘肃省民乐县地处祁连山北麓，河西走廊中段，张掖市东南部，地

---

① 中华人民共和国教育部：《甘肃：让教育阳光照进贫困孩子的童年》（http://www.moe.gov.cn/jyb_xwfb/s5147/201712/t20171214_321314.html）。
② 甘肃省教育厅：《李家堡的故事》（https://jyt.gansu.gov.cn/jyt/c120301/201801/b1e96a8046434636ab43b09dd595a267.shtml）。

势南高北低，地形分山地和倾斜高平原两大类，属温带大陆性荒漠草原气候，"麻雀"小学居多。近年来民乐县大力开展农村小学布局调整工作，将50人以下规模较小学校与邻近的50人以上规模较大学校适度合并，推进农村小学优质均衡发展。2017年以来，按照就近入学、方便家长的原则，合并小规模学校94所，分流学生近4000人、教师550人，实现了教育资源的有效整合。

民乐县具有丰富的中医药资源，打造甘肃省中医药种植大县，建立"西部药都"，将中医药种植当作全县精准扶贫促农增收的支柱产业。南丰镇寄宿制小学则利用这种优势，探索具有中医药文化特色的农村寄宿制学校文化，这不仅有利于中医科学文化和中医健康养生理念的普及，而且对发展和振兴中医文化具有不可或缺的作用。学校以中医药文化进校园的校本教材建设为突破口，以学校"神农本草园"为基地，以"中医药文化传承馆""祁连山动植物标本馆"为窗口，通过在学校内种药、识药、收药的动手实践活动，立足于校内，拓展校外乃至祁连山丰富的中草药资源，发挥乡村教育与大自然、农村亲近这一优势，建设具有中医药文化特色的校本课程体系与地方特色校园文化，从而使乡村孩子富有"农"味，充满"乡"气，为传承和创新乡土文化，进而创立和发展了具有乡村特色的育人体系、文化体系。

南丰镇寄宿制小学，首先将中医文化与课堂教学整合，使中医药文化渗透在各科教学中。中医药文化校本课程的开发可以消除传统教学过程只注重识记而动手实践和创新不足的弊端，满足学生在学习过程中动手实践的特点。在实际教学过程中，教师要重视学生学习的主体性，充分调动学生课堂学习的积极性，通过有意义的动手实践活动有效提高课堂教学效率；要贴近学生最近发展区，课程、教材、活动要符合低、中、高各年段学生的学习习惯和心理特点。因此，通过教师团队对中医药文化的学习，由各科教师寻找中医知识与当前所教课程的结合点和学生对中医文化的兴趣点，在语文、道德与法治、历史中的一些知识点深入浅出地融入中医药文化或编入校本课程中，如学校在 2018 年就引入了全国政协委员、北京中医药大学张其成教授主编的《中医药文化与健康》，丰富了学生中医文化学习的内容，提高了中医文化进入学校课堂教学的契合度。其次，学校积极构建具有农村学校特色的中医校园文化。中医文化进农村小学校园要根据学校所处地方文化与校情的不同，制订"接地气"的活动方案，创造性地开展活动。南丰镇寄宿制小学开展的"相约祁连山""走进张掖湿地"动植物资源考察研学旅行活动，活动设计为 5 个板块、10 课时，从"研学前"的背景学习到"研学中"的考察探究，再到"研学后"的展示汇报，使学生从校内神农本草园以及《中医药文化与健康》中的中草药在大自然中一一对应，并进行了科学考察探究。这种综合实践活动既增加了中医药文化的趣味性、实践性，又使学生收获满满，增进了学生"知家乡、爱家乡"的情感，增强了学生发展家乡中药材种植加工产业、建设家乡、保护家乡及祁连山生态环境的责任感与使命感，使学生始终保持对中医文化的浓厚兴趣。[①]

五 农村小规模学校"协同合作发展"模式

甘肃省平凉市泾川县红河乡地形狭长，山川交错，道路崎岖，交通不便，教育部门所辖的 7 所小学中有 2 所为四年制小学、5 所为不足 20 人的教学点，适龄入学儿童人数骤减，农村常住人口数量持续下降，当地农村小学规模持续萎缩。学生人数在 50 人以下学校的硬件设施、师资配备、管理水平比较薄弱，教师大多包班，每人至少兼任六七门课程，课堂教学效益低下，研究创新能力不足，音、体、美及信息技术课程开设困难，地方课程得不到落实，学生的各类实践活动缺乏保证，学生缺乏竞争意识，团队协作能力差，实践操作能力不足，全面实施素质教育、实现教育均衡发展困难重重。为破解这一困扰农村地区教育发展的难题，在市县两级教育主管部门的支持和指导下，甘肃省泾川县党原

[①] 李丰瑞：《农村小学中医药文化校本课程开发的实践探索》，《甘肃教育》2020 年第 16 期。

乡进行了一些有益的探索和尝试，经过认真总结，通过以下有效措施，可以在局部地区和教育教学的部分层面突破发展瓶颈，为教育均衡发展提供强劲的动力。

（1）"联校走教"发展模式启动。泾川县党原乡选取全乡6所四年制小学开展以"联校走教"为主要内容的农村小规模学校教育改革试点。这6所学校普遍规模偏小，教师大多包班，音乐、体育、美术课程没有师资，学校文体艺术活动基本缺失，学校缺乏生机。在全乡范围内选派8名音体美专业教师组成"走教团队"，开展"联校走教"。"联校走教"主要做法在于，每个班级每周由"走教"教师上课一节，本校教师随堂观摩学习，完成其余节次教学任务。每两周由"走教"教师主持开展一次业务培训，对原任课教师进行课程整合、教材研读、教学方法和专业技能等方面的指导培训，倡导"走教引领、帮教提高、逐步规范、共同发展"的"联校走教"理念，收到了较明显的效果。为了加强"走教"工作考核管理，党原乡制定了走教工作管理办法、"走教"质量考核细则、教师工作考核细则等制度，在绩效考核、专业技术考核、晋级晋升和评优选模等方面对"走教"教师予以照顾，提高专业教师的敬业、乐业意识。

（2）学校推行一体化管理，进一步增强管理效能。在短期内促进各校软实力有质的飞跃，提出了"组建发展联合体、实行一体化管理"的思路，把全乡小学划分成两个片区，依托各片区中心学校的优势，捆绑三个小规模学校组建联合体，实施"三联"管理，即以中心校为依托，实施"联管、联教、联动"一体化模式。"联管"主要是管理同步、示范引领、共同提高；"联教"即教师共用、定向帮扶、以强带弱；"联动"即活动同体、培训同题、快乐同享。采取引领与帮扶共举、教研与管理并重的策略，这些"麻雀"学校一改往日除了读书、写字还是读书、写字的单调、枯燥生活，校园重新焕发了生机和活力。

（3）培育校园文化，促进均衡发展。小规模学校自身的特质决定着这种乡村坚守更多的是苍白的呼喊，缺少深刻而厚重的内涵。在积极推进一体化管理的过程中，泾川县党原乡学校制定校训、校风、学风，设计校徽，在办学思路目标上指导学校走精细化发展的路子，刻意将校园文化气息的培育和发展作为重点，按新课标要求基本开齐、开足所有课程和课时，指导学生创作了绘画、手工作品、学唱歌曲、编排舞蹈，体育课上开展打篮球、乒乓球，踢毽子，滚铁环等活动，阳光体育得到落实，学生的兴趣爱好得到了一定发展。联合体内定期共同开展各类德育活动，举行校园文化艺术展示活动，充分展示校园文化建设成果。①

综上，农村小规模学校无论是基于学校"教学改革创新"模式，还是创新复式教学模式、"互联网+"助力模式、学校社区共建模式、协同合作发展模式，这些均凸显了西北地区农村小规模学校克服劣势，积极发掘优势资源，依靠自我发展理念，不断发展壮大的实践探索，意在真正成为小规模学校"小而优""小而强"的典型代表，更成为西北地区农村小规模学校发展的创新示范学校与改革先锋。三省（区）农村小规模学校特色化发展源于其自身活力创新的"内生式发展"。内生式发展强调"依靠自我的发展"理念，这种发展模式包括以本地区学校、教师作为开发主体、培养当地学校发展能力、保护生态环境、保护文化的多元性和独立性，最终建立能体现本地区发展意志的组织、扩大地方自治权利等。②内生式发展不仅是一种哲学理念，也是一种行动的原则。依循内生式发展视角农村小规模学校可持续发展的重要性与其效益已日益显现，陆续产生出丰富多样的小规模学校发展模式。

---

① 张涛：《创新思路求发展 因地制宜促均衡——农村小规模学校办学改革的实践探索》，《甘肃教育》2015年第10期。
② 张环宙、黄超超、周永广：《内生式发展模式研究综述》，《浙江大学学报》（人文社会科学版）2007年第2期。

第二节　三省（区）农村小规模学校精准实践的前瞻与镜鉴

雅斯贝尔斯说，"变革的尝试首先是对教育本质问题的追问"①。挑战从来都与机遇并存。2020年年底，中国脱贫攻坚取得全面胜利，"减贫任务的重心从绝对贫困问题转向了相对贫困问题。相对贫困的本质特点是发展性贫困，由此教育的可为空间则更进一层，教育公平在整个减贫治理体系的作用也会更加凸显。后扶贫时代，如何通过教育防止已脱贫人口返贫、如何实现教育扶贫2.0迈向3.0版本，以更好地适应新的社会结构变革成为摆在中国人民面前的紧迫任务"②。近20年来，中国农村小学发展遇到了前所未有的挑战。这些挑战既有世界各国现代化、城市化进程中伴生的共同现象和问题，也有中国长期存在的城乡差异发展战略决策方面的问题。与此同时，地方各级政府、农村学校等办学主体，在不断地创新农村学校可持续发展的路径，已经涌现农村小规模学校可持续发展的新理念、新模式、新创举，并且还在不断持续深化之中。

三省（区）农村小规模学校发展的核心在于坚定特色化发展办学理念。学校特色发展是学校增强竞争力、吸引力，提升学校教育品质的最有效手段。农村小规模学校因小班小校，更容易做出改变，也更容易取得成功。现阶段西北地区小规模学校发展着力两个路径：一是基于现实状况从根本上进行制度创新，消除导致小规模学校产生的制度背景；二是在不改变现有制度的背景下，通过局部改革与创新，实现农村小规

---

① ［德］卡尔·雅斯贝尔斯：《什么是教育》，邹进译，生活·读书·新知三联书店1991年版，第43页。

② 谭敏：《教育精准扶贫推进教育公平的中国经验与未来走向》，《教育与经济》2023年第3期。

第六章 西北地区农村小规模学校精准实践探索

模学校高质量发展的突破。① 显然，回到传统老路则严重脱离本地区农村教育发展现实，真正实现农村小规模学校高质量发展，必须要超越现实的竞争机制，适时追问"为什么要发展农村小规模学校"这一根本性问题。

一 三省（区）农村小规模学校精准实践探索的思考与前瞻

2022 年年底发布的《中国农村教育发展报告 2020—2022》在对中国乡村教育进行了三年线上与线下相结合的"体检"并系统收集 30 余万份数据的基础上，对"十四五"时期中国农村教育仍面临的主要问题和挑战做出了有效归纳总结。其中的调查结果表明，"十四五"时期中国"实现提升农村教育质量的目标仍面临挑战"。② 三省（区）小规模学校的精准实践思路、模式已对乡村教育的发展做出了富有前景的展望，不仅能哺育西北地区基层的、一线的乡村教育实践，而且适宜乡村教育理念与模式的创设、实践、修正，也是现阶段无法回避的重要深层问题。

三省（区）农村小规模学校的精准实践探索，从甘肃地区"教学创新"文化变革模式到创新复式教学"同静同动"模式，宁夏地区"互联网+"优势助力，泾源县"一拖二"借助外力发展模式等，这些均体现了当地农村小规模学校发展中自主创造、内生式发展的实践智慧与使命担当。内生发展理论是 20 世纪中期兴起的具有重要影响力的社会发展理论。所谓"内生发展是指一个国家或地区合理开发与利用本地资源、提升内部能力的发展"。③ 日本社会学者鹤见和子于 1969 年首先提出了内生式发展理论，他认为，现代化的演化过程可分为"外发式发

---

① 周兴国：《薄弱学校改进的困境与出路：制度分析理论的视角》，《教育发展研究》2010 年第 4 期。
② 参见李兴洲、赵陶然《以高质量发展推进乡村教育振兴》，《中国电化教育》2023 年第 11 期。
③ ［法］弗朗索瓦·佩鲁：《新发展观》，张宁等译，华夏出版社 1987 年版，第 2 页。

展"及"内发式发展",前者以政府的大投入、吸引吸收外部资金为主,以经济快速增长为目标;后者是一种土生土长的发展模式,注重保护生态环境和当地的文化,构建和谐的小区秩序,坚持区域的可持续发展。[①] "Endoge-nous"生物学的解释为内生的、内源的,主要是指从尚未出现的机体中出现或成长,生物机体内部组织的自我发展和自我修复的机能。因此,内生性动力即是因发展主体自身具有成长愿望而产生的内部发展动力,即由影响主体发展的内在各因素的集合所构成的促进主体发展的力量。[②] 从组织理论的资源依赖理论视角来看,组织内部改革是指组织可以通过组织成长,如通过内生性发展,加强组织内资源创造力,实现组织所需资源最大程度上的自身供给,从而降低对其他组织资源的依赖程度,提高组织发展的稳定性。[③] 内生式发展不仅是一种哲学理念,也是一种行动。随着内生发展理论研究逐步深入,内生式发展模式在针对农村和经济欠发达地区可持续发展的重要性日益显现,产生了大量研究成果。[④] 因此,农村小规模学校内生发展是指参与农村小规模学校发展的地方政府与教育行政部门、校长、教师与社区居民通过主动联合、调适利益冲突,在适应本地区自然生态、文化传统、社会结构变迁的基础上,参照外来知识、技术与制度,充分利用本地区自身的力量与资源,自觉寻求学校可持续发展目标与途径的发展模式。

(一)农村小规模学校自身是真正的改革主体

农村小规模学校作为改革的主体,需要根据现实情况不断提升自组织能力。任何外来经验都需要内化调整后方可应用,这意味着学校要根据自身特点寻找到自己最佳的发展模式,从而摆脱同质化发展的不良状

[①] 唐珂、刘祖云、何艺兵:《美丽乡村国际经验及其启示》,中国环境出版社2014年版,第214页。

[②] 徐洁:《学校发展内生性动力机制探析》,《当代教育科学》2014年第16期。

[③] 卢同庆、范先佐:《农村小规模学校自主发展策略研究——基于资源依赖理论和实践经验的视角》,《湖南师范大学教育科学学报》2016年第6期。

[④] 曾新、付卫东:《内生发展视域下农村小规模学校教师队伍建设》,《教育发展研究》2014年第6期。

况。① 农村基础教育发展需要在思想上破除城乡分割的壁垒，需要在资源配置上优先发展农村教育，缩小城乡差距，需要办好每一所学校，提高农村学校教育质量。尽管城市学校和农村学校的差距，是由于多方面的原因长期积累形成的。采取传统的办学模式，形成"千校一面"的"同质化"、均衡发展不是我们需要的均衡发展，也是难以实现的均衡发展。只有创新学校发展模式，让城市学校与农村学校分类发展、特色发展，才能使各类学校共同发展，实现百花齐放的"异质化"均衡发展。

三省（区）调研中，不同小规模学校发展实际遭遇的问题与困境皆有不同，要结合自身发展现实问题，进行自我改进，只有通过特色、个性发展，才能避免"削峰填谷"的均衡，从而达到"造峰扬谷"的均衡。小规模学校自身必然作为主动改革的主体，尽管改革会面临诸多矛盾与问题，创新举措与旧有习惯势力会形成抗争之势，但学校在组织变革中需要认清发展目标，可以通过课程研发、学校管理制度体系构建、教师培训等对学校中的人产生新的冲击与挑战。诸如，校本研修的各种活动设计，听课评课活动的开展，校级课题研究等。组织成员自我的能动性体现在组织运作的各个环节，同时又具有相互合作、交流与分享的特点，这都是小规模学校勇担改革主体，创新发展的实践探索与写照。

（二）农村小规模学校需因地制宜争取多元主体的帮扶与助力

农村小规模学校是农村社区的文化中心与信息集散地，基于其特殊的分布格局与较为偏远的地理位置，小规模学校与农村社区之间具有天然的紧密联系。因此，积极利用此种客观优势，争取社区力量支持无疑是一种智慧选择。三省（区）农村小规模学校大多距离城市较远，处于偏远山区，底子薄、基础差是其基本特点。随着城镇化进程加快，农村社区规模也在逐渐萎缩，农村学校布局调整背景下的小规模学校大量

---

① 徐洁：《学校发展内生性动力机制探析》，《当代教育科学》2014年第16期。

撤并，使得小规模学校与社区的联系日益减少，很难在社区中汲取相应的资源。对于农村小规模学校来说，一则要依靠国家及地方政府的财政支持，二则是要创新发展模式，争取农村社区等多元主体的资源支持。甘肃民乐县便是此类发展模式的典型代表，依据该地区丰富的中医药资源，精准帮扶本地区促农增收，利用本土资源创建具有中医药文化特色的学校文化。陕、甘、宁三省（区）地区广袤，很多地区自然资源丰富多样、农村地区生活生产方式独特且多元，小规模学校可以将科学、美术、生活与劳动课等的内容与当地自然环境等结合起来，邀请本地区有文化的社区居民和教师一起讲授相关课程，必将极大提升学校教育教学质量。

（三）农村小规模学校内涵提升需积极主动利用现代信息技术

对于农村小规模学校，"互联网+教育"是提升其办学效益的重要手段。随着"互联网+教育"信息平台的广泛运用，对于小规模学校需要提供高质量的远程教育系统，从提高教育资源利用效率的维度进一步改善农村小规模学校教育技术水平。针对三省（区）小规模学校看，首先，提供更稳定、更高质量的电信网络；其次，发展虚拟校园，为所有学生能及时获取网络资源进行学习提升，同时也让农村小规模学校的教育需求得到充分表达与满足，促使他们通过网络完成部分课程的学习与资源的共享，进一步提升教育教学的质量。宁夏地区的"互联网+"示范区有效地演绎了偏远地区农村小规模学校借助互联网促进其发展与创新的鲜活案例。

二 三省（区）农村小规模学校精准实践的镜鉴

"各地情况千差万别，不要形而上都照着一个模式去做，而要实事求是、因地制宜，探索多渠道、多元化的精准扶贫新路径。"[①] 陕、甘、

[①] 谭敏：《教育精准扶贫推进教育公平的中国经验与未来走向》，《教育与经济》2023年第3期。

第六章　西北地区农村小规模学校精准实践探索

宁三省（区）根据自身实际情况，探索出了适合本地区、贫困群体和贫困个体教育需求的脱贫路线，而这也正是新时期指导教育扶贫工作的基本思路。西北三省（区）农村小规模学校特色化发展正是基于其自身活力创新的内生式发展的实践探索，彰显了小规模学校真正的活力与自主提升。"乡村场域教育的一大优势就在于它从来不局限于固定的'教室'与'班额'，田野阡陌、鸡犬桑麻光景皆能成为活的课堂，教师可以面对几十人传道授业，亦能为三五学生倾囊解惑，因为乡村教育天然拥有扎根于泥土的、有别于钢筋水泥城市森林的活的灵魂，一切舶来制度与模式只能成为乡村教育这片土壤的有机养料，却永远不能也无法取而代之。"[1] 基于内生发展理论资源和行动原则，三省（区）农村小规模学校创新发展模式的重要借鉴价值有以下方面。

（一）农村小规模学校积极树立自我发展新理念

农村小规模学校立足于改进学校自身发展状况，是为更好地促进本地区学生与教师发展，并非为在与其他学校的竞争中获得某种比较优势。竞争性选择机制源于美国，20世纪80年代以来，美国对公立学校改革尝试建立的一种内部市场化机制。这一机制后来被引入中国，并通过有差异的分等以及行政力量的主导而有效地建立起来。"这一机制对美、中两国起到的作用并不完全相同。前者驱使相同层次、相同类型的学校对教育资源特别是学生资源和教师资源的竞争变得日益激烈；后者则通过城乡二元社会结构以及将少数特别优秀的教师集中在城区或城镇的某一学校，从而形成政府主导下的教育优势资源集中农村小规模学校发展。"[2] 现有的各种关于农村小规模学校发展的计划或策略，通常脱不开"竞争性框架"束缚，总有意或无意地将小规模学校置于优质学校的对立面，从而使得小规模学校陷入日益严重的"挫败""低效"之

---

[1] 李兴洲、赵陶然：《以高质量发展推进乡村教育振兴》，《中国电化教育》2023年第11期。

[2] 周兴国：《薄弱学校改进的困境与出路：制度分析理论的视角》，《教育发展研究》2010年第4期。

中。非竞争性的学校改进理念立足于改善学生的学业处境。[①]农村小规模学校本土创新实践及探索，应基于分析学校的各种教育教学活动，因为教育教学构成的要素都是在学校内部特定的制度背景下对学生产生教育作用。小规模学校只有基于本地区、学校自身教育活动结构、教师教学技能、课堂教学、班级班风、学科教学等，才能获得更优质的发展，开展并创新复式教学模式是农村小规模学校内生性发展的途径之一，甘肃地区学校"教学改革创新"模式也是基于此。

(二) 农村小规模学校发展务必明确责任主体

农村小规模学校发展需明确责任主体，确立政府在农村小规模学校发展中的主导作用。农村小规模学校的形成是学校布局调整政策和市场力量双重作用的结果。农村小规模学校发展薄弱有其历史原因、教育政策等多方面动因，所有这些与"优质学校"相比较而显现出来的"弱"，总体可分为"有形的薄弱"与"无形的薄弱"两个方面，"有形的薄弱"表现为学校硬件方面，如教育教学基础设施欠完善、学校教师薪酬待遇等方面较低等，这些方面的薄弱可通过增加教育投入加以解决，总体上这种"有形的薄弱"难题解决起来不会太困难。"无形的薄弱"主要表现为学校软件及内核方面，如学校校风校貌、学习风气、师资能力与发展水平、教师教育教学方法更新、对待学生发展态度以及教师职业态度与信念等。这些"无形的薄弱"问题的解决确实需要长期过程，更不是政府行政力量介入就立马得到解决的现实问题。陕、甘、宁三省（区）小规模学校各自有不同层面的薄弱问题，需要根据其自身显现出来的特点而采取不同的方法或策略加以解决。"有形的薄弱"问题因追求效率而引入的市场力量，其消极或负面的结果，必须要由政府的介入，仅仅依靠小规模学校的自我改进、依靠小规模学校孤立地面对市场力量，则根本难以有所作为。为此，政府必须出面干预，以增强

[①] 周兴国：《薄弱学校改进的困境与出路：制度分析理论的视角》，《教育发展研究》2010年第4期。

薄弱学校对抗市场的力量;小规模学校"无形的薄弱"问题,即从小规模学校有效改进的目标出发,需要将薄弱学校改进问题转化为教育问题深入进行。

(三)农村小规模学校需走出"薄弱定位",勇担改革发展使命

"薄弱意识"是农村小规模学校在长期办学过程中累积形成的一种自我意识,也是一种不断比较城市而逐渐内化的意识。诸如,甘肃平凉泾川县小规模学校建立协同发展模式,就是要消除小规模学校负面的自我意识,确立学校师生员工的自我认同。在西北农村欠发达地区,"薄弱"是一个沉重的包袱与桎梏,是学校自我发展意识消沉的根源所在。因小规模学校而带来的自我贬低,使得学校师生、当地社区及村民看不到出路和希望。"自我贬低"意识侵蚀了他们的发展自信以及面对未来发展的信念与信心。由此,这些学校往往将改进的希望寄托于外部世界与外部力量介入。因此,西北地区农村小规模学校的自我改进与发展:首先,必须要消除其自我贬低意识与思维桎梏,在此基础上重新激发学校的自我价值定位,为学校的自我发展注入希望、提供动力;其次,明确学校自我改进的使命。小规模学校的"自我改进"不是为与兄弟学校进行教育资源的竞争,而是要努力使学校成为师生学习与生活的美好场域,学校的发展使命在于学生的发展,在于为本地区学生尽可能提供更多的帮助,发挥学生全部的潜能;不仅相信所有的学生都有能力学习,而且通过采取各种教育举措确保学生有效学习;学校改进的重心,就是消除任何可能妨碍学生学习的障碍和不利因素。学校作为"教育—学习共同体",能够且必须要为学生提供尽可能多的支持,竭尽全力促进学生的发展。为此,要通过各种有效的途径与措施,唤醒小规模学校教职员工在塑造学生的态度和价值观方面的责任感和事业心。甘肃民乐县小规模学校中"社区共建"模式正是基于此构建起来的发展实践模型。

(四)农村小规模学校要注重信任与合作的学校文化建设

注重合作与信任的学校文化建设是小规模学校应有之义。注重教师

与学生之间、学校与家庭之间的合作互信。一般认为，强有力的管理机制、明确的长远目标、优良的学习项目、教师专业化以及教职员工的和谐相处等，乃是一所好学校的基本特征。究其实质是学校管理人员与教师为实现共同目标而通力合作。农村小规模学校教师与学生之间，学校与家长之间的通力合作需要深入到学生发展的内核与根本。部分家长由于对学校的"低期望"，因而受到来自学校的指责，或者教师受到来自家长方面的抱怨，小规模学校与家长之间往往存在相互的不满情绪。这种"非合作的教育关系"反过来又影响到学生的自我期望与自我发展，根本不利于双方构建教育共同体关系。实际上，人们已经意识到，"如果学校在教与学工作上要做到有效而有意义，就需要家长的指点和支持；如果家长在教育孩子方面要做到有效而有意义，同样需要学校的忠告与支持。通过家长建设性地参与，学校能使学生更为建设性地参与进来；通过学校建设性地参与，家长也能更为建设性地参与进来"[①]。小规模学校的精准实践需立足自身与本土，建立信任与合作的学校文化。

[①] [美]托马斯·J.萨乔万尼：《道德领导：抵及学校改善的核心》，冯大鸣译，上海教育出版社2002年版，第129页。

结　语

人的发展正是教育活动的本质追求。[①] 教育是民生之基，也是新时代社会主要矛盾的重要聚焦点，满足人民群众对更加公平、更高质量教育的期盼成为中国教育建设与发展的出发点。2020年，中央一号文件明确提出，"统筹乡村小规模学校布局，改善办学条件，提高教学质量"。城镇学校和乡村学校一体化发展是适应城乡融合发展、推进义务教育优质均衡发展的重要内容。农村小规模学校不是一个过渡形态，其必然会长期存在并且高质量发展。西北地区不同的生活环境、生存方式孕育了风格迥异的多元民族文化，它们是民族群众赖以生存的精神食粮，需要通过多元化的教育途径加以开发。农村小规模学校对西北地区教育发展具有"底部攻坚"的价值，是文化传承的重要形式和依托，是保障民族文化延续的主要载体和寄托，数量庞大且质量不高的小规模学校，承载着西北地区实现现代化的未来与希望。

2012—2021年，中国小学学龄儿童净入学率从99.85%提高到99.9%，初中阶段毛入学率始终保持在100%以上，九年义务教育巩固率从91.8%提高至95.4%，全国义务教育阶段建档立卡贫困学生辍学实现动态清零，全国2895个县全部实现县域义务教育基本均衡，高中

[①] 冯建军、高展：《新时代的教育公平：政策路向与实践探索》，《东北师大学报》（哲学社会科学版）2022年第4期。

阶段教育毛入学率提高到 91.4%，高等教育毛入学率达到 57.8%。① 中国提前十年实现了联合国 2030 年可持续发展议程减贫目标，"通过教育精准扶贫促进了教育公平和可持续发展的高质量脱贫。"② "中国教育扶贫治理行动在漫长的历史进程中经历了实践的不断检验与修正，最终呈现为以贫困人口为中心，围绕'有学上—上得起—上好学—有收获'四大行动目标螺旋式上升发展的教育扶贫治理行动逻辑运行。"③ 西北地区基础教育相对薄弱、欠账多，基础教育高质量发展需要多方施策。有研究者对西部教育扶贫政策进行绩效评估后认为，其全面系统性发展理念、高质量内涵式发展规划、需求导向式发展模式的实施均存在问题，教育与就业的立交桥尚未完全贯通，教育扶贫的信息化程度、运行机制和制度体系也需进一步完善。④ 因此，西北地区的教育精准扶贫任重道远。现阶段，在利用好国家政策和外部资源的基础上，应充分利用本地现有资源，以提高教育质量为中心，增强各级学校自身发展驱动力，提升西北地区教育的内生性多元化发展则是重中之重。西北地区农村小规模学校精准帮扶，不仅是一种救急行为，体现"底部攻坚"的价值，而且体现前瞻性，具有教育创新性。党的十八大以来，西北地区的反贫困工作取得显著成效，民族八省（区）2016 年贫困发生率为 9.4%，与 2015 年的贫困发生率 12.1% 相比，下降了 2.7%，同期全国贫困发生率仅下降 1.2%。其中，宁夏、新疆和青海三个民族省（区）同比分别下降 1.7%、2.9%、2.9%，均高于同期全国下降水平。⑤ 为了西北地区长远的经济、社会、文化的现代化建设，在教育均衡发展的时

---

① 中华人民共和国教育部：《2019 年全国教育事业发展统计公报》，（http://www.moe.gov.cn/jyb_sjzl/sjzl_fztjgb/202005/t20200520_456751.html）。
② 魏有兴、杨佳惠：《后扶贫时期教育扶贫的目标转向与实践进路》，《南京农业大学学报》（社会科学版）2020 年第 6 期。
③ 袁利平、丁雅施：《教育扶贫：中国方案及世界意义》，《教育研究》2020 年第 7 期。
④ 陈然：《教育扶贫政策绩效评估——以云南省为考察对象》，中国社会科学出版社 2021 年版，第 210—240 页。
⑤ 张丽君、吴本健、王飞等：《中国少数民族地区扶贫进展报告（2017）》，中国经济出版社 2018 年版，第 235 页。

代背景下,陕、甘、宁三省(区)农村小规模学校"小而强""小而美"的精准实践探索已由点到面地展开并实施了,从甘肃地区"教学创新"学校文化变革模式到创新复式教学"同静同动"模式,从宁夏地区"互联网+"背景下泾源县"一拖二"模式到甘肃泾川县小规模学校"协同合作发展"等借助外力发展模式,无一不体现出西北地区小规模学校发展的自主创造、自我革新、依托本土特色发展的实践智慧与责任担当。三省(区)部分小规模学校勇于创新,挖掘特色不断激发其内在发展动力,令其不断增强自身吸引力和成就感,这都表明小规模学校内生自主发展已深深扎根土壤,长途跋涉陕西、甘肃、宁夏三省(区)的实地研究中,著者被小规模学校基于地方、固守本土的鲜活实践探索与智慧担当而不断地促动乃至审思展望,本书著者深思之余总会扪心自问:在如此贫弱的广大西北农村地区,究竟什么才是真正有质量、有力量的教育?

农村地区最有可能实现教育的社区化、生活化与乡土化,这是城市教育深度缺乏的。农村小规模学校精准帮扶,只有在"小班小校"的状态下,才有可能真正进行人性化教育,才可能实行个性化、特色化教育教学。西北三省(区)小规模学校发展必然要走向有根的教育、有机的教育和绿色的教育。在陕、甘、宁三省(区)偏远的农村"小班小校"的实践探索中,部分小规模学校围绕"班额小、师资少"的特点,通过教学创新、学校共同体建设、联校走教的帮扶实施等,充分调动学校内部教师、学生积极性与主动性,进一步动员周围社区家长、村民,并辅之以乡土历史文化资源,使得原本资源匮乏、几近萎缩的小规模学校,化被动为主动地不断成长"换新颜"。他们积极尝试开展丰富多样,适合本校学生,有乡情、融特色、展自信的教学内容;发掘教学资源,因地制宜,就地取材,将乡土资源与教学内容有机结合,形成独特的教学资源,激发学生的学习兴趣,促进学生的全面发展,进一步彰显办学特色。还有的学校则充分挖掘本地区的优势特色,将乡土文化与村落文化转化为重要的课程资源,让学生走出教室,走进社区,帮助学生建构起对知识与科学的整体认知,进而获得探索外部世界的精神与态度,获取文化自信、内生发展的不竭动力,最终促进乡村与学校的共同发展。研究者深以为,这才是真正有内涵、有质量的农村教育,教育真正回归其本真与要义。

参考文献

一 中文专著

鲍传友：《教育公平与政府责任》，北京师范大学出版社 2011 年版。

陈纯槿：《教育精准扶贫与代际流动》，华东师范大学出版社 2018 年版。

陈敬朴：《农村教育发展水平的质量评价研究》，东北师范大学出版社 2008 年版。

戴斌荣主编：《农村教育发展研究》，北京师范大学出版社 2015 年版。

范东君：《精准扶贫：成就、问题与新思路——基于湖南省实践》，社会科学文献出版社 2019 年版。

方征、曾贵华：《农村学校班级规模研究》，经济科学出版社 2013 年版。

高水红：《新教育公平视野下的学校再生产》，南京师范大学出版社 2020 年版。

韩嘉玲主编：《小而美：农村小规模学校的变革故事》，教育科学出版社 2019 年版。

韩良良：《区域差异与教育公平》，社会科学文献出版社 2021 年版。

雷万鹏：《中国农村教育焦点问题实证研究》，华中科技大学出版社 2007 年版。

刘胡权主编：《底部攻坚：农村小规模学校的振兴》，北京理工大学出版社 2015 年版。

陆汉文、黄承伟主编:《中国精准扶贫发展报告（2017）：精准扶贫的顶层设计与具体实践》,社会科学文献出版社 2017 年版。

二 中文论文

陈婉瑜、田静:《薄弱学校改造的后发优势：确认与利用》,《当代教育论坛》2022 年第 3 期。

陈昱竹:《农村小规模学校教育政策内容分析》,硕士学位论文,沈阳师范大学,2021 年。

崔东植、邬志辉:《韩国农村小规模学校合并政策评析》,《教育发展研究》2010 年第 10 期。

杜屏、赵汝英:《美国农村小规模学校政策变化分析》,《教育发展研究》2010 年第 3 期。

段兆兵:《农村小规模学校全面振兴：攻坚难点与路径选择》,《教育科学研究》2021 年第 9 期。

范先佐、郭清扬、赵丹:《义务教育均衡发展与农村教学点的建设》,《教育研究》2011 年第 9 期。

范骁珺:《深度贫困地区教育扶贫困境研究》,硕士学位论文,西南大学,2018 年。

方彤、王东杰:《英国宜人教育的学校规模观及其实践——兼谈对我国小规模学校合并的启示》,《外国中小学教育》2013 年第 7 期。

符太胜、王培芳、丘苑:《中西部农村小规模学校教师专业发展危机与发展路径》,《当代教育科学》2020 年第 1 期。

付卫东、董世华:《当前美国支持小规模学校的重要举措及对我国的启示》,《外国中小学教育》2011 年第 7 期。

高政、刘胡权:《农村小规模学校教师队伍现状与改进对策》,《中国教育学刊》2014 年第 8 期。

雷万鹏、张雪艳:《农村小规模学校的资源配置与运行机制调查》,

《人民教育》2014年第6期。

刘善槐、史宁中:《农村小规模学校学生学业成绩问题研究——以西南某县为例》,《中国教育学刊》2011年第4期。

三 中文译著

[印度]阿比吉特·班纳吉、[法]埃斯特·迪弗洛:《贫穷的本质:我们为什么摆脱不了贫穷》(修订版),景芳译,中信出版社2018年版。

[德]阿诺德·盖伦:《技术时代的人类心灵:工业社会的社会心理问题》,何兆武、何冰译,上海科技教育出版社2008年版。

[美]安格斯·迪顿:《逃离不平等:健康、财富及不平等的起源》,崔传刚译,中信出版社2014年版。

[美]亨利·M·莱文、帕特里克·J·麦克尤恩:《成本决定效益:成本—效益分析方法和应用(第2版)》,金志农等译,中国林业出版社2006年版。

[德] Kirsten Meyer主编:《教育、公正与人之善:教育系统中的教育公平与教育平等》,张群等译,华东师范大学出版社2018年版。

[美]兰德尔·林赛等:《教育公平》,卢立涛等译,华东师范大学出版社2015年版。

[美]约翰·罗尔斯:《作为公平的正义:正义新论》,姚大志译,中国社会科学出版社2011年版。

四 英文专著

FORERO-PINEDA, C., ESCOBAR-RODRÍGUEZ, D., MOLINA, D., *Escuela Nueva's Impact on The Peaceful Social Interaction of Children in Colombia*, Springer, Dordrecht, 2006.

Johnson, D. W., Johnson, R. T., *Cooperation And Competition: Theory And Research*, Interaction Book Company, 1989.

Little, Angela W., *Education for All And Multigrade Teaching: Chal-*

lenges And Opportunities, Springer, 2006.

Mogollón, Oscar, Solano, María, *Active Schools: Our Convictions for Improving The Quality of Education*, FHI 360, Family Health International 360, 2011.

Mark Bray, *Are Small Schools The Answer?: Cost Effective Strategies for Rural School Provision*, Commonwealth Scretariat, 1987.

五 英文论文

Colbert, V., Arboleda, J., "Bringing A Student-Centered Participatory Pedagogy to Scale in Colombia", *Journal of Educational Change*, Vol. 17, No. 4, November 2016.

Baessa, Y. De, Chesterfield, R., Ramos, T., "Active Learning And Democratic Behavior in Guatemalan Rural Primary Schools", *Compare: A Journal of Comparative And International Education*, Vol. 32, No. 2, 2002.

Green, Aimee M., Marco A. Muñoz, "Predictors of New Teacher Satisfaction in Urban Schools: Effects of Personal Characteristics, General Job Facets, And Teacher-Specific Job Facets", *Journal of School Leadership*, Vol. 26, No. 1, January 2016.

Hargreaves, Linda M., "Respect And Responsibility: Review of Research on Small Rural Schools in England", *International Journal of Educational Research*, Vol. 48, No. 2, December 2009.

Barker, Roger G., Paul V. Gump, "Big School, Small School: High School Size And Student Behavior", *American Sociological Review*, Vol. 30, 1965.

Slate, John R., Jones, Craig H., "Effects of School Size: A Review of The Literature with Recommendations", *Essays in Education*, Vol. 13, No. 1, 2005.

附录一

农村小规模学校教师发展调查问卷

尊敬的老师：

　　您好！感谢您在百忙之中抽出宝贵时间参与本次问卷调查。本次调查主要了解农村小规模学校教师发展及需求状况。本问卷采取不记名方式，您可根据自身状况真实回答；本次调查将对所有作答严格保密，调查结果仅用作论文研究，请您放心作答。非常感谢您的支持与配合，谨祝您身体健康，工作愉快！

××大学课题组

　　第一部分：个人基本信息（请选出与您实际情况相符合的一项，并填在括号里）

1. 您的性别是（　　），您的年龄是（　　）。
2. 您的教龄是（　　）。
　　A. 1—3 年　　B. 4—6 年　　C. 7—10 年　　D. 11—15 年
　　E. 15 年以上
3. 您的学历是（　　）。
　　A. 高中　　B. 中专/中师　　C. 大专　　D. 本科
　　E. 研究生及以上
4. 您的岗位类别是（　　）。
　　A. 在编教师　　B. 特岗教师　　C. 支教教师　　D. 代课教师

E. 交流教师

5. 您目前的职称是（　　）。

   A. 未评　　B. 初级　　C. 中级　　D. 副高　　E. 高级

6. 您的任教学科是（　　）。（可多选）

   A. 语文　　B. 数学　　C. 英语

   D. 道德与法治（品德与社会）　　E. 科学　　F. 美术

   G. 体育　　H. 音乐　　I. 其他

7. 您的任教年级是（　　）。（可多选）

   A. 一年级　　B. 二年级　　C. 三年级　　D. 四年级

   E. 五年级　　F. 六年级

8. 您每周课堂教学课时数（课表内的课时，不包括兼职工作量）是（　　）。

   A. 1—5 节　　B. 6—10 节　　C. 11—15 节　　D. 16—20 节

   E. 20 节以上

9. 每天除日常教学工作外，学校及其他外部事务性工作约占您的时间为（　　）。

   A. 1 小时以下　　B. 1—2 小时　　C. 3—5 小时

   D. 5 小时以上

10. 您的月工资+福利是（　　）。

    A. 2000 元以下　　B. 2001—3000 元　　C. 3001—4000 元

    D. 4001—5000 元　　E. 5001—6000 元　　F. 6000 元以上

11. 您是哪里人（　　）。

    A. 本村人　　B. 本乡镇其他村人　　C. 本省市其他乡镇人

    D. 本省其他县市人　　E. 外省人　　F. 其他

第二部分：在下列各题的括号里填上您认为最合适的一个选项，请不要漏题。

12. 您认为农村学校的教育目的主要是（　　）。

A. 让学生掌握基础知识　　B. 培养学生综合素质

C. 让学生升学　　D. 培养为农村社会发展服务的人才

E. 其他

13. 您选择从事教师职业的理由是（　　）。

A. 实现自身人生价值　　B. 社会地位较高

C. 薪酬高、福利待遇好　　D. 学校环境工作稳定

E. 人际关系简单　　F. 谋生手段　　G. 其他

14. 在农村学校任教，您个人觉得自身工作得到社会、家长认可与尊重的情况是（　　）。

A. 非常认可与尊重　　B. 比较认可与比较尊重

C. 一般认可与一般尊重　　D. 不认可与不尊重

E. 非常不认可与非常不尊重

15. 日常教学中，您课堂教学的主要方式是（　　）。

A. 教师讲授为主　　B. 学生探究为主

C. 教师讲授与学生探究穿插进行　　D. 学生合作为主

16. 农村教师平时工作非常繁忙，下表中关于教师一天时间安排情况，请根据您平时工作及教学状况在符合的选项框内打"√"。

内容＼时间	0—2小时	2—4小时	4—6小时	6—8小时	8—10小时
备课与上课					
批改作业与辅导					
非教学性事务工作					

17. 据您观察，部分农村教师工作倦怠的主要原因是（　　）。

A. 工作繁忙、压力大　　B. 工作缺乏成就感

C. 教师流动频繁，人心不稳　　D. 非教学工作打扰多

E. 农村教师工作待遇低　　F. 教育教学评价不合理

G. 学校管理制度不严格　　H. 教师外出学习培训机会少

I. 其他

18. 下列是现代教师必备的知识素养，您认为个人最缺乏的一项是（　　）。

  A. 本学科专业知识　　B. 教育学、心理学知识

  C. 人文、自然及科普知识　　D. 教育研究方法知识

  E. 心理健康知识　　F. 现代信息技术知识

  G. 教学法知识　　H. 学生人身安全等知识

  I. 班级管理等知识　　J. 其他

19. 依据您的从教经历，您认为自身专业知识掌握最好的一项是（　　）。

  A. 本学科专业知识　　B. 教育学、心理学知识

  C. 人文、自然及科普知识　　D. 教育研究方法知识

  E. 心理健康知识　　F. 现代信息技术知识

  G. 教学法知识　　H. 学生人身安全等知识

  I. 班级管理等知识　　J. 其他

20. 您希望通过下列哪些方式或途径充实自身较薄弱的知识（　　）。

  A. 参加在职专业培训　　B. 阅读专业书籍，自我提升

  C. 与同事交流、切磋　　D. 经常自我反思

  E. 参加校本培训　　F. 教研员定期指导

  G. 在职继续教育（学历提升）　　H. 其他

21. 下列是现代教师必备的教学能力，您认为自身最缺乏的教学能力是（　　）。

  A. 分析把握教材能力　　B. 根据教学目标设计教法的能力

  C. 教学语言组织、表达能力　　D. 教学评价能力

  E. 运用现代信息技术能力　　F. 教学研究能力　　G. 其他

22. 据您所知，您校信息化教学设备有（　　）。（可多选）

  A. 幻灯机　　B. 电子白板　　C. 投影仪　　D. 平板电视

  E. 视频展示台　　F. 录像或 VCD　　G. 录音机　　H. 其他

23. 您利用多媒体进行教学的频率是（　　）。

　　A. 每天都用　　　B. 一周3—5次　　　C. 一周1—2次

　　D. 没有多媒体

24. 利用多媒体等信息技术展开教学，您最大的感受是（　　）。

　　A. 丰富课堂教学形式，提高教学质量

　　B. 减轻备课压力，便捷教学

　　C. 费时费力，习惯"黑板+粉笔"教学

　　D. 较少运用，没感受

25. 您校进行校本教研活动的频率是（　　）。

　　A. 一周一次　　B. 两周一次　　C. 一月一次

　　D. 几乎不参加

26. 您对当下农村学校开展各种教研活动的态度是（　　）。

　　A. 没有留意，不清楚　　B. 不赞同，加重教师工作负担

　　C. 赞同，利于教师专业发展

　　D. 赞同，但需创新教研形式与内容

27. 您认为下列教研活动形式对于教师发展实效性最好的一项是（　　）。

　　A. 课例研讨　　B. 集体备课　　C. 专家讲座指导

　　D. 公开课观摩　　E. 同行听课、评课　　F. 教研员进校指导

　　G. 兄弟学校间交流学习　　H. 其他

28. 近三年来，您参与课题的情况是（　　）。（可多选）

　　A. 没参加　　B. 参与校级课题　　C. 参与县级课题

　　D. 参与市级课题及以上

29. 在农村学校，部分教师常年不能外出学习培训，在您看来主要原因是（　　）。

　　A. 教师教学任务重，无法脱身

　　B. 教师对学习培训缺乏兴趣

　　C. 教师个人原因　　D. 学习培训名额有限　　E. 其他

30. 在您看来，目前上级教育部门针对农村教师的培训形式与内容的状况是（　　）。

　　A. 培训方式、内容新颖，利于教师发展

　　B. 培训方式、内容较陈旧，教师缺乏兴趣

　　C. 培训针对性、实效性较差，对教师提高不足

　　D. 培训为硬性任务，不得不参加

　　E. 培训针对性、实效性较强，切合教师发展需求　　F. 其他

31. 农村教育质量的提高重在教师专业发展，目前您个人发展最迫切的一项需求是（　　）。

　　A. 听专家讲座　　B. 参加教研活动　　C. 同事间交流、切磋

　　D. 参加课题研究　　E. 以老带新、传帮带

　　F. 教学评优评先　　G. 理论学习与反思

　　H. 观摩优秀教学　　I. 其他

32. 下表关于农村教师对工作环境、工资、福利待遇等满意度的情况，请您结合个人经历与感受在符合的选项框内打"√"。

满意状况 因素	非常满意	比较满意	不满意	非常不满意
学校环境				
教师工资				
教师福利待遇				

33. 目前，您对于个人工作压力的感受是（　　）。

　　A. 压力非常大，难以承受　　B. 压力较大，可以承受

　　C. 压力一般，较轻松　　D. 没有压力，得过且过

34. 部分教师认为工作压力较大，您认为工作压力大的原因是（　　）。（限选三项，请按重要程度排序）

　　A. 工作时间长　　B. 教师个人知识、能力不足

　　C. 各种形式检查与评价干扰教学

D. 学生基础弱、成绩不理想　　E. 社会、家长对教师期望过高

F. 学生难管理　　G. 付出多报酬少　　H. 教师社会地位不高

I. 农村工作环境、条件较差　　J. 其他

35. 下列选项中您认为最能激励农村教师工作热情的是（　　）。（限选三项，按重要程度排序）

A. 提高农村教师工资待遇　　B. 提高农村教师补助

C. 营造融洽、积极工作氛围　　D. 改革职称晋升条件

E. 减轻教师工作负担　　F. 改革教师评价制度

G. 增加外出培训学习机会　　H. 解决教师住房交通问题

I. 学校领导的认可与赏识　　J. 实行教师荣誉制度

K. 加大农村学校投资力度　　L. 其他

36. 在农村学校任教，您认为"教师工资+补贴"应达到下列哪个水平最为合理（　　）。

A. 3000—4500 元　　B. 4501—5500 元　　C. 5501—6500 元

D. 6501—7000 元　　E. 7000 元以上　　F. 其他

37. 教师职业需不断提升自身专业素养，您在个人专业发展时遭遇的瓶颈或困难是（　　）。

A. 学习培训针对性不强　　B. 教学任务重，没有时间与精力

C. 教师间缺乏合作交流　　D. 学校各项资源较匮乏

E. 外出学习进修、培训机会少　　F. 学校整体教研氛围不浓

G. 学校重视度不足　　H. 其他

38. 为更好地提升农村教师专业素养，您认为教育管理部门应该（　　）。（限选三项，请按重要程度排序）

A. 加大资金投入，改善办学条件

B. 培养全科教师，拓宽教师补充渠道

C. 提供更多培训机会　　D. 鼓励教师教学创新

E. 提高教师工资、福利待遇　　F. 积极开展教师走教

G. 学校联盟共同发展　　H. 职称晋升倾斜农村教师

I. 改革教师评价制度　　J. 其他

39. 为更好地提升农村教师专业素养，您认为学校校长及管理者应该（　　）。(限选三项，请按重要程度排序)

A. 努力改善办学条件　　B. 激励教师教育教学创新

C. 鼓励教师外出学习培训　　D. 评优评先公平公正

E. 加强各学校间交流　　F. 提高教师工资、福利待遇

G. 积极开展教师走教　　H. 学校联盟共同发展

I. 改革教师评价方式

J. 发挥专家、教研员引领作用　　K. 其他

40. 您个人认为，目前农村教师职称晋升存在的最大问题是（　　）。

A. 评定条件不合理　　B. 评定指标名额少

C. 评分条件年年变　　D. 评定制度未倾斜农村教师

E. 其他

41. 结合目前农村学校发展状况，您个人认为教师们最不满意的状况是（　　）。

A. 薪资待遇　　B. 工作环境　　C. 工作量大，压力重

D. 职称晋升　　E. 专业发展　　F. 住房条件

G. 交通问题　　H. 子女享受的教育资源　　I. 教学条件

J. 社会地位　　K. 其他

42. 现阶段，您认为大部分教师能安心在农村学校任教的主要原因是（　　）。

A. 工作、生活压力较小　　B. 教师工资、福利等待遇较好

C. 就近照顾父母、家庭　　D. 学校领导重视

E. 对乡村学校有情感　　F. 没有机会转到其他学校

G. 其他

43. 目前，一些教师竭力想进入城市学校或发展程度更高一级学校任教，您个人认为其中最主要原因是（　　）。(限选两项)

A. 本地区工资待遇差　　B. 学校办学条件落后

C. 人际关系复杂　　D. 职称晋升困难

E. 工作量大，任务重　　F. 子女教育资源差

G. 自我发展实现难　　H. 异地而居，要兼顾家庭　　I. 其他

44. 从近些年贵校发展看，您认为贵校办学条件最急需改善的一项是（　　）。

A. 补充新教师　　B. 改善学校教学条件及办公设备

C. 解决教师住房交通问题　　D. 减轻教师教学负担

E. 增加图书、教学实验等资源　　F. 加强教师轮岗制度

G. 发展联盟学校互助　　H. 送教下乡　　I. 稳定教师队伍

J. 提高农村教师补助　　K. 网络信息资源实现覆盖

L. 其他

第三部分：主观题

1. 现阶段加强农村教育，关键是要把农村教师队伍建设好，让农村教师"下得去、留得住、教得好"。请根据您所在学校的现实情况，谈谈如何让农村学校教师下得去、留得住、教得好？

2. 在您看来，目前农村小规模学校（学校人数在100人以下）村级小学及教学点发展面临的最大困难是什么？请您简单谈一谈。

请您再次检查有无漏答题目，非常感谢您的配合，祝您工作愉快！

附录二

农村小规模学校学生发展状况调查问卷

亲爱的同学：

　　你好！为了解农村地区学生学习及生活状况，促进学生健康快乐成长，我们特进行此次问卷调查。此次问卷采用不记名方式，不会给你带来任何不利影响，请各位同学根据你自身情况如实回答问题。你认真填写的资料对我们的研究有重要意义，再次谢谢你的支持与配合！

　　祝你学业有成！

××大学课题组

一、基本信息

1. 你是（　　）

　　A. 男生　　B. 女生

2. 你的年龄是（　　）岁

3. 现在你家住在（　　）

　　A. 村子　　B. 乡镇　　C. 县城　　D. 城市

4. 你爸爸的文化程度是（　　）；你妈妈的文化程度是（　　）

　　A. 不识字或识字很少　　B. 小学　　C. 初中　　D. 高中

　　E. 中专/中技　　F. 大学专科　　G. 大学本科

　　H. 研究生及以上

5. 你爸爸的职业是（　　）；你妈妈的职业是（　　）

　　A. 农民　　B. 工人　　C. 乡村干部　　D. 在家没工作

E. 做生意　　F. 丧失劳动能力　　G. 政府干部（公务员）

H. 企业职工　　I. 企业领导　　J. 专业人员　　K. 牧民

L. 半农半牧

6. 你是否和父母一起生活（　　）

A. 在一起生活　　B. 父亲外出打工　　C. 母亲外出打工

D. 已去世或离家出走（单亲）

7. 你的爱好是（　　）

A. 唱歌、听音乐　　B. 画画　　C. 打球、体育

D. 和朋友聊天、游戏　　E. 看电视　　F. 看书　　G. 上网

H. 其他____

8. 每天你完成家庭作业的时间是（　　）

A. 一个小时　　B. 一个半小时　　C. 两个小时

D. 两个小时以上

9. 课余和周末，你经常参与的活动是（　　）

A. 阅读课外书　　B. 帮家里干活　　C. 上补习班、特长班

D. 看电视　　E. 上网　　F. 踢球等体育活动　　G. 睡懒觉

H. 其他____

二、单项选择题，请将你认为合适的答案填在括号里。

1. 你通常以下哪种方式去学校（　　）

A. 走路　　B. 骑自行车　　C. 摩托车　　D. 农用车

E. 父母接送　　F. 乘公共汽车（填写具体每次路费____元）

G. 坐校车

2. 你所在学校距离你家的路程是（　　）

A. 小于 1.5 千米　　B. 1.5—3 千米　　C. 3—5 千米

D. 5 千米及以上

3. 每次从家到学校大概需要多长时间（　　）

A. 十分钟　　B. 十分钟至半小时　　C. 半小时至一小时

D. 一小时以上

4. 你觉得上学路上最大的困难是什么（　　）

　　A. 路途远，耗时间　　B. 冬天路上太冷　　C. 安全问题

　　D. 早出晚归，天黑害怕　　E. 其他_____（请填写具体）

5. 你觉得你们学校的学习、生活条件怎样（　　）

　　A. 比较好　　B. 还可以　　C. 不是很方便　　D. 不太好

6. 根据你的观察，每年你们班学生的数量变化情况是（　　）

　　A. 逐渐减少　　B. 基本不变　　C. 逐渐增多

7. 你觉得学校举办的文体活动是否丰富（　　）

　　A. 过多，耽误学习　　B. 比较丰富　　C. 正常，教学所需

　　D. 较少　　E. 没有

8. 在你们学校，给你们上课的老师经常更换吗（　　）

　　A. 偶尔换老师上课　　B. 不换老师　　C. 频繁更换老师上课

9. 你喜欢的科目有（　　）

　　A. 没有　　B. 语文　　C. 数学　　D. 英语　　E. 音乐

　　F. 美术　　G. 体育　　H. 综合实践　　I. 其他____

10. 你每天的课是否会按照课程表来上（　　）

　　A. 严格按照课表上　　B. 一般按课表上，偶尔调换顺序

　　C. 课表上很多课程不上

11. 在你们学校下列哪些课程几乎不开设（　　）

　　①校本课程　　②综合实践　　③外语　　④科学

　　⑤体育与健康　　⑥音乐　　⑦美术　　⑧信息技术

　　⑨道德与法治　　⑩劳动及其他

12. 在你们学校是否有一个老师代多门课的现象（　　）

　　A. 有，很普遍　　B. 有，但很少　　C. 没有　　D. 不清楚

13. 在课堂上，你们老师通过下列哪些教学辅助工具进行教学（　　）（可多选）

　　A. 粉笔和黑板　　B. 实物教具　　C. 投影仪　　D. 多媒体

　　E. 其他

14. 在你们的课堂上，教师使用多媒体以及其他教学实物等教具的情况是（　　）

  A. 经常使用　　B. 偶尔使用　　C. 很少使用　　D. 从不使用

15. 你认为老师们的教学方式怎样（　　）

  A. 十分单一，不想听　　B. 比较乏味，勉强接受

  C. 还好，能接受　　D. 丰富多样，十分喜欢

16. 上课时，你希望你的老师用下列哪种教学方式上课（　　）

  A. 老师讲授　　B. 学生小组讨论

  C. 老师讲与学生讨论相结合　　D. 不清楚

17. 你平时与同学讨论学习问题的频率是（　　）

  A. 从不　　B. 很少　　C. 有时　　D. 经常

18. 回想你最近一次的考试成绩，根据自己的实际情况在相应的选项里打"√"。

项目	60以下	60—70分	70—80分	80—90分	90分以上
语文					
数学					
英语					

19. 你对自己现在的成绩满意吗（　　）

  A. 很满意　　B. 满意　　C. 不太满意　　D. 很不满意

20. 根据自己的实际情况在相应的选项里打"√"。

题目	差	较差	一般	较好	很好
你认为自己的数学和计算能力					
你认为自己的文字和写作能力					
你认为自己的口头表达能力					
你认为自己与人交往的能力					

21. 你认为你的同学中努力学习的有多少（　　）

    A. 不到10%　　　B. 10%—30%　　　C. 30%—50%

    D. 50%—70%　　　E. 超过70%

22. 你同学上课主动回答老师提问的情况是（　　）

    A. 从不　　B. 很少　　C. 有时　　D. 经常

23. 你希望将来自己的学习能够达到（　　）程度

    A. 高中　　B. 大专　　C. 大学　　D. 研究生　　E. 博士

    F. 出国留学

24. 你期望的上学地点是（　　）

    A. 村里　　B. 乡上/镇上　　C. 县城　　D. 市

    E. 省会和大城市　　F. 国外

25. 你今后希望生活的地点是（　　）

    A. 村里　　B. 乡上/镇上　　C. 县城　　D. 市

    E. 省会和大城市　　F. 国外

26. 长大以后，你最想做的是（　　）

    A. 参军　　B. 工人　　C. 学一门手艺　　D. 当干部

    E. 务农　　F. 做生意　　G. 科学家　　H. 技术人员

    I. 养牧　　J. 没想过　　K 其他

27. 你最喜欢上什么课，能简单说说理由吗？

请再次检查是否有漏答题目，衷心感谢你的配合！祝学业有成！

附录三

陕、甘、宁三省（区）农村小规模学校资源设施状况调查表

问题	单位/编码
1. 学校名称？	（　　）
1-1. 学校到县政府所在地的距离？	（　　）千米
1-2. 学校到乡镇政府所在地的距离？	（　　）千米
2. 哪一年建立的？	（　　）年
3. 学校合并过吗？	（　　）（1=是；2=否）
4. 学校有几个年级？	（　　）个
5. 学校有多少学生？	（　　）个
其中女生有多少？	（　　）个
7. 有多少个教师？	（　　）个
8. 有多少女老师？	（　　）个
有多少少数民族老师？	（　　）个
10. 有多少专任教师？	（　　）个
11. 学校生均教育经费每年有多少？	（　　）元
12. 学校生均公用经费每年有多少？	（　　）元
13. 学校生均事业经费每年有多少？	（　　）元

续表

问题	单位/编码
14. 学校有阅览室吗？	（　）（1=有；2=没有）
15. 学校校舍建筑面积？	（　）平方米
16. 学校占地面积（含运动场所）	（　）平方米
17. 学校建筑面积	（　）平方米
18. 大部分教室哪一年修建的？	（　）年份
19. 大部分教室房屋类型？	（　）（1=钢筋混凝土 2=砖混，3=砖瓦，4=其他）
20. 共有几间教室？	（　）间
21. 有学生宿舍吗？	（　）（1=有；2=没有）
22. 宿舍能够容纳多少学生住宿？	（　）人
23. 有学生食堂吗？	（　）（1=有；2=没有）
24. 学校有多少图书册？	（　）本

学校教师分布状况

年龄	30岁以下	30—39岁	40—49岁	50岁及以上	总计
人数					
学历	研究生	本科生	大专生	中职/中专	高中及以下
人数					
身份	公办教师	民转公	特岗、支教	代课	总计
人数					

学生人数情况

年级	一	二	三	四	五	六	学生总数	教师总数	在岗教师
人数									

出版学术专著目录

1. 曹二磊：预科生数学核心概念理解水平及教学策略研究
2. 关荐：民族地区文化共同体建设的心理学路径研究
3. 王安全：西部乡村振兴中的教师教育供给制度研究
4. 马晓凤：精准帮扶视域下农村小规模学校发展研究
5. 马晓玲：西北地区农村教学点信息化演进研究
6. 田养邑：后脱贫时代西北民族地区教育精准扶贫介入机制拓展研究
7. 马笑岩：小学教育专业教学质量评价标准研究
8. 谢延龙：乡村教师支持计划的精准支持研究
9. 李英慧：梁漱溟青年教育观研究
10. 陈琼：西北地区小学中华优秀传统文化传承的典型案例研究